교회예식사 및 설교예문

구 금 섭 지음

온석대학원대학교 출판부

여는 말

의식은 보화를 담는 그릇과 같다. 그 의식의 형식은 내용을 담은 형식이어야 하고 내용이 내용으로서 가치를 발휘하려면 형식이 있어야 한다.

교회에서 행하는 예식에서 듣는 성도들은 틀에 박힌 말로 인하여 식상해 하고 있다. 예식사로서 내용을 들어보면 축사, 권면, 설교 등 그 성격을 벗어나 그 말이 그 말이거나 서로 뒤바뀌어지는 경우 때문이다.

차제에 후배들로부터 예식사의 모범 예문 출판을 부탁 받았지만, 부족함이 이루 말할 수 없어서 차일피일 미루다가 자의 반, 타의 반으로 부득이 본서를 출간하게 되어 하나님께 죄송할 따름이다.

본서는 교회와 가정에서 거행하는 각종 예식의 축사, 격려사, 권면, 설교 등을 수록하여 의식의 참 뜻을 나타내려 했으며, 특히 의식의 주체나 하객들의 기억에 오래 남을 수 있어야 함을 염두에 두고 집필하였다.

그러나 두려운 것은 "성급히 먹은 밥에 목이 멘다"라는 속담과 같이 내실 있게 충실을 기하지 못한 것이 못내 아쉽고 부끄럽게 생각된다.

이 책이 모든 예식에 있어서 다소라도 참고가 된다면 기쁨이 더 할 나이 없을 것 같다.

2019년 4월

진달래꽃처럼 월사(越死)로 다시 살려 주신 날을 되새기면서

저자 구 금 섭

목 차

◈ 교회설립 · 이전 ················ 11

◈ 목사임직식 ···················· 33

◈ 장로장립식 ···················· 51

◈ 권사 임직식 ··················· 71

◈ 안수집사 임직식 ··············· 83

◈ 학위식 축사 ··················· 89

◈ 가 족 사 ······················ 95

◈ 기   타 ···················· 121

◈ 설   교 ···················· 197

◈ 기   도 ···················· 403

식사, 축사, 격려사, 조사, 설교를 잘하려면

식사, 축사, 격려사, 조사, 설교를 잘하려면 어떻게 해야 하나? 물론 모두가 말이다. 그런데 말을 잘한다는 것은 아무나 할 수 있는 일이 아니다. 어떤 사람은 선천적으로 말 잘하는 소질을 타고난 사람도 있지만, 말을 잘 하려면 후천적으로 훈련이 되풀이 되어야 할 것이다.

주제를 파악하라

연사는 말하고자 하는 주제를 명확히 파악해야 한다. 식사, 축사, 격려사, 조사, 설교 등 모두가 말이지만 각각 다른 내용의 말이다. 주제를 정확히 파악하지 못하면 축사하다가 권면도 하고 설교도 하고, 조사한다면서 고인의 업적만 찬양하다가 끝내는 경우가 있나. 축사이면 축하하어야 할 사람의 업적, 공적, 그의 영향 등을 미리 파악하고 있어야 축사다운 축사가 된다.

철저한 준비를 하라

에머슨은 짧은 연설이라고 해서 경솔하게 생각하는 인사들에게 다음과 같이 경고하였다. "5분 간 연설은 하루 동안 준비해야 한다. 그러나 한 시간 연설은 그렇게 오래 준비 할 필요가 없다"라고 말했다.
식사나 축사는 짧은 시간을 요하기 때문에 제약된 시간에 풍부한 내용을 담기는 어려울 것이다. 그러나 자료가 빈약한 축사는 제 아무리 능변이라 할지라도 청중은 반응하지 않는다.

단상의 태도에 신중하라

단상에 올라가면 겸손한 사람으로, 봉사하는 자세로 청중을 대해야 한다. 그러나 오만은 금물이다. 청중들에게 친근감을 느끼게 하는 몸가짐은 그 사람의 인격을 가늠하는 척도이므로 대단히 중요하다. 그리고 청중과 나 자신의 첫 인상은 10초이다. 최초의 10초로 청중을 끌어 당길 수 없다면, 다시 회복할 수는 없을 것이다. 그러므로 첫 마디의 말을 조심해야 한다. 첫 마디의 발언에 인기를 집중시켰다면 누구도 졸고 있을 수 없을 것이다. 모든 시선과 귀가 연사의 한 마디 한 마디의 이야기를 놓치지 않으려고 집중 할 것이다. 이것은 마치 손님에게 따끈한 불고기를 대접하는 것과 같을 것이다.

단상에서 첫 발언이 '시간이 없어서' '저는 축사를 잘 못합니다만' '갑자기 연락을 받아서' '미안합니다' 등 변명조의 이야기로 시작한다면 청중은 그럼 왜 왔느냐 하고 맘속으로 반문할 것이다.

정확한 발음을 하라

모든 연설이 마찬가지이지만 음성은 맑은 음성이 필요하다. 좋은 목소리는 알아 듣기 쉽고 호감이 가기 마련이다. 풍부한 성량과 정확한 발음으로 구성된 축사는 예쁜 그릇과 같아서 전달하고자 하는 내용을 알차고, 조리가 있게 5분 내에 간단히 마쳐야 청중의 호응을 받을 것이다.

중국어는 사성(四聲)이 있는데, 우리말에는 고저(高低)를 표현 하는 장단(長短)이 있다. 웅변조의 어조보다는 설명조의 어조가 설득력이 있고 감화력도 있다. 크고 높은 소리 보다는 낮고 조용한 말이 좋다.

적절한 어휘, 적합한 어법을 사용해야 한다. 말의 내용이 아무리 잘 준비되었다고 하더라도 전달하고자 하는 말이 어법에 맞지 않으면 좋은 효과를 기대할 수 없다.

적당한 유머(humor) 사용하면 좋다

축사는 식사나 연설과 달라서 약간의 유머(humor)를 사용하는 것이 좋다.

해학이 우리에게 미치는 정신적인 영향은 이루 헤아릴 수 없을 것이다. 축사는 웃음과 기쁨이고, 조사는 슬픔과 애통이다. 21세기를 살아가는 현대인은 점점 비 인간화의 소용돌이 속에서 지쳐가고 있다. 그래서 해학은 커다란 인간화의 한 요소로서 작용할 수 있다고 생각한다. 다만 조심할 것은 인기를 얻으려고, 자기도 남들처럼 웃겨야 한다고 생각하여 자연스럽지 못하게 억지로 웃기려고 애쓰는 모습을 가끔 보는데 뒷 맛이 씁쓸하였다. 차라리 웃기려고 하지 말고, 전하고자 하는 내용에 충실하는 것이 좋은 호응을 얻을 것이다.

식사나 축사, 조사를 맡은 사람은 깊이 생각하고 여러 번 되새겨 보아야 한다. 말의 신비성을 바르게 이해하고 사용하면 말을 잘하는 사람이 될 것이다.

제1부

교회설립 · 이전

그라운드교회 개척 설립예배 축사

로마서 16장에는 주님이 오시기까지 영원히 기억되고 기념할 만한 26명의 숨은 일꾼들의 이름들이 기록되어 있습니다.

사도 바울도 그리스도의 복음을 증거 하기 위해 목숨을 내놓았지만, 이들도 주님과 믿음의 동역자 바울을 위해서라면 목숨까지도 아까워 하지 않고 기꺼이 바칠 수 있는 하나님의 동역자요 바울의 동역자들이었습니다.

목숨까지 내어 놓은 그들이 내어 놓지 못할 것이 무엇이겠습니까? 그들은 가정을 교회의 집회장소로 드렸습니다. 교회가 자체 건물을 갖게 된 것은 주후 2세기 이후입니다. 그 이전에는 몇 개의 가정교회들이 모여서 지역교회를 이루었습니다.

오늘 개척예배 드리는 그라운드교회도 그 전통 위에 세워질 전 세계적인 그라운드 중에서 가장 작지만 아담합니다.

처음에는 운동장교회라고 한다고 해서 시흥에 시민운동장 옆에나가 개척하려고 하는 줄 알았습니다. 그렇다면 머지않아 시민운동장을 교회로 구입해서 세계적인 메머드교회로 부흥시킬 신성한 야망을 가지고 있는 줄 알고 박전도사님의 얼굴을 가만히 들여다보았습니다. 결의에 찬 얼굴이었습니다. 꿈을 꾸는 전도사님이었습니다.

충남 공주에 한 가정에서 태어나 그라운드에서 뛸 꿈을 가졌던 소년은 그 꿈대로 세계무대인 메머드 그라운드에서 그의 명성을 날렸습니다.
그 사람은 박찬호선수입니다. 물론 여기에 있는 박찬호가 아닙니다.

그에 못지 않게 일찍이 그 꿈에 부풀어 있었던 박찬호전도사님은 남들보다 좀 늦은 감이 있지만, 사력을 다해 십자가 복음만을 위해 죽기까지 뛰어 꿈에 부푼 영적 메머드 그라운드교회를 이루기 위해, 여기 아파트 거실에 만들어 놓고, 출발선에 납작 엎드려 오늘 출발신호와 함께 달리고 또 뛸 판입니다. 하나님께서 교회보다 가정을 먼저 세우셨습니다. 가정이 곧 교회였습니다. 한국의 있는 세계적인 교회들은 모두 가정에서 출발한 교회들입니다.

　공주에서는 야구 그라운드에서 명성을 날린 박찬호, 경인지방회에서는 영적 그라운드에서 명성을 남길 ○○○, 사람만 좀 다르지만 반드시 메머드 그라운드가 여기 아파트 가정교회에서 시흥으로, 시흥에서 온 세계로 확장 될 것을 믿어 축하드립니다. ○○○ 그 이름대로 이 작은 아파트에서 박차고 나가, 야 호하고 호호호 만소의 웃음이 충만할 것을 믿어 축하드립니다. 고전 9:24에 "운동장에서 달음질하는 자들이 다 달아날지라도 오직 상 얻는 자는 하나인줄을 너희가 알지 못하느냐 너희도 얻도록 이와 같이 달음질하라."

기도원 창립식 축사

　여자의 치마 길이는 짧을수록 보기가 좋고 목사의 설교 또한 짧을수록 듣기가 좋다는 말이 있는데 저는 2분 59초만 축사의 말씀을 드리겠습니다.

　먼저 안산시에 축하를 드립니다. 고당 조만식장로님은 경찰서 10개를 건립하는 것보다 교회 하나를 세우는 것이 민족의 장래를 위해서는 희망적인 것이라고 말했습니다. 일찍이 민족의 영혼을 구령하려는 일념으로 남이 닦아둔 터 위에 집을 세우지 않는 바울의 개척정신을 실천하시는 ○○○목사님은 이미 여러 곳에 교회를 개척하셨고 현재도 개척 시무 하실 정도로 경륜과 영력, 비젼을 고루 갖추신 목사님을 세우셔서 안산시민의 영혼과 안산시의 번영을 위해 밤낮 눈물로 기도 할 파수꾼으로서의 기도원을 창립하게 된 것은 온 성도들은 물론 시민의 행정을 담당하신 시장님 이하 시민 모두가 환영하여야 할 최대의 경사라고 믿어 의심치 않기 때문입니다.

　어떤 사람은 『기독교의 역사는 기도하는 사람의 역사이다』라고 말했습니다. 즉 기독교의 역사는 기도하는 사람들에 의해서 복음이 전파되고 또

교회가 부흥되어 왔다는 것입니다. 죄악이 창궐한 도시, 어두움의 문화, 사탄의 문화에 빛을 잃고 명멸해 가는 도시에 사는 영혼들에게 아침의 문화, 빛의 문화, 생명의 문화, 예수의 문화를 일으켜, 어두움의 문화에 몰락되어 가는 삭막한 심령에 참 생명인 복음의 빛을 비추는 기도원이 안산시에 세워지게 된 것을 축하드립니다.

독일이 언제 강성했습니까? 비스마르크 총통시대였습니다. 그리고 그 나라가 언제 망했습니까? 히틀러시대였습니다. 그 이유가 무엇이었습니까? 비스마르크는 빈 땅만 있으면 있는대로 성전을 지으라고 강조하였기에 강성했고, 히틀러는 예배당을 폐쇄하고 리밀러목사등 176명의 목사를 투옥시켰던 독일은 망했습니다. 성전을 폐합하고 목사 장로 2만명을 학살할 계획을 세우고 예배당 성종들을 강제로 떼어다가 총알을 만들던 일본은 망했으나, 도시마다 농어촌, 오지 어디든지 예배당과 기도원을 세우고 성전 종탑을 올리는 우리나라는 해방의 축복과 아울러 부흥발전의 축복을 계속 받고 있습니다.

이 기도원의 영향력이 이사야 선지자가 외쳤던 것처럼 "일어나라 빛을 발하라 이는 네 빛이 이르렀고 여호와의 영광이 네 위에 임하였음이니라. 보라 어두움이 땅을 덮을 것이며 캄캄함이 만민을 가리우려니와 오직 여호와께서 네 위에 임하실 것이며 그 영광이 네 위에 나타나리니 열방은 네 빛으로, 열왕은 비취는 네 광명으로 나오리라"(이사야 60:1~3) 함과 같이 슬픔과 고난에 처한 사람들, 어두움과 그늘에 사는 인생들, 좌절과 깊은 늪에 빠져 희망과 용기를 잃어버린채 수 많은 상처에 허덕이는 탕자들의 허전한 가슴을 쓰담아주고, 아픈 몸을 치료해 주고 살려 주는 어머니의 따뜻한 가슴과 같이 되어 주는 기도원으로 지역의 이름과 같이 진정한 安山이 되어주는 기도원으로 하나님께 영광을 돌리고, 창대할 것을 믿어 복을 빌어드리며 그래서 이 지역의 허다한 영혼들의 소망의 안식처인 기도원으로 창립하게 된 것을 함께 기뻐하여 축하드립니다.(2000.10.3)

백송수양관 개원식 축사

1. 먼저 보령시에 축하를 드립니다.

보령은 병풍처럼 둘러싸인 오서산과 성주산의 수려함 사이로 넓은 평야와 탁 트인 서해바다를 중심으로 사람과 산, 들, 바다가 조화롭고, 물산이 풍부한 명승지로 자손만대 영영세세토록 편안한 삶을 누릴 수 있다는 축복의 땅의 고장이라 하여 보령이라 일컬어 오고 있습니다.

지역의 이름과 같이 오래도록 살기 좋은 고장 보령(保寧)을 영원무궁하도록 보령시민의 영혼과 보령시의 번영을 위해 밤낮 눈물로 기도 할 파수꾼으로서의 수양관을 설립하게 된 것은 온 성도들은 물론 보령시의 행정을 담당하신 보령시장님이하 시민 모두가 환영하여야 할 최대의 경사라고 믿어 의심치 않기 때문입니다. 이 지역의 허다한 영혼들의 안식처인 백송수양관이 설립하게 된 것을 함께 기뻐하며 축하드립니다.

2. 대한민국에 축하드립니다.

어떤 사람은 『기독교의 역사는 기도하는 사람의 역사이다』라고 말했습니다. 즉 기독교의 역사는 기도하는 사람들에 의해서 복음이 전파되고, 또 교회가 부흥되어 왔다는 것입니다. 죄악이 창궐한 도시, 어두움의 문화, 사탄의 문화에 빛을 잃고 명멸해 가는 땅에 사는 영혼들에게 아침의 문화, 빛의 문화, 생명의 문화, 예수의 문화를 일으켜, 어두움의 문화에 몰락되어 가는 삭막한 심령들에게 참 생명인 복음의 빛을 비추는 수양관이 이 땅위에 세워지게 된 것을 축하드립니다.

독일이 언제 강성했습니까? 비스마르크 총통시대였습니다. 그리고 그 나라가 언제 망했습니까? 히틀러시대였습니다. 그 이유가 무엇이었습니까? 비스마르크는 빈 땅만 있으면 성전을 지으라고 강조하였기에 강성했고, 히틀러는 예배당을 폐쇄하고 리밀러 목사 등 176명의 목사를 투옥시켰던 독일은 망했습니다. 성전을 폐합하고 목사, 장로 2만명을 학살할 계획을 세우고 예배당 성종을 강제로 떼어다가 총알을 만들었던 일본은 망했으나, 도시마다 농어촌, 오지 어디든지 예배당과 기도원을 세우고 성전 종탑을 올리는 우리나라는 해방의 축복과 아울러 부흥발전의 축복을 계속 받고 있습니다. 우리 민족의 지도자 고당 조만식 장로님은 경찰서 10개를 건립하는 것보다 교회 하나를 세우는 것이 민족의 장래를 위해서는 희망적인 것이라고 말했습니다.

3. 백송교회 성도들에게 축하드립니다.

일찍이 만민의 영혼을 구령하려는 일념으로 남이 닦아둔 터 위에 집을 세우지 않는 바울의 개척정신을 몸소 실천하는 ○○○ 목사님은 이미 국내·외에 여러 교회를 개척하였고, 현재도 개척하여 시무 할 정도로 영력과 비전을 갖춘 목사님을 백송교회 담임목사로 세우셨습니다.

이번에 세운 백송수양관의 영향력도 이사야 선지자가 외쳤던 것처럼 "일어나라 빛을 발하라 이는 네 빛이 이르렀고 여호와의 영광이 네 위에 임하였음이니라. 보라 어두움이 땅을 덮을 것이며 캄캄함이 만민을 가리우려니와 오직 여호와께서 네 위에 임하실 것이며 그 영광이 네 위에 나타나리니 열방은 네 빛으로, 열 왕은 비취는 네 광명으로 나오리라"(이사야 60:1~3) 함과 같이 슬픔과 고난에 처한 사람들, 어두움과 그늘에 사는 인생들, 좌절과 깊은 늪에 빠져 희망과 용기를 잃어버린 채 수많은 상처에 허덕이는 탕자들의 허전한 가슴을 쓰담아 주고, 아픈 몸을 치료해주고, 살려주는 어머니의 따뜻한 가슴과 같이 되어 주는 수양관이 될 것을 믿고 축하드립니다. (2018.4.22)

부천창대교회 개척 격려사

 교회 개척은 하나님 사역이요 하나님 명령에 순종하는 구원사역입니다. 마태는 그의 복음서 28:18~20절에 "예수께서 나아와 말씀하여 이르시되 하늘과 땅의 모든 권세를 내게 주셨으니 그러므로 너희는 가서 모든 민족을 제자로 삼아 아버지와 아들과 성령의 이름으로 세례를 베풀고 내가 너희에게 분부한 모든 것을 가르쳐 지키게 하라 볼지어다 내가 세상 끝 날까지 너희와 항상 함께 있으리라 하시니라"고 기록하였습니다.
 고당 조만식 장로님은 경찰서 10개를 건립하는 것보다 교회 하나를 세우는 것이 민족의 장래를 위해서 희망적인 것이라고 말했습니다. 영혼을 구령하려는 일념으로 남이 닦아둔 터 위에 집을 세우지 않겠다던 사도 바울의 개척정신을 본받아 ○○○ 장로님과 ○○○ 목사님 부부는 하나님의 말씀을 전파하는 그리스도의 편지 역할을 몸소 실천한 경륜과 영력, 비전을 고루 갖추신 신실한 지도자로서, 부천시민의 영혼과 부천시의 번영을 위해 밤낮 눈물로 기도할 파수꾼으로서의 부천창대교회를 설립하게 된 것은 부천시민 모두가 환영하여야 할 최대의 경사라고 믿습니다.
 사탄의 문화가 창궐하여 빛을 잃고 명멸해 가는 영혼들에게 생명의 빛을 비추는 교회가 부천에 또 하나 세워지게 된 것을 환영하여 주님의 이름으로 격려의 박수를 드립니다.
 독일이 언제 강성했습니까? 비스마르크 총통시대였습니다. 그리고 그 나라가 언제 망했습니까? 히틀러시대였습니다. 그 이유가 무엇이었습니까? 비스마르크는 빈 땅만 있으면 있는대로 성전을 지으라고 강조하였기에 강성했고, 히틀러는 예배당을 폐쇄하고 리밀러 목사등 176명의 목사를 투옥시켰던 독일은 망했습니다. 성전을 폐합하고 목사 장로 2만명을 학살할 계획을 세우고 예배당 성종들을 강제로 떼어다가 총알을 만들던 일본은 망했으나, 도시마다 농어촌, 오지 어디든지 예배당과 기도원을 세우고 성전 종탑을 올리는 우리나라는 해방의 축복과 아울러 부흥발전의 축복을 계속 받고 있습니다.

　이제 부천창대교회의 영향력이 이사야 선지자가 외쳤던 것처럼 "일어나라 빛을 발하라 이는 네 빛이 이르렀고 여호와의 영광이 네 위에 임하였음이니라. 보라 어두움이 땅을 덮을 것이며 캄캄함이 만민을 가리우려니와 오직 여호와께서 네 위에 임하실 것이며 그 영광이 네 위에 나타나리니 열방은 네 빛으로, 열왕은 비취는 네 광명으로 나오리라"(이사야 60:1~3)는 약속의 말씀과 같이 슬픔과 고난에 처한 사람들, 어두움과 그늘에 사는 인생들, 좌절과 깊은 늪에 빠져 희망과 용기를 잃어버린채 수많은 상처에 허덕이는 탕자들의 허전한 가슴을 쓰다듬어 주고, 아픈 몸을 치료해주고, 살려주는 어머니의 따뜻한 젖가슴과 같이 되어 주는 교회가 될 것으로 믿습니다.

　이미 두 분의 이름에는 소명과 성숙과 부흥이 삼박자로 구성되어 있습니다. 留再呼 장로님, 제 자의적인 해석이지만 머무를류, 다시재, 부를호, 본인은 대부천교회 시무장로로 머무르고 싶지만 하나님도 대부천교회에서도 오늘의 창대교회 개척을 위해 다시 부르셨습니다. 또한 오랜 시간 ○○○ 목사님 및 여러 영적인 슈퍼바이저를 통하여 최고조로 영성이 성숙된 ○○○ 목사님을 외조하여 교회를 분립 개척하므로, 허다한 영혼들의 안식처인 창대한 교회가 일취월장 부흥하여 하나님의 구속사에 참여하게 되었으니 뜨겁게 격려의 말씀을 드립니다.

　하나님은 여호수아에게 "내가 모세와 함께 있던 것같이 너와 함께 있을 것이라"(수 1:5)고 하셨던 것과 같이 비록 가족만으로 한 알의 밀알이 되어 시작하지만 ○○○ 목사님과 ○○○ 장로님 그리고 아들과 함께 계실 것입니다.

　교회는 크게 지상교회와 천상교회로 분류할 수 있는데 지상교회는 영적으로 전투하는 교회요, 천상교회는 안식하는 교회입니다. 만백성을 영원한 안식처로 인도하여야 할 전투하는 교회에 주신 하나님의 격려의 말씀이 무엇입니까?

　"내가 너를 떠나지 아니하며 버리지 아니하리니 마음을 강하게 하라 담대히 하라(수1:5~6)"는 말씀입니다. 개척이 실상 만만치 않지만 부천창대교회는 결단코 무너지지 않습니다.

이 개척 누가 하는 것입니까? 누가 시키신 일이지요? 하나님의 구속사역이요 하나님의 명령입니다. 여호수아 1:9절에 "내가 네게 명한 것이 아니냐 마음을 강하게 하고 담대히 하라 두려워 말며 놀라지 말라 네가 어디로 가든지 네 하나님 나 여호와가 너와 함께 하느니라"하십니다.

또한 히브리서 기자는 13:5~6절에 "그가 친히 말씀하시기를 내가 과연 너희를 버리지 아니하고 과연 너희를 떠나지 아니하리라 하셨느니라 그러므로 우리가 담대히 가로되 주는 나를 돕는 자시니 내가 무서워 아니하겠노라 사람이 내게 어찌하리요"하고 격려하십니다.

이 사역은 사람의 일이 아니라 하나님의 구원사역이시기에 "시작은 미약하지만 나중은 심히 창대"할 것을 믿어 분립 개척하는 모교회인 대부천교회와 자교회인 부천창대교회에 격려의 말씀을 드립니다. 아멘.

성전이전예배 축사 1

메슬로우라는 학자는 인간의 욕구를 다섯가지로 정의하였는데 그 중에 안전의 욕구가 있습니다. 인생살이 중에 여러 가지 곤란이 있겠지만 집없는 서러움도 크다고 할 수 있습니다. 제 개인적으로 목회여정을 통해 이사를 21번했는데 월세에서 전세로, 전세 살다가 내 집을 마련했 때의 기쁨은 정말 말로 형용할 수 없이 기뻤습니다. 비로소 안전의 욕구가 충족되는 것 같았습니다. 이 세상에는 여러 종류의 집들이 있습니다. 그 가운데서도 가장 중요한 집이 성전이라고 할 수 있을 것입니다. 사람에게 있어서 가장 중요한 것은 영혼인데 성전은 영혼을 위한 집이기 때문입니다. 그래서 성전을 소중하게 여기는 사람들이 복을 받습니다.

먼저, 이 성전을 통해서 이웃들이 구원을 얻고, 이 성전이 지역사회의 중심이 되고, 이 성전에 속한 성도들의 영혼이 더욱 아름답게 빛나는 일들이 일어날 것을 바라보며 축하를 드립니다.

솔로몬이 전력을 기울여 하나님의 성전을 건축하여 아버지 다윗의 소원을 성취한 것은 주전 959년이었고(왕상 6:37~38), 히브리 민족의 출애급 이후 5백년만에 소원이 성취되었습니다. 솔로몬 성전은 여호와 종교의 부흥이었으며, 이스라엘 민족의 통일 중심점이 되어 하나님이 여기에 임재하시어 그 백성에게 복을 주셨습니다.

이 지구상에서 성결교회가 한국에서 잉태하여 해산된 지도 101년이 되었습니다. 이제 선교 제2세기의 발걸음을 내딛는 원년에 부천대신교회가 여러 교우들의 정성과 물질로 새 예배당을 마련하여 하나님께 드리게 되었으니 오늘 우리도 솔로몬과 같이 감사의 축사를 드립니다.

2. 여기까지 이르는 데에는 많은 눈물을 쏟았을 것이고, 마음속에 파고드는 갈등과 좌절, 포기하고 싶은 유혹 등 수 없이 많은 고통들이 무거운 짐으로 다가왔었을 것입니다. 그 눈물이 무릎의 기도가 되고, 어두움 속에서 홀로 부르는 찬송으로 승화되기까지 갖은 어려움을 잘 참아 내고, 아름다운 이 예배당을 마련하였으니 얼마나 감사합니까? 참으로 축하드립니다. 지금까지도 그랬지만 앞으로도 임마누엘되시는 하나님께서 백목사님과 사모님, 그리고 가족들의 기도, 천군만마와 같은 수 많은 성도들의 기도마다 응답의 불기둥과 구름기둥으로 임재하시는 만민의 기도하는 집을 주셨으니 축하드립니다.

3. 앞으로 더욱 부흥발전하여 알곡으로 가득 채우는 곳간이 될 것임으로 축하드립니다. 그래서 주님의 지상명령인 복음전파의 한 몫을 크게 담당할 것을 믿습니다. 앞으로 이 자리가 차고 넘쳐서 더 확장되고 조만간 신축할 것을 기대하면서 축하드리며, 생기 있고 희망찬 교회되기를 소원하며 축하드립니다.

성전이전예배 축사 2

메슬로우라는 학자는 인간의 욕구를 다섯 가지로 정의하였는데 그 중에 안전의 욕구가 있습니다. 인생살이 중에 여러 가지 곤란이 있겠지만 집 없는 서러움도 크다고 할 수 있습니다.

제 개인적으로 목회여정을 통해 이사를 21번했는데 월세에서 전세로, 전세 살다가 내 집을 마련했을 때의 기쁨은 정말 말로 형용할 수 없이 기뻤습니다. 비로소 안전의 욕구가 충족되는 것 같았습니다. 이 세상에는 여러 종류의 집들이 있습니다. 그 가운데서도 가장 중요한 집이 성전이라고 할 수 있을 것입니다. 성도에게 있어서 성전은 어머니와 같습니다. 그래서 성전을 소중하게 여기는 사람들은 복을 받습니다. 그러기에,

먼저, 이 성전을 통해서 이웃들이 구원을 얻고, 이 성전이 지역사회의 중심이 되고, 이 성전에 속한 성도들의 영혼이 더욱 아름답게 빛나는 일들이 일어날 것을 바라보며 축하를 드립니다. 솔로몬이 전력을 기울여 하나님의 성전을 건축하여 아버지 다윗의 소원을 성취한 것은 주전 959년이었고(왕상 6:37~38), 히브리 민족의 출애굽 이후 5백년만에 소원이 성취되었습니다. 솔로몬 성전은 여호와 종교의 부흥이었으며, 이스라엘 민족의 통일 중심점이 되어 하나님이 여기에 임재 하시어 그 백성에게 복을 주셨습니다.

이 지구상에서 성결교회가 한국 땅에 잉태하여 해산 된 지도 104년이 되었습니다. 한국성결교회가 이제 선교 제2세기의 거보를 내딛는 즈음에 경인지방회 우리동네교회가 여러 교우들의 기도와 헌물로 새 예배당을 마련하여 이전하게 되어 축사를 드립니다.

2. 여기까지 이르는 데에는 수많은 눈물을 쏟았을 것이고, 마음속에 파고드는 갈등과 좌절, 포기하고 싶은 유혹 등 수 없이 많은 고통들이 무거운 짐으로 다가왔었을 것입니다.

그 눈물이 무릎의 기도가 되고, 어두움 속에서도 홀로 부르는 찬송으로 승화되기까지 갖은 어려움을 잘 참아 내고, 아름다운 이 예배당을 마련하였으니 얼마나 감사합니까? 참으로 축하드립니다. 지금까지도 그랬지만 앞으로도 임마누엘 되시는 하나님께서 김원천목사님과 사모님, 가족들의 기도, 그리고 천군만마와 같은 장로님,권사님,집사님들 수많은 성도님들의 기도마다 응답의 불이 임재 하시게 될 만민의 기도하는 집을 주셨으니 축하드립니다.

3. 앞으로 더욱 부흥 발전하여 알곡으로 가득 채우는 곳간이 될 것임으로 축하드립니다. 수가성에 죽지못해 살아가는 목마른 한 여인이 동네 우물에 물 길러 왔다가 영원히 목마르지 않도록 해갈해주시는 생명 샘의 원천인 예수님을 만났습니다.

예수님은 만백성의 목마름을 시원케 하시는 생명수의 원천입니다. 우리 동네교회에는 원천목사님을 모시고 계십니다. 목사님의 입을 통해서 공명되는 복음은 지치고 피곤한 인생들의 영혼을 말끔히 씻기는 源泉이 될 것입니다. 근원源, 샘泉, 원천 목사님의 입에서 뿜어 나오는 생명수는 우리동네 뿐입니까? 동네방네마다 헐벗고 굶주려 지친 영혼들을 회생시키는 복음의 통로, 축복의 통로가 될 것입니다.

그래서 수가성에 한 여인 같은 만민들이 몰려와 해갈함을 받을 줄 믿습니다. 앞으로 이 자리가 차고 넘쳐서 더 확장되고 조만간 신축할 것을 기대하면서 축하드리며, 언제나 생명수가 마르지 않는 생기 있고 희망찬 교회되기를 바라면서 축하드립니다.

성전이전예배 축하의 말씀

이 세상에는 많은 건물들이 세워지고 각기 세운 목적대로 간판을 걸고 문을 엽니다. 그 가운데서도 가장 중요한 건물이 성전이라고 말할 수 있습니다. 사람에게서 가장 중요한 것은 영혼인데 성전은 영혼을 위한 건물이기 때문입니다. 칼빈은 그의 교회론에서 하나님이 성도들에게 아버지가 되시니 그의 교회는 성도들의 어머니와 같다고 했습니다. 그래서 성전을 소중하게 여기는 사람들이 복을 받습니다.

요즘 우리사회에는 집단 이기주의의 여파로 성전 건축을 반대하고 방해하는 일이 있어 많은 교회들이 어려움을 겪는다는 소식을 종종 듣는데, 이것은 크게 우려해야 할 일 가운데 하나입니다. 이스라엘이 망한 것은 하나님의 성전이 훼파 될 때였습니다. 교회가 망하면 나라가 망한다는 역사적 교훈을 외면하는 민족은 희망이 없습니다.

오늘 예광교회가 가장 중요한 성전을 마련하고 성전이전예배를 드리게 된 것을 진심으로 축하드립니다.

이 성전을 통해서 하나님의 말씀이 아닌 인간의 언어가 판을 치지 않고, 수많은 사람들에게 영생의 복음이 선포되어지고, 그래서 목마른 인생들이 이 집에 오면 영원히 목마르지 않는 예수의 생명수를 마시고 구원을 받으며, 이 성전이 지역사회의 중심이 되고, 예수의 빛을 소유한 예광교회에 속한 성도들의 영혼이 더욱 아름답게 빛나는 일이 일어날 것을 바라보며 또한 축하를 드립니다.

성도 여러분은 오늘 이 예식이 있기까지 많은 것을 바쳤습니다. 물질을 바쳤고, 재능을 바쳤고, 시간을 바쳤습니다. 무엇보다도 눈물어린 믿음의 기도를 바쳤습니다. 그 모든 것이 모아져서 성전을 마련하고 이전의 역사보다 더 큰 역사가 일어날 것을 바라보고 성전이전예배를 드리게 된 것을 축하드립니다.

요한계시록 8:3~4에 천사가 재단 곁에 서서 금향로를 가지고 많은 향을 받아 성도들의 기도와 함께 보좌 앞 금단에 드릴 때 향연이 성도들의 기도와 함께 천사의 손으로부터 하나님 앞에 올라가는 장면이 기록되어 있습니다. 이 성전에서 피어나는 복음에 흠뻑 적신 성도들의 헌신의 향기로운 냄새가 하나님을 기쁘게 하고 이 지역사회를 예수의 빛을 전하고자 하는 예광의 향으로 향기롭게 할 것을 믿으며 축하드립니다. 그리고 목사님의 이름대로 李 이 세상에서는 맛보지 못 할, 南 남다른 축복이, 이 殿에서 전해주는 福 복음으로 충만할 것으로 믿고 축하드립니다.

순복음인천교회 創立 20週年을 祝賀하며

　萬物이 豊盛한 祝福의 季節에 創立 20週年을 맞이하기까지 擔任牧師님의 卓越한 指導力(신앙)과 哲學(효학) 아래 온 聖徒들이 合力하여 善을 이룬(롬8:28) 순복음인천교회의 生日을 祝賀한다. 20世紀에 태어나 20歲의 成年이 되어 21世紀를 맞이한 순복음인천교회여! 二十은 自由와 祝福의 나이이며, 義務와 責任이 따르는 成年의 나이이다.

　이삭은 장가들어 20년만에 꿈에도 所願하던 야곱과 에서를 낳았고, 야곱은 20년만에 꿈에도 그리던 錦衣還鄕을 하지 않았던가? 어리석은 사람은 生日이 되면 먹고 마시며 떠들썩하게 보낸다. 그러나 智慧로운 사람은 生日이 되면 잔치도 하지만 한편으로는 조용히 지금까지 걸어온 길을 돌아보며 앞날을 設計한다.

　敎會 역시 創立 當時의 精神을 되새기며 하나님이 기뻐하시는 길을 걸어왔는지 省察하여, 來日을 計劃하는 時間이어야 하리라. 그래서 이 땅을 聖山으로 가꾸어 온 世界로 뻗어나가는 순복음인천교회여라(창 49:22) !!

언약교회 설립예배 축사

　여자의 치마 길이는 짧을수록 보기가 좋고 목사의 설교 또한 짧을수록 듣기가 좋다는 말이 있는데 저는 2분 59초만 축사의 말씀을 드리겠습니다.
　먼저 부천시에 축하를 드립니다. 고당 조만식 장로님은 경찰서 10개를 건립하는 것보다 교회 하나를 세우는 것이 민족의 장래를 위해서 희망적인 것이라고 말했습니다. 일찍이 민족의 영혼을 구령하려는 일념으로 남이 닦아둔 터 위에 집을 세우지 않겠다던 사도 바울의 개척정신에 따라 ○○○전도사님은 이미 사회 속에서 쓴 맛 단 맛 모두 삭히며, 하나님의 언약의 말씀을 전파하는 그리스도의 편지 역할을 몸소 실천한 경륜과 영력, 비전을 고루 갖추신 지도자로서, 부천시민의 영혼과 부천시의 번영을 위해 밤낮 눈물로 기도 할 파수꾼으로서의 언약교회를 설립하게 된 것은 온 성도들은 물론 시민의 행정을 담당하신 시장님이하 시민 모두가 환영하여야 할 최대의 경사라고 믿어 의심치 않기 때문입니다.
　어떤 사람은 『기독교의 역사는 기도하는 사람의 역사이다』라고 말했습니다. 즉 기독교의 역사는 기도하는 사람들에 의해서 복음이 전파되고 또 교회가 부흥되어 왔다는 것입니다. 죄악이 창궐한 도시, 어두움의 문화, 사탄의 문화에 빛을 잃고 명멸해 가는 도시에 사는 영혼들에게 아침의 문화, 빛의 문화, 생명의 문화, 예수의 문화를 일으켜, 어두움의 문화에 몰락되어 가는 삭막한 심령에 참 생명인 복음의 빛을 비추는 교회가 부천에 또 하나 세워지게 된 것을 축하드립니다.
　독일이 언제 강성했습니까? 비스마르크 총통시대였습니다. 그리고 그 나라가 언제 망했습니까? 히틀러시대였습니다. 그 이유가 무엇이었습니까? 비스마르크는 빈 땅만 있으면 있는대로 성전을 지으라고 강조하였기에 강성했고 히틀러는 예배당을 폐쇄하고 리밀러 목사등 176명의 목사를 투옥시켰던 독일은 망했습니다. 성전을 폐합하고 목사 장로 2만명을 학살할 계획을 세우고 예배당 성종들을 강제로 떼어다가 총알을 만들던 일본은 망했으나, 도시마다 농어촌, 오지 어디든지 예배당과 기도원을 세우고 성전 종탑을 올리는 우리나라는 해방의 축복과 아울러 부흥발전의 축복을 계속 받고 있습니다.

이 언약교회의 영향력이 이사야 선지자가 외쳤던 것처럼 "일어나라 빛을 발하라 이는 네 빛이 이르렀고 여호와의 영광이 네 위에 임하였음이니라. 보라 어두움이 땅을 덮을 것이며 캄캄함이 만민을 가리우려니와 오직 여호와께서 네 위에 임하실 것이며 그 영광이 네 위에 나타나리니 열방은 네 빛으로, 열왕은 비취는 네 광명으로 나오리라"(이사야 60:1~3)는 언약의 말씀과 같이 슬픔과 고난에 처한 사람들, 어두움과 그늘에 사는 인생들, 좌절과 깊은 늪에 빠져 희망과 용기를 잃어버린채 수많은 상처에 허덕이는 탕자들의 허전한 가슴을 쓰다듬어 주세요, 아픈 몸을 치료해주고 살려주는 어머니의 따뜻한 가슴과 같이 되어 주는 교회가 되세요. 진도사님의 이름과 같이 날마다 부천, 대한민국이 寧日(편안한 나날)이 되어주는 교회로 하나님께 영광을 돌리고, 창대 할 것을 믿어 복을 빌어드리며 그래서 이 지역의 허다한 영혼들의 소망의 안식처인 교회로 설립하게 된 것을 함께 기뻐하여 축하드립니다.(2007.2.25)

예수생명교회 설립예배 축사

메슬로우라는 사회학자는 인간의 욕구를 다섯 가지로 정의하였는데 그 중에 안전의 욕구가 있습니다. 안전의 욕구가 충족되는 곳은 바로 집입니다. 이 세상에는 여러 종류의 집들이 있습니다. 그 가운데서도 가장 중요한 집이 두 가지가 있습니다. 어머니가 인류의 집이고, 하나님이 계시는 성전이 만민의 집입니다. 아무리 힘센 남자도 일터에서 퇴근하여 집을 찾아옵니다. 아이들도 집을 찾아옵니다. 여성은 아기집을 가지고 있습니다. 그래서 자기 아내를 집사람이라고 부릅니다. 성도에게 있어서 성전은 아버지집이요 우리들의 집입니다. 성전은 어머니와 같습니다. 그래서 집에 있을 때 안전하고 평안합니다. 만인의 집인 여자와 성전을 소중하게 여기는 사람들은 복을 받습니다. 그러기에

먼저, 이 성전을 통해서 이웃들이 구원을 얻고, 이 성전이 지역사회의 안식처가 되고, 이 성전에 속한 성도들의 영혼이 더욱 아름답게 빛나는 일들이 일어날 것을 바라보며 축하를 드립니다.
 솔로몬이 전력을 기울여 하나님의 성전을 건축하여 아버지 다윗의 소원을 성취한 것은 주전 959년이었고(왕상 6:37~38), 히브리 민족의 출애굽 이후 5백년만에 소원이 성취되었습니다. 솔로몬 성전은 여호와 종교의 부흥이었으며, 이스라엘 민족의 통일 중심점이 되어 하나님이 여기에 임재 하시어 그 백성에게 복을 주셨습니다.
 이 지구상에서 성결교회가 한국 땅에 잉태하여 해산 된지도 108년이 되었습니다. 한국성결교회가 이제 선교 제2세기의 거보를 내딛고 있는 즈음에 경인지방회 예수생명교회가 여러 교우들의 기도와 헌신을 통하여 설립하게 된 것을 축하드립니다.

2. 여기까지 이르는 데에는 수많은 눈물을 쏟았을 것이고, 마음속에 파고드는 갈등과 좌절, 포기하고 싶은 유혹 등 수 없이 많은 고통들이 무거운 짐으로 다가왔었을 것입니다. 그 눈물이 무릎의 기도가 되고, 어두움 속에서도 홀로 부르는 찬송으로 승화되기까지 갖은 어려움을 잘 참아 내고, 아름다운 성전을 설립하게 되었으니 얼마나 감사합니까? 참으로 축하드립니다. 지금까지도 그랬지만 앞으로도 임마누엘 되시는 하나님께서 ○○○ 목사님과 사모님, 가족들의 기도, 그리고 천군만마와 같은 성도님들의 기도마다 응답의 불이 임재 하시게 될 만민의 기도하는 집을 주셨으니 축하드립니다.

3. 앞으로 더욱 부흥 발전하여 알곡으로 가득 채우는 곳간이 될 것임으로 축하드립니다. 수가성에 죽지못해 살아가는 목마른 한 여인이 우물에 물 길러 왔다가 영원히 목마르지 않도록 해갈해 주시는 생명 샘인 예수님을 만났습니다. 예수님은 만백성의 목마름을 시원케 하시는 생명수입니다. 예수생명교회는 ○○○목사님을 모시고 계십니다. 목사님의 입을 통해서 공명되는 복음은 지치고 피곤한 인생들의 영혼에 안식처가 될 것입니다. 조목사님은 충남 서천군 문산면에서 태어났습니다. 인류의 아기집은 에덴동산입니다. 인류는 처음부터 산에서 시작되었습니다. 산에서 방주를 지었고, 산에서 아들을 드렸고, 산에서 십계명을 받았고, 산에 솔로몬성전을 지었고, 산에서 산상수훈을 주셨고, 산에서 죽으셨고, 산에서 부활하셨고, 조목사님도 인생의 시작을 산에서 시작하였습니다. 문산에서… 그리고 서천이 흐르는 곳에서 자라다가, 물이 넘치는 부천에서 예수생명을 전하고자 예수생명교회를 설립하게 되었습니다. 반드시 헐벗고 굶주려 지친 영혼들을 회생시키는 복음의 통로, 축복의 통로가 될 것입니다. 그래서 수가성에 한 여인 같은 만민들이 몰려와 해갈함을 받을 줄 믿습니다. 앞으로 이 자리가 차고 넘쳐서 더 확장되고 조만간 신축할 것을 기대하면서 축하드리며, 언제나 생명수가 마르지 않는 생기 있고 희망찬 교회되기를 바라면서 축하드립니다.

순전한 교회 경인지방회 전입 권면

경인지방회에 전입하셔서 복음의 사역자로 동역하게 된 목사님께 권면의 말씀을 드리며, 목사님의 목회에 더욱 큰 진보를 위해 기도합니다.

홀아버지를 모시고 사는 아들이 있었습니다. 아들은 아버지가 속옷을 갈아입을 때면 으레 아들이 아버지가 입을 속옷을 먼저 입었습니다. 속옷이 아들의 체온에 덥혀지면, 아들은 속옷을 벗어서 아버지가 갈아입도록 도와드렸습니다. 차가운 속옷을 아버지가 입으면 차가움을 느끼실까봐 아들이 먼저 차가운 속옷을 자기 몸의 체온으로 덥혀서 드렸던 것입니다. 이것이 하나님의 아들로 오신 예수 그리스도의 목양방법입니다.

예수님은 나는 선한 목자라고 선포하시고 양을 위해 생명까지 주셨습니다.(요10:11~12)

1. 목사님은 잃은 양을 찾는 부지런한 발걸음과, 양떼들의 고통을 돌아보는 민첩한 눈과 귀를 갖고, 신령한 생명의 꼴로 목양하셔서 목자장 되신 예수그리스도께 장차 존귀와 영광을 받으시기를 바랍니다.

종은 교만할 수도 없으며, 저항할 수도 없으며, 사사로울 수 없습니다. 유명해질 수도 없습니다. 부디 하나님의 말씀을 가까이 하는 목사님, 겸손하신 목사님, 따뜻한 정이 넘치는 목사님이 되시기를 권면합니다.

2. 또한 순전한교회 성도여러분께 권면합니다. 여러분은 좋은 교회, 좋은 신자들이 되셔서 목사님에게 힘이 되는 동역자들이 되시기를 권면합니다. 목사님을 마음으로 존경하고, 말로도 존경하고, 소중하게 여겨서 목사님이 신바람 나는 목회를 하시도록 성원하고 기도하시기 바랍니다. 그것이 목사님을 통해 선포되는 하나님의 영의 양식을 받아먹고, 내 영을 살찌우는 길입니다.

성도여러분은 바울사도가 빌립보교회 신자들을 향하여 나의 기쁨이요, 면류관 같은 신자들이라고 찬사를 보낸 것처럼, 여러분은 목사님의 기쁨이요 면류관입니다. 여러분의 영적성장은 교회생활에 큰 기쁨과 은혜가 넘치게 될 것이며, 날마다 믿는 자의 수가 늘어나는 부흥과 축복의 지름길임을 명심하시기 바랍니다. 순전한 교회 위에 하나님의 복이 충만할지어다!!

평강교회 설립 축사

먼저 양주시에 축하를 드립니다. 고당 조만식 장로님은 경찰서 10개를 건립하는 것보다 교회 하나를 세우는 것이 민족의 장래를 위해서는 희망적인 것이라고 말했습니다. 일찍이 민족의 영혼을 구령하려는 일념으로 남이 닦아둔 터 위에 집을 세우지 않는 바울의 개척정신을 실천하고자 기도해왔던 ○○○전도사님을 세우셔서 양주시민의 영혼과 양주시의 번영을 위해 밤낮 눈물로 기도 할 파수꾼으로서의 평강교회를 설립하게 된 것은 온 성도들은 물론 시민의 행정을 담당하신 양주시장님이하 시민 모두가 환영하여야 할 최대의 경사라고 믿어 의심치 않기 때문입니다.

어떤 사람은 『기독교의 역사는 기도하는 사람의 역사이다』라고 말했습니다. 즉 기독교의 역사는 기도하는 사람들에 의해서 복음이 전파되고 또 교회가 부흥되어 왔다는 것입니다. 죄악이 창궐한 도시, 어두움의 문화, 사탄의 문화에 빛을 잃고 명멸해 가는 도시에 사는 영혼들에게 빛의 문화, 생명의 문화, 예수의 문화를 일으켜, 어두움의 문화에 몰락되어 가는 삭막한 심령에 참 생명인 복음의 빛을 비추는 평강교회가 양주시에 세워지게 된 것을 축하드립니다.

독일이 언제 강성했습니까? 비스마르크 총통시대였습니다. 그리고 그 나라가 언제 망했습니까? 히틀러시대였습니다. 그 이유가 무엇이었습니까? 비스마르크는 빈 땅만 있으면 있는대로 성전을 지으라고 강조하였기에 강성했고, 히틀러는 예배당을 폐쇄하고 리밀러 목사 등 176명의 목사를 투옥시켰던 독일은 망했습니다. 성전을 폐합하고 목사 장로 2만명을 학살할 계획을 세우고 예배당 성종들을 강제로 떼어다가 총알을 만들던 일본은 망했으나, 도시마다 농어촌, 오지 어디든지 예배당과 기도원을 세우고 성전 종탑을 올리는 우리나라는 해방의 축복과 아울러 부흥발전의 축복을 계속 받고 있습니다.

　평강교회의 영향력이 이사야 선지자가 외쳤던 것처럼 "일어나라 빛을 발하라 이는 네 빛이 이르렀고 여호와의 영광이 네 위에 임하였음이니라. 보라 어두움이 땅을 덮을 것이며 캄캄함이 만민을 가리우려니와 오직 여호와께서 네 위에 임하실 것이며 그 영광이 네 위에 나타나리니 열방은 네 빛으로, 열왕은 비취는 네 광명으로 나오리라"(이사야 60:1~3) 함과 같이 슬픔과 고난에 처한 사람들, 어두움과 그늘에 사는 인생들, 좌절과 깊은 늪에 빠져 희망과 용기를 잃어버린채 수많은 상처에 허덕이는 탕자들의 허전한 가슴을 보듬어주고, 아픈 몸을 치료해주고 살려주는 어머니의 따뜻한 가슴과 같이 되어 주는 성전으로 교회의 이름과 같이 진정한 평강이 되어주는 성전으로 하나님께 영광을 돌리고, 창대 할 것을 믿어 복을 빌어드리며 그래서 이 지역의 허다한 영혼들의 소망의 안식처인 성전으로 설립하게 된 것을 함께 기뻐하여 축하드립니다.(2014.3.9)

제2부

목사 임직식

京仁地方會 第41回 牧師按手式 祝辭

　구약성경 이사야 6장은 성경 가운데 가장 엄숙하고 감동적인 내용을 담고 있는데, 이사야는 "내가 누구를 보내며 누가 우리를 위하여 갈꼬"라는 하나님의 음성을 듣고 "내가 여기 있나이다 나를 보내소서"라고 대답합니다.

　오늘 감격적인 목사안수식은 이사야 6장의 광경이 다시 재현 되는 것이라고 할 수 있습니다.

　저는 먼저 오늘 안수 받으신 분들은 2010년 12월 31일 현재 우리 기독교대한성결교회 남자 목사님이 4,197명 여자목사님이 108명 총 4,305명 외에 또 한 사명자로 하나님의 부르심을 받은 것을 축하드립니다. 조국이 필요해서 나를 부르는 것도 분에 넘치는 영광입니다. 시대가 나를 부르는 것도 영광 가운데 하나입니다. 그러나 그 가운데서도 가장 영광스러운 것은 하나님께서 나를 부르신 것입니다. 여러분은 지금 하나님의 부르심에 응해 안수를 받았습니다. 진심으로 축하드립니다.

　소는 어떤 주인을 만나느냐에 따라 그 운명이 결정됩니다. 나쁜 주인을 만나면 소출 적은 돌짝 밭에서 채찍을 맞아가며 명분 없는 고생을 하게 됩니다. 여러분은 지금 가운을 착용하고 스톨(영대)을 드리웠는데 이 스톨은 멍에를 상징합니다. 좋은 주인의 멍에를 메게 된 것을 또한 축하드립니다. 멍에를 메고 영혼의 밭을 갈고 가꾸는 일은 힘든 일이기는 하나 보람 있는 일이요 풍성한 수확이 약속된 일입니다. 무엇보다도 좋은 주인과 함께 일할 것이기 때문에 기쁨과 영광이 있습니다.

　"내가 여기 있나이다. 나를 보내소서"라고 대답한 이사야를 뒤따라 '제2의 이사야' 로서 구속사적인 복음을 선포하고 하나님이 하시는 일을 증거 하는 일이 내가 할 일이라고 확신하고 귀한 사명의 길에 들어선 것을 뜨겁게 축하드립니다.

담임목사 취임식 권면(교회에게)

오늘 용인교회가 엘리야와 같이 성공적인 사명을 다 마치시고 엘리사와 같은 훌륭한 후배 목사님에게 사역이 계승하도록 영광스러운 은퇴식과 함께, 복음의 열정에 사로잡힌 ○○○ 목사님을 담임목사님으로 모시게 되는 취임식을 축하드리며 몇 가지 권면의 말씀을 드립니다.

첫째, 목사의 전문영역을 인정하시기 바랍니다.

지금 이 시대는 프로페셔널한 전문분야를 요청하고 있습니다. 그래서 전문가들은 각자 전문가로 인정받기 위해 오랜 기간동안 수련과 경험을 쌓아왔습니다. 각 분야의 전문을 존중할 때 그 사회는 더불어 발전합니다. 목회는 목사의 전문영역입니다. 이것을 인정해야 합니다. 의사의 권위와 전문지식을 인정하고 순응하는 환자가 치료가 빠른 것처럼 목사의 전문영역을 인정하고 따를 때 교회는 평안하고 든든히 서가는 교회가 됩니다.

둘째, 성직의 권위를 존중하시기 바랍니다.

하나님의 구속사역의 비밀을 맡은 성직은 절대자이신 하나님의 부르심에 의해 기름부음을 받은 귀한 직분입니다. 하나님은 자기가 택하고 사용하시는 성직자들을 보살피시고 보호하십니다. 성직의 권위는 세속적인 권위가 아니고 영적인 권위입니다. 교회와 성도들이 이를 귀하게 여기고 존중하고 받들 때 더욱 빛나게 되며 성직자와 교인들의 관계는 더욱 아름다워집니다. 성도님들이 목사님을 받들며 순종하는 마음으로 귀히 여겨야 되는 당위성은 하나님의 질서이자 내 영을 살찌우는 길인 것입니다. 성경은 주님의 사역자들을 배나 존경하고 소중히 여기라고 권면 합니다. 그러므로 항상 존경하고, 위하여 기도하고, 그 하는 일에 협력하고, 순종할 때 칭송 받는 교회가 될 것입니다.

셋째, 목사님에게 기쁨과 면류관 같은 자랑거리 신자와 교회가 되시기를 바랍니다.

바울 사도는 빌립보 교회 신자들을 향하여 나의 기쁨이요, 면류관 같은 신자들이라고 찬사를 보내었습니다. 이처럼 오늘 취임하시는 목사님의 기쁨이요 면류관이 여러분들입니다.

오늘 주님의 목장을 위해 사도적 사명을 받은 ○○○목사님을 위하여 힘이 되어주고, 용기를 드리면, 피곤치 않고 여러분을 위해 더욱 목양에 힘쓰는 행복한 목사님이 될 것입니다. 신바람 나는 목회를 하시도록 성원을 아끼지 않을 때 여러분의 영적 성장은 물론 큰 기쁨과 은혜가 넘치는 교회로 용인시에 있는 여러 교회 중에서 날마다 믿는 자의 숫자가 더해가며 초대교회와 같이 더더욱 부흥하는 지역사회뿐만 아니라 본 교단과 하나님께서 이름 그대로 용인하는 **소문난 교회**가 될 것입니다. 신목사님의 취임을 통해 더욱 행복한 교회로 발전하기를 바라면서 권면의 말씀을 마칩니다.

담임목사 취임식 권면(교회에게)

경인지방회에는 영광교회가 둘이 있는데 하나는 인천에 있는 글로리아교회이고 또 하나가 김포에 있는 영광교회입니다. 오늘 영광교회가 복음의 열정에 사로잡힌 ○○○목사님을 담임목사님으로 모시게 되는 취임식을 진심으로 축하드리며 몇 가지 교회에 권면의 말씀을 드립니다.

첫째, 목사의 전문영역을 인정하시기 바랍니다.

지금 이 시대는 프로페셔널한 전문분야를 요청하고 있습니다. 그래서 전문가들은 각자 전문가로 인정받기 위해 오랜 기간동안 수련과 경험을 쌓아왔습니다. 각 분야의 전문을 존중할 때 그 사회는 더불어 발전합니다.

목회는 목사의 전문영역입니다. 이것을 인정해야 합니다. 의사의 권위와 전문지식을 인정하고 순응하는 환자가 치료가 빠른 것처럼 목사의 전문영역을 인정하고 따를 때 교회는 평안하고 든든히 서가는 영광교회가 됩니다.

둘째, 성직의 권위를 존중하시기 바랍니다.
하나님의 구속사역의 비밀을 맡은 성직은 절대자이신 하나님의 부르심에 의해 기름부음을 받은 귀한 직분입니다. 하나님은 자기가 택하고 사용하시는 성직자들을 보살피시고 보호하십니다. 성직의 권위는 세속적인 권위가 아니고 영적인 권위입니다. 교회와 성도들이 이를 귀하게 여기고 존중하고 받들 때 더욱 빛나게 되며 성직자와 교인들의 관계는 더욱 아름다워집니다. 성도님들이 목사님을 받들며 순종하는 마음으로 귀히 여겨야 되는 당위성은 하나님의 질서이자 내 영을 살찌우는 길인 것입니다. 성경은 주님의 사역자들을 배나 존경하고 소중히 여기라고 권면 합니다. 그러므로 항상 존경하고, 위하여 기도하고, 그 하는 일에 협력하고, 순종할 때 칭송 받는 영광교회가 될 것입니다.

셋째, 목사님에게 기쁨과 면류관 같은 자랑거리 신자와 교회가 되시기를 바랍니다.
바울 사도는 빌립보 교회 신자들을 향하여 나의 기쁨이요, 면류관 같은 신자들이라고 찬사를 보내었습니다. 이처럼 오늘 취임하시는 목사님의 기쁨이요 면류관이 여러분들입니다.
오늘 주님의 목장을 위해 사도적 사명을 받은 ○○○목사님을 위하여 힘이 되어주고, 용기를 드리면, 피곤치 않고 여러분을 위해 더욱 목양에 힘쓰는 행복한 목사님이 될 것입니다. 신바람 나는 목회를 하시도록 성원을 아끼지 않을 때 여러분의 영적 성장은 물론 큰 기쁨과 은혜가 넘치는 교회로 김포에 있는 여러 교회 중에서도 날마다 믿는 자의 숫자가 더해가며 초대교회와 같이 더더욱 부흥하여, 지역사회뿐만 아니라 본 교단과 하나님께서 이름 그대로 영광을 받으시는 소문난 교회가 될 것입니다. 목사님의 취임을 통해 더욱 행복한 교회로 발전하기를 바라면서 권면의 말씀을 마칩니다.

목사취임식 축사

구약성경 이사야 6장은 성경가운데 가장 엄숙하고 감동적인 내용을 담고 있습니다. "내가 누구를 보내며 누가 우리를 위하여 갈꼬"라는 하나님의 음성을 듣고 "내가 여기 있나이다 나를 보내소서"라고 대답합니다.

오늘 담임목사 취임식은 이사야 6장의 광경을 재현되는 것이라고 할 수 있습니다.

저는 먼저 ○○○목사님이 하나님의 부름을 받은 것을 축하드립니다.

조국이 나를 필요해서 부르는 것도 영광입니다. 시대가 나를 부르는 것도 영광입니다. 그러나 가장 영광스러운 것은 하나님께서 나를 부르시는 것입니다. 2015년 4월 현재 기독교대한성결교회 남자목사가 4,529명, 여자목사가 152명입니다. 합 4,681명 가운데 한 사람으로 부름 받아 목사안수를 받고 담임목사로 취임한 것을 축하드립니다.

둘째, 소는 어떤 주인을 만나느냐에 따라 그 운명이 결정됩니다.

그러나 가장 좋은 주인의 멍에를 메게된 것을 축하드립니다. 멍에를 메고 영혼의 밭을 갈고 가꾸는 일은 힘든 일이지만 보람 있는 일이요, 풍성한 수확이 약속된 일입니다. 무엇보다도 좋은 주인과 함께 일하기 때문에 의지가 되고 기쁨이 있습니다. 제2의 이사야로서 진리를 선포하고 하나님이 하시는 일을 증거하는 귀한 사명의 길에 들어 선 것을 축하드립니다.

셋째, 아름다운 목장인 백합교회 목사로 취임하신 것을 축하드립니다.

백합은 순결과 변함없는 사랑을 뜻합니다. 여러 전설 중에 쥬피터 신이 갓난 헤리클레스에게 영원한 생명을 주고 싶었습니다. 하루는 그의 아내 쥬노를 잠재우고 헤라클레스에게 쥬노의 젖을 빨게 했습니다. 젖을 빨린 헤라클레스가 몹시 보채자 쥬노의 젖이 땅에 몇 방울 떨어졌습니다. 아름다운 쥬노의 젖방울이 떨어진 땅에 향기로운 백합꽃이 피었답니다.

그리고 소나무는 선비의 덕목인 지조, 절개, 충절을 상징합니다. 소나무의 한자어 표기가 "松"입니다. 松의 유래는 중국의 진시황이 갑자기 소나기를 만나 소나무 덕에 피할 수 있었습니다. 그래서 고맙다는 뜻으로 소나무에게 벼슬을 주어 "木公"이라고 부른데서 松자가 유래되었다고 합니다. 중국의 위계는 公, 侯, 伯의 순서대로 대접을 받았는데 그 첫 번째가 公으로 가장 훌륭한 나무라는 의미로 해석합니다. 소나무의 "솔"은 上, 高, 元의 의미를 지니는데 소나무는 나무 중 우두머리라는 뜻입니다. 그래서 고구려는 나라 이름을 천하제일이라는 뜻으로 "솔내", "솔본"이라고 불렀다고 합니다. 이목사님의 입을 통해 공명되는 복음의 젖을 먹는 영혼마다, 백합화같이 향기로운 주님의 제물이 되어 이목사님과 함께하는 동역자들로 평생 소나무같이 지조를 지키고 절개와 충절을 다하여 마지막에는 천하제일의 면류관을 함께 받는 백송교회의 담임목사로 취임한 것을 축하드립니다.

소망교회 목사취임식 축사

저는 먼저 ○○○목사님이 하나님의 부름을 받은 것을 축하드립니다.

조국이 나를 필요해서 부르는 것도 영광입니다. 시대가 나를 부르는 것도 영광입니다. 그러나 가장 영광스러운 것은 하나님께서 만민을 살리려고 강목사님을 부르신 것입니다.

하나님께서 예정하셔서 신명기 31:6~8절에 "姜-강하고, 膽-담대하라, 心-마음에 두려워하지 말라, 떨지 말라, 네 하나님 여호와가 너와 함께 하시며, 너를 떠나지 아니하리라!!" 2015년 4월 현재 기독교대한성결교회 남자 목사가 4,529명, 여자 목사가 152명입니다. 합 4,681명 가운데 한 사람으로 부름 받아 목사안수를 받은 것을 축하드립니다.

둘째, 소는 어떤 주인을 만나느냐에 따라 그 운명이 결정됩니다.
그러나 가장 좋은 주님의 멍에를 메게된 것을 축하드립니다. 멍에를 메고 영혼의 밭을 갈고 가꾸는 일은 힘든 일이지만 보람 있는 일이요, 풍성한 수확이 약속된 일입니다. 무엇보다도 좋은 주인과 함께 일하기 때문에 주님의 목양에 기쁨이 있습니다. 모세와 여호수아같이 하나님이 하시는 일을 증거 하는 귀한 사명의 길에 들어 선 것을 축하드립니다.

셋째, 주님의 목장인 소망교회 담임목사로 취임하신 것을 축하드립니다.
이제까지 인도하신 하나님께서 앞으로도 계속하여 인도하여 주실 줄 믿습니다. 안나(눅2:36), 미리암(출2:3~8, 15:10~21), 드보라(삿4:4)와 같은 여선지자들처럼 일하게 하실 것이며, 세우신 종을 붙들어 좌절하거나 낙심하지 않게 도와주실 것을 믿으며, 강목사님에게 건강과 권능, 건전한 지성과 지혜를 주셔서 죄의 길로 가는 자들을 깨우치며, 하나님의 구속사역에 귀하게 사용하여 주실 것을 믿고 축하드립니다.

성실한 목회자로 성령충만케 하시며, 화평을 도모하는 목사로 신자의 모범이 되고, 목회 선후배에게 예를 다하는 인격적인 목회자가 되실 것이며, 새벽마다 기도하는 목회자로 진리의 말씀을 올바로 깨닫고, 깨달은 말씀이 선포될 때마다 성도들이 큰 은혜를 받고, 많은 협력자들을 보내주시어 목사님을 위하여 기도하며, 몸으로 협력하게 하실 것을 믿어서 축하를 드립니다.

안디옥교회 담임목사 취임식 권면

문호 빅토르 위고(Victor Hugo)가 후배로부터 비관적인 편지를 받았습니다. "50세의 생일 맞고 보니 허무하다"는 내용이었습니다. 위고는 이렇게 답장을 썼습니다. "50세는 젊음의 마지막임에 틀림이 없네. 그러나 그 나이는 노년기의 시작에 불과할세. 자네의 지난날은 인생의 연습이고, 이제부터 자네의 인생은 비로소 시작되는 것일세."

"이제부터 시작이다. 나에게는 할 일이 많다. 하나님은 나에게 전진하라고 하신다."는 소망으로 아브라함은 백세에도 힘차게 전진하였습니다.

인간은 이 지구 속의 한 점에 불과합니다. 겨자씨만한 존재이고, 생존 기간도 짧습니다. 그러나 이 작은 씨가 어떤 영향을 끼치는가 하는 데에 따라 사는 의미가 있습니다. 그래서 우리의 삶은 "하나님의 목적이 이끄는 삶"이 되어야 합니다. 전반전이든 하프타임이든, 그 때마다 가장 중요한 원칙은 하나님의 뜻이 나를 이끌도록 하고 내 인생의 방향을 하나님 뜻에 맞추는 것입니다.

19세기 최고의 시인이라고 불리우는 롱펠로우(Henry Longfellow)는 쓰라린 경험을 겪었습니다. 아내가 젊어서 오래 앓다가 죽었습니다. 그리고 재혼한지 몇 년 안된 어느 날 아내가 부엌에서 사고로 그만 화상을 입고 앓다가 또 죽었습니다. 75세가 되어 임종이 가까웠을 때 기자가 그에게 물었습니다. "선생님은 두 부인의 비극적인 사별 뿐만 아니라 그 밖에도 많은 고통을 겪으며 살아오신 것으로 아는데 그런 환경에서 어떻게 그토록 아름다운 시들을 쓸 수가 있었습니까?"

롱펠로우는 마당에 보이는 사과나무를 가리키며 말했습니다. "저 나무가 나의 스승이었습니다. 저 사과나무는 몹시 늙었습니다. 그러나 지금도 꽃이 피고 맛있는 열매가 열립니다. 그 이유는 해마다 늙은 가지에서 새

가지가 나오기 때문입니다. 나는 나 자신을 늙은 가지라고 생각한 일이 한 번도 없고 언제나 새 가지를 생각하며 꽃을 피우고 열매 맺는 것을 당연하게 알며 살았습니다"

"나는 낡은 나무이다. 세월이 갈수록 점점 고목이 되고 있다."는 생각과 "나는 낡은 가지에서 솟는 새 순이다. 나는 날마다 새롭다."라고 생각하는 인생과는 큰 차이가 있습니다.

하나님 신앙은 우리에게 세월에 대한 의미와 가치 그리고 소망을 주기 때문에 믿음으로 사는 사람은 아브라함처럼 백 세에도 새로운 가지, 새 순으로서의 희망과 사명을 갖게 합니다. 그러므로 희망의 하나님을 바라보고 믿는 사람은 과거에 살지 않고 언제나 미래에 사는 것입니다. 또한 묵은 가지를 바라보지 않고 새 순이 되어 백 세에도 꽃을 피우고 열매를 맺는 나무로 삽니다.

한국인의 표현은 "나이를 먹는다"고 함으로써 소모적이고 비관적인 표현을 합니다. 그런데 미국인은 나이를 말할 때 "60년 늙었다"는 식으로 Sixty Years Old라고 말합니다. 프랑스인은 나이를 말할 때 "60년 가졌다."고 표현함으로써 살아온 세월을 번 것으로 생각합니다. 이러한 것에는 근본적인 사고방식의 차이가 있습니다. 60세가 된 것을 60년 벌었다고 생각하면 그 자본, 그 투자, 그 경험을 기반으로 이제부터 맺어야 할 열매를 생각하는 것입니다.

"삶에서 다시 한번 새롭게 삶의 의미를 전환하는 때" 이것이 하프타임의 진정한 의미입니다. 하프타임이 중년이든, 그 후이든, 지금까지 살아온 시간을 되돌아보며 이후에 어떻게 내 삶을 주님께 바칠 것인지를 구체적으로 생각하고 적용하는 시간을 가집시다. 하나님은 죽은 태를 산 태로 만들어 새생명을 잉태케 하시며 생육하고 번성하게 하시기 때문입니다.

안디옥교회 목사취임식 격려사

마침 한 해 동안 땀 흘려 가꾸어 온 열매들을 거두는 가을이 깊어가는 추수기에 모든 방면에 잘 준비되신 황목사님을 모시게 되어 하나님께 감사드리는 예배에 부족한 사람이 교회와 취임하시는 목사님께 격려의 말씀을 드리게 되어 무한한 영광으로 생각하며 앞으로 목사님의 목회사역에 큰 진보가 있으시기를 기도합니다.

첫째, 안디옥교회는 목사님의 성직을 존중하시기 바랍니다.
하나님의 구속사역의 비밀을 맡은 성직은 절대자이신 하나님의 부르심에 의해 기름부음을 받은 귀한 직분입니다. 하나님은 자기가 택정하신 일꾼을 보살피시고 보호하십니다. 성직의 권위는 세속적인 권위가 아니고 영적인 권위입니다. 교회와 성도들이 이를 귀히 여기고 존중하고 받들 때 더욱 빛나게 되며, 성직자와 교인들의 관계는 더욱 아름다워집니다. 성도들이 목사님을 잘 받들고 순종하는 마음으로 귀히 여겨야 되는 당위성은 하나님의 질서이자 내 영을 살찌우는 길인 것입니다. 성경은 주님의 사역자들을 배나 존경하고 소중히 여기라고 권면합니다. 그러므로 항상 존경하고, 위하여 기도하고, 그 하는 일에 협력하고, 순종 할 때 칭송 받는 교회가 될 것입니다. 바울은 빌립보교회 성도들을 향하여 나의 기쁨이요, 면류관 같은 신자들이라고 찬사를 보내었습니다. 이처럼 안디옥교회 성도여러분은 취임하시는 황목사님의 기쁨이요, 면류관임을 기억하시기를 바랍니다.

둘째, 목사님은 선한 목자로 마지막까지 사명을 완수하시기 바랍니다.
예수님은 나는 선한 목자라고 선포하시고 양을 위하여 생명까지 주셨습니다(요10:11~12). 잃은 양을 찾는 부지런한 발걸음, 양떼들의 고통을 돌아보는 민첩한 눈과 귀를 갖고, 신령한 생명의 꼴로 목양하셔서 목자장 되시는 예수그리스도께 장차 존귀와 영광을 받으시기를 바랍니다.

안디옥교회에 속한 모든 양떼들을 위해 온전히 헌신하는 목회자 되시기를 바랍니다. 때로는 흑암의 세력과 유혹이 찾아올 때, 믿음의 주요 온전케 하시는 예수님만 바라보며 나아간다면 헛된 길에 빠지지 않습니다. 성경에 존귀한 직분을 하나님께서 맡기셨으나 잘못 감당하여 하나님을 탄식하시게 하고 백성들을 실망시킨 인물들도 많습니다. 이런 인물들을 거울 삼으시고 오직 하나님을 기쁘시게 하는 일에 최선을 다하시기 바랍니다.

종은 교만치 않으며, 저항할 수도 없으며, 사사로울 수도 없습니다. 유명해질 수도 없습니다. 부디 구령열정이 뜨거우신 목사님, 겸손하신 목사님, 따뜻한 정이 넘치는 목사님이 되시기를 권면하며, 주님의 양들을 목양하도록 세우심을 받은 황목사님과 사모님 그리고 가족, 위대한 역사를 위해 부르심을 받은 안디옥교회 성도여러분에게 임마누엘의 은혜가 충만하시기를 기도하며 격려의 말씀을 드립니다.

은혜교회 목사취임식 축사

하나님께서 귀한 직분을 맡겨 주시므로 목사안수를 받고 일생을 목사로 헌신하게 된 ○○○목사님을 진심으로 축하하여 몇 말씀 드립니다.

첫째로, 목사안수를 받고 목사직분을 받는 것은 아무나 할 수 없는 귀한 직분입니다.

사도바울은 직분은 사람에게서 난 것이 아니요 사람으로 말미암은 것도 아니라고 했습니다. 갈 1:1에 오직 하나님의 뜻을 따라 부름을 받은 직분임을 여러 번 강조했습니다. 세상에 많은 명예와 영광된 자리가 있으나 목사의 직분을 받는 것보다 더욱 크고 영원한 영광이 없는 줄 믿고 축하드립니다.

둘째로, 좋은 목사님을 세우시고 담임목사로 청빙하신 은혜교회에 속한 모든 성도들께 축하드립니다.

성도들이 선한 목자를 만나는 일은 더없는 기쁨과 축복입니다. 목사님과 성도의 관계를 성경은 목자와 양의 관계로 비유하고 있습니다. 양은 눈이 밝고 발이 튼튼해도 목자를 잘 만나야 푸른 초장, 맑은 시냇가로 다니며 쉴 만한 그늘로 인도를 받습니다. 오늘 밝은 비전을 갖고 헌신하실 목사님은 우선 외모가 든든하고, 눈이 시원스럽게 생겨서 진리의 옥석을 분별하는 영안을 소유한 충성된 목자를 만나게 됨을 축하드립니다.

셋째로, 목사의 직무를 맡아 충성한 사람은 시들지 않은 하나님의 면류관을 받을 것을 믿고 축하드립니다.

세상의 영광된 직분이 많으나 모두가 세월이 흐르고 역사가 변하면 욕이 되기도 하고 비판을 받고 시듭니다. 그러나 목자장 되신 하나님은 선한 목자로 충성한 종들에게 시들지 않는 영광의 면류관을 약속했으니 앞으로 받으실 목사님 되실 줄 믿고 축하드립니다(벧전 5:4).

마지막으로 2017년 오늘 ㅇㅇㅇ목사님이 은혜교회 담임목사로 취임하는 4월 30일은 역사적으로

1662년 - 영국의 국왕 메리 2세.
1769년 - 아일랜드의 군사가 아서 웰즐리.
1777년 - 독일의 수학자 카를 프리드리히 가우스.
1812년 - 독일의 미스테리 소년 카스파어 하우저.
1883년 - 체코의 작가 야로슬라프 하셰크.
1909년 - 네덜란드의 여왕 율리아나.
1916년 - 미국의 과학자 클로드 샤논.
1946년 - 스웨덴의 국왕 칼 16세 구스타프 등이 태어났습니다.

뿐만 아니라 ㅇㅇㅇ목사님은 김해김씨의 후손으로 인구는 2015년 현

재 4,456,700명이고 가락국(駕洛國)의 수로왕(首露王)의 후손입니다.

11세손 김무력이 신라에서 각간(角干)을 지냈고, 그의 아들 김서현(金舒玄)은 진흥왕의 아우 숙흘종(肅訖宗)의 딸 만명부인(萬明夫人)과 혼인하여 대양주도독(大梁州都督)을 지냈습니다. 김서현의 아들 김유신(金庾信)이 태종무열왕의 딸과 결혼하였고 백제와 고구려를 정벌하여 삼국을 통일하였습니다.

김해 김씨의 직계종파는 김목경을 파조로 하는 경파(京派), 김익경을 파조로 하는 사군파(四君派), 김관을 파조로 하는 삼현파(三賢派)가 있습니다. 여기에 경파, 사군파, 삼현파마다 각각 세부적인 인물을 중조로 하여 총 24개의 공파로 구분되어 있는 등 계보가 복잡합니다.

김해라는 곳도 고려 충선왕 전까지 다양한 지명으로 불렸기 때문에 옛 가야의 지방 출신 김씨들을 가락 김씨(駕洛 金氏)라고 통틀어 부르기도 했었습니다. 충선왕 때에 김해부가 설치되면서 본격적으로 김해 김씨라는 틀이 확립이 되었고, 직계종파도 그 시기에 갈라지기 시작했습니다.

한국의 274개 성 가운데 가장 인구가 많은 대성(大姓)입니다. 김씨의 본관은 《증보문헌비고(增補文獻備考)》에 499본, 《조선씨족통보(朝鮮氏族統譜)》에 623본이 기록되어 있으나, 현존하는 것은 363본이며 그 중 인구수가 확인된 것은 112본 정도입니다. 거의 모든 김씨는 가락국(駕洛國) 수로왕(首露王) 계와 신라 김알지(金閼智) 계의 두 갈래로 나뉩니다.

하늘에서 내려온 황금알이 동자(童子)로 변했다는 수로왕계는 김해김씨(金海金氏)가 대표이며, 이 밖에 김해허씨(金海許氏)와 인천이씨(仁川李氏)도 수로왕의 후손입니다. 경주김씨(慶州金氏)계의 시조인 김알지는 신라 탈해왕(脫解王) 때 경주시림(始林;鷄林)의 금궤(金櫃)에서 태어났다 하여 성을 <김>이라 했다고 전하며, 그의 7대손 미추왕(味鄒王)이 신라 김씨왕실의 시조가 됩니다. 김알지계는 경주김씨를 중심으로 광산(光山)·안동(安東)·강릉(江陵)·연안(延安)·의성(義城)·선산(善山)·청풍(淸風)·금녕(金寧)·순천(順天)·청도(淸道)·상산(商山)·언양(彦

陽) · 서흥(瑞興) · 울산(蔚山) · 나주(羅州) · 전주(全州) · 풍산(豊山) · 영동(永同) · 도강(道康) 등 수십 본으로 갈라지고, 이 밖에 안동권씨(安東權氏) · 광주이씨(光州李氏) · 수성최씨(隋城崔氏) 등도 김알지계입니다.

○○○목사님은 금궤에서 태어나지는 않았지만 지성소의 금궤인 법궤 안에 있는 하나님의 백성의 헌법인 십계명을 알고 믿음으로 지혜로운 목사님이 되었으니 선대에 못지 않는 훌륭한 목사님으로 크게 하나님께 영광을 돌릴 것을 믿고 축하드립니다.

평강교회 목사취임식 축사

구약성경 이사야 6장은 성경가운데 가장 엄숙하고 감동적인 내용을 담고 있습니다. "내가 누구를 보내며 누가 우리를 위하여 갈꼬"라는 하나님의 음성을 듣고 "내가 여기 있나이다 나를 보내소서"라고 대답합니다.

오늘 담임목사 취임식은 이사야 6장의 광경을 재현되는 것이라고 할 수 있습니다.

저는 먼저 ○○○목사님이 하나님의 부름을 받은 것을 축하드립니다.

조국이 나를 필요해서 부르는 것도 영광입니다. 시대가 나를 부르는 것도 영광입니다. 그러나 가장 영광스러운 것은 하나님께서 나를 부르시는 것입니다. 2016년 5월 현재 기독교대한성결교회 국내 남자 목사가 4,222명, 여자 목사가 179명입니다. 합 4,401명 2017년 목사안수자 남자 113명, 여자 27명, 합 140명, 총합계 4,541명, 가운데 한 사람으로 부름 받아 목사안수를 받고 담임목사로 취임한 것을 축하드립니다.

둘째, 소는 어떤 주인을 만나느냐에 따라 그 운명이 결정됩니다.

그러나 가장 좋은 주인의 멍에를 메게된 것을 축하드립니다. 멍에를 메고 영혼의 밭을 갈고 가꾸는 일은 힘든 일이지만 보람 있는 일이요, 풍성한 수확이 약속된 일입니다. 무엇보다도 좋은 주인과 함께 일하기 때문에 의지가 되고 기쁨이 있습니다. 제2의 이사야로서 진리를 선포하고 하나님이 하시는 일을 증거하는 귀한 사명의 길에 들어 선 것을 축하드립니다.

셋째, 2017년 4월 23일 오늘 아름다운 목장인 평강교회 담임목사로 취임하신 것을 축하드립니다.

4월 23일 역사를 보면,
1791년 - 미국의 제15대 대통령 제임스 뷰캐넌.
1857년 - 이탈리아의 오페라 작곡가 루제로 레온카발로.
1858년 - 독일의 물리학자 막스 플랑크.
1888년 - 일제강점기의 관료 이각종.
1891년 - 러시아의 작곡가 세르게이 프로코피에프
1946년 - 우크라이나의 전축구 선수, 현축구 감독 아나톨리 비쇼베츠.
1954년 - 미국의 영화감독이자 작가 마이클 무어.
1967년 - 대한민국의 배우 김희애.
1977년 - 대한민국의 축구 선수 이영표.
　　　　　대한민국의 전 야구 선수 강병식

영국 출신 미국의 스탠드업 코미디언, 토크쇼 진행자 존 올리버 등이 태어난 날입니다. 그리고 2017년 4월 23일은 ○○○목사님이 평강교회 담임목사로 취임하는 날입니다.

○○○목사님은 외모가 야들야들한 버들가지 같이 유연하게 생겼어도, 항상 입에는 말씀의 검을 문듯, 옅은 미소를 문듯, 평화와 평강이 한 아름 가득한 목사님입니다.

○○○목사님!

金 - 욥기 23장 10절 말씀과 같이 오랜 시간 단련하여 정금 같은 金목

사님의 입을 통해 4월의 화창한 봄날의 꽃향기 같은 恩 – 恩慧와 眞- 眞理가 공명되는 복음의 젖을 먹는 영혼마다, 平康 – 평강이 넘치고 향기로운 주님의 제물이 되어, 敎會 – ○○○ 목사님과 함께하는 동역자인 평강교회 성도들이 평생 지조를 지키고 절개와 충절을 다하여 마지막에는 천하제일의 면류관을 함께 받는 평강교회 담임목사로 취임한 것을 축하드립니다.

제3부

장로 장립식

글로리아교회 장로장립식 축사

먼저 글로리아교회에 장로장립식에 축하의 말씀을 드립니다. 주님의 대속과 부활절과 함께 찾아온 계절인 새봄이 유난이 눈이 부시도록 아름답게 느껴집니다. 그것은 연초록빛으로 채색된 세상도 아름답지만, 새싹과 같은 장로님들이 탄생하셨기 때문입니다. 요한 칼빈 목사님은 성도들에게 하나님은 아버지가 되시고, 교회는 어머니와 같다고 말했습니다. 그 귀한 하나님의 자녀가 된 것도 감사한데 하나님의 집을 위해 사명자들을 세워 비로소 조직교회가 되는, **그 이름도 눈부신** 글로리아교회에 축하의 말씀을 드립니다.

둘째, 주님의 은혜로 예수 믿고 구원받아 축복의 근원이 된 글로리아교회 성도여러분을 축하드립니다.

셋째, 일할 것은 많으나 일할 사람이 빈곤한 이때에 하나님의 권능의 손에 붙들리어 이 땅에 복음의 빛을 비출 축복의 통로가 되신 장로님들을 진심으로 축하드립니다.

넷째, 제가 어릴 때 고향 초가집 지붕에는 둥근 보름달 빛에 하얀 자태를 뽐내는 박들을 바라보며 꿈을 키웠습니다. 하나님의 권능의 손, 보혈의 피가 가득한 주님의 손에 붙들린 ○○○목사님의 존함을 거꾸로 불러보니 길은 박이었습니다. 박목사님의 얼굴을 보면 인자하게 생기셨는데 마치 은은한 달빛의 조명을 받은 박과 같이 생기셨습니다.

로마서 1장 5절에 "그로 말미암아 우리가 은혜와 사도의 직분을 받아 그의 이름을 위하여 모든 이방인 중에서 믿어 순종하게 하나니" 예수 그리스도로 말미암아 "은혜와 사도의 직분"을 받았다는 것입니다. 진노를 받아 마땅한 우리가 아무 공로 없이, 값없이 주는 선물인 은혜를 받았다는 것입니다. 은혜란 구원과 관련이 있습니다. 직분을 받는 것보다 은혜를 받는 것이 먼저입니다. 직분이란 은혜를 받은 자가 감사함으로 수행하는 헌신입니다. 박목사님을 은혜의 통로로 사용하여 여러분이 은혜를 받아 탐스러운 박이 되기까지 밤낮 수고의 피와 땀과 눈물로 사역을 하였습니다. 저의 아버님, 어머님이 잘 자란 박을 조심스럽게 바늘로 찔러 보시고 완숙된 것을 확인하고 박을 따다가 톱으로 켜서 가마솥에 넣고 푹 익힌 다음에 박속은 발라서 나물을 해 먹고, 바가지는 그늘에 여러 날을 말려서 각종 곡식을 담거나, 설거지 그릇으로 사용하는 것을 보았습니다. 이것이 길은박입니다. 이 바가지가 바로 장로직분입니다. 튼튼한 박과 같이 헌신하실 장로님들은 날마다… 일마다… 하시는 것마다, 풍성한 열매들이 맺힐 것을 믿으니 또한 축하드립니다. 그것은 이미 여러분들은 하나님의 손에 이끌림을 받을 일꾼으로 선택받았기 때문에 축하를 드립니다.

시편 128:2에 네 손이 수고한데로 먹을 것이라고 말씀하신대로 반드시 넘치도록 풍성하도록 이루어 주십니다. 아멘.

다섯째, 잘 익은 박과 같은 직분인 장로직을 임직하기 위해 **붓는 머리에 있는 보배로운 기름이(안수시 임하는 성령)** 수염에 흘러서 옷깃까지 내림 같고, 헬몬의 이슬이 시온의 산들에 내림 같아 거기서 여호와께서 복을 명령하셨나니 영생이로다(시편133편)하신 말씀처럼 글로리아(영광)에서 영광스러운 하나님 사역을 위한 일꾼으로 세움받았으니 이후로 더욱 여호와의 복이 글로리아교회로부터 성도님들의 생업과 가정, 이 지역사회에 충만하실 것을 믿어 축하드립니다. "Soli Deo Gloria"

대부천교회 임직식 권면

우리 교단의 103년차 총회회의록에 보면 2008년 12월 31일 현재 원로, 명예, 시무 장로님이 남자가 6,348명, 여자가 6명, 권사님은 남자가

2,232명, 여자는 34,568명, 안수집사님은 6,585명입니다.

  그 가운데 오늘의 대부천교회가 있기까지 백합화 향기처럼 자나 깨나 눈물의 기도와 헌신으로 충성을 다하신 주님의 지체되시는 원로, 명예, 장로님, 명예권사님, 명예안수집사님들께는 격려와 신앙의 선배들의 발자취를 뒤따라 임직 받으시는 장로님, 권사님, 안수집사님들께 권면의 말씀을 드리겠습니다.

  소크라테스의 철학의 명제는 '너 자신을 알라' 는 것이었습니다.

  세상의 많은 공부가 있지만 가장 어려운 공부가 있다면 "나 자신을 아는 것이라고 생각합니다."

  나를 아는 만큼 자신은 얼마나 무능한 존재이고, 주님의 은혜가 얼마나 큰지를 보게 됩니다.

  어느 교회에 부메랑장로님이 계셨습니다. 이분은 매사에 불평거리만 찾는 것 같았습니다. 많은 사람들이 볼 때에 그 분의 부인인 권사님이 측은하고 불쌍하리만큼 인상 한번 펴지도 않은 채 심한 욕시거리에 불평, 불만이 충만하였습니다. 그런데 문제가 생겼습니다. 성지순례를 떠나 공항에 내려 수하물을 찾는데 다른 사람의 가방은 모두 찾았지만 그 장로님의 가방만은 아무리 기다려도 나오질 않아 알아보니 다른 비행기에 실려 가서 며칠 동안 옷을 갈아입지 못하고 고생하였다는 것입니다. 성경에 심은 대로 거둔다고 했습니다. 매사에 불평불만을 심으니 만사불통으로 부메랑이 되어 돌아온 것이지요.

  오늘 임직 받으시는 분들에게 간절히 말씀드립니다.

  "하나님 앞과 사람 앞에서 범사에 감사하세요. 항상 기뻐하세요."

  성결교회 신앙원리인 선재은총론은 하나님의 사랑의 높이와 넓이를 말합니다.

  "십자가 앞에서 자신의 부끄러운 죄를 보았던 마틴 루터, 요한 캘빈, 요한 웨슬레의 신앙은 오대양 육대주 만민의 가슴마다 감동의 파장을 일으켰습니다.

왜? 모세와 사도 바울의 학문이 정상에 서있었음에도 스스로 '말에는 졸하다'고 했을까요?

"나를 알았기 때문입니다." 십자가 앞에만 서면 부끄러운 자신이 보였기 때문입니다.

하나님의 축복의 통로인 교회부흥은 말이 무성한데 있지 않고, 주님의 은총의 깊이와 넓이를 깨달아 낮아진 사람들의 기쁨과 감사의 신앙이 무성한데 있습니다.

임직자들의 웃음, 임직자들의 감사신앙의 삶이 목사님과 온 성도들에게 힘이 됩니다. 그리고 지역사회 주민들에게 그리스도의 사랑과 평강의 편지가 됩니다.

명예장로, 권사임직, 안수집사 장립식 권면

하나님의 크신 은혜로 부르심을 받아 주 예수 그리스도를 믿고 구원받은 성도가 시무장로로 헌신하신 후에 그 명예를 기리는 명예장로로 추대를 받고, 권사, 안수집사로 피택되어 임직하게 되신 여러분께 권면의 말씀을 드리고자 합니다.

권면은 쓴 약과 같아서 잘 들으면 약이요, 그렇지 않으면 독이 됩니다.

기독교대한성결교회 헌법에 장로직분이 도입된 것은 1933년 제1회 총회 셋째 날 원안으로 상정되어 통과하였고, 여성장로안수는 2004년 제98년차 총회에서 통상회의에 상정되어 전격적으로 통과하여 시행되고 있습니다. 그리고 권사직분은 요한 웨슬레에 의해 시작되었고, 안수집사 제도는 1995년부터 시행하였습니다.

그 결과 2015년 12월 31일 현재 우리 교단의 장로는 남성 6,915명, 여성 97명으로 합 7,012명이며, 권사는 남성 2,500명, 여성 43,303명으로 합 45,803명이고, 안수집사는 8,386명입니다.

장로님은 베드로전서 5:1~6절에 근거하고, 권사님은 로마서 12:8에 근거하며, 안수집사님은 디모데전서 3:8~13절 말씀에 따라 모두 교회의 책임 있는 봉사자이며, 구령주의의 실행자입니다.

본래 교회직제제도는 전도본위의 목회를 실현시키는 것과 교회자치실행에 필요한 제도였습니다. 이는 성경에 따라 교역자를 돕기 위한 봉사자였습니다. 목사님을 도와 하나님의 구속사역에 전심전력하도록 부르심을 받으신 임직자 여러분께 다음과 같은 말씀으로 권면합니다.

세익스피어가 어느 음식점에 갔는데 모든 사람들이 다 모자를 벗었습니다. 그러니까 거기에서 웨이터 노릇을 하던 한 소년이 한숨을 쉬면서 –나는 언제 저런 분같이 되나– 했습니다. 그러자 세익스피어가 등을 두드리면서 "청년 자네도 일할 때 내기 글을 쓰듯, 미켈란젤로가 조각을 하듯, 그릇을 닦을 때 주인의 마음으로 닦게, 음식을 나를 때도 주인의 심정으로 배달해 보게, 그러면 먼 훗날 모든 사람들이 모자를 벗고 자네를 우러러 볼 것이네."

교회에서 우러러 보는 장로님과 권사님, 안수집사님이 되시고 싶습니까? 자기를 희생하여 주인의 심정을 가지십시오. 하나님이 부르셨고, 하나님이 세우셨고, 하나님이 시켜서 하는 직분이기 때문입니다.

그래서 마태복음 26;24에 가룟유다는 태어나지 않았으면 좋을 뻔 했다고 말씀하셨는데, 주님께서 한탄하는 임직자가 되지 마십시오.

그리고 디모데전서 5:17에 바울이 디모데에게 권면하심과 같이 교회를 향한 권면은, 성도들은 임직자들을 배나 존경하시고, 임직자들은 성도들에게 배나 존경받을만한 사람이 되십시오.

백송교회 장로, 권사, 안수집사 임직식 축사

할렐루야!! 우리 주 예수 그리스도의 은혜와 평강이 이순희 목사님과 사부님, 백송교회 모든 성도님들과 오늘 임직 받으신 장로님, 권사님, 안수집사님들 위에 넘치시기를 축원합니다.

교회의 직분을 받는다는 것은 교회가 하는 본질적인 사역인 복음을 전하여 구원을 얻게 하는 일과 구원을 얻은 사람들을 가르쳐 제자를 삼아 그들로 하여금 하나님 나라를 건설하는 일을 위하여 세움을 받은 것입니다. 이 일을 하려면 개인의 헌신이 필요하기 때문에 더 많이 봉사하고, 더 많이 시간을 드려야 하고, 더 많이 기도해야 합니다. 더 많은 희생이 요구되는 일입니다. 그런데 왜 축하를 드린다고 말했을까요? 저는 왜 여러분이 받은 직분이 축하를 받을만한 일인지 세 가지만 설명하려고 합니다. 교회의 직분이 왜 축복인가?

1. 교회의 직분은 주님의 동역자로서 온 세상의 주가 되신 주님의 뜻을 이루는 위치에 있기 때문입니다.

오늘 직분을 받아 봉사하게 된 여러분들은 머리되신 주님의 뜻과 이상을 이 땅에서 성취하기 위하여 주님의 손과 발로 봉사할 수 있도록 세움을 받은 분들입니다. 이러한 이유에서 존 웨슬리는 "하나님은 우리 없이 일할 수 있지만 우리를 당신의 조력자와 도구로 사용하신다"라고 하였습니다. 그래서 오늘 임직을 받은 여러분은 온 세상의 주가 되신 주님의 동역자로서 주님의 뜻을 이루는 위치에 세움을 받은 분들이기에 축하드립니다.

2. 교회의 직분은 그리스도 안에서 이루신 구원의 은혜를 누리는 은혜의 방편이기 때문이기 때문입니다.

칼빈이 쓴 『기독교강요』에 보면 교회를 가리켜 '은혜의 방편으로서의 교회'라고 하였습니다. 곧 교회의 직분자들에게 두 가지 은혜를 약속하고 있습니다. 하나는 아름다운 지위를 주실 것이고, 또 하나는 믿음의 담력을 주신다는 것입니다. 여기에 '아름다운 지위'는 육체적으로 하나님께서 고귀한 위치에 세우시겠다는 것입니다. 그리고 '믿음의 큰 담력을 얻는다'라는 말씀에서 담력은 헬라어 성경에 '팔레이시아'(parrēsia)라는 단어인데 담대함으로 번역될 수 있습니다. 담력이라고 번역된 것은 구약시대의 성소에 자기 마음대로 들어가면 하나님이 죽이셨지만, 그리스도께서 십자가에서 우리 죄의 형벌을 대신 담당하신 후부터는 담대하게 들어갈 수 있게 되었기 때문입니다. 그래서 '믿음의 큰 담력을 얻는다'라는 말씀은 영적으로 믿음생활에 있어서 하나님과 교제하면서 하나님의 무한한 능력을 더 많이 체험할 수 있다는 것입니다. 교회를 섬기는 자들에게 이러한 은혜를 주신 것은 교회의 본질적인 사역을 잘 감당할 수 있도록 주신 하나님의 선물입니다. 그래서 교회 직분은 그리스도 안에서 이루어 놓으신 구원의 은혜, 곧 하나님과 교제하는 은혜를 누리는 방편이기 때문에 오늘 임직을 받은 여러분들에게 축하를 드리는 것입니다.

3. 오늘 장로와 권사로 임직 받은 분들에게 진심으로 축하하면서 한 말씀 드리겠습니다.

제가 어디를 가다가 '후다닭 치킨' 집을 보았습니다. 그리고 그 옆에는 "몸바쳐서"라는 Room Salon이 있었습니다. '후다닭'이란 무척 빨리, 눈 깜짝할 새, 금방이란 뜻이고, "몸바쳐서"란 헌신, 봉사하겠다는 뜻이 담겨 있습니다. 이 둘을 연결해서 말씀드리면, 우리 인생 그렇게 길지 않습니다. 임주리라는 가수가 부른 노래, "립스틱 짙게 바르고" 가사를 보면, "사랑이란 길지가 않더라, 아침에 피었다가 저녁에 지고 마는 나팔꽃보다도 짧은 사랑아! 속절없는 사랑아!!" 노래하고 있습니다.

우리 인생 참으로 '살같이 빠르게 지나고', 이제 좀 사는가 했는데, 어느새 사망의 그늘이 너와 내 앞에 둘리며 가리우게 되는 것입니다. 주의 일꾼으로 장로로 임직 받고, 권사로 임직 받아 주의 일을 하는 것이 허구헌 날 마냥 길기만 한 것이 아닙니다.

임직을 받았는가 싶었는데, 어느새 아니 벌써 원로장로가 되고, 은퇴권사가 금방금방 다가오고 원로와 은퇴를 넘어 죽음 역시 후다닥 다가오게 되는 것입니다. 내가 임직 받아 주를 위해 이 땅에서 일할 날이나 시간도 아침에 피었다가 저녁에 지고 마는 나팔꽃과 같이 속절없이 그렇게 빠르게 지나는 것입니다.

오늘 임직 받으신 장로님과 권사님, 안수집사님들은 오늘부터 몸과 맘, 시간과 물질, 정력과 은사를 다하여 주를 위해, 백송교회를 위해 일하시기를 바랍니다. 머뭇머뭇거릴 새도, 뭉기적 뭉기적 거릴 여유도 없습니다. 인생도, 직분도 후다닭 끝나게 되어 있는 것입니다. 주님은 자신을 대리하는 전권대사로 백송교회에 이순희목사님을 보내셨으니, 주의 종을 따라 하나님나라 확장의 전사로서 잘 섬길 때, 주님께서 더욱 영광 받으실 줄 믿습니다.

저는 백송교회가 날이 가고 달이 갈수록, 더욱 예루살렘교회를 닮아가고, 해를 거듭할수록 더욱 예수님께 바짝 붙어있어 예수님의 증인된 교회, 사도행전 29장을 써가는 직분자들이 되시기를 바라며 축하드립니다. (2018.4.8)

안디옥교회 장로,집사장립, 권사임직식 축사

먼저 하나님께서 여러분의 충성함을 귀히 보시고, 영광스러운 임직을 허락하심을 주의 이름으로 축하드립니다.

입 춘(立春)

원미산은 하늘로 내민 젖무덤
바람결이 밤새 꼭지를 간질대더니
곱디고은 뱃살을 툭툭 터트리며
하얀 속살 촉수가 슬며시 귀를 열고
발그레 웃는 아침
골짝 어디선가
뒷물 훔치는 소리 들린다

이 시는 2013년 제5회 국민일보 신춘문예 당선작품입니다. 시인은 구금섭 목사입니다. 하하…….

먼저 신행(新行) 온 햇살들이 입김들을 나누는 봄날에 두터운 대지를 뻐집고 고개 내민 하얀 새싹과 같은 안디옥교회 이름이 아름다워서 축하드립니다.

사도행전 11:19~30 말씀과 13:1~3절의 말씀을 통해 세계선교를 위하여 하나님께서 사용하시는 교회의 전형적인 모델을 찾을 수 있습니다. 그것은 안디옥 교회입니다. 안디옥 교회는 아시아, 유럽, 그리고 결과적으로 전 세계의 기독교 선교를 위한 출발점이 된 곳입니다. 만일 안디옥 교회가 없었다면 기독교는 유대교의 작은 종파로 위축되었을지 모릅니다. 기독교가 세계적 종교로 태어난 곳이 바로 안디옥이요, 계속 원을 그리며 커져가는 선교 여행이 시작된 곳이 바로 안디옥 교회였습니다.

안디옥이란 헬라어에는 "병거" 또는 "싸우는 자"란 의미가 담겨져 있는데 바울이 활동하던 당시에 안디옥이라고 불리는 도시는 16군데나 있었습니다. 그러나 사도행전에 기록된 안디옥은 두 곳 뿐입니다. 하나는 소아시아의 비시디아(Pisidia) 안디옥이고 다른 하나는 이방 선교의 중심지가 된 수리아(Syria)안디옥 입니다. 비시디아 안디옥은 바울과 바나바가 제1차 전도여행시 회당에서 복음을 전했던 곳입니다.(행13:14)

또한 수리아(Syria) 안디옥은 주전 300년 알렉산더 대제의 후계자인 셀루커스 니카토(Selucus Nicatoe)에 의해 건설되었으며, 그의 아버지 안티오쿠스(Antiockus)의 이름을 따라 명명하였습니다. 인구 80만의 대도시 안디옥은 로마제국 당시 로마와 알렉산드리아에 이은 세 번째 큰 도시로서 수리아와 길리기아(Cilicia)를 합친 로마 행정구역의 수도였습니다.

도시 인구는 수리아 사람이 대부분이고 헬라문화와 헬라어를 사용하였습니다. 그리고 로마와 알렉산드리아 도시와 같이 안디옥에도 유대인들이 많이 살고 있었습니다. 도덕적으로 안디옥은 악명 높은 도시였습니다. 성적으로 매우 문란한 도시로 알려졌으며 로마의 부도덕한 것보다 더 심하였다고 하였습니다. 그러므로 안디옥은 복음을 받기에 준비되어 있는 마치 추수할 준비가 다 된 밭과도 같았습니다.

안디옥교회와 같이 민족의 구속사를 위하여 남기시는 축복이 있기를 바라면서 축하드립니다. 죄악 가운데서 부르심을 받아 구원받게 된 것도 감사한데 장로, 권사, 안수집사로 세워주셨으니 하나님께 감사하고 축하받을 일이라고 생각됩니다. 이것은 내가 원해서가 아니고 주님께서 허락하셔서 되어진 일이기 때문입니다.

둘째, 교회의 요직에서 일하게 된 것을 축하합니다.

항존직인 장로, 권사, 안수집사가 되면 서리집사로 있을 때보다 훨씬 교회 일에 책임을 지게 되며 관심을 갖게 됩니다. 이것은 대단히 중요한 일입니다. 이미 한 송이 백합꽃처럼 교회를 위하여 향기롭게 헌신하시고, 오색약수처럼 청아한 믿음을 가진 복 받은 가족이라고 목사님과 사모님이 입이 마르도록 칭찬하는 말씀을 들었습니다.

온 식구가 하나님의 집에서 목사님과 사모님의 사랑과 인정을 받고 있지만, 더 한층 열심을 다하여 사도들을 능가할 만한 복음선포와 부패한 교권주의자들을 통박하고 순교한 스데반집사와 사마리아에 가서 전도하고 성령의 지시를 따라 가사 광야길에서 에디오피아 내시에게 전도한 대전도자 빌립집사와 같이 더욱 충성할 기회를 얻게 된 것을 축하드립니다.

셋째, 거룩한 성직을 임직하기 위해 붓는 머리에 있는 보배로운 기름이(안수시 임하는 성령) 수염에 흘러서 옷깃까지 내림 같고, 헬몬의 이슬이 시온의 산들에 내림 같아 거기서 여호와께서 복을 명령하셨나니 영생이로다(시편 133편) 하신 말씀처럼 하나님 사역을 위한 귀한 일꾼들을 세웠으니 이후로 더욱 여호와의 복이 안디옥교회로부터 성도님들의 생업과 가정, 이 지역사회에 충만하실 것을 믿어 축하드립니다.

임직식 축사

오늘 거모제일교회 장로장립식, 권사취임식, 안수집사 장립식을 거행하는 성스러운 예전에서 불초소생이 축사의 말씀을 드리게 된 것을 큰 영광으로 생각합니다.

대개 축사는 모든 순서가 끝날 즈음에 차례가 됨으로 모두 지루한 감을 느끼게 되는데 너무 긴 축사를 드리면 도리어 실례가 되겠기에 간단하게 4분 59초만에 끝마치겠습니다.

거모제일교회가 위치한 거모동은 면적 5.59㎢, 인구 2만 3,440명(2001)이 살고 있습니다. 거모동은 경기도 시흥시에 속한 동으로서 조선시대에는 안산군 대월면 석곡동(石谷洞)·거모포(去毛浦) 지역으로 1914년에는 시흥군 군자면 거모리가 되었습니다. 1989년에 시흥군 소래읍, 수암면, 군자면을 합하여 시흥시로 승격함에 따라 시흥시 거모동으로 개칭되었습니다.

거모동은 바닷가에 있는 마을로 넓은 들이었는데, 들이 틀로 변하였다가 털로 되어 거둘去 털毛 한자로 표기한 이름입니다.

옛 지명에 거무개 · 도일 · 망고개 · 배우물 · 사미 · 신성골 · 가재골 · 개선이 · 구렁골 · 구루지 · 구장터 · 냉겨들 · 냉겨모퉁이 · 댕댕이골 · 똥꼴 · 말미골 · 방골 · 복고개 · 불임재 · 사녀골 · 사미고개 · 새매 · 새탕 · 석골 · 속날골 · 지붕골 · 치마골 · 큰애실골 등으로 불려왔습니다.

도일[石谷]은 조선시대에 바닷물이 들어왔을 때 돌산 골짜기에 자리를 잡았다 하여 돌고을 · 돌골 · 골고지라고 한 데서 비롯된 이름이며, 망고개는 원래 낮은 고개였는데, 조선 중기의 문신 유자신(柳自新)의 아들인 유희량(柳希亮)의 묘를 쓸 때 이곳에 흙을 긁어 모아야 좌청룡 우백호가 완연하다 하여 고개를 높이고, 이때부터 막은고개라고 하였다가 변하여 망고개가 되었답니다.

사미는 옥녀봉 밑에 있는 마을로 옥황상제의 딸 옥녀가 이곳에 내려와 비단을 짰다고 하여 붙여진 이름이고, 신성골은 신씨가 처음 정착한 마을이라 하여 붙여진 이름이랍니다.

동쪽과 남쪽으로 안산시와 접하며, 북쪽으로 서해안고속도로가 지나가고 있습니다. 교육기관은 군자초등학교 · 군자중학교 · 군자공업고등학교 등이 있고, 문화재에는 청주한씨 문익공파 묘역(경기기념물 163)이 있습니다. 각설하고 **먼저 거모제일교회가 설립 16주년을 맞게 된 것을 축하드립니다.**

거모(去毛)란 털이 떨어진다. 털을 없앤다라는 뜻으로 양들의 무겁고 귀찮은 눈물의 털을 깎아 주고 닦아주는 털 깎는 교회요, 또한 털을 거둔다는 뜻으로 길 잃어버린 양들을 찾아 모으는 교회로 16년의 짧은 역사에 대부흥을 이루었으니 축하드립니다.

하나님을 아버지로 믿는 성도들에게, 교회는 신자들의 어머니라고 요한 칼빈은 말했는데 去毛는 세상살이에 지치고 목마른 인생들을 사랑의 큰 가슴으로 포근히 품어주는 어머니같은 像으로 거모제일교회의 신자가 되신 것을 축하드립니다.

2. 영성과 지성, 인성과 덕성을 고루 갖추신 영적인 멘토 ○○○목사님을 담임목사님으로 모시게 되신 것을 축하드립니다. 사람은 이름처럼 되고 이름처럼 살게 된다는데, 領官 옷깃 영, 벼슬 관은 군인계급인 소령, 중령, 대령의 통칭이고, 榮冠 영화 영, 갓 관 영예로운 관 세속적인 성공, 승리, 명예를 추구하는 영관은 아닐 것 같고……, 永寬 길영, 너그러울 관, 느긋하고 거리낌 없는 청결한 양심과 온후한 인격을 갖춘 덕장이신 ○○○ 목사님을 지도자로 만나 신앙생활하시는 것을 축하드립니다.

3. 오늘 날짜가 의미 심장합니다. 역사적인 4.19정신은 민족적으로 자랑할 만한 일이지만 동시에 성경을 들고 이 시대 역사의 현장에 나서서 하나님의 공의와 사랑을 실천하는 구속사역을 위해 힘있게 성원하고 목사님을 도울 천군만마 같은 장로님 2분, 권사님 9분, 안수집사님 4분을 하나님께서 합당하게 보시고 충성되이 여겨 하나님께서 은혜로 택하셨으니 거모제일교회가 더욱 크게 부흥할 것을 확신하여 충심으로 축하드립니다. 아울러 죄악과 상흔에 더럽혀져 있는 시흥시민들의 누더기 같은 영혼의 옷을 벗겨 주는 직분을 받음으로 영혼이 잘되고 범사가 잘되고 강건하여 아브라함 같은 축복의 통로가 되셨으니 축하를 드립니다.

장로 취임식 권면
〈장로를 세우는 교회 교인에게〉

오늘 상동제일교회에 좋은 장로님이 취임하게 된 것을 기쁘게 생각하면서 몇 가지 권면의 말씀을 드리려고 합니다.
좋은 목사님과 좋은 장로님이(목사님과 장로님에 대해 '좋은'이라는 말을 쓰는 것은 어폐가 있기는 합니다만) 좋은 교회를 만듭니다. 오늘 취임하시는 ○○○장로님은 원래 좋은 장로님입니다만, 여러분이 이 분을 더욱 좋은 장로님으로 만들어 주시기 바랍니다.

원래 '장로'란 말은 성경에서 여러 가지 뜻으로 쓰이고 있어서 한 가지 뜻으로 설명하기는 어렵습니다. 에스겔서에 나오는 장로라는 단어는 '턱' 또는 '수염'을 의미하는 '세브'라는 말에서 파생했는데, 장로는 수염이 완전히 자란 어른이라는 뜻으로 이같이 되었다고 합니다. 때문에 장로는 '연장자', '지도자'의 뜻을 가지고 있고 초대교회에서 이런 개념으로 장로라는 직분이 생겼습니다.
　여러분은 오늘 취임 받으시는 ○○○장로님을 지도자로 대접하고 그 권위를 인정하며 장로님의 지도에 따라야 합니다. 교회는 영적 전투를 하는 공동체인데 지휘관의 명령에 제대로 따르지 않는 부대가 좋은 전과를 올리기 어려운 것은 자명한 일입니다. 장로는 지휘관 가운데서도 침식과 생사고락을 같이하는 일심동체가 된 지휘관입니다.(실제로 구약시대의 장로들은 분쟁이 있을 때는 재판관 역할을 했고 전쟁이 일어났을 때는 지도자 역할을 했습니다)성도 여러분은 오늘 지도자로 취임 받으시는 서길홍 장로님의 지도를 잘 따라 날로 치열해지는 이 영적 전투에서 승리를 거두시는 교회가 되시기를 바랍니다.
　오늘 상동제일 교회가 좋은 지도자를 모시게 된 것을 축하드리면서 장로님을 통해 이 교회가 더 좋은 교회가 될 것으로 믿습니다.

장로, 안수집사 장립식 권면

　하나님의 크신 은혜로 부르심을 받아 주 예수 그리스도를 믿고 구원 받은 성도가 장로로, 안수집사로 피택되어 장립하게 됨을 축하드리며 권면의 말씀을 드리고자 합니다.
　한국성결교회 헌법에 장로직분이 도입된 된 것은 1933년 제 1회 총회 셋째 날 원안으로 상정되어 통과하였고, 여성장로안수는 2004년 제 98년차 총회에서 통상회의에 상정되어 전격적으로 통과하여 시행되고 있습니다. 그리고 안수집사제도는 1995년부터 시행하였습니다.

그 결과 2007년 12월 31일 현재 우리 교단의 장로는 남성 5,435명, 여성 4명으로 5,439명이며, 안수집사는 5,719명입니다.

장립되시는 장로님은 베드로전서 5:1~6절에 근거하고, 안수집사님은 디모데전서 3:8~13절 말씀에 따라 모두 교회의 명예직이 아닌 교회의 책임 있는 봉사자이며, 구령주의의 실행자입니다.

본래 장로제도는 전도 본위의 목회를 실현시키는 것과 교회자치 실행에 필요한 제도였습니다. 이는 1933년 제1회에서 통과된 [성결교회 임시약법]의 장로선거법에도 잘 나타나 있습니다.

당시 한국성결교회의 교역자 수급상황과 처지를 감안할 때 성서에 따라 평신도 동역자로 장로를 세운 것은 교역자를 돕기 위한 봉사자였습니다. 그래서 정치보다는 전도와 봉사에 주력하였습니다.

목사님을 도와 하나님의 구속사역에 전심전력하도록 부르심을 받으신 장로님과 안수집사님께 다음과 같은 말씀으로 권면합니다.

"세익스피어가 어느 음식점에 갔는데 모든 사람들이 다 모자를 벗었습니다. 그러니까 거기에서 웨이터 노릇을 하던 한 소년이 한숨을 쉬면서 – 나는 언제 저런 분같이 되나– 했습니다. 그러자 세익스피어가 등을 두드리면서 '청년 자네도 일할 때 내가 글을 쓰듯, 미켈란젤로가 조각을 하듯, 그릇을 닦을 때 주인의 마음으로 닦게, 음식을 나를 때도 주인의 심정으로 배달해 보게, 그러면 먼 훗날 모든 사람들이 모자를 벗고 자네를 우러러 볼 것이네"

교회에서 우러러 보는 장로님과 안수집사님이 되시고 싶습니까? 자기를 희생하여 주인의식을 가지십시오. 자기를 희생하여 주인의 심정을 가지십시오.

하나님이 부르셨고, 하나님이 세우셨고, 하나님이 시켜서 하는 직분이기 때문입니다.

장로장립, 권사취임, 안수집사 장립식 축사

먼저 개척을 시작한지 짧은 기간 동안에 일약 대부흥을 이루어 하나님 나라를 위해 사명자들을 세우게 된 것을 축하드립니다.

그리고 샘물교회를 통해 예수 믿고 구원받아 축복의 근원이 된 것을 축하드립니다.

둘째, 오늘은 음력으로 정월 대보름날입니다. 설날부터 보름동안 민속 명절 잔치 중 마지막 날인 오늘은 대보름날입니다. 우리 어머니들은 이 날 새벽에 일어나 새암물을 떠다가 정성스럽게 아홉가지 나물을 만들어 먹으며 한 해동안 가족들의 건강과 안녕을 빌었습니다. 유대인들은 명절 끝 날이 큰 날이라고 하였는데, 이 큰 날에 새암물교회의 일꾼들을 새암물 곁에 심은 나무같이 세우게 된 것을 축하드립니다.

셋째, 보름날 머슴들은 아홉가지 나물에 오곡밥을 아홉 번을 먹고 아홉 번 두엄(퇴비)을 지게에 지고 논에 가서 부렸습니다. 보름이 지난 다음 날부터는 농삿일이 기다리고 있습니다. 이제 샘물교회 장로, 권사, 안수집사님들에게 주의 일들이 산적해 있습니다. 그러나 걱정할 것이 없습니다. ○○○ 목사님을 담임목사님으로 모셨는데 이름대로 **인제 이루어집니다** (성).

네 손이 수고한데로 먹을 것이라고 시편 128:2에 말씀하신대로 넘치도록 이루어집니다.

다시 한번 복습합시다. 새암물교회 곁에 심은 일꾼들이 목사님을 잘 도와서 섬기는 일마다 목사님 **이름대로 인제 이루어집니다.** 날마다… 일마다… 하는 일마다!!!!!

장로장립식 축사

안수집사로 피택 되어 준비하여 오다가 오늘 성스러운 안수식을 갖게 됨을 주의 이름으로 축하합니다.
모 대학에서 MT를 갔는데 삼순이라는 여 학생을 가지고 남학생들이 놀려댔습니다.
화가 난 여학생은 집으로 돌아가려고 산에서 내려왔습니다. 아무리 기다려도 버스가 오지 않고, 택시한대가 쪼르르 달려오는게 아니겠어요. 반갑게 택시를 승차했는데 화가 난 얼굴을 본 기사가 무슨 일로 화가 나 있느냐고 물으니까? 자초지종을 말했습니다.
택시 기사는 무얼 그런 것을 가지고 화가 났느냐? 삼순이만 아니면 됐지……(하하)

먼저 이름이 아름다워서 축하드립니다.
조선 중기 명의였던 허준 선생은 의서 "동의보감"을 저술하여 민족의학의 집대성으로 조선한방 의학의 발전은 물론 중국과 일본의 의학에 영향을 끼친 업적을 남겼습니다. 성경에 아름다운 족적을 남겼던 사람들의 이름 역시, 많은 사람들이 동명다인으로 그 이름을 썼습니다. 그런 의미에서 하나님께서 ○○집사님의 이름처럼 안수집사로 피택하도록 허락하셨고(허), 하나님의 구원사역을 위하여 직분을 주셨음을 감사하게 여겨(준)준비한 집사님으로, 이름값을 톡톡히 해내는 아름다운 영적 업적을, 아름다운 교회와 민족의 구속사를 위하여 남기시는 축복이 있기를 바라면서 축하드립니다.
죄악가운데서 부르심을 받아 구원받게 된 것도 감사한데 안수집사로 세워주셨으니 하나님께 감사하고 축하받을 일이라고 생각됩니다. 이것은 내가 원해서가 아니고 주님께서 허락하셔서 되어진 일입니다.

둘째, 교회의 요직에서 일하게 된 것을 축하합니다.

항존직인 안수집사가 되면 서리집사로 있을 때보다 훨씬 교회 일에 책임을 지게 되며 관심을 갖게 됩니다. 이것은 대단히 중요한 일입니다. 이미 한 송이 백합꽃처럼 아름다운 아내 되시는 동반자 최집사님은 예배를 위하여 향기로운 피아노 음향으로 헌신하시고, 자녀들의 믿음, 또한 오색약수처럼 청아한 믿음을 가진 복 받은 가족이라고 목사님과 사모님이 입이 마르도록 칭찬하는 말씀을 들었습니다.

온 식구가 하나님의 집에서 목사님과 사모님의 사랑과 인정을 받고 있지만, 더 한층 열심을 다하여 사도들을 능가할 만한 복음선포와 부패한 교권주의자들을 통박하고 순교한 스데반집사와 사마리아에 가서 전도하고 성령의 지시를 따라 가사 광야길에서 에디오피아 내시에게 전도한 대전도자 빌립집사와 같이 충성할 기회를 얻게 된 것을 축하드리면서 받은 직분 잘 감당하시다가 머지않아 장로로 장립될 것을 믿어 축하드립니다.

셋째, 아름다운 성직을 임직하기 위해 붓는 머리에 있는 보배로운 기름이(안수시 임하는 성령) 수염에 흘러서 옷깃까지 내림 같고, 헬몬의 이슬이 시온의 산들에 내림 같아 거기서 여호와께서 복을 명령하셨나니 영생이로다(시편133편) 하신 말씀처럼 아름다운 성전에서 아름다운 하나님 사역을 위한 아름다운 일꾼을 세웠으니 이후로 더욱 여호와의 복이 아름다운교회로부터 성도님들의 생업과 가정, 이 지역사회에 충만하실 것을 믿어 축하드립니다.

제4부

권사 임직식

권사의 자격과 직무(강의교안)

〈권사의 어원〉

권사는 희랍어 "파라클레시스"를 번역한 말로서 그 의미는 '권면(exhortation), 격려, 간청, 위로, 위안' 등으로 통한다. 희랍어 동사 "파라칼레오"는 돕기 위하여 간청하다(행28:20, 눅8:41, 고후12:8), 권면하다(고후12:18, 막1:40), 위로하다(고후1:4), 화해시키다(행16:39)는 뜻을 나타낸다. 사도 바울은 로마서에서 하나님께서 우리에게 주신 은사 가운데 "권위 하는 자면 권위 하는 일로"(롬12:8)를 지적하고 있는데, 이것을 우리는 "격려(또는 위로)하는 자면 격려(또는 위로)하는 일로"라고 번역할 수 있다.

또 사도행전에 나오는 "권할 말"(행 13:15)은 사도 바울이 비시디아 안디옥의 회당에서 청중들로부터 "권할 말이 있거든 말하라"는 청을 받는 가운데 나온 말이다. 여기서 바울은 사도로서의 권위를 가지고 모인 무리들에게 권면하는 모습을 보여준다. 권면이란 말은 히브리어로 "에챠"인데 결단, 결정, 상의, 충고 등의 의미를 가진다. 여기에서 권면은 어떤 일을 계획하거나 결정하기에 앞서 주는 지혜자의 충고 혹은 아이디어의 제공을 뜻한다.

이것이 정치적인 권면일 때는 하나의 모략을 펴내는 것이요, 왕의 친근자로서 지혜자의 조언을 듣는 것이다. 군대에서는 지휘관을 돕는 참모를 가리킨 말이라고 생각된다. 그러므로 권면이란 잘못된 행위를 바르게 교정하려는 윗사람의 권위적인 충고에만 국한되지 않는다. 권면은 계획을 수립하는데 돕는 것이요, 일의 성취를 위해 창안하는 조언을 뜻한다.

〈권사의 자격과 직무〉

① 권사는 불평하는 말 대신에 남을 칭찬하는 언어를 사용해야 한다.
② 남을 저주하는 말 대신에 축복하는 언어를 사용해야 한다.
③ 이간질하는 말 대신에 화해의 다리를 놓는 언어를 사용해야 한다.
④ 실망을 안겨 주는 말 대신에 용기를 주는 언어를 사용해야 한다.
⑤ 속된 말을 지나치게 하지 말고 신앙적인 이야기를 해야 한다.

〈거룩한 직분자로서의 권사의 훈련〉

1) 언어 훈련

언어는 인간관계에 있어서 교통(Communication)의 수단으로 쓰인다. 촬리 쿨리(Charles Cooley)는 말하기를 "커뮤니케이션이란 인간관계가 존재하고 발전하는 메카니즘, 즉 정신의 모든 상징과 의미를 공간적으로 전달하고 시간적으로 보존하는 일체의 수단을 뜻한다"고 했다.

언어의 종류는 두 가지로 분류될 수 있다.

첫째, 태도나 몸짓으로 전달하는 비언어(非言語)인데 학자들은 대개 비언어를 활용하는 비율을 65%로 보고 있다.

둘째, 음성으로 전달하는 언어인데 이것을 활용하는 비율을 대개 35%로 보고 있다. 이렇게 보았을 때 언어는 단순히 소리의 전달만이 아니고 그 사람의 마음의 표현이다. 때문에 그 사람이 말하는 것을 보아서 그 사람의 인격을 알 수 있다고 했다. 남을 설득하고 신앙적으로 권면하는 직임을 맡은 권사는 특별히 다음과 같은 내용의 언어에 대한 훈련을 받아야 할 것이다.

2) 태도(Attitude)의 훈련

논어에 보면 "유덕(有德)한 인품을 가진 사람은 남에게 세 가지 영향을 끼친다"고 되어 있다. "멀리서 바라보면 엄숙하고 위엄 있게 보이고, 가까이서 바라보면 부드럽고 따스하게 느껴지며, 그가 말하는 소리를 들으면 늠름하고 준엄하다." 그 사람의 태도는 그 사람의 인품을 나타낸다. 특별히 신앙 인격을 가진 권사는 남에게 영적인 영향력을 끼칠 수 있도록 다음과 같은 태도훈련을 받아야 한다.

① 권사의 태도는 항상 진실해야 한다.
② 권사의 태도는 언제나 겸손해야 한다.
③ 권사의 태도는 품위가 있어야 한다.
④ 권사의 태도는 신앙적이어야 한다.
⑤ 권사의 태도는 남에게 좋은 영향을 끼칠 수 있어야 한다.

3) 사고의 훈련

신앙인은 언제나 생각할 때 믿음의 사고를 하도록 훈련되야 한다. 성경에 보면 하나님께서는 항상 믿음의 사고를 하는 사람을 통하여 하시고자 하는 일을 역사 속에서 성취하셨음을 알 수 있다. 모세가 가나안 땅에 들어가기 전 열두 지파의 대표를 선택하여 가나안 땅을 탐지하도록 파견하였을 때 40일간 땅을 탐지하고 돌아온 그들 중 열 지파의 대표들은 부정적인 면에서 악평을

4) 용서에 대한 훈련

하나님께서는 인간의 죄악을 용서하시는 아픔을 통하여 자기의 사랑을 우리들에게 나타내 보여 주셨다. 사도 요한은 여기에 대하여 다음과 같이 증언하고 있다. "하나님의 사랑이 우리에게 이렇게 나타난 바 되었으니 하나님이 자기의 독생자를 세상에 보내심은 저로 말미암아 우리를 살리려 하심이니라. 사랑은 여기 있으니 우리가 하나님을 사랑한 것이 아니요 오직 하나님이 우리를 사랑하사 우리의 죄를 위하여 화목제로 그 아들을 보내셨음이니라 사랑하는 자들아 하나님이 이같이 우리를 사랑하셨은 즉

우리도 서로 사랑하는 것이 마땅하도다"(요일4:9~11)

　세상을 살다보면 나에게 손해를 주고, 아픔을 주고, 나의 명예를 실추시키고, 중상모략하고, 마음을 아프게 만드는 사람들이 많다. 그럴 때는 정말 감정을 억제할 수 없고 분을 참을 수 없게 된다. 여기에서 증오심과 미움이 생기게 마련이다. 마침내 정신적인 질환이 유발된다는 것이다. 베드로가 예수께 "주여 형제가 내게 죄를 범하면 몇 번이나 용서하여 주리이까 일곱 번까지 하오리까?"하고 물었을 때 예수께서 대답하시기를 "일곱 번 뿐 아니라 일흔 번씩 일곱 번이라도 할지니라"(마18:21~22)고 하셨다.

　그리고 산상보훈의 말씀에는 "너희가 사람의 과실을 용서하면 너희 천부께서도 너희 과실을 용서하시려니와 너희가 사람의 과실을 용서하지 아니하면 너희 아버지께서도 너희 과실을 용서하지 아니하시리라"(마6:14~15)고 되어 있다.
　그리스도인은 용서하는 넓은 인격을 통하여 하나님의 사랑을 확증해야 한다. 그리고 진정한 화해의 사귐을 갖도록 해야 한다. 갈등 속에 있는 사람들을 화해시키고 평화를 가져오게 하는 직임과 사명을 갖고 있는 권사들은 특별히 먼저 용서의 훈련을 통함으로 자아의 인격을 성숙케 하고 화해자로서의 사명을 다해야 할 것이다.
　결론적으로 권사는 교회 안에서 결코 명예직이 아님을 밝혀 둔다. 그 사명이 얼마나 막중하고 귀하다는 사실을 인식하고 하나님께로부터 받은 사명을 잘 감당해야 한다. 영국의 어느 정신병원에서 연구한 논문에 의하면 정신질환자의 95%가 "용서"에 대한 훈련이 없는 사람이었다고 한다. 다시 말해 내가 남을 용서할 수 없을 때 증오심과 미움이 생기고, 내가 남의 용서를 받지 못할 때 불안감과 죄책감에서 벗어나지 못하게 된다.

〈권사의 올바른 자세〉

교회에서 권사에게 가장 필요한 것은 신앙적으로, 또는 인격적으로 올바른 자세를 갖는 것이다. 사람이 신앙적으로 올바른 변화를 가져오려면 지식(Knowledge)의 변화, 태도(Attitude)의 변화, 그리고 행동(Action)의 변화가 따라야 한다. 여기서는 몇 가지 권사로서 지녀야 할 올바른 자세를 설명하고자 한다.

1) 신앙적인 자세
권사는 바나바와 같이 믿음이 뛰어나고 성령충만한 신앙을 가져야 한다. 그러기 위해선 다음과 같은 신앙적 자세를 확립해야 할 것이다.

① **주일성수 하는 신앙적인 자세** : 그리스도인이면 누구나 철저히 주일에 교회에 나와서 예배를 드리고 하나님과의 신령한 교통을 통하여 그의 삶을 새롭게 하여야 한다. 그러나 교회에 다니는 사람들 가운데는 주일을 성수하지 못하는 사람들이 많다. 물론 이유는 여러 가지가 있다. 사업, 직장, 애경상조 등으로 주일예배에 참석을 못한다. 그리고 어떤 이들은 개인적인 취미생활인 등산, 낚시, 스포츠 관람 등을 즐기기 위해 교회에 출석을 못하는 사람들도 있다. 그러나 권사의 직임을 받은 사람은 이러한 이유를 극복해야 한다. 주일을 철저히 지키는 신앙적인 자세가 없이 어떻게 남을 설득력 있게 신앙으로 지도할 수 있겠는가? 주일성수는 그리스도인의 신앙적인 기본 자세이다.

② **기도하는 신앙적인 자세** : 기도는 성령을 받는 통로이며, 영적인 권위와 능력을 얻는 길이다. 시편에 보면 "여호와께서는 자기에게 간구하는 모든 자 곧 진실하게 간구하는 모든 자에게 가까이 하시는도다"(시편145:18)라고 되어 있다.

③ 물질 봉사의 신앙적인 자세 : 바나바는 본래 본명이 요셉이었지만 바나바로 부름 받았을 때 자기가 가졌던 밭을 팔아 그 값을 사도들의 발 앞에 바쳤다(행4:36~37). 사실상 누구든지 자기의 소유를 팔아 헌납한다는 것은 쉬운 일은 아니다. 여기엔 어떤 의미와 가치가 주어져야 하고 개인적인 결단이 필요한 것이다. 교회에서 모범적인 신앙생활을 해야 하는 것 가운데 하나가 헌금하는 생활이다. 성서적으로 의무화되어 있는 십일조 헌금은 물론 감사헌금과 절기헌금을 함으로 다른 사람을 권하고 지도하는 입장에서 본이 되어야 한다. 그리고 찬양대원이나 교회학교 교사들을 사랑으로 대접하고 그들을 격려하는 일도 힘써 해야 할 사명인 것이다. 물질의 희생을 통한 봉사도 신앙적인 자세 가운데 중요한 부분인 것이다.

④ 성경공부를 열심히 하는 신앙적인 자세 : 성경공부는 우리의 일생을 다 바쳐 해도 모자란다. 진리를 이해하고 깨닫는 것은 끝이 없기 때문이다. 교회지도자가 되려 하면서 기독교의 경전인 성경을 몰라서는 안 된다. 특별히 권사의 직임을 받은 사람은 구역에서 책임을 맡고 남을 지도하는 입장에 있기 때문에 성경을 진지하게 연구하고 공부하는 자세를 확립해야 한다.

2) 인격적인 자세
권사는 남을 위로하고 권면하는 직임을 가졌다는 점에서 자신의 인격이 성숙되도록 해야 한다. 그러기 위해서는 자아훈련에 힘쓰고 인격적으로 남에게 존경을 받도록 노력해야 한다.
훌륭한 그리스도인은 네 가지 면에서 인정을 받아야 한다는 말이 있다.
첫째, 통일된 인격으로 자신이 자신에게 인정을 받아야 하고,
둘째, 사랑과 존경으로 이웃 사람들에게 인정을 받아야 하며,
셋째, 믿음과 순종으로 하나님께로부터 인정을 받아야 하고,

넷째, 시험과 유혹을 물리침으로 마귀로부터 인정을 받아야 한다.

권사의 직임은 성숙된 신앙 인격을 가지고 남을 권면하고, 위로하며, 격려하고, 화해자로서 전도인의 사명을 다하는 것이다. 연약한 자를 돌보고, 믿음이 약한 자를 권면하여 성숙한 그리스도인으로 이끌어야 할 사명을 가진 권사는 언제나 그 생각을 믿음의 생각으로 바꾸어 긍정적이고 적극적인 사고를 함으로 맡은 바 사명을 다하여야 할 것이다

권사취임식 축사

권사의 직분은 교회직분 가운데 아주 소중하고 귀한 직분입니다. 오늘 하나님께서 그 신앙을 인정하셔서 권사 취임하심을 축하드립니다. 권사 제도가 교파에 따라 약간의 차이가 있습니다. 여자 성도에게만 권사직분을 주는 교파가 있고, 어떤 교파에서는 안수집사에 해당하는 직분을 권사라고 부르는 교파(감리교)도 있습니다.

먼저 권사라는 직분은 중견(中堅)의 뜻을 가지고 있습니다. 그리고 권사라는 직분은 믿음의 연륜이 깊다는 의미가 있습니다. 연륜이라는 것은 참 중요합니다. 지식은 짧은 시간에 얻을 수 있지만 지혜는 연륜이 필요합니다. 권사에 취임한다는 것은 믿음과 삶에 대해 지혜를 가지고 있다는 것을 의미합니다.

그래서 목사님, 전도사님, 권사님은 師字가 스승(師字)입니다. 목사님을 도와 질병있는 자나 환난과 고난을 당한 자, 메마르고 낙심에 처한 영혼을 위로하고, 돌보아 그 영혼을 소생하도록 몸바쳐 도와주는 직분으로 성령하나님의 보호아래 그 이름대로 신앙연륜에 쌓인 지혜를 가지고 권면하는 직분이니 얼마나 소중하고 자랑스러운 직분입니까? 그 영광스러운 직분에 취임하심을 축하드립니다.

그리고 지금까지는 나의 신앙을 위해 살아왔지만, 지금부터는 남을 위한 신앙의 길목에 들어 섰습니다. 다른 사람의 영혼을 위해 헌신, 봉사하는 길목에 들어서신 것입니다.

어머니가 없는 가정은 쓸쓸한 것같이 어머니의 역할을 감당하기 위해서 세운 것이 권사입니다. 성경에는 그릇(器)을 하나의 인격을 표시하는 낱말로 응용했는데 사도행전 9:15절에는 바울을 '하나님의 택한 그릇'이라고 하였고, 베드로전서 3:7절에는 여자를 '연약한 그릇'이라고 하였습니다.

연약한 듯한 여자이지만 남편을 살리고, 자녀들을 살리고, 가정을 살리기위해 모든 것을 바쳐 헌신하신 권사님들이 이제는 어머니에게서 맛보는 사랑을 나눠 주어 성도들을 살리고 주님의 몸된 교회를 살리고, 지역사회 모든이를 살리는 권사님이 되셨으니 귀한 그릇되시기를 축하드립니다.

성지교회 설립 30주년 기념 및 권사임직식 권면

성지(거룩한 땅)는 하나님이 아브라함에게 땅을 주신다고 약속하신 그 가나안땅을 가리키는데, 왜 그 땅이 거룩한 땅이냐 하면 그 땅에 언약의 자손을 주시겠고, 그리고 그 자손으로 인하여 천하만민이 복을 받으리라고 약속하신 땅으로 그 땅을 젖과 꿀이 흐르는 땅이라고 말합니다. 젖과 꿀은 만민의 죄를 속죄하시기 위하여 대속의 제물로 죽으신 예수그리스도의 보배로운 피를 말합니다. 이 어마어마한 성지교회라는 이름을 주셔서 국내외 수많은 영혼들에게 젖과 꿀이 되시는 예수 그리스도의 복음을 전파한지 30주년이 되었다니 먼저 축하드립니다.

오늘 권사로 취임하신 모든 임직자 여러분을 축하드리며 먼저 권사 직분의 중요함을 대해 권면해 드립니다. 로마서 12장 6절이하에 보면 "우리에게 주신 은혜대로 받은 은사가 각각 다르니 혹 예언이면 믿음의 분수대로, 혹 섬기는 일이면 섬기는 일로, 혹 가르치는 자면 가르치는 일로, 혹 위로하는 자면 위로하는 일로, 구제하는 자는 성실함으로, 다스리는 자는 부지런함으로, 긍휼을 베푸는 자는 즐거움으로 할것이니라"

오늘 취임하신 권사님들은 남들을 권고하고 지도하는 직분을 잘 감당하는 데 필요한 믿음과 성품을 잘 갖췄으리라고 믿습니다만 먼저 "믿는 사람은 그 얼굴이 전도를 한다"는 말이 있습니다. 권사님의 가슴에 복음이 있는 분은 감출 수 없는 기쁨이 있고, 그래서 늘 해맑고 잔잔한 미소가 넘쳐흐르고, 평화가 있고, 소망이 있기 때문에 어딘가 모르게 다르다는 것입니다.

권사님들의 얼굴이 메뚜기 이마빡 같이 성깔 쌍칼자국 주름살이 짜글짜글하고, 3년 묶은 무우장아치같이 시커먼하고 부리부리하면 목사님은 마치 조직의 두목같이 보여서 오던 사람들도 돌아서 도망치게 됩니다.

성지교회 권사님들의 얼굴에는 이 모든 것 외에 자애로움이 넘쳐서 정말 얼굴만 가지고도 전도가 될 수 있어야 합니다. 많은 사람들이 위로를 받는 어머니같은 권사님들로 인하여 예수님의 사랑이 철철 넘쳐서 목사님이 권사님들 때문에 목회가 신이 나고, 성도들 간에는 미소가 풍성하여 치유받고 능력받아 살맛나는 부천시민들이 꾸역꾸역 모여드는 하나님의 구원사역이 날마다 흥왕하는 성지교회의 새로운 역사가 매일 매일 체험되기를 바랍니다.

제5부

안수집사 임직식

집사안수, 권사취임식 축사

행복한 교회는 최고로 찬찬한 목사님, 지역사회의 모든 어두움을, 빛나는 이마 광채로 몰아낼 것 같은 최목사님이 목양하시기에 행복한 교회입니다.

머지 않아 최고의 찬란한 복음행전사를 만들 행복한 교회이기에, 교단 안 팍 살림에 분주하신 총무님과 여러 목사님들, 거기에다 교단 총회 부서기인 저까지 동원이 되어 임직식을 거행함은 여러분의 미래를 보는 것 같아 축하를 드립니다.

기도와 설교와 권면 등 은혜스러운 순서를 통하여 이미 많은 축복을 받았습니다. 이제 축사를 통하여 이 모든 축복이 더욱 확실시 되기를 바라면서 축사를 드립니다.

교회 안에서 성직의 직능은 각기 다르지만 영적으로는 모두 하나님의 일을 하는 일꾼입니다. 그리스도 안에서 무슨 높고 낮은 계급적 차별이 있을 수 있겠습니까?

모든 교회 직분은 만직이 동등합니다. 그리고 모든 직분은 봉사직입니다. 결단코 권리직이나 명예직이 아닙니다.

사도행전 6장에서 초대교회가 크게 부흥될 때 구제와 봉사하는 공궤일을 전담하도록 집사들을 세웠습니다. 이 때 세움 받은 집사들 중에 스데반과 빌립은 큰 일을 하였습니다. 스데반은 사도들을 능가할 만한 설교로 부패한 교권주의자들을 통박하고 돌에 맞아 순교했습니다.

빌립은 사마리아에 가서 전도하고 성령의 지시를 따라 가사 광야 길에서 에디오피아 내시에게 전도하는 대전도자가 되었습니다. 자기들의 책임 이상의 큰일을 하면서 사도행전에 나타난 초대 교회 부흥사의 한 모퉁이를 담당하였고 그 이름이 지금까지 길이 빛나고 있습니다.

바라기는 오늘 안수 받으시는 집사님도 스데반과 빌립처럼 위대한 신앙의 업적을 남기는 축복이 있기를 바라면서 축하를 드립니다.

행복한 교회 안수집사 장립 및 권사취임식 축사

신명기 33장 29절에 "이스라엘이여 너는 행복자로다 여호와의 구원을 너 같이 얻은 백성이 누구뇨 그는 너를 돕는 방패시오 너의 영광의 칼이시로다 네 대적이 네게 복종하리니 네가 그들의 높은 곳을 밟으리로다"라고 말씀하신대로 오늘 임직 받으시는 안수집사님과 권사님들께 여호와의 행복이 가득하실 것을 믿어 축하드립니다.

사람들이 결혼할 때 배우자와 고락을 평생 같이하며 사랑할 것을 서약합니다. 그래서 결혼서약을 세상의 많은 약속 가운데 가장 엄숙한 것이라고 말합니다. 마찬가지로 집사안수식과 권사취임식의 서약은 결혼서약 이상으로 엄숙한 것입니다. 또한 오늘의 임직서약은 평생토록 주님을 위해 그리고 주님의 몸 된 교회를 위해 봉사하겠다는 것을 뜻합니다.

사람이 봉사할 대상을 가지고 있는 것은 행복한 일 가운데 하나입니다. 안수집사님 그리고 권사님들은 우리를 지으시고 이 세상에 보내셨으며 만복의 근원되시는 하나님을 위해 평생 봉사하겠다고 서원하는 큰 행복의 주인이 되신 것을 진심으로 축하드립니다. 수 십년이라는 세월을 믿음으로 많은 고초와 역경을 이기고 확고한 믿음생활하신 것을 축하드리며, 열심히 봉사해서 성도들에게 신앙의 본이 되는 이 행복을 마음껏 누리시고, 자손만대 이 임직식을 길이 길이 살리는 명문가문이 되실 것을 믿어 축하드립니다.

지금까지는 나 홀로 신앙으로 살아 왔지만 지금부터는 주님 가신 길, 십자가의 길에 동참하여 남을 위한 생활의 길로 들어섰습니다. 다른 영혼을 위하여 봉사, 헌신하는 길입니다.

메마르고 낙심하는 영혼을 위해 몸 바쳐야 할 길로 들어선 것입니다. 얼마나 소중하고 영광된 길입니까? 이 귀하고 귀한 직분 맡음을 축하합니다. 맡은 본분에 충실할 때마다 성령님께서 도와주시며 기뻐하실 것입니다. 예수님께서는 제자의 발을 씻기신 일로 본을 보여주셨습니다. 임직자는 영혼을 사랑할 수 있어야 합니다. 자녀를 돌보는 부모상이 되어야 합니다.

제6부

학위식 축사

중앙신학대학원대학교 학위식 축사

오랜 각고 끝에 영예의 석사, 박사학위를 취득하게 된 것을 진심으로 축하드립니다.

이것은 먼저 하나님의 은혜요, 부모, 형제, 가족들의 노력의 열매요, 자신과의 싸움에서 승리한 것입니다. 하나님의 은혜는 우리 구주 예수 그리스도 안에서 값진 생명과 희망을 주셨고, 그로 인하여 값진 땀과 자신과의 씨름에 눈물을 쏟아 이루어낸 승리입니다. 교회는 삼액체를 먹고 자란다고 합니다. 학문의 형설도 피와 땀과 눈물로 이루어집니다. 다른 사람들이 잠자는 시간에 혼자 깨어 있어 학문에 매달리고, 우물을 파듯 열심히 노력한 결과로 얻어진 면류관입니다. 참으로 장한 일입니다.

서양속담에 인생의 즐거운 날은 다만 사흘이라고 합니다. 대통령으로 취임하는 날, 애인과 결혼하는 날, 학교에서 졸업장을 받는 날이라고 합니다. 그러나 대통령은 저마다 되는 일이 아님으로 실상 기쁜 날은 단 이틀 밖에 없다고 할 것입니다. 인생의 가장 기쁜 날이 오늘 여러분 앞에 왔으니, 여러분은 물론 여러분을 지도하신 총장님을 비롯하여 교수 여러분들은 얼마나 기뻐하시며, 여러분 가족과 여러분이 섬기는 교회에서는 얼마나 기뻐하시겠습니까? 자신의 영예일뿐 아니라 우리 모두의 영예요, 하나님께 영광 돌일 일입니다.

졸업이란 말을 중국사람은 畢業이라 하고, 일본사람은 우리와 같이 卒業이라하지만 영어로는 graduation인데, 그 말은 "한 계단 더 높이 올라갈 수 있는 자리에 이른 것"이라는 뜻으로 하나의 매듭을 맺은 것을 의미하고, commencement라고도 하는 데 이 말은 학업을 모두 마치었다는 말이 아니고, "새로운 시작"이라는 뜻입니다.

모세는 여러 계단을 올라와서 민족 해방의 큰일에 착수하였습니다. 애굽 왕실에서 세상의 학문이라는 계단을 올라왔고, 그 다음은 미디안 광야에서 현장 학습의 계단을 올라갔습니다. 여러분은 지금 모세가 첫 번째로 올라 선 계단에 올라섰다고 할 수 있습니다. 이제는 삶의 현장에서 두 번째 계단을 올라가기 시작해야 합니다. 올라서면 더 멀리 보입니다. 더 멀리 바라보는 사람은 더 많은 것을 설계 할 수 있습니다. 여러분은 더 웅대한 설계를 할 수 있는 안목을 갖추게 되었습니다. 하나님은 그런 사람을 들어 쓰십니다.

그런 의미에서 먼저 축하드릴 것은 주님이 창조하신 한 분야를 개척, 고양시킨 것입니다. 주님은 모든 사람에게 각양의 은사를 주셨습니다. 그 은사를 개발하여 자신에게 즐거움을, 타인에게는 기쁨을, 하나님께는 영광을 돌리며, 여러분의 모교인 중앙신학대학원대학교에는 자랑이 될 것입니다.

그리고 학위는 "전문인"이 되었다는 것입니다. 학위분야에 권위자가 된 것입니다. 일가견이 있게 된 것입니다. 비로소 눈이 열리게 된 것입니다. 한 분야의 전문가가 되어 주님의 사랑을 나타낸다는 것은 얼마나 값지고 보람 있는 일입니까?

오늘의 이 기쁨과 감격이 퇴색되지 않도록 더욱 노력하시고, 앞으로 교계에 학문적 공헌을 끼칠 것을 기대합니다. 학문과 신앙은 양극이 아니라 일치되어야 합니다. 그러므로 신앙은 학문적 토대위에 성립되어야 합니다. 학문과 신앙을 조화하는 일에 보다 큰 공헌이 있으리라고 기대하면서 축하드립니다.

예수님께서 열두제자들을 부르시고, 저들을 가르치시고, 각처에 파송하신 것처럼, 이제 여러분이 받은 학위를 통하여 주님의 사랑을 더욱 높이 나타내기를 기원합니다. 하나님께서 여러분을 통해 영광을 받으시기를 원하십니다.

다시 한번 하나님이 크게 쓰시는 자격을 갖추게 된 것을 진심으로 축하드립니다.

처칠의 졸업식 축사

영국의 뛰어난 정치가이자 웅변가인 윈스턴 처칠은 2차 세계대전 중에 위대한 국가 지도자로 활약했을 뿐만 아니라 많은 강연과 훌륭한 저술을 써서 노벨문학상을 수상하기도 했다.

그는 명문 옥스포드 대학에서 졸업식 축사를 하게 되었다. 그는 위엄 있는 차림으로 담배를 입에 물고 식장에 나타났다. 처칠은 열광적인 환영을 받으며 천천히 모자와 담배를 연단에 내려놓았다.

그리고 나서 청중들을 바라보았다. 모두들 숨을 죽이고 그의 입에서 나올 근사한 축사를 기대했다. 드디어 그가 입을 열었다.

"포기하지 마라!(Never give up)"
그는 힘 있는 목소리로 첫마디를 뗐다.
그러고는 다시 청중들을 천천히 둘러보았다.
청중들은 그 다음 말을 기다렸다. 그 때였다.
"절대로 포기하지 마라!(Never never give up)"
처칠은 다시 한 번 큰 소리로 이렇게 외쳤다.
더 이상 아무 말도 하지 않고 다시 모자를 쓰고는 연단을 걸어 내려왔다. 그것이 졸업식 축사의 전부였다.

제7부

가족사

감사의 말씀 올립니다.

귀댁의 하시는 일이 날로 발전하시며 행복이 항상
가득 하시기를 앙망하나이다.
금번 5월 26일 저희 혼사에 바쁘신 가운데에도 불구하시고
과분한 축복과 후의를 베풀어 주신데 대하여 진심으로
감사의 말씀을 드립니다.
의당 찾아뵈옵고 인사드림이 도리이오나 우선 지면으로
인사드리게 됨을 널리 양해하여 주시기 바라오며 앞으로도
귀댁의 대사가 있을시 반드시 연락주시기 바랍니다.
끝으로 귀댁의 따사로운 정에 깊이 감사드리오며 항상 건강하시고
가정에 행운이 늘 함께 하시기를 소원합니다.

2012년 5월 28일
구금섭 · 류기예 올림

감사의 인사 올립니다.

아까시아 향기 그윽한 신록의 계절에 하나님의 은총이 귀 가정에
충만하시기를 기원합니다.
여러 어른들과 친지들의 축복 속에
지난 5월 26일, 사위 이상호와 딸 구혜영의 혼례식을 감사히 마쳤습니다.
모든 것이 은혜이고 사랑이어서, 감사할 따름입니다.
베풀어 주신 사랑을 가슴에 새겨
오래도록 잊지 않을 것입니다.
찾아뵙고 인사드려야 마땅하오나

우선 지면으로 감사의 인사를 올립니다.
앞으로 귀댁의 대소사에도
저희가 꼭 동참할 수 있는 기회를 주시면
감사하겠습니다.
더욱 건강하시고 항상 행복하시길 기원합니다.
감사합니다.

5월 28일
구금섭 · 류기예 올림

축 결 혼

주 례 : 이 용 규 목사
(한국기독교총연합회 증경 총회장)

신 랑 : 이 상 호 군
신 부 : 구 혜 영 양

- 일 시 : 2012년 5월 26일(토) 오후 5시
- 장 소 : AT 센터 5층 크리스탈 웨딩홀

결혼 예식 순서

1부 순서

개 식 사 ···	사 회 자
화촉점화 ···	양가모친
주례소개 ···	사 회 자
입 장 ···	신랑 · 신부
혼인찬송 ······················ 605장 ······················	다 같 이

1. 오늘모여 찬송함은 형제자매 즐거움 거룩하신 주뜻대로 혼인예식 합 니다 신랑신부 이두사람 한몸되게 하시고 온집안이 하나되고 한뜻되게 하소서
2. 세상에서 사는동안 한길가게 하시고 맘과뜻이 하나되어 주따르게 하 소서 서로믿고 존경하여 서로돕고 사랑해 고와낙을 함께하며 승리하게 하소서
3. 아버지여 우리들이 기도하고 바람은 저들부부 세상에서 해로하게 하 소서 이두사람 감화하사 항상주를 섬기며 이세상을 살아갈때 행복하게 하소서

말씀봉독 ···················· 마태복음 19:4~6 ···················· 주 례 자
 예수께서 대답하여 가라사대 사람을 지으신 이가 본래 저희를 남자와 여자로 만드시고 말씀하시기를 이러므로 사람이 그 부모를 떠나서 아내 에게 합하여 그 둘이 한 몸이 될찌니라 하신 것을 읽지 못하였느냐 이러 한즉 이제 둘이 아니요 한 몸이니 그러므로 하나님이 짝지어 주신 것을 사람이 나누지 못할찌니라 하시니

주 례 사 ···················· 이상적인 결혼 ···················· 이용규 목사
혼인서약 ··· 신랑 · 신부
 신랑 **이상호** 군은 신부 **구혜영** 양을 결혼한 아내로 맞아 이제로부터 평 생토록 괴로우나 즐거우나 가난하나 부하거나 병들거나 건강하거나 어떤

환경 중에서 라도 신부를 귀히 여기고 사랑하여 죽음이 두 사람을 나눌 때까지 하나님의 명령을 따라 오늘의 이 약속을 지키기로 하나님 앞과 여러 증인들 앞에서 굳게 서약합니까?

 신부 **구혜영** 양은 신랑 **이상호** 군을 결혼한 남편으로 삼아 이제로부터 평생토록 괴로우나 즐거우나 가난하나 부하거나 병들거나 건강하거나 어떤 환경 중에서 라도 신랑을 귀히 여기고 사랑하여 죽음이 두 사람을 나눌 때까지 하나님의 명령을 따라 오늘의 이 약속을 지키기로 하나님 앞과 여러 증인들 앞에서 굳게 서약합니까?

축복기도 ··주 례 자
성혼선포 ··주 례 자
 지금 이 자리에 서있는 신랑, 신부가 하나님 앞에 서약하였기에 주례자는 신랑 이상호 군은 신부 구혜영 양이 주안에서 부부가 된 것을 성부와 성자와 성령의 이름으로 선포하노라. -아멘-
축 도 ·· 이용규 목사

2부 순서

축 가 ·· 친 우
기념초 점화 / 축하케익 커팅 ··· 신랑 · 신부
양가부모 및 내빈께 인사 ··신랑 · 신부
신랑 · 신부행진 ············신랑 신부 새 출발························기립박수

◼ 연합을 위한 서약 ◼

 1. 하나님의 사랑으로 서로 존중하며 주님의 복된 가정을 이루며 살겠습니다.
 2. 나와 다른 습관이 나를 힘들게 할 때라도 여전히 긍휼을 선택해 살겠습니다.

3. 나의 고집이 우리 둘을 갈라놓는다면 둘의 연합을 위해 극히작은 자존심마저 내려놓겠습니다.

4. 서로 다른 차이(남녀의 차이, 기질과 성격의 차이)를 존중하며살겠습니다.

5. 당신과 규칙적으로 단 둘이 있기 위해 우선순위를 조절해 사는 지혜를 구하겠습니다.

6. 내 마음을 흔들게 하는 모든 상처들에 대해 용서하는 마음을달라고 기도하겠습니다.

7. 열등감을 만드는 사람은 자기 자신뿐인 줄 알아 나를 가꾸는일에 더 마음을 쏟겠습니다. 그래서 가장 어울리는 짝이 되는일에 마음을 두고 살겠습니다.

8. 성적 순결을 유지하며, 아무리 싸워도 잠자리는 따로 하지 않겠습니다.

◼ 감사 인사 ◼

저희들의 만남을 섭리해주신 하나님께 영광을 올립니다.

그 동안 보살펴 주신 부모님, 친지분들의 은혜에 감사드리며 바쁘신 중에 오셔서 축복해 주신 하객분들께 머리 숙여 감사드립니다.

저희들의 행복한 가정을 위하여 기도와 사랑을 더해 주시기를 바라며 모든 분들에게 하나님의 은총과 평강을 기원 합니다.

신랑 이상호, 신부 구혜영 올림

축
결 혼

주 례 : 최 건 호 목사
(기독교대한성결교회 증경 총회장)

신 랑 : 구   민 군
신 부 : 박 신 희 양

● 일 시 : 2014년 8월 30일(토) 오후 4시
● 장 소 : 유엔아이 웨딩홀

결혼 예식 순서

개 식 사 ··· 주 례 자
화촉점화 ·· 양가모친
입   장 ··· 신랑 · 신부
혼인찬송 ··················· 605장 ···················· 다 같 이
1. 오늘모여 찬송함은 형제자매 즐거움 거룩하신 주뜻대로 혼인예식 합니다 신랑신부 이두사람 한몸되게 하시고 온집안이 하나되고 한뜻되게 하소서
2. 세상에서 사는동안 한길가게 하시고 맘과뜻이 하나되어 주따르게 하소서 서로믿고 존경하여 서로돕고 사랑해 고와낙을 함께하며 승리하

게 하소서
3. 아버지여 우리들이 기도하고 바람은 저들부부 세상에서 해로하게 하소서 이두사람 감화하사 항상주를 섬기며 이세상을 살아갈때 행복하게 하소서

말씀봉독 ·················마태복음 19:4~6 ················주 례 자
 예수께서 대답하여 가라사대 사람을 지으신 이가 본래 저희를 남자와 여자로 만드시고 말씀하시기를 이러므로 사람이 그 부모를 떠나서 아내에게 합하여 그 둘이 한 몸이 될찌니라 하신 것을 읽지 못하였느냐 이러한즉 이제 둘이 아니요 한 몸이니 그러므로 하나님이 짝지어 주신 것을 사람이 나누지 못할찌니라 하시니
주 례 사 ···················이제는 한 몸 ··············최건호 목사
혼인서약 ··· 신랑·신부
 신랑 **구 민** 군은 신부 **박신희** 양을 결혼한 아내로 맞아 이제로부터 평생토록 괴로우나 즐기우나 가난하나 부하거나 병들거나 건강하거나 어떤 환경 중에서 라도 신부를 귀히 여기고 사랑하여 죽음이 두 사람을 나눌 때까지 하나님의 명령을 따라 오늘의 이 약속을 지키기로 하나님 앞과 여러 증인들 앞에서 굳게 서약합니까?
 신부 **박신희** 양은 신랑 **구 민** 군을 결혼한 남편으로 삼아 이제로부터 평생토록 괴로우나 즐거우나 가난하나 부하거나 병들거나 건강하거나 어떤 환경 중에서 라도 신랑을 귀히 여기고 사랑하여 죽음이 두 사람을 나눌 때까지 하나님의 명령을 따라 오늘의 이 약속을 지키기로 하나님 앞과 여러 증인들 앞에서 굳게 서약합니까?
축복기도 ···주 례 자
성혼선포 ···주 례 자
 지금 이 자리에 서 있는 신랑, 신부가 하나님 앞에 서약하였기에 주례자는 신랑 구 민 군과 신부 박신희 양은 주안에서 부부가 된 것을 성부와 성자와 성령의 이름으로 선포하노라. -아멘-

축   가 ·· 리엘중창단
축   도 ·· 최건호목사
양가부모 및 내빈께 인사 ····················· 신랑 · 신부
신랑 · 신부행진 ········ 신랑 신부 새 출발 ········ 기립 박수

■ 연합을 위한 서약 ■

1. 하나님의 사랑으로 서로 존중하며 주님의 복된 가정을 이루며 살겠습니다.
2. 나와 다른 습관이 나를 힘들게 할 때라도 여전히 긍휼을 선택해 살겠습니다.
3. 나의 고집이 우리 둘을 갈라놓는다면 둘의 연합을 위해 극히작은 자존심마저 내려놓겠습니다.
4. 서로 다른 차이(남녀의 차이, 기질과 성격의 차이)를 존중하며살겠습니다.
5. 당신과 규칙적으로 단 둘이 있기 위해 우선순위를 조절해 사는 지혜를 구하겠습니다.
6. 내 마음을 흔들게 하는 모든 상처들에 대해 용서하는 마음을달라고 기도하겠습니다.
7. 열등감을 만드는 사람은 자기 자신뿐인 줄 알아 나를 가꾸는일에 더 마음을 쏟겠습니다. 그래서 가장 어울리는 짝이 되는일에 마음을 두고 살겠습니다.
8. 성적 순결을 유지하며, 아무리 싸워도 잠자리는 따로 하지 않겠습니다.

■ 감사 인사 ■

저희들의 만남을 섭리해주신 하나님께 영광을 올립니다.

그 동안 보살펴 주신 부모님, 친지분들의 은혜에 감사드리며 바쁘신 중에 오셔서 축복해 주신 하객분들께 머리 숙여 감사드립니다.

저희들의 행복한 가정을 위하여 기도와 사랑을 더해 주시기를 바라며 모든 분들에게 하나님의 은총과 평강을 기원 합니다.

신랑 구 민 · 신부 박신희 올림

결혼을 앞둔 딸에게 보내는 편지

〈부부관계의 회복〉
〈Restoration of Man and Wife Relationship〉

유대인 어머니들은 결혼을 앞둔 딸에게 다음과 같은 편지를 꼭 보낸다.
Jewish mothers made it a rule to send a letter to their daughter who is preparing for marriage.

'사랑하는 딸아, 네가 남편을 왕처럼 섬긴다면 너는 여왕이 될 것이다.
My beloved daughter, you will be a queen if you serve your husband as a king.

만약 남편을 돈이나 벌어오는 하인으로 여긴다면 너도 하녀가 될 뿐이다.
If you treat your husband as a money earner, you will be treated as his servant.
네가 지나친 자존심과 고집으로 남편을 무시하면 그는 폭력으로 너를 다스릴 것이다.
If you ignore your husband for the sake of your self esteem or

stubbornness then he will reign over you with his force.

만일 남편의 친구나 가족이 방문하거든 밝은 표정으로 정성껏 대접하라. 그러면 남편이 너를 소중한 보석으로 여길 것이다.
If you have visitors related with your husband, receive them with heartful sincererity. Then your husband regards you as a precious jewel.

항상 가정에 마음을 두고 남편을 공경하라. 그러면 그가 네 머리에 영광의 관(冠)을 씌워 줄 것이다'
Always keep your mind on your home and respect your husband, then you will honorably be crowned by your husband.

가정을 집으로 비유한다면 가정의 기초는 두 사람의 세계관이다.
The basic structure of home depends on how you two view the life.

가정의 기둥은 부부(夫婦)다.
Man and wife are main columns of a house.

다음으로 대화와 이해라는 두 개의 창문이 있어야 세상을 바라볼 수가 있다.
Conversation and comprehension are two windows on the house. You can watch the world through the windows.

또 보호(保護)라는 울타리와 봉사(奉仕)라는 대문을 잘 사용해야 한다.
And there is a fence for safeguard, and a door for service.

행복은 멀리 있는 것도 아니고, 행복하기 위해 많은 수고가 필요한 것도 아니다.
Happiness is not in distance and is not so difficult to gain.

행복한 부부는 서로를 격려하지만 불행한 부부는 서로를 공격하고 무시한다.
이기심과 무관심이 가정의 행복을 앗아 간다.
Happy spouse encourage eachother while unhappy spouse attack and ignore each other.
Sefishness and carelessness deprives happiness from home.

나이가 들수록 일과 수입은 적지만 노는 일과 소비는 클 것이다.
As you are getting older, your expenses are getting bigger.

자식들을 출가 시킨 후 부부는 오랜 시간을 함께 보내야 하는데 서로를 배려하지 않고는 결단코 행복(幸福)한 인생이 될 수가 없다.
After your youngest child is get married, you two would have long time to live together.
This period of time, you would never be happy without considerations of each other.

노년이 되어도 다투는 문제는 대부분 상대가 절실하게 원하는 것이 무엇인지를 알지 못하는데 기인하고 있다.
The main trouble of elder spouse comes from their ignorance of partner's serious demands.
사람은 나이가 아무리 들어도 꿈이 있다.
이제 그 소망은 함께 이루어가야 할 인생 목표이기도 하다.

Man, no matter how old, dream to realize.
The dream is the goal that the spouse have to attain together.

그 꿈을 이루기 위해
서로 역할분담을 나누며 협력해 나갈 때 내일은 절망(絕望)이 아닌
날마다 새로운 소망을 안고 행복하게 살아갈 수 있게 된다.
To realize the dream
you two have to share roles and to work together.
Now, you will have tomorrow of hope and happiness,
not of despair and unhappiness.

나의 보물, 나의 희망인 딸 혜영이에게……

혜영아…
아빠가 가장 싫어하는 동장군도 서서히 떠날 차비를 서두르는데 나른한 봄기운은 벌써 찾아와 뜰 밖에서 기웃거리는구나!
혜영아 지금까지 집을 떠나 영성훈련을 위하여 기도원, 수련회 한 번도 가보지 않은 네가 인사를 하고 나서는 너의 뒷모습을 바라보는 아빠는 눈시울이 붉어졌다. 왜 그런지 아니? 대견스럽게 느껴져서야!!! 잘 갔다 와라! 기도할게 했지만 말이다….

네가 태어나서 자라는 모습은 가난한 아빠였시만 부자가 부럽지 않을 만큼 가슴이 뿌듯했었다. 예쁜데다가 통통한 너를 훌륭한 학자로 키우고 싶었었지… 물론 대리만족 차원이 아닌 가문의 딸로 키우고 싶었단다. 아빠가 자랄 때는 너무 가난한 가정인지라 공부하고 싶었지만 그럴 형편이 못되어 고개를 떨굴 수밖에 없었지… 가슴 한 구석에 응어리가 지도

록 말이야… 그래서 오랫동안 아빠는 책가방에 미련을 떨치지 못한 것 같다. 덕분에 오빠와 네가 그리고 청순한 엄마가 고생을 많이 했지… 아니 많이 시켰다는 표현이 맞을거야… 미안하다. 제대로 먹이고, 잘 입히지 못하고, 뒷바라지도 못한 아빠다. 그리고 가족이 함께 여행 한 번도 못 간 것이 여한으로 남는다….

혜영아! 강화도 숲속 수련원에 임재하시는 하나님을 꼭 만나기를 염원한다, 아니 자비로우신 하나님이 네가 실존적으로 체험하도록 찾아오시기를 기도한다. 그래서 이 못난 아빠를 용서하기를 바란다. 네 가슴 깊숙한 곳에 자리 잡고 있을 마음의 상처가 치유받기를 하나님께 빌고 있단다. 너의 일생에 처음 아빠에게 받아보는 편지 이겠구나… 물론 군대를 안갔으니…… 쓸 기회가 없었지만….

이 참에 너에게 용서를 빌 것이 많다. 미아리에서 개척교회 할 때 36평 집을 사서 도배하는 날, 너에게 손지검을 한것 하고, 부천에 이사와서 조그만 중동주공아파트에서 살 때 총회본부 선교국에서 근무하느라 1시간 반 이상 서서 출퇴근하고 돌아오는 너에게 핸드폰을 끊으라고 호통을 치며 심하게 손 지검을 한 것이 두고 두고 아빠의 마음에 후회로 자리 잡고 있다. 아빠는 가끔 그 일들이 생각나면 지금도 미안하다. 죽을 때까지 나 자신도 용서 못할 행동이었다 . 아마 그 때 일을 떠올리면 너도 아빠가 미울거야… 이 외에도 많지만도…,

인격과 신앙이 바로 서 있지 못한 내 부덕한 탓이었다… 정말 후회스럽다. 레위기 21장에 대제사장, 제사장은 "더더욱 거룩하라"고 하나님이 말씀하셨는데, 목사님 다웁지 못한 쓴 뿌리들이 너무나 많은 것 같구나!! 아빠의 바램에는 엄마에게서도, 오빠와 너에게도 듣고 싶은 말이 있다면, 우리 아빠는 정말 목사님 답다는 말을 듣고 싶었는데…부끄럽구나!! 미안해 혜영아…

그럼에도 불구하고 잘 자라줘서 고맙다… 봄버들강아지가 눈을 뜨고 기지개를 펴듯이 이번 기회에 영안의 눈, 믿음의 눈이 열리기를 빌께… 그리고 일평생 예레미야 17:5-8 말씀대로 순종하여 창세기 1:26~28의 생육하고 번성하고 땅에 충만하라는 축복이 넘치기를 바란다.

새로운 영적 화장을 하고 돌아올 딸 혜영이를 기다리며 아빠가
(2012. 2. 20 P.M 10:19)

사랑하는 나의 아들 민아

지나간 시절의 이야기는 할 말도 많고 감정도 많고 복잡해서 제대로 마음을 다 전하지 못할 것 같다만 이심전심으로 이해하였으리라 믿는다.

여기서 네 어머니에 대한 고마움을 잠시 표현하여야만 할 것 같구나.
이 아버지는 열심히 올바로 살려고 노력하며 살아왔지만

이는 나의 부족한 부분을 항상 채워지고 감추어주고 더 나아지게 만들어 준 네 어머니의 지혜롭고 현명함이 있었기에 가능했던 일이라고 본다.

네 어머니는 자식들에게는 자상한 그런 어머니요 남편에게는 언제나 공경과 자신감을 불어 넣어주는 그런 동반자이었단다.
너도 신희도 어머니의 이런 면을 본받고 잘살았으면 하는 생각이다….
올해는 너에게는 참으로 뜻 깊은 해가 될 것 같구나
바로 결혼이라는 가정을 꾸리는 그러한 의미 있는 해이니까 말이다.

결혼이란 서로 다른 환경에서 자라온 사람이 만나서 조화를 이루고 화합하며 한 가정을 경영해 가는 것이란다.

서로 의견이 맞지 않아 다투기도 하고 또는 생각이나 습관이 다를 수도 있단다. 그러나 서로를 이해하려 하고 슬기롭게 잘 대처하여야 할 것이다.

내가 보는 너나 신희는 서로를 이해하고 존중하면서 슬기롭게 잘 살아 가리라 본다.

이제 이 아버지와 엄마의 품을 떠나서 너희 둘만의 보금자리를 만들고 네가 하고 싶은 일을 하면서 너의 꿈을 펼쳐 보아라.

비록 그 마당이 네가 바라는 그런 웅대하고 화려하고 풍성한 터전은 아닐지라도 자갈밭에서 한 떨기 꽃을 피우는 농부의 심정으로 네가 가진 끼와 재주와 능력을 모두 쏟아 넣어서 좋은 결과를 얻기 바란다.

마지막으로 당부하고 싶은 말은 너의 아내가 되어준 신희에게 항상 감사한 마음을 가져라 그리고 부족한 면은 채워주고 좋은 면은 칭찬하고 더욱 좋게 만들어라.

이 세상에 너 하나를 의지하고 너와 인생길을 같이하는 사람이잖니 항상 사랑하는 마음을 가져라.

그리고 장모님에게도 항상 감사한 마음으로 존경하며 공경함에 있어 자식의 도리에 소홀함이 없어야 한다.

사랑하는 내 아들 민아!

너무나 할 말이 많은데도 생각이 나지 않는구나
다만 내가 전하려는 말을 한마디로 한다면 "잘살아 다오"

2014년 8월 30일
이 세상에서 누구보다도 너를 사랑하는 아버지가

시집가는 딸 혜영이에게 보내는 편지

하나의 밀알을 성장시켜
이 땅에 귀한 존재로
우뚝 서게 하여 주는 것이 어버이 마음이었다.
늘 작게만 느껴졌던 살가운 아이가
어느새 성인으로
내가 걸어온 길을 되밟으려 이 자리에 서 있다.
이 시간이 지나면
한 남자의 아내로 남편을 하늘처럼 받들어
기름진 옥토 자신의 땅에다
씨앗을 뿌려 하나의 종려나무를 심을 것이다.
이날이 오기까지
내가 아파도 초췌한 모습 보이지 않으려
자식을 위하는 길이라 생각하고 돌아서서 눈물을 훔쳤다.
정말 살다가 어려울 때가 있더라도
비바람 태풍이 몰아치고
쓰러질듯 하다가 다시 서는 억새를 생각하길 바란다.

묵묵하게 다시 설 수 있는 연륜을 쌓으라는 것이다.
이젠 너도 완연한 꽃이다.
꽃이 피면 벌과 나비가 날아오고
사랑을 먹어 여물고 익어
이름을 남길 준비가 되는 것이다.
살다가 정말 살다가 어려울 때
그릇에 아량과 도량을 담는 사랑을 담는 큰 그릇이 되어라.

그래서 먼 훗날 잘 빚어 익은 매실주로
주변 모든 사람에게 한 잔의 사랑을 따르라
아무리 슬퍼도 어깨를 훌쩍이는 일은 말아라…
불빛도 꺼지면 어두워지는 법
너의 사랑 밭에는 어둠이라는 것이 없어야 한다.
시련도 있어서는 아니 된다.
사랑해야 할 시간은 언제나 열려 있다 생각하고
가을 하늘 한들거리는 코스모스가 되어라
모든 사람에게 사랑받는 한 사람이 되어라
이 아빠와 엄만 널 위해 기도하며 구름을 헤집고 나타나는 빛이 되겠다.
내 사랑 내 딸 혜영아
이 아빠 엄만 네가 행복해 하는 것을 늘 이 자리에서 지켜볼 것이다.

우리 집 가훈(家訓)
(신명기 6:1~9)

1. **가훈 :** 無神不立　無信不立

2. **가훈의 뜻 :** 하나님 없이는 존재의 의미가 없고, 하나님에 대한 신앙이없이는 설 수 없다.

3. **가훈의 배경 :** 성경에서 출발한 것입니다. 이스라엘 백성들이 자녀들에게 선조로부터 내려 온 여호와의 신앙을 모태로부터 성년에 이를 때까지 가르쳤습니다. 신앙의 원초적인 뿌리는 창조주에 대한 효 신앙이었습니다. 이는 우주와 그 안에 소우주인 인간의 뿌리(근원)는 하나님이십니다. 하나님은 모든 만물에게 생명을 주셨기 때문입니다. 그리고 부모를 통하여 자자손손 인간에게 생명을 주셨습니다. 하나님을 아버지로 섬김은 생명의 근원이 하나님으로부터 기원되었기 때문이며, 하나님을 아버지로 아는 사람은 육의 부모님께 불효할 수 없습니다. 부모님은 하나님으로부터 우리에게 생명을 전수하여 주신 통로이기 때문에 부모님을 공경하여야 하는 것입니다.

즉 근본을 아는 사람은 부모 공경, 형제 사랑을 기쁘게 실천 할 수 있습니다. 가화만사성의 원리로 無神不立　無信不立(하나님이 없이는 내가 있을 수 없고, 하나님에 대한 신앙 없이 내가 설 수 없다)을 가훈으로 삼은 우리 가정이 생육과 번영이 영원하리라 믿고 있습니다.

왜냐하면 역사적으로 하나님을 사랑하는 개인이나 민족, 그리고 국가는 번성하였기 때문입니다.

4. **가훈이 자손들에게 미치는 영향 :** 21세기 들어 가정이 무너지고 있다는 소리가 들립니다. 영·유아를 유기하고 아동을 학대하며, 부모

공경은 고사하고 부모에게 린치를 가하는 파렴치한 현실이 대한민국에서 이루어지고 있습니다. 행동양식을 상실하였기 때문입니다. 대한민국이 세계 2위라는 명예롭지 못한 이혼율 순위만 보더라도 행동양식이라는 도덕과 윤리의 상실을 말해주고 있습니다.

신앙은 개인과 민족의 행동양식을 바르게 지탱해주는 토대요 큰나무입니다. 우리 가정의 가훈인 무신불립은 자손들에게 시대가 변하고 가치관에 혼란이 온다고 하더라도 사람의 도리와 사명이 무엇인지 알아 모든 이와 더불어 행복한 세상을 만들어 가는 역사에 샛별이 될 것입니다.

하나님을 아는 신 존재의식(신앙)은 인간의 존재양식(윤리)을 만들기 때문에, 무신불립이라는 가훈은 우리 가문에 길이 길이 행복한 인생을 가꾸어 가는 나침반이 되리라 믿습니다.

어머니 고 박성녀집사님 1주기 추도식 순서

◾ 추모의 의의

기독교는 효도의 종교입니다. 그러기에 성경은 인류의 계명에서 제일 되는 계명으로 [네 부모를 공경하라]는 것입니다. 우리 기독교인은 부모에게 효도를 해야 합니다. 이것은 변치 않는 하나님의 명령입니다.

그리고 소천하신 후에도 그 날을 기억하여 하나님께 추모 예배를 드리는 것입니다. 이 날은 부모님의 크신 은덕을 기리며, 위로는 하나님께 감사하고, 아래로는 자손들에게 부모님의 남기신 업적과 신앙을 본받아, 자기 인생을 참되게 가꾸어가는 계기로 삼게 되는 것입니다.

또한 이때를 계기로 흩어진 형제와 가족들이 한데 모여 사랑과 화목의 계기로 삼을 뿐만 아니라, 좋은 뜻들을 모아, 아름다운 삶을 발전 시켜, 하나님께 영광을 돌리는데 있는 것입니다.

추모식 순서

■ 식 사

지금부터 어머니 고, 박성녀 집사님의 제1주기 추모일을 맞이하여 가족들과 같이 하나님께 추모 예배를 드리겠습니다. 어머니의 생전 신앙생활과 자녀와 교회, 지역사회에 끼친 모든 은덕을 추억하면서 예배를 드리겠습니다.

■ 신앙고백

우리가 이렇게 예배드릴 수 있음은 우리의 믿음 때문입니다. 그러므로 우리의 신앙을 사도 신경으로 고백하겠습니다.

다같이 / 나는 전능하신 아버지 하나님, 천지의 창조주를 믿습니다.
　　　　나는 그의 유일하신 아들, 우리 주 예수 그리스도를 믿습니다.
　　　　그는 성령으로 잉태되어 동정녀 마리아에게서 나시고
　　　　본디오 빌라도에게 고난을 받아 십자가에 못 박혀 죽으시고,
　　　　장사된 지 사흘 만에 죽은 자 가운데서 다시 살아나셨으며,
　　　　하늘에 오르시어 전능하신 아버지 하나님 우편에 앉아 계시다가
　　　　거기로부터 살아있는 자와 죽은 자를 심판하러 오십니다.
　　　　나는 성령을 믿으며, 거룩한 공교회와 성도의 교제와
　　　　죄를 용서받는 것과 몸의 부활과 영생을 믿습니다. 아멘

■ 찬 송

다같이 / 찬송가 492장을 부르겠습니다.
　1. 잠시 세상에 내가 살면서 항상 찬송 부르다가 날이 저물어 오라 하시면 영광중에 나아가리
　2. 눈물골짜기 더듬으면서 나의 갈길 다간 후에 주의 품안에 내가 안기

어 영원토록 살리로다

3. 나의가는길 멀고 험하며 산은 높고 골은 깊어 곤한 나의몸 쉴곳없어도 복된 날이 밝아오리

4. 한숨가시고 죽음없는 날 사모하며 기다리니 내가그리던 주를 뵈올 때 나의 기쁨 넘치리라

후렴 / 열린천국문 내가 들어가 세상짐을 내려놓고 빛난면류관 받아쓰고서 주와 함께 길이살리

■ 기 도 : 다같이/ 유기순권사

산자와 죽은 자의 주님이 되시는 영원하신 하나님 아버지!

우리로 하여금 예수 그리스도의 은혜를 힘입어, 죽음과 절망의 어두운 그늘 속에서도, 영원한 희망을 갖게 하시며, 성령의 인도하심을 따라, 언제 어떤 경우를 당하든지, 우리의 미음을 하나님께로 향하여 소망을 갖게 하여 주시니 감사합니다.

오늘은 어머니 고 박성녀집사님이 하나님의 품안에 안식하게 하신 1주년 이어서, 우리가 이 날을 기념하여 한 자리에 모였습니다. 어머님에게 영원한 안식을 허락하시고, 자손들에게 슬픔을 이기게 하신 것을 하나님께 감사드립니다.

사랑의 하나님! 어머님의 자손들과, 어머니와 관계된 모든 이들을, 믿음 안에서 살아 갈수 있도록 붙들어 주시고, 예수 믿지 않는 자손들에게 예수 믿게 하여 주옵소서.

용서의 하나님 아버지! 저희들이 어머니를 통한 하나님의 큰 뜻을 헤아릴 수 없어서, 그 뜻을 펴지 못한 저희들의 부족을 고백합니다. 저희들 각자가 예수그리스도 안에서 어머님께 다하지 못한 모든 효도를 생각하며, 저희들의 허물을 고백하오니, 용서하여 주옵소서.

자비로우신 하나님 아버지! 저희들로 하여금 어머니의 아름다운 삶을

영원히 이어가게 하옵소서. 그리고 하나님의 뜻을 이 땅위에 널리 펴 가도록, 은혜를 베풀어 주시고, 복을 내려 주옵소서. 우리 주 예수 그리스도의 이름으로 기도 드립니다. 아-멘

■ 성경봉독 : 고린도전서 15:13~16
■ 설　교 : 사망아 사망아/ 구금섭목사

　기독교는 죽음의 종교가 아닙니다. 기독교는 부활의 종교이며, 생명의 종교입니다. 요한복음 11:25에서 예수님은 "나는 부활이요 생명이니 나를 믿는 자는 죽어도 살겠고"라고 하십니다. 예수님이 친히 부활이며 생명이라고 하셨기에 예수님의 부활과 생명이 우리 기독교의 근거가 된 것입니다. 이미 죽음을 초월한 사람들이 그리스도인입니다. 로마서 14:8에는 "우리가 살아도 주를 위하여 살고 죽어도 주를 위하여 죽나니 그러므로 사나 죽으나 우리가 주의 것이로다"라고 바울은 말합니다. 이미 죽음도 삶도 다 하나입니다.
　죽음이란 무엇입니까? 임상적으로 말하면 죽음이란 호흡이 없고 심장이 정지된 상태이고 뇌의 활동이 중지된 상태라고 합니다. 인간이란 태어나서 자라고 발전하며 성숙되고 노쇠하며 죽게 됩니다. 죽음을 흔히 이생과 삶과의 단절이라고 합니다. 영원한 이별 혹은 본향으로 돌아가는 것이라고 합니다. 그래서 누구에게나 슬픈 것이 죽음입니다. 그러나 죽음은 슬픈 것만은 아닙니다. 죽음 이후의 삶을 아는 사람에게는 죽음이 당당합니다. 슬프지만 기쁨도 함께 있습니다. 영원으로 향하는 길목이며 우리 믿음의 영화의 단계입니다.
　레오나르도 다빈치는 "충만 된 낮의 생활도 수면의 기쁨을 주지만 인생은 죽음의 기쁨을 준다"고 하였습니다. 부활을 아는 사람에게는 누구나 이런 고백은 있습니다. 죽음의 기쁨은 어떤 기쁨보다 더 한 기쁨입니다.
　부활을 증인이며 생명의 사도인 바울은 죽음과 생명을 알고 그리스도의

부활을 알기에 당당히 죽음과 맞서고 있습니다. "사망아 너의 승리가 어디 있느냐 사망아 너의 쏘는 것이 어디 있느냐"(고전 15:55). 사망은 승리가 없습니다.

부활의 빛 아래서 그리스도를 보십시오. 부활의 빛 아래서 사망을 보십시오. 부활의 빛 아래에서 어머니를 생각하십시오.
사망은 승리하지 못하고 부활은 승리합니다.

"사망아 너의 승리가 어디 있느냐"하신 말씀은 사망은 승리가 없다는 말입니다. 예수님의 십자가의 죽으심은 마치 사탄이 승리한 듯이 보이는 사건입니다. 사탄의 웃음소리가 들립니다. 그러나 잠시 후 사탄은 자신이 졌다는 것을 알게 됩니다.

죽음은 예수님의 승리입니다. 죽음은 예수님의 최후의 기적입니다. 요한계시록 21:4에는 "다시는 사망이 없고 애통하는 것이나 곡하는 것이나 아픈 것이 다시 있지 아니하리니 처음 것들이 다 지나갔음이러라"고 합니다.

오스카 해머스타인의 '쇼 보트'에는 "사는 걸 지겨워하면서도 죽음을 두려워한다"는 말이 있습니다. 죽음을 두려워하는 것은 인간의 죄이지만, 죄는 승리하지 못합니다. 예수님을 죽음에 가두어 두지 못합니다. 예수님은 일어나셨습니다. 우리 어머니도 죽음에 가두어 두지 못합니다. 어머니는 언젠가 반드시 무덤에서 일어납니다. "죽을 것이 죽지 아니함을 입을 때에는 사망을 삼키고 이기리라"고 합니다. 부활은 사망을 삼킵니다.

우리들은 어떤 이가 죽으면 고인을 애도하기 위하여 모든 찬사를 아끼지 않습니다. 왜냐하면 죽은 자는 이미 경쟁 상대가 되지 않기 때문입니다. 그러나 우리에게는 이보다 더 중요한 의미를 가지고 있습니다. 죽은 자는 다시 사는 승리를 하기 때문입니다. 산 자는 그 누구도 아직 승리자가 아닙니다.

예수님은 부활하심으로 승리자가 되셨습니다. 사망을 이기셨습니다.

승리는 언제나 우리의 것입니다. 사탄이 영원히 지배한 나라는 없습니다. 사탄이 영원히 승리한 적은 없습니다. 산 자처럼 힘차게 삽시다. 적극적이며 긍정적으로 생각하며 삽시다. 활기 있게 일하고 삶도 죽음도 즐겁게 맞이합시다.

◼ 추모의 순서
① 고인의 양력보고 - 가족 중
② 추모 시 - 둘째 사위 구금섭 낭송
③ 육성 녹음 - 비디오 상영
④ 추모의 말씀 - 유언, 유물 등 소개 -

◼ 찬 송 : 찬송가 480장을 부르겠습니다.
 1. 천국에서 만나보자 그날 아침 거기서 순례자여 예비하라 늦어지지 않도록
 2. 너의 등불 밝혀있나 기다린다 신랑이 천국 문에 이를 때에 그가 반겨 맞으리
 3. 기다리던 성도들과 그 문에서 만날 때 참 즐거운 우리모임 그 얼마나 기쁘랴
  후렴 / 만나보자 만나보자 저기 뵈는 저 천국문에서
       만나보자 만나보자 그날 아침 그 문에서 만나자

◼ 주님 가르치신 기도 : 다같이
◼ 가족 광고 및 인사

제8부

기 타

개 회 선 언 문

할렐루야! 이 자리에 임재하여 계시는 여호와의 이름을 영원토록 찬양드립니다. 맡겨주신 목장에서 하나님의 구속사역을 위해 구슬땀을 흘리시는 대의원 여러분, 성결의 복음이 온누리에 퍼지도록 주님의 사역을 위해 부름받아 충성을 다하시는 각 기관 대표 여러분 그리고 이 자리를 빛내주시는 내빈 여러분을 모시고 제36회 부천지방회의가 개회하게 됨을 감사드립니다.

지금 우리는 생애에 한번 맞이하는 성결교회 창립 100주년 그리고 선교 제2세기의 서막을 여는 시점에 서있습니다.

벳세다 들녘같이 허허한 이 땅위에 성결의 복음을 주신지가 올해로 1세기가 되었습니다. 수난의 역사 굽이굽이마다 가시밭의 백합화처럼 굽히지 않았던 복음의 선구자들의 피와 땀과 눈물에 적신 복음의 외침, 열정의 숨결들은 한마디로 하나님의 사랑이었습니다.

이제 백년을 이어 오도록 가슴 벅찼던 사도행전 29장의 드라마의 획을 감사의 손길로 긋고, 천년을 이어갈 세계성결교회로 성령의 光門이 활짝 열린 즈음!!

선교 제2세기를 수놓을 부천지방회가 한 자리에 모였습니다.

지난 해 한국의 정치, 경제, 사회상을 나타내는 사자성어로 '밀운불우(密雲不雨)'가 교수신문에 선정되었습니다. 밀운불우는 주역 '소과괘(小過卦)'에 나오는 말로 '짙은 구름이 가득 끼었으나 비가 내리지 않는다'는 뜻입니다. 또 대통령의 리더십 위기로 인해 각층의 불만이 임계점에 달했으며, 어설픈 개혁으로 오히려 나라가 흔들렸음을 의미하는 '교각살우(矯角殺牛 - 소의 뿔을 바로 잡으려다 소를 죽인다)', 한국사회의 모순이 해결될 전망이 보이지 않는 것을 빗댄 '만사휴의(萬事休矣 - 모든 일이 끝났다)', 개혁과정에서 미흡한 전략과 전술로 강고한 기득권층과 맞서려는 행태를 묘사한 '당랑거철(螳螂拒轍 - 사마귀가 앞발을 들고 수레바퀴를 가로막는다)' 등이 말해주듯이 정치적 혼란과 경제적 난국, 사회적 병리현상이 그 어느 때보다 심화되었지만 그럼에도 불구하고 우리 민족과 모든 교회들 위에 함께 하신 하나님께 감사드립니다.

아울러 지방회 전 교회와 성도 여러분의 뜨거운 성원에 감사드립니다. 교회마다 재정형편이 어려운데도 선교에 대한 열정은 식지 않았었습니다.

그것은 교단 창립 100주년 기념 사업으로 지방회 임원회의 결의에 따라 교회설립헌금을 위한 모금을 위해 저금통 10,000개를 제작하여 각 지교회 성도님들께 배포하였는데 모두 적극적으로 참여하여 주셨습니다.

부스러기 하나라도 버리지 말고 모으라는 명령에 순종하여 오병이어의 기적의 산실인 주님 앞에 드렸습니다. 고사리 같은 손으로 정성껏 모은 어린아이로부터 속 옷 봉창에 흘릴새라 꼬깃 꼬깃 넣어두었던 할아버지, 할머니의 용돈을 아낌없이 드렸습니다. 우리 모두 복음의 꽃과 열매들이 반드시 오대양 육대주마다 열 두 광주리에 차고 넘칠 기쁨을 바라보며 봉헌하였습니다.

그 결과 중생, 성결, 신유, 재림 사중복음의 젖으로 양육하여 민족의 제단 앞에 드릴 역사적인 선교 100주년【기념교회】인 '창대교회'가 금년 2월에 해산할 것입니다.

뿐만 아니라 재임동안 10여개의 교회가 개척설립되었으며, 부천지방회 사상 첫 선교사로 금년 3월 4일 인도에 정성민목사를 파송하게 될 예정인바 이는 지방회의 자랑이자 부흥의 청신호가 될 것으로 믿어 감사드립니다.

그러나 지방회장으로 재임하는 동안 통감했던 정치적 모순을 통한하여 안타까운 말씀을 드립니다. 호사다마(好事多魔)라고 헌법을 유린하면서 사랑을 구가하고 이를 은혜로 가장하는 총회에 탄원하고 싶습니다. 먼저 성결교회의 정체성이 무엇인지를 묻고 싶고, 헌법수호가 사랑이 없는 등식으로 성립되는 것이라면(?) 교단 창립시 헌법 초안을 만드신분들은 은혜가 없으신 분들이었는지, 그렇다면 헌법을 폐기하는 것이 마땅하지 않은지 탄원하고 싶습니다. 성경이 구도자의 삶과 행위의 캐논(Canon)이라면 만고불변의 진리인 하나님의 말씀의 토대위에서 진리의 보수와 질서유지를 위해 제정된 헌법을 교단의 사령탑에서 사사로운 인연, 학연, 지연으로, 내사람 챙기는 식의 자가당착으로 혼란을 빚어내는 자태에서 벗어나 성결의 영성을 바로 세우고 교단의 정체성을 유지보존하는 그릇인 헌법을 바르게 집행하기를 촉구합니다. 들리는 소문에 의하면 총회심판위원회는 헌법연구위원회의 헌법유권해석을 받아들이수도 있고 안 받아들일수도 있다는 것이며, 총회에서 부천지방회 상소건 해결을 위해 조정위원들을 보냈는데 이를 총회심판위원회에서는 모르는 일이라며 총회 임원회의 결의도 거부하는 초유의 권세를 행사하는 총회심판위원회라는 소문이 자자한데 그렇다면 심판위원회는 총회 조직 아래 있는 기구인지 총회장 위에 있는 기구인지 혼란스러워 그 소문이 사실이 아니기를 기구합니다.

그리고 지방회 대의원 여러분들과 지교회에 당부드리고 싶습니다. 우리는 예수 그리스도의 피로 새로난 신사, 숙녀들인만큼 세상의 빛과 소금이기에 앞서 기본을 지키는 지방회공동체 구현을 위해 힘쓰시를 바랍니다. 아니면 말고라는 식의 근거 없는 괴문서, 진정서 남발로 자기를 합리화하거나 각성하는 바없이 하나님의 교회를 무너뜨리려는 사악한 마귀에 현혹되지 않도록 경성(警省) 하시기를 부탁드립니다.

아무쪼록 성결교회 창립 100주년을 맞이하여 더욱 성숙한 교단이기를 바라며, 부천지방회 산하 각 지교회들이 부흥발전을 위한 보다 적극적인 희생과 아름다운 미소로 하나님의 목적이 이끄는 계획들이 성취되는 희망이 넘치는 한 해가 되시기를 바랍니다.

끝으로 지방회의를 개최할 수 있도록 장소를 제공해 주시고 환대해 주신 대부천교회에 감사드리며, 교단 헌법 제58조에 의거 기독교대한성결교회 부천지방회 제36회 지방회의가 개회됨을 선언합니다.

2007년 2월 5일
부천지방 회장 구금섭

개 회 선 언 문

할렐루야! 우리 가운데 임재하여 계시는 임마누엘 하나님. 맡겨주신 목장에서 애써 수고하시는 대의원 여러분, 성결의 복음이 확산하는 사역에 충성을 다하신 각 기관 대표 여러분, 그리고 이 자리에 오셔서 자리를 빛내주시는 내빈 여러분을 모시고 제35회 부천지방회를 개회하게 됨을 하나님께 영광과 감사를 드립니다.

우리는 한 회기를 보내고 새로운 회기를 여는 시점에 서있습니다.

희랍 신화에 의하면 야누스는 두 개의 얼굴을 지녔는데 한 쪽은 과거를 지향하고, 또 한 쪽은 미래를 지향한다는 것입니다.

어제와 다를 바 없는 2006년이지만 어제와 전혀 다른 희망을 갖는 것은 인간의 지혜인 동시에, 그 지혜의 근본이 하나님께 속해 있기 때문입니다.

새로운 것은 언제나 기대가 되듯이 예수 그리스도는 모든 사람들에게 비전과 희망을 안겨줍니다.

몰트만은 "예수 그리스도는 이 땅에 생명과 희망을 가지고 오셨다"고 말했습니다. 희망이 있다는 것은 살아있다는 증거입니다. 키에르케고오르는 희망을 잃어버린 절망은 죽음에 이르는 병이라고 갈파하였습니다. 죽음에는 희망이 없습니다. 어떠한 기대도 바랄게 없습니다. 절망만 있을 뿐입니다. 그 절망의 땅을 희망의 땅으로 바꾼 것은 복음이었습니다. 생명과 희망의 기쁜소식을 우리나라에 전해 준 것은 120여년 전이었고, 이 땅에 떨어진 복음이 열매가 맺도록 사랑의 햇살인 중생, 성결, 신유, 재림의 사중복음이 투사된 것은 100년전이었습니다.

아름다운 결실은 저절로 맺혀지지 않듯이, 희망의 새 역사도 염원만으로 찾아오지 않습니다.

회고의 채찍을 통해 희망의 싹을 찾아야 할 것입니다.

먼저 지난 회기 동안 기쁜 일도 많았고, 어렵고 안타까운 일도 있었지만 성원해주시고 기도해 주신 대의원 여러분이 있었기에, 불초한 사람이 감당할 수 있었습니다. 진심으로 감사드립니다.

하나님은 우리 지방회에 큰 기대를 가지고 계신 것을 보았습니다. 신앙의 빛아래 양심이 살아있는 성결인들이 하나님의 비전 아래 힘과 의지만 함께 결속된다면 우리는 크고 비밀한 하나님의 일들이 이루어 지는 가능성을 발견하였습니다.

다음으로, 지난 날을 참회해야 합니다.

사중복음의 기치 아래 성결의 빛을 온누리에 비쳐야 될 사회적 책임을 다했는지 회고할 필요가 있습니다. 교회는 성령이 거하시는 거룩한 전이요, 그리스도의 몸이기에 거룩하고 깨끗해야 합니다. 우리 공동체의 정체성인 성결의 복음을 이 땅에 구현해야 될 사명자들로서 이 귀한 이름에 부끄럽지 않았는지 반성하고 참회해야 합니다. 교단헌법은 주님의 몸이신 교회가 유지 보존되도록 성경에 근간한 가장 기본적인 신앙의 양식입니다. 우리 스스로 법을 자버리는 행동은 내용(Metha)은 있지만 형상(틀,그릇)인 Formula를 버린 꼴로 스스로 파멸과 죽음으로 가는 역사적 암초일것입니다(유다서 12). 법이란 글 자체가 말하듯이 물 흐르듯 흘러가는 것이 순리입니다. 그래서 아모스 선지자는 정의가 강같이 흐르는 세상을 바라다보았습니다. 이것은 하나님의 뜻입니다. 옛 글에 "역천자는 망하고 순천자는 흥한다"는 것은 만고의 진리이며, 동서고금의 지혜입니다.

지혜를 사랑하던 헬라인들은 시간개념을 크로노스(chronos)와 카이로스(kairos)로 구분하였습니다. 무심히 흐르는 세월을 크로노스라고 한다면, 하나님의 사건, 역사를 창조하는 의미있는 시간은 카이로스라고 정립하였습니다.

　이제 새롭게 다가선 새해에는 시간마다 의미를 부여하고, 새 일을 계획하시고 진행하시는 하나님과 함께 성결의 빛을 발하는 창조적인 카이로스로 충만한 부천지방회가 되기를 염원합니다.

　아무쪼록 지방회 산하 각 지교회들이, 부흥 발전을 위한 보다 적극적인 희생의 결단과 하나님의 목적이 이끄는 계획들이 성취되는 희망이 넘치는 한 해가 되시기를 바랍니다.

　끝으로 지방회를 개최할 수 있도록 장소를 제공해 주시고 환대해 주신 시흥제일교회에 감사드리며, 교단 헌법 제58조에 의거 기독교대한성결교회 부천지방회 제35회 지방회의가 개회됨을 선언합니다.

2006년 2월 6일
부천지방회장 대행 목사 구 금 섭

회 장 취 임 사

　존경하는 대의원 여러분 그리고 각 기관 대표 여러분.
　밤이 깊을수록 새벽이 가까이 있음을 알려주듯이 어두웠던 이 땅에 성결의 복음이 전파된지 올 해로 100년차에 이르렀습니다.
　가장 의미 깊고 어느 때보다도 할 일이 무성한 때에 천박한 사람에게 지방회장의 막중한 책임을 맡겨주셔서 무거운 마음 금할 길이 없습니다. 그러나 대의원 여러분의 눈물어린 기도와 아낌없는 협력이 든든하고 풍부한 초석이 된다면 저는 소신껏 신앙과 법의 한계 내에서 질서 있고 은혜가 넘치는 지방회가 되도록 섬길 수 있는 기회로 삼겠습니다. 임기동안 지방회를 위해 봉사할 수 있도록 아낌없는 기도와 조언을 부탁드립니다.
　순례자의 가는 길이 순탄하지만은 않듯이 2003년의 '사자성어'가 "우왕좌왕"이었고, 2004년은 "당동벌이"였으며, 2005년의 사자성어는 "상화하택"으로 우리 사회가 위에는 불, 아래는 못…… 서로 이반 분열하는 현상을 보였습니다. 여기에는 삶의 희망도 사역의 보람마저도 없을 것입니다.

예언자 이사야는 "지나간 일을 생각하지 말라. 흘러간 일에 마음을 묶어두지 말라. 보아라 내가 이제 새 일을 행하였다. 이미 싹이 돋았느데 그것이 보이지 않느냐? … (중략)… 나는 목마른 땅에 물을 부어주고, 메마른 곳에 시냇물이 흐르게 하리라"고 했습니다.

하나님의 소명을 생명처럼 여기시는 대의원 여러분, 우리 부천지방회 산하 지교회들의 공통점은 작은 교회가 많다는 것입니다. 그것은 자립마저도 쉽지 않은 교회들이 많다는 것을 말합니다. 그러나 오늘 우리의 가는 길이 멀고 험난해도, 오늘 우리의 현실이 고통스럽고 절망스럽다 해도 '그 날'을 기다립시다. '햇순'이 나오고 '새 싹'이 돋는 날, '젖과 꿀이 흐르는 복지'를 향해 사명지의 길을 늦추지 맙시다.

우리의 사역이 고역이 되지 않고, 도리어 모든이에게 선물이 되는 사역, 세상을 따뜻하게 하는 사역, 나무와 같이 자기 자신을 위해서 그늘을 만들지 않는 사역, 겨울 강, 눈보라 휘몰아쳐도 흔들리지 않는 고고한 사명자의 삶을 사노라면, 시편기자가 읊은 시어처럼 "여호와 하나님은 해요 방패시라 여호와께서 은혜와 영화를 주시며 정직히 행하는 자에게 좋은 것을 아끼지 아니 하실 것임이니라(시84:11). 그러므로 우리 모두 모든이들의 복음이 되시며 쉼터요, 안식처요, 큰나무이신 예수 그리스도를 최후까지 전하므로 주인의 상을 바라보며 함께 정진해 갑시다. 작은 교회들을 배려하며, 함께 동역하는 지방회가 되도록 관심과 돌봄의 사랑을 주십시요. 임기내내 섬기시는 교회, 가정 위에 하나님의 은총이 깃드시기를 기원드립니다. 최선을 다하여 섬기겠습니다. 감사합니다.

부천지방회장 목사 구금섭

감사의 말씀

할렐루야! 여호와의 이름을 영원토록 찬양 드립니다.

벳세다 들녘같이 허허한 이 땅위에 성결의 복음을 주신지가 올해로 白年(99년)이 되었습니다. 수난의 역사 굽이굽이마다 가시밭의 백합화처럼 굽히지 않았던 복음의 선구자들의 피와 땀과 눈물에 적신 복음의 외침, 열정의 숨결들은 한마디로 하나님의 사랑이었습니다.

이제 백년을 이어 오도록 가슴 벅찼던 사도행전 29장의 복음드라마의 획을 감사의 손길로 긋고, 천년을 이어갈 세계성결교회로 성령의 光門이 활짝 열린 즈음!!
선교 제2세기를 수놓을 부천지방회가 한 자리에 모였습니다. 감사 드립니다.

부스러기 하나라도 버리지 말고 모으라는 명령에 순종하여 오병이어의 기적의 산실인 주님 앞에 가지고 나왔습니다. 고사리 같은 손으로 돼지를 잡아 정성껏 모은 어린아이로부터 속 옷 봉창에서 흘릴새라 꼬깃 꼬깃 넣어두었던 할아버지, 할머니의 용돈을 꺼내 들고 나왔습니다. 우리 모두 복음의 꽃과 열매들이 반드시 오대양 육대주마다 열 두 광주리에 차고 넘칠 기쁨을 바라보며 봉헌 드립니다.

중생,성결,신유,재림 사중복음의 젖을 먹여 키워 민족의 제단 앞에 드릴 역사적인 선교100주년【기념교회】를 해산하도록 동참하여 주신 부천지방회 성도여러분께 다시 한 번 머리 숙여 감사드립니다.

2006년 10월 29일

부천지방회 회장 구금섭 목사

기독교 대한성결교회 부천제일교회

수 신 : 부천 성가 병원장님
참 조 : 성가병원원무과장님
제 목 : 환자 치료비 감액 청원의 건

　성부와 성자와 성령의 이름으로 귀 병원의 무궁한 번영을 위해 기도 드립니다.
　그 어느 시대보다도 이름 모를 희귀한 병들로 인하여 많은 환자들과 가족들이 아픔과 고통을 호소하는 때에 지역사회 주민들의 건강한 육체와 건강한 사회를 만들기 위해 책임을 다하시고 계시는 성가병원 위에 하나님의 은총이 함께 계시기를 축원 드립니다.
　저는 입원하여 치료 중에 있는 517호실 박○진 환자가 섬기고 있는 부천제일교회 담임 구금섭 목사입니다. 박○진 성도는 2급 장애를 가지고 있으면서도 성가대 맴버로, 교회학교 유초등부 교사로 헌신 봉사 하고 있는 참신한 성도입니다. 가정에서도 하나님께서 "네 부모를 주 안에서 공경하라"는 말씀에 따라 부모님께 효도를 다하여 칭찬이 자자한 효녀성도입니다. 본인과 가족들에게는 불편함과 경제적인 아픔이 따르지만 반드시 하나님의 영광을 위한 섭리가 있어서 장애자로 이 세상에 보내주신 듯 싶습니다.
　원장님 그리고 훌륭한 담당의사 선생님과 간호사님들께 늦게나마 지역사회에서 하나님의 사역을 각각 담당하고 있는 한 사람으로서, 박○진 성도를 섬기고 있는 목사로서 성공적으로 치료하여 주신 데에 대하여 부천제일교회 온 성도들을 대신하여 충심으로 감사의 말씀을 드립니다. 이유는 첨예의 의료 기술이 요하는 수술인데도 다른 병원에서는 상상할 수 없는 치료를 해 주셨기 때문입니다.
　그러나 건강을 되찾은 박○진 환자가 머리 숙여 감사의 인사를 드리고,

치료비를 지불하고, 기쁨으로 퇴원하여야 하겠지만 지불해야 될 치료비 관계로 퇴원 날짜를 차일피일 미루는 것을 안타깝게 여겨 금전적 도움을 주지 못한 이 사람이 병원장님께 죄송한 말씀을 드리게 됐습니다.

　원장님! O진이의 치료비를 위해 아빠는 생활 근거인 개인택시를 처분하였고, 거주하시던 집도 남에게 세를 주고 환자의 가족들은 작은 방을 구해야 하는데도 그 동안의 치료비로 인하여 은행에 과다한 담보를 제공한 관계로 그것마저도 용이하지 않는 딱한 사정을 보다 못한 제가 나서서 염치없지만 성가병원 당국에 최소한의 허락되시는 치료비를 감액하여 주시기를 간절한 마음으로 청원의 말씀을 드립니다.

　아무쪼록 하나님의 은총을 지역사회의 수많은 환자들에게 베풀고자 불철주야 수고와 헌신 봉사를 아끼지 않으시는 성가병원 위에와 병원장님, 병원 모든 식구들께 하나님의 축복이 영원하시기를 기원 드리면서, 속히 박O진 성도가 건강한 모습으로 하나님의 집에서 만날 시간을 기다립니다. 우리 주 예수 그리스도의 부활의 생명이 귀 병원에 임하소서! 주 안에서 안녕히 계십시오.

2001년 4월 17일
부천제일교회 담임목사 구 금 섭

기독교 대한성결교회 부천제일교회

서제 2001-11호　　　　　　　　　　　　　　　2001. 12. 28

수 신 : 서울 OO지방회장
제 목 : 이명증서 없이 무단 장기 결석한 타 지교회 시무장로를 해 지교회인 OOO교회에 시무장로로 취임시키고저 하는 불법 처사에 대한 이의서
참 조 : 해 지교회 담임목사

본 교회에서 시무장로로 장립한 ○○○씨가 아무런 이유 없이 약 3년 동안 무단 장기 결석하여 본 지방회에는 물론 대내,외적으로 본 교회 및 성도들에게 행정적, 영적으로 그리고 건덕상 상당한 수치와 위해를 끼쳤음에도 불구하고 ○○○씨는 친인척이 담임목사로 시무하는 서울 ○○지방회 소속 ○○○교회에서 협동장로로 불법 직임을 수행하다가 시무장로로 취임케 하고저 한다는 제보에 따라 아래와 같이 경과사항을 보고하오니 양지하시어 해당 지방회에 교단 행정상 불법처사임을 지적하여 다시는 성결교단에 이런 폐단이 발생하지 않도록 하여 주시기를 앙망하나이다.

- 아   래 -

1. 본 교회의 시무장로였던 ○○○씨는 1996년 10월 20일에 본 지방회 부천제일교회에서 장립한 자임에도 불구하고 정당한 이유나 이명증서 없이 본인의 친인척인 서울 ○○지방회 ○○감찰 ○○○교회(담임목사 ○○○, 경기도 ○○시 ○○읍 ○○리 ○○○-2 ○○APT 단지상가 지층)에 3년 동안 출석하는 자로

본 부천제일교회에서는 장로로 장립 받고 불과 2년 시무 한 것이 전부이고 지금까지 한 번도 소식이 없었던 것은 물론 약 3년 동안이나 본 교회에 출석한바가 전혀 없었던 자로

서울 ○○지방회 모 목사에 의하면 담임목사 ○○○씨가 **"본 교단 타지교회에서 전입한 장로가 그동안 협동장로로 시무하였는데"** 시무장**로로 취임코자 하는데 법 절차상 하자가 없는지 문의해 왔다**는 제보를 확인을 하였고, 장본인인 ○○○씨는 부천제일교회 구금섭 목사에게 전화상으로 이명증서를 발부해 달라는 요청이 있었습니다.

그러나 ○○○씨는 본 교단 헌법 제26조 1,2,3,4항과 제37조에 의거하여 2000년 12월 9일에 **가 제적**하였고, 2001년 12월 10일에 **제적한 자**로 본 교회 교인이 아니며 이명증서를 발부한 사실이나 발부할 수도 없는 자로 해당 교회인 ○○○교회 담임목사 ○○○씨와 ○○○씨에게 본 교단 헌법 제28조 제7항과 제36조에 의거 엄중히 경고하여 그릇된 처사를 깨우쳐 주고자 합니다.

2. 타 지교회 시무장로 ○○○씨가 **이명증서 없이** ○○○교회 예배에 출석하는 자인데도 협동장로로 시무케 한 불법 처사에 대하여

교단 헌법 제41조에 제9항에 의하면 타 지교회와 복음주의 타 교파에서 이명 해 온자는 당회 또는 직원회의 결의로 협동장로로 칭하며 직원회 회원이 된다고 했으며, 헌법 제28조 제7항에 정당한 **이명증서 없이 교인을 입교시키거나 직원을 임명하지 않아야 한다**고 했습니다.

○○○장로는 본 부천지방회 부천제일교회 시무장로로 장립된 자로 본 교회에서는 이명증서를 발부한 사실이 전혀 없으므로 위 헌법 조항에 의거하여 ○○○교회 담임목사 ○○○씨는 불법적으로 직원을 임명하였음을 정중하게 일깨워 드리며, 계속하여 교단 헌법을 어기면서 시무장로로 취임을 시킬 경우에는 장본인과 담임목사를 상대로 상회에 제소할 것임을 해 지방회장께서는 인지하여 주시기 바랍니다.

주후 2001년 12월 28일

부천제일교회 담임목사 구금섭

논 찬
〈구금섭 교수 / 2019. 3. 31〉

김원천 박사의 「통일한국의 새 지평 과거청산의 윤리적 시론」 한국학술정보. 2019.
"통일 이후 북한의 체제폭력과 과거청산에 대한 한국교회의 역할"

고난의 결정체로 맺어진 진주알 같은 책을 펴내는 일에는 자기를 극복하는 인내가 없이는 만들어지지 않는다. 고독하고 뼈를 깎는 일이다. 저자의 집념과 지구력, 그리고 끈기를 일찍이 알고 있지만, 바쁜 목회일정 가운데서도 모든 사람들이 잠자는 늦은 밤까지 나 홀로 깨어 이 글을 쓴 줄로 믿는다. 피 땀을 아끼지 않고 통일한국을 내다보며 뼈를 깎는 노고로 새 생명을 출산한 것으로 안다.

아기를 낳으면 모두 축하하는 것처럼 출판은 정신의 자녀를 낳는 것과 같다. 어느 저술가는 원고지 한 칸 메우기가 한강 건너기보다 더 어렵다고 말했다. 한 사람의 머리 속에 들어 있는 지식은 시간이 갈수록 희미해지고 사라지지만, 이것을 활자에 담으면 영원한 생명을 주는 것과 같다. 바라기는 신학박사학위 논문으로 통과한 이 책이 출판된 후에 독자들이 생기면 1차 성공이요, 독자들의 긍,부정의 따가운 비판을 받으면 비길 데 없는 성공일 것이다. 통일한국을 바라보며 좋은 영향을 줄 저서라고 믿어 먼저 축하하며 논찬에 임하고자 한다.

과거청산의 대상과 범위 설정을 위해서는 우선 과거청산의 개념정의가 선행되어야 한다. '과거청산'이란 잘못된 과거사를 정리하고 극복하려는 시도를 뜻한다. 이 용어를 분석해 보면 '정리'와 '극복'의 두 가지 측면에서 이해할 수 있다.

첫째, 정리의 측면에서 '과거규명'이다. 이는 은폐 · 축소 · 왜곡 또는 금기시된 과거사의 진상을 밝혀내고, 그에 따라 적절한 조치를 시행함을 뜻한다. 구체적으로 과거규명은 사건의 진상과 아울러 이에 대한 책임의 규명, 가해자의 처벌, 피해자의 보상과 복권, 명예 회복 등을 포함한다. 그런 점에서 그것은 사법적 또는 정치적 측면에서의 과거청산이라고 할 수 있다.

둘째, 극복의 측면에서 '과거 성찰'이다. 과거 성찰은 불행한 과거사에 대한 진상 규명의 차원을 넘어 그에 대한 비판과 반성, 애도와 치유의 노력을 의미한다. 과거 성찰의 측면에서 보면 과거청산은 단순히 죄와 벌, 처벌 및 보상과 관련된 사법적 혹은 정치적 문제만은 아니다.

정리해 보면, 과거청산이란 "미래의 형성을 위해 과거의 경험을 현대적 의미에서 해석하여 과거로부터 교훈을 얻는 것", "책임으로 얼룩진 시대가 지난 후 과거에 종언을 고하고 보다 나은 미래가 되도록 하기 위하여 새로운 창조적 정신을 깨우치는 작업"으로 설명된다. 이러한 과거청산은 법적청산을 의미하는 불법청산 외에 정치, 사회, 도덕, 역사적 청산을 모두 포함하는 개념으로 이해할 수 있다.

세계의 과거사 청산 사례를 보면 다음과 같다.
1. **기억과 망각 모델**
    스페인 사례 – 프랑코 통치,
    러시아 사례 – 스탈린 독재,
    알제리 사례 – 프랑스 식민지배
2. **진상규명과 사면 모델**
    남아공 사례 – 흑백 인종차별주의,
    칠레 사례 – 군부독재,
    아르헨티나 사례 – 군부독재
3. **사법적 청산과 숙청 모델**
    프랑스 사례 – 나치 협력 정권,

독일 사례 – 나치즘과 동독 독재정권,

베트남 사례 – 무력통일

4. 체제 전환과정의 청산 사례

폴란드 사례, 헝가리 사례, 체코/슬로바키아 사례

5. 한국의 과거청산 사례

친일반민족행위에 대한 청산(반민특위의 실패),

6.25 전쟁에 대한 관계사건 청산(정전협정으로 휴전상태, 부역자, 국군포로, 전시 납북자 등),

유신 및 군부정권에 대한 청산(사법적 처벌, 사죄와 보상), 그 외의 과거청산 사례

6. 북한의 과거청산 사례

친일반민족행위에 대한 청산, 6.25 전쟁에 관련 청산, 그 외의 과거청산 사례

7. 통일한국의 과거사 청산 과제

친일반민족행위에 대한 진상규명(역사적, 문화적 책임과 반성 그리고 기념),

6.25전쟁에 대한 진상규명(정치적, 도덕적 책임과 사죄, 반성과 기념),

유신 및 군부정권에 대한 진상규명(정치적 사죄와 용서, 보상, 반성과 기념),

북한 정권의 인권유린에 대한 진상규명(사법적 처벌과 사면, 화해, 기념)

8. 북한 과거 청산의 기준과 범위

과거청산의 기준(최소한의 사법적 청산과 용서, 화해),

과거청산의 요구 주체(북과 남의 피해자, 이산가족, 전시 및 전후 납북자),

과거청산의 주체(통일 이후의 북한주민을 포함한 대한민국 국민),

과거청산의 대상(북한지역의 인권유린, 남한정권의 과오),

과거청산의 범위(사법적 처벌, 숙청, 사면, 화해, 기념의 각 기준),

과거청산의 절차(제도 입법, 시행, 사후관리)

9. 통일과정의 과거청산 로드맵(Action Plan)

한국정부의 북한지역 과거청산 준비 및 대책 점검,

통일과정 시나리오별 과거청산 Action Plan,

과거청산의 한계와 제약요인 등으로 요약할 수 있겠다.

북한의 체재폭력은 세계 현대사 어디에서도 찾아볼 수 없는 참혹한 반인도적인 인권범죄를 자행하고 있다. 북한은 범죄국가로 주민들의 자유와 권리를 제한하고 박탈하여 왔다. 예를 들면 북한의 정치범 수용소는 자유권 규약을 정면으로 위배한 범죄 행위 그 자체의 산물이고, 체제폭력의 집약이며 상징물이다. 정치범 수용소는 정치적 사건과 연관된 당사자와 그의 가족들을 합법적인 재판이 없이 수용하거나 처벌을 집행하는 구금시설이다. 또한 북한의 체제폭력은 생태적 파괴와 경제난으로 세계 최대 극빈국가로 전락되었다. 북한의 체제폭력은 통일이후 반드시 청산되어야 할 역사적 과업이다. 이에 저자는 이 문제를 해결하기 위한 연구과제로 두 가지 맥락에서 정의와 화해의 관점으로 풀고 있다.

첫째는 북한의 체제폭력의 범위를 북한인권 침해, 생태계오염과 파괴, 경제체계의 구조적 모순과 경제난

둘째는 과거청산을 위한 법적 청산으로 유고 전범 재판소, 나치 전범 재판소, 아프리카의 국제적 차원의 전범 재판 사례를 들면서 저자의 관점은 정의와 화해의 기독교 사회 윤리적 근거에 바탕을 두고 독일과 남아프리카공화국의 노력을 주목하였으며, 북한의 체제폭력 청산을 위한 한국교회의 역할을 제시하고 있다.

자유민주주의 국가를 지향하는 통일한국에서는 인간의 존엄성을 유린하였던 불의한 과거의 청산이 필연적으로 요구된다. 따라서 체제유지와

정권세습을 위하여 수많은 불법을 자행하여 왔던 북한이 통일한국의 일부로 참여하기 위하여서는 과거청산이라는 정화과정을 거치지 않으면 안 된다. 북한이 저지른 불법은 체제존속을 위하여 국가적 비호 아래 자행된 것이므로 이를 청산하기 위해서는 수많은 사실적 또는 윤리적 장애가 존재한다. 그렇지만 인간의 존엄성을 존중하는 통일한국은 이러한 장애를 평화적인 방법으로 극복하지 않으면 안 된다. 만일 보복감정이나 효율성에 집착한 나머지 폭력적인 과거청산을 허용한다면 신생 통일한국은 또다시 민족분열의 악순환에 빠져들고 말 것이기 때문이다.

저자는 한국교회가 남북통일 이후 북한의 체제폭력으로 야기된 불행한 과거를 청산하는 과정에서 어떠한 기준과 대안을 가지고 참여해야 하는지를 고민한다. 특히 과거청산의 범위와 방향을 북한주민의 인권침해 회복, 한반도의 생태계 복원, 그리고 북한의 경제난 해결에 한정하여 북한의 체제 폭력 청산을 위한 한국교회의 역할을 정의와 화해의 관점에서 고찰하고 대안을 찾고 있다. 이러한 관점에서 통일한국이 필연적으로 직면하게 될 북한의 체제불법 청산문제와 이에 대한 합리적 해결방안을 모색하고 있다. 이 책은 디트리히 본회퍼의 책임윤리와 정의, 위르겐 몰트만의 정의의 목표로서의 화해, 로날드 J. 사이더의 성육신적인 하나님 나라로서의 사랑과 정의의 기독교 사회 윤리적 근거에 바탕을 두고 과거청산에 대한 사례로 독일과 남아프리카 공화국에 초점을 두고 있다. 물론 법적 청산에 있어서 가해자 처벌, 몰수재산 처리, 피해자 구제, 기밀문서 관리 방안과 이에 부수되는 다양한 문제 등도 해결과제로 남지만, 예를 들면 가해자 처벌에서는 법률적 불법, 준거법 결정, 공소시효 극복, 소급효력 금지 등의 문제이다. 몰수재산 처리에서는 몰수조치의 위법성, 분단불법론, 원상회복, 북한주민과 투자자 보호 등과 같은 문제들이 있다. 그 밖에 피해자 구제에서는 형사복권, 행정복권, 직업복권이 있다. 한편 북한이 대남정보활동을 통하여 축적한 각종 기밀문서와 관련하여서는 공익적 활용방안과 더불어 그것에 포함된 개인정보 보호문제에 대한 것 등이다. 그리고 이러한 모든 문제들에 대한 해결방안을 모색함에 있어 인간의 존엄성을 최고이념으로 하는 법치국가원리를 기준으로 삼아야 할 것이다.

위와 같이 다양한 문제들에 대한 고민을 저자도 밝혔지만 외세에 의한 민족분단을 자력으로 극복하고 하나의 민족공동체로 통합되어 유럽연합을 선도하고 있는 통일독일의 선례에서 찾아야 한다는 것이다. 널리 알려진 바와 같이 통일독일은 동독의 체제불법을 철저하게 평화적인 방법으로 청산하였다. 그 과정에서 수많은 항의와 냉소가 빗발쳤지만 통일독일은 흔들림 없이 법치국가원리에 입각한 사법절차를 고수하였다. 통일독일의 이러한 경험은 장래의 통일한국에게 실효적인 교훈과 시사를 제공할 것이다.

하지만 남북한과 동서독이 과거청산의 기본적 토대가 서로 다르다. 우선 동서독은 남북한과 달리 상호 전쟁을 치른 경험이 없으며, 통일 전에도 상주대표부를 설치할 정도로 활발하게 교류하였다. 대한민국 헌법은 서독의 기본법과 달리 북한지역을 영토의 일부로 하고 있으며, 북한의 인권침해는 동독의 그것과는 비교할 수 없을 정도의 잔혹성을 띠고 있다. 그 밖에도 동독은 몰수재산에 대한 토지대장이나 등기부를 유지관리하고 있었던 반면 북한은 몰수재산에 대한 권리관계를 입증할 모든 자료를 폐기하였다. 이러한 차이점은 통일한국의 과거청산이 통일독일의 그것을 고스란히 답습할 수 없는 한계로 작용할 것이다. 이러한 차이점을 결코 소홀히 해서는 안 될 것이고 통일한국의 과거청산 방안을 모색함에 있어 주의해야 할 것이다.

끝으로 국민대 교수인 러시아 출신 북한 전문가 안드레이 란코프가 영미권에 발간한 저서에서 "북한 체제붕괴는 불가피하며, 사회 혼란과 유혈사태가 우려 된다"며 대비책을 촉구한바 있다.

영국 파이낸셜타임스는 서평을 통해 란코프 교수가 최근 저서인 '진정

한 북한 : 실패한 스탈린주의 낙원의 삶과 정치'에서 북한이 과거 동유럽처럼 공산주의 체제붕괴 이후 극심한 사회 혼란을 겪을 위험성이 크다고 경고했다고 전했다. 또 120만 명이 넘는 북한군은 조직폭력과 무기·마약밀매를 일삼는 범죄 집단으로 전락할 수 있다고 내다봤다. 러시아 출신인 란코프 교수는 개인 경작 제도인 '소토지' 등 북한의 변화상을 주로 연구해왔다. 란코프 교수는 휴대전화와 단파 라디오 때문에 당국의 정보통제가 무너졌고 주민들이 대거 시장 유통 등 자본주의에 눈을 뜬 만큼 체제붕괴는 앞으로 1년이든 20년이든 올 수밖에 없다고 강조했다. 따라서 쟁점은 미리 북한 주민이 겪을 고통을 줄이는 방안을 준비하는 것이라고 덧붙였다. 란코프 교수는 남한이 북한 정권 붕괴 이후에도 급진적 변화를 지양하고 10~15년가량 북한 측과 상호 체제를 인정하는 '연합'을 구성하는 것이 좋다고 제안했다. 또 진실화해위원회 등 제도로 강제수용소 등 독재정권 잔재를 청산하고 북한 토지 소유권을 요구하는 시민에게는 부동산 압류를 허용하지 말고 정부 보상금을 지급해야 한다고 주장했다. 특히 새터민과의 연대가 후일 북한과의 통합에 핵심 디딤돌이 될 수 있다며 차별을 철폐하고 사회진출을 도와야 한다고 강조했다.

란코프 교수는 지금으로서는 북한 정권에 대해 할 수 있는 조치가 거의 없지만, 북한으로의 정보 유입을 늘려 내부 변화를 촉진하는 것이 대안이 될 수 있다고 밝혔다.

파이낸셜타임스는 "란코프 교수의 제안은 너무 장기적인 방안인 게 흠이지만 그래도 타당성이 있다"며, "통일에서 최선의 시나리오만 기대해서는 안 된다"고 지적했다.

저자의 귀중한 박사학위 논문이 한 권의 책으로 출간하도록 독려하고, 출판사를 소개한 논찬자는 이 책은 앞으로 다가 올 통일한국을 위해 70여년동안 기도해 왔던 한국교회의 소중한 자산으로 영향을 끼치리라 믿고 감사하며 논찬을 마친다.

로마서에 나타난 성령에 대한 연구

로마서에는 성령에 관하여 대략 29번 정도 언급된다. 그런데 로마서에는 우리가 일반적으로 사용하고 있는 성령의 세례라든가 성령의 충만 같은 표현이 나오지 않는다. 더 나아가서 성령의 은사에 관하여도 로마서는 은사에 대하여 말하고는 있지만 "우리에게 주어진 은혜를 따라 상이한 은사들을 가지고 있는데(롬 12:6)", 고린도전서와는 달리 성령과 관련하여 말하지 않는다는 점에서 특이하다. "은사는 여러 가지나 성령은 같다(고전 12:4)". 그러므로 우리는 로마서로부터 성령에 관하여 색다른 이해를 얻을 수가 있다.

1. 기본적인 이해

로마서에 나오는 성령을 이해하기 위하여 우선 다음과 같은 기본적인 고찰을 해야 할 필요가 있다.

첫째로 성령에 수식어가 붙는 경우에 대한 고찰이다. 형용사적인 수식어로는 주로 "거룩한"이라는 단어가 사용된다(롬 5:5; 9:1; 14:17; 15:13,16,19). 성령은 명사적인 수식어와 함께 성결의 영(롬 1:4), 생명의 성령(롬 8:2), 하나님의 영(롬 8:9,14; 15:19), 그리스도의 영(롬 8:9), 양자의 성령(롬 8:15)이라고 불린다.

둘째로 성령이 수식어로 사용되는 경우에 대한 고찰이다. 예를 들면 성령의 새로움(롬 7:6), 성령의 생각(롬 8:6,27), 성령의 능력 (롬 15:13,19), 성령의 사랑 (롬 15:30) 등이다.

셋째로 성령과 함께 사용된 전치사에 대한 고찰이다. 성령과 함께 주로 사용되는 전치사는 세 가지이다 : "안에"(롬 2:29; 7:6; 8:9; 9:1; 14:17; 15:13,16,19), "말미암아"(롬 5:5; 15:30), "따라"(롬 1:4; 8:4,5).

2. 신적 인격으로서의 성령

1) 하나님의 영이신 성령

사도 바울은 로마서에서 성령이 성부 하나님과 밀접한 관계에 있다고 말한다. 이것은 무엇보다도 성령을 "하나님의 영"이라고 부르는데서 분명하게 나타난다 (롬 8:9,14). 성령은 하나님과 무관하게 존재하시거나, 하나님없이 활동하시지 않는다. 성령의 존재는 하나님과의 관련성 속에서 이해되며, 성령의 활동은 하나님과의 연계성 속에서 이해된다. 성령은 하나님의 영이시다. 더 나아가서 성령과 하나님의 밀접한 관계는 쌍방간에 이루어지는 깊은 교통으로부터 알 수 있다. 하나님은 "성령의 생각이 무엇인지 아시며", 성령은 "하나님을 따라" 행동하신다(롬 8:27). 하나님은 성령의 사고를 인지하며, 성령은 하나님의 의지를 표준한다.

사도 바울은 고전 2:10에서 이러한 사상을 역으로 진술한다 : "성령은 모든것 그리고 하나님의 깊은 것을 통달한다". 성령께서는 일반적인 일들을 인식하실 뿐 만 아니라, 구속과 관련된 특별한 일까지도 인식한다. 성령의 인식은 일반적인 것과 특수한 것에 미친다. 성령은 하나님의 영이시며, 하나님의 깊은 것이라도 인식하시기에 하나님과 동일한 인격을 가지고 있는 것으로 생각할 수 있다.

하나님과 성령 사이에 이루어지는 이러한 상호간의 긴밀한 관계 때문에 성령은 하나님의 일을 실현해나간다. 사도 바울은 특히 성령께서 하나님 나라의 문제에 깊이 개입하는 것으로 생각한다. 사도 바울은 롬 14장에서 그리스도인들의 음식윤리 "먹는 자는 먹지 않는 자를 업신여기지 말고, 먹지 못하는 자는 먹는 자를 판단하지 말라"(롬 14:3)에 관하여 말하면서 경구적인 표현으로 "하나님의 나라는 먹는 것과 마시는 것이 아니라 성령 안에 있는 의와 화평과 희락이라"(롬 14:17)고 진술한다. 사도는 여기에서 무조건 먹는 것과 마시는 것을 비판하는 것이 아니라 하나님의 나라를 망치는 결과를 낳는 먹는 것과 마시는 것을 비판하고 있는 것이다. 사도 바울이 비판하는 먹고 마시는 일이란 그리스도께서 죽었다가 다시 살아나 의롭게 만들어주신 "형제를 업신여겨" 의를 깨뜨리는 것이며(롬 14:9~10; 참조. 롬 4:25), "형제를 근심하게" 만들어 기쁨을 망가뜨리는 것이며(롬 14:15), "화평의 일"을 버리고 "하나님의 사업을 무너뜨리는 것"이다(롬 14:19~20). 이러한 먹고 마심은 의와 평강과 희락을 이루지 못한다. 의와 평강과 기쁨을 이루지 못하는 먹고 마심은 하나님의 나라를 망친다. 사도 바울은 이에 대하여 진정으로 하나님의 나라를 이루는 것에 대하여 말한다. 그것은 "성령 안에 있는 의와 화평과 희락이다". 사실상 의와 화평과 희락은 모두 하나님의 인격을 나타낸다(롬 3:26 "이때에 자기의 의로우심을 나타내사 자기가 의롭다는 것을 보이신다"; 롬 15:13 "소망의 하나님이 모든 기쁨과 평강을 충만하게 하신다"). 절대적인 의, 절대적인 화평, 절대적인 희락은 오직 하나님의 인격에서만 나타난다. 이러한 의미에서 "하나님의 나라는 의와 화평과 희락이라"고 말하는 것은 "하나님의 나라는 하나님의 인격이라"고 말하는 것과 동일하다. 하나님의 나라가 하나님의 인격과 관련하여 설명된다. 하나님의 나라는 하나님의 인격으로 표현되며, 하나님의 나라는 하나님의 인격으로 실현된다! 하나님의 나라는 하나님의 인격의 표현이며 하나님의 인격의 실현이다! 하나님의 나라는 하나님의 인격이다! 그러므로 "그리스도께서 대신하여 죽으신 형제를 식물로 망케"(롬 14:15) 하는 인간적인 인격으로는 하나님의 나라를 이룰 수가 없다. 하나님의 나라는 의와 화평과 희락같은 하나님의 인격으로 형제들을 "세우는 일"(롬 14:19)을 통하여 이루어진다. 그런데 사도 바울은 여기에서 이같은 하나님의 인격이 "성령 안에서"(롬 14:17) 실현된다고 말한다. 성령께서 하나님의 인격을 표출시키시며, 성령께서 표출시킨 하나님의 인격을 바탕으로 하여 하나님의 나라가 성립된다. 성령의 열매는 하나님의 인격이다(갈 5:22~23). 하나님의 인격의 삶은 하나님의 나라이다. 그러니까 성령께서는 하나님 나라의 문제에 깊이 개입한다. 성령은 하나님의 일을 실현해 나간다. 하나님과 성령 사이에는 이처럼 긴밀한 상호관계가 있다.

2) 그리스도의 영이신 성령

그런데 사도 바울은 로마서에서 하나님을 정의할 때 예수의 부활과 관련하여 정의한다. 하나님은 "예수를 죽은 자 가운데서 살리신 분"이다 (롬 4:24). 칭의는 바로 이 하나님을 믿는 자들에게 허락된다(롬 4:24). 그래서 성령은 "예수를 죽은 자들로부터 살리신 이의 영"(롬 8:11)이라고 불린다. 성령은 하나님의 영이신데, 특히 예수를 부활시키는 일에 관여한다. 예수를 죽은 자들로부터 일으키는 일에 있어서 하나님은 주관자이시고, 성령은 동역자이시다.

이 사실을 사도 바울은 하나님의 아들이신 예수에 관하여 말하면서 롬 1:3~4에서 더욱 적극적으로 분명하게 언급한다 : "(그의 아들은) 육체를 따라 다윗의 씨로부터 나셨고(3), 성결의 성령을 따라 죽은자들의 부활로부터 하나님의 아들로 인정되셨다.(4)"

바울은 하나님의 아들이신 예수를 정의함에 있어서 성령의 역할(기능)을 강조하고 있다. 성령께서 하시는 일은 이 두 문장을 비교할 때 잘 알 수 있다. 3절과 4절은 정확하게 대칭된다. "성결의 성령을 따라"는 "육체를 따라"에 대칭되며, "다윗의 씨로부터"는 "죽은 자들의 부활로부터"에 대칭된다. 사도 바울은 우선 예수께서 어떻게 육체적으로 출생하셨는지를 설명한다. 예수는 "육체를 따라 다윗의 씨로부터 나셨다" (3). 여기에서 "육체"는 악한 의미로 사용된 것이 아니라 (후론 참조), 출생을 나타내는 자연적이며 물질적인 의미로 사용되었다. 그래서 "육체를 따라"라는 말은 다시 "다윗의 씨로부터"라는 말로 조금 더 구체적으로 설명된다. 이것은 예수에 대한 계보적인 설명이다. 예수의 육체적인 출생이다. 이어서 사도 바울은 어떻게 예수께서 "능력가운데 계신 하나님의 아들"로 인정되셨는지를 설명한다. 예수께서는 "성결의 성령을 따라 죽은 자들의 부활로부터 능력가운데 계신 하나님의 아들로 인정되셨다"(4). 여기에서도 윗 문장에서와 마찬가지로 "성령을 따라"라는 말은 다시 "죽은 자들의 부활로부터"라는 말로 조금 더 구체적으로 설명된다. 이것은 예수에 대한 새로운 계보적인 설명이다. 예수의 영적인 출생이다. 성령의 활동과 부활의 성취는 예수께서 능력가운데 계신 하나님의 아들로 인정되는 일에 필요한 상이한 두 가지 조건사항이 아니라, 통일된 한 가지 조건사항이다. 윗 문장에서 "육체를 따라"와 "다윗의 씨로부터"가 결속된 개념이듯이, 아래 문장에서 "성령을 따라"와 "죽은 자들의 부활로부터"도 결속된 개념이다. 다윗의 혈통으로부터 태어나신 것이 육체의 문제라면, 부활하심으로써 능력적인 하나님의 아들로 인정된 것은 성령의 문제이다. 말하자면 예수께서 능력가운데 계신 하나님의 아들로 인정되는 일에 있어서 성령의 활동은 부활의 성취로 표현된다는 것이다. 사도 바울은 예수께서 능력적인 하나님의 아들로 인정되심에 있어서 성령께서 부활로 관련하신다고 밝힌다.

성령은 예수를 부활시키는 일에 관여한다. 그리하여 예수는 하나님의 능력적인 아들로 인정된다. 성령은 성부와 성자를 연결하는 끈(vinculum)이다(Augustinus)! 이러한 의미에서 성령은 "그리스도 예수 안에 있는"(롬 8:2) 영이시며, 그렇기 때문에 "그리스도의 영"(롬 8:9)이라고 불린다. 하나님의 영이신 성령은 예수 그리스도의 영이시다. 그러므로 사도 바울은 성령을 하나님과 동일한 인격 선상에 놓듯이, 성령을 예수 그리스도와 동일한 인격 선상에 놓는 것을 주저하지 않는다. 이 때문에 사도 바울은 성도들에 대한 권면의 근거로 예수 그리스도와 성령을 나란히 생각할 수 있다. "내가 우리 주 예수 그리스도로 말미암아 그리고 성령의 사랑으로 말미암아 너희를 권한다"(롬 15:30).

3. 성도들을 위한 성령

그런데 하나님의 영이시며 그리스도의 영이신 성령은 성도들과 긴밀한 관계를 가지신다. 특히 이것을 사도 바울은 로마서 8장에서 자세히 설명한다. 로마서 전체에 나오는 성령에 관한 구절 중에 로마서 8장에만 삼분의 이 정도 (19번)가 들어있다. 여기에서 사도 바울은 성령께서 성도들을 위하여 두 가지 일을 하시는 것으로 진술한다. 첫째로 성령은 성도들을 그리스도와 관계를 맺게 하며, 둘째로 성령은 성도들을 하나님과 관계를 맺게 한다. 이 사실은 로마서 8장에 나오는 성령에 대한 두 가지 수식어를 살펴보면 쉽게 알 수 있다(이것은 또한 로마서 8장을 두 부분으로 분해하는 길이기도 하다). 성령은 "생명의 성령"(롬 8:2) 이며, "양자의 성령"(롬 8:15)이다. 생명의 성령은 성도들을 그리스도와 관계하게 하며, 양자의 성령은 성도들을 하나님과 관계하게 한다.

1) 생명의 성령(롬 8:1~11)

우선 성령은 생명의 성령으로서 사람을 그리스도와 관계시킨다. 이렇게 하기 위하여 첫째로 성령은 사람을 "죄와 사망의 법으로부터 해방시키신다"(롬 8:2). 죄와 사망의 법은 달리 말하면 육신이다 (롬 8:3). 왜냐하면 육신은 "죄의 육신"이기 때문이다(롬 8:3-개역성경에는 "죄있는 육신", 표준 새번역 성경에는 "죄된 육신"이라고 되어 있음). 말하자면 육신이란 것은 죄를 짓는 인간의 연약한 본성을 가리킨다 (롬 7:14,25). 죄와 사망의 법이 다스리는 육신에 있을 때 인간은 그 정체가 "하나님과 원수"이며(롬 8:7), 그 사업이 "육신의 일"이며(롬 8:5; 참조. 롬 7:25), 그 결국이 "사망"이다(롬 8:6; 참조. 롬 6:23). 그런데 생명의 성령께서 바로 이 죄와 사망의 법 아래 있는 육신으로부터 사람을 해방시키신다.

둘째로 성령은 생명의 성령이시기 때문에 사람을 자유롭게 한 후에 무

질서에 빠져들게 하지 않고 오히려 새로운 영역으로 들어가게 한다. 생명의 성령이 임하시면 변화가 일어난다. 성령께서 임하시면 사람은 그 사업이 "성령의 일"이 되며(롬 8:5), 그 결국이 "부활"이 된다(롬 8:11). 왜냐하면 그 정체가 "그리스도의 것"으로 변하였기 때문이다(롬 8:9). 생명의 성령은 "그리스도 예수 안에 있는"(롬 8:2) 성령이며, "그리스도 영"(롬 8:9)이시기에 사람을 그리스도의 것으로 만든다. 성령은 우리를 그리스도와 연결시키는 끈이다! 성령은 그리스도께서 우리를 효과있게 자신과 결합시키는 끈이시다.(Calvin, Inst. III,1,1)

2) 양자의 성령(롬 8:12~30)

이어서 성령은 양자의 성령으로서 사람을 하나님과 관계시킨다. 이제 더 이상 종이 아니다. 사람은 본래 죄의 종으로서(롬 6:17), 자신을 불법과 부정에 드리고(롬 6:19), 부끄러운 열매를 맺으며(롬 6:21), 결국은 사망에 이를 존재이다(롬 6:23). 그런데 양자의 성령은 바로 이같은 종의 신분으로부터 사람을 하나님의 자녀가 되게 하신다 : "무릇 하나님의 영으로 인도함을 받는 자들은 하나님의 아들들이다"(롬 8:14), "너희는 양자의 영을 받았으므로 아바 아버지라 부르짖는다"(롬 8:15). 사도 바울은 이러한 일을 가리켜 "하나님의 사랑이 우리에게 주어진 성령으로 말미암아 우리 마음들에 부어졌다"고 표현한다(롬 5:5). 하나님의 사랑은 그리스도를 죽게 하심으로써 이루시는 구속적인 사랑이다(롬 5:8). 우리는 연약하고 죄인된 상태에 있었다(롬 5:8). 하나님의 구속적인 사랑과 인간의 범죄한 상태는 단절적이다. 바로 이같은 간격을 성령께서 연결시키신다. "성령으로 말미암아" 하나님의 사랑과 우리의 마음이 이어진다 (참조. 고전 2:10). 그리스도의 죽음으로 사랑을 표현하신 하나님과 연약하고 범죄한 인간을 연결시키시는 것은 오직 성령이시다!

사람을 하나님의 자녀가 되게 하시는 양자의 성령은 이제 두 가지 일을 동시에 하신다. 한편으로는 성령께서 우리 곁에서 증거하신다. "성령이 우리 영으로 더불어 우리가 하나님의 자녀라는 것을 함께 증거하신다" (롬 8:16). 성령은 우리에게 하나님을 아버지라 부르게 하고(롬 8:15), 하나님의 유업을 받을 상속자임을 확인시키되 그리스도와 함께 상속자가 되며 함께 고난 받고 함께 영광을 받을 사람들이라는 것을 증거하신다(롬 8:17). 다른 한편으로는 성령께서는 하나님 곁에서 간구하시는데, "성령이 우리 연약함과 더불어 함께 계시기 위함"이다(롬 8:26). 성령께서 우리의 연약함을 도우신다. 성령께서 말할 수 없이 탄식하신다. 우리가 탄식하면 성령께서도 탄식하신다. 우리가 빌 바를 알지 못할 때 성령께서는 우리를 위하여 친히 간구하신다. 성령께서 한편으로는 우리 곁에서 증거하시고, 한편으로는 하나님 곁에서 간구하신다. 성령은 우리 곁에 계시며 동시에 하나님 곁에 계신다! 성령은 우리를 위하여 분주하시다! 우리는 성령의 지대한 관심사이다! 그렇다면 "누가 우리를 그리스도의 사랑에서 끊겠는가"(롬 8:35). 성령으로 말미암아 하나님의 사랑이 우리 마음에 부은 바 되었기에 환난 중에도 소망이 부끄럽지 않다(롬 5:3~5)! 그러므로 사도 바울은 성령을 받은 그리스도인들에게 이렇게 축복하고 있다. "소망의 하나님이 모든 기쁨과 평강을 믿음 안에서 너희에게 충만케 하사 성령의 능력으로 소망이 넘치게 하시기를 원하노라" (롬 15:13)!

拍手者(박수치자)師母 讚揚 concert祝辭의 말씀

먼저 축하의 말씀을 드립니다. 목사님의 사모의 사명도 버거우실 텐데 하나님의 사랑이 넘치는 은사를 받으셔서 하나님 찬양콘서트를 가지게 된 것을 진심으로 축하합니다. 왜냐하면 찬송을 떠나서 기독교를 생각할 수 없을 만큼 그 역할과 비중이 지대하기 때문입니다.

초대교회 교부였던 크리소스톰(J.chrysostomus 344~407)은 "좋은 음악이 있는 곳에 하나님의 영광이 있고, 나쁜 음악이 있는 곳에 사탄이 역사 한다"고 하였습니다.

 교회사를 보면 하나님을 찬미하는 찬송 가운데 이교도에서 쓰여지던 음악-악령의 음악-들이 들어와 교회의 신성을 어지럽히는 경우가 자주 일어났습니다. 그래서 교황 그레고리우스 1세(Gregorius 1 540~604)는 성가들을 정리하여 Gregorius Chant를 만들어 이교도 음악과 세속음악이 교회로 들어와 예배를 어지럽게 하는 것을 막았습니다. 그러나 그레고리우스 1세는 일반성도들에게는 찬송을 부르지 못하게 하는 실수를 하였습니다. 그만큼 그가 찬송을 얼마나 신성시했는가를 짐작할 수 있습니다. 평신도들에게 찬송을 되찾아 준 분은 마틴 루터입니다. 그의 종교개혁시 10만 여 개의 찬송이 쏟아져 나왔고 종교개혁에 큰 역할을 하였습니다. 루터는 음악은 하나님의 선물로써 하나님의 신성한 능력의 역사가 임재한다는 것을 잘 알고 있었습니다. 또한 이 음악이 잘못 사용될 때 악령이 역사 하는 도구가 될 수 있다는 것을 잘 알고 있었습니다. 찬송은 하나님이 역사 하시는 거룩한 영역입니다.

 우리 주님께서 말세에 멸망의 가증한 것이 거룩한 곳에 선다(마24:1)고 말씀하신 것처럼 현대야말로 음악이 악령의 도구로 이용되어 사탄이 역사하고 있는 시대입니다. 이 세속적인 음악이 교회로 침입하여 찬송의 자리를 탈취하고 예배를 혼곤케 하고 있습니다. 이를 방지해야 할 책임이 어느 누구보다도 교회지도자들에게 있는 차제에 올바른 찬송의 중요성을 아시고, 운명적으로 박수를 안고 사시는 박수자 사모님께서 찬양콘서트를 여시게 되어 박수로 축하를 드립니다. 하나님은 이사야 43: 21에 "이 백성은 내가 나를 위하여 지었나니 나의 찬송을 부르게 하려 함이니라"고 말씀하셨습니다. 히브리서 13:15에 "찬송은 예수님의 이름을 증거 하는 입술의 기도"라고 했습니다. 시편 47:1에 "박수를 치며 여호와를 찬송하라"고 했습니다. 원종제일교회가 왜 원종제일교회인가?를 알았습니다. 秘意가 있습니다. (이원영-영원이) (박수자-박수치자) 하나님의 사랑과 구속의 은혜를 夫婦가 夫唱婦隨로 영원히 박수치며 찬송하는 교회 목사님, 사모님이야말로 원종제일이 아니라 한국제일, 세계제일이 될 것이니 축하하지 않을 수 없습니다. 할렐루야 !

부천제일교회의 어제와 오늘

"사람은 모두 그 시대의 아들들이다"라는 헤겔의 유명한 이야기가 있습니다. 사람들은 보이지는 않지만 그 시대를 이끌어 가는 시대 정신과 에토스(Ethos)에 의해 결정적인 영향을 받는다는 말입니다.

인류 역사상 가장 어두웠고 가장 빠른 템(term)으로 급변하던 세기라고 말할 수 있었던 20세기의 끝자락에 서서 새로운 패러다임을 위하여 반성과 응전 그리고 비젼을 갖고 21세기를 맞이해야 하는 역사적인 정황에서 우리 한국교회에 주어진 달갑지 않은 메뉴는 마이너스 교회성장이라는 것이었습니다. 환언하여 "영적 불황기"라고 말할 수 있을 것입니다.

이런 교회 환경에서 피 묻은 복음, 주님의 목숨의 대가로 주어진 복음으로 우리나라를 변화시키려면 어떻게 해야 할까요? 나라를 복음화하는 복잡한 과정의 하모니를 이루기 위해 무엇보다도 복음의 인프라(Infra)를 구축해 나가는 일은 필수적이고 너무나 중요한 것입니다. 그러기 위해서 우선 성도 한 사람 한 사람을 변화시키는 일은 중요하고도 필요한 사역임은 아무도 이의가 없을 것입니다.

1. 부천제일교회의 상흔(傷痕)

제가 1995년 4월 10일 부임할 당시 부천제일교회의 모습은 한 마디로 말하여 상흔의 아픔 가운데 지쳐있던 교회였습니다. 21년의 역사를 가지고 있는 교회라고는 믿어지지 않았던 교회였습니다. 초대 이동세목사님과 세 분의 성도들이 1974년 7월 14일 설립예배를 시작으로 1년만에 성전부지를 매입하여 건축할 정도로 빠르게 부흥하였습니다. 그 후 2대 000목사님이 부임하여 6개월만에 이임하였고, 3대 ○○○목사님은 여러 가솔을 부양하여야 하는 상황에도 불구하고 열심히 사역하여 150여명 이상 예배하는 교회로 부흥하였으나 사임할 시기에는 성도들이 사방으로 뿔뿔이 흩어지는 아픔으로 다시 개척교회 형편으로 전락하는 아픔이 있었습니다. 4대 ○○○목사님이 부임하여 90여명의 장년성도가 회집하던 자립하는 교회로 체계를 갖추어 가던 중 시험이 임하여 또 다시 회오리바람 같은 폭풍이 일어나 성도들이 일부는 30여명이 나가서 교회를 개척하였고, 일부는 장로교로, 감리교로 부천시내 사방으로 퍼지듯 뿔뿔이 교회를 떠나서 끝내는 담임목사님도 사임하여 남아있던 몇 성도들마저 마치 예수님 지상사역 당시의 목자 잃은 양떼들처럼 유리 방황하던 평민들이었던 암하아레츠를 방불케 하였습니다(교회분립 및 해산원인에 대해서는 지도자의 실책이 있었으나 개인 명예에 관한 사항으로 상세한 기록을 생략합니다).

2. 치유하는 사역

제가 하나님께 기도하며 다짐하던 사역의 과제는 우선 남아있는 성도들의 아픔을 어루만져 복음으로 새 힘을 얻게 하는 치유사역이었습니다. 그래서 한 사람 한 사람 유리하며 방황하던 성도들을 찾아가 심방하였습니다. 사방으로 흩어져 어수선한 교회 분위기를 쇄신하여야 하였기 때문이었습니다. 남아 있던 성도들 마저도 몇 사람을 제외하고는 교회를 옮기려고 생각하고 결단을 내리지 못해 갈등을 가지고 있었던 찰나였습니다. 그동안의 상처의 골이 깊이 파인 성도들의 마음을 복음으로 감싸주고, 사명을 고취하여 교회는 점차 안정을 되찾았고 신앙생활에 기쁨을 가지게 되었습니다. 21년이 된 교회였지만 당회가 구성이 안 된 미조직교회였으나 끝까지 몸바쳐 흔들리지 않고 헌신하던 두 분을 피택하여 장로장립을 하여 당회를 구성했고, 2명의 부교역자를 청빙하여 교역자 3명이 열심히 동역한 결과 상흔에서 벗어나 급기야 부흥일로에 서게 되었습니다.

3. 교회 성장 계획

제가 부천제일교회 성장계획을 위해서 부임했던 첫 해는 목회계획과 미래구상을 위하여 자료를 수집하고 평가하며 기도하던 중 "무릎으로 세워가는 교회"라는 표어 아래 믿음 안에서 성도들의 화합과 뜨거운 기도로 기초를 튼튼히 다지는 한 해였습니다. 신앙실천사항으로는 믿음으로, 기쁨으로, 감사하므로(행 2:46~47) 부천제일공동체 행동강령은 언어는 긍정적으로, 행동은 믿음으로(요2:5)라는 목표아래 제 1차 5개년 성장계획 {예수탄생 2000년(1996년)~2000년}을 기획하였습니다.

도심지 교회는 지역적으로 불리한 여건을 갖고 있습니다. 도심지는 대개 주거지역이 아니며, 사람들은 개발지나 변두리 주거지역에 있는 교회에 참석합니다. 부천제일교회는 옛날 동네이면서 부천 한 복판인 중심지에 자리잡고 있습니다. 불리한 여건을 갖고 있는 것입니다. 미국 풀러신학교의 와그너 교수에 의하면 도시 사원교회(Catheral Church)가 급속하게 성장하지 못하는 이유는 다음과 같다라고 하였습니다.

A. 신자간의 연대감이 없다.
B. 신자 상호간의 심방이 드물다.
C. 교회 출석도 자유다.
D. 결석자를 살피는 자가 없다.
E. 익명성을 즐겨 나타나기를 싫어한다.
F. 교회일에 개입하기를 싫어한다.(P.S. Peter Wagner, Frontiers in

Missionary Strategy, Chicago:Moody Press, 1971, P.189.)

이같은 현상은 부천제일교회에 있어서도 마찬가지입니다. 그러나 이 같은 악조건 속에서도 부천제일교회는 성장하고 있습니다. 그 이유는 먼저 하나님의 도우심입니다. Ray Anderson이 말한대로 "모든 목회는 하나님이 하십니다." 교회 성장의 주도권은 하나님이 가지고 있다는 말입니다. 바울은 고린도전서 3장 6~7절에서 "나는 심었고, 아볼로는 물을 주었으되 오직 하나님은 자라나게 하셨나니 그런즉 심는 이나, 물주는 이는 아무 것도 아니로되 오직 자라나게 하시는 이는 하나님뿐이니라"고 하였습니다.

그 다음은 말씀중심 목회인 구속사적인 복음설교사역을 통한 성도 개개인의 변화를 촉구하였습니다. 우리는 교회를 섬깁니까? 아니면 하나님을 섬깁니까? 우리는 예배당을 섬깁니까? 아니면 하나님의 백성인 사람을 섬깁니까? 우리는 제도나 의식을 섬깁니까? 죄악으로 상처받은 영혼을 섬깁니까? 저는 후자를 선택하였습니다. 왜냐하면 예수님이 오셔야 하는 이유도 건물이나 전통, 제도에 있었던 것이 아니라 잃어버린 양을 위해서였기 때문입니다. 목회는 구원사역입니다. 복음을 선포하는 구속사적 설교를 통하여 부천제일교회는 점차 성장해가고 있습니다. 더욱 성장해 가기 위해서 성도들에게 설문을 조사한 것을 근거로 목회계획을 세웠습니다. 변화 된 성도가 많아진다는 것은 교회로 세우신 우리자신의 변화로 민족의 복음화를 위한 위대한 도구로 쓰임 받게 되었다는 긍정적인 평가와 함께 부천제일교회는 안정과 헌신의 토대 위에서 앞으로 미래의 사역이 밝다고 겸허하게 예측하여 봅니다.(구체적인 앞으로의 계획은 생략하였음을 양지하여주시면 감사하겠습니다.)

그것은 양적성장으로는 장년 70여명, 청년부 10명, 중고등부15명, 유년주일학교 35명으로 점차 번성하여 가고 있으며 질적인 성장은 책임 있는 그리스도인으로서 몸 된 교회와 주님의 지상명령에 따른 헌신 된 일꾼들이 증가하여 가고 있다는 것입니다. 선교사역은 해외선교를 위해 중국선교(여호수아 북방선교회), 중국동포 자매 결연돕기(한국복음주의 협의회)와 국내개척교회 선교를 위해서 방화동교회 외에 5개처와 결식아동 급식을 위하여 초등학생을 학교당국으로부터 추천을 받아 돕고 있습니다. 장학사업으로는 본 교회를 섬기고 있는 학생이면 누구나 장래 민족의 각 분야에 있어서 기둥이 되라는 염원으로 매 학기마다 다소의 장학금을 지불하고 있습니다.

그리고 교회설립 27주년인 금년에는 교회건물이 낡아서 우선 리모델링을 하기로 결의하여 설계는 이미 마쳤고 시공사도 선정해 놓은 상태에서 특별헌금을 자발적으로 하고 있어서 곧 교회단장을 마치는데로 사무총회 시 피택 된 권사임직식을 가질 예정 중에 있습니다. 감사합니다.

성 명 서

대한예수교 장로회 중앙총회 제49회 정기총회시 불법선거로 선출한 ○○○ 목사의 총회장 당선무효에 대한 비상대책위원회의 결의를 지지한다.

대한예수교 장로회 중앙총회 제49회 정기총회가 2018년 9월 6일 개회되었으나 독단적인 진행과 불법선거로 인하여 깊은 상처와 함께 내홍을 겪고 있다. 설립자 고 백기환총회장님께서 48년 전 임마누엘신앙으로 중앙총회를 설립한 이래 비이성적이고 비합리적인 불법선거로 "헌법을 준행하는 임마누엘 성총회"라는 정기 총회의 표어가 무색하게 하나님 앞과 산하 교단 지교회와 국민 앞에 부끄러운 불법을 저지른 작태를 좌시할 수 없다. 총회

대의원 대다수가 승자도 패자도 없이 마음과 영성에 깊은 상처를 주고받으며 파행을 맞은 것에 대하여 깊은 우려와 함께 통탄하지 않을 수 없다.

중앙총회는 현재에 이르기까지 오랜 세월 설립자 고 백기환총회장님과 동역자들의 피와 땀과 눈물로 헌신하여 이루어졌다. 건설에는 많은 시간과 고뇌와 아픔이 밑거름되어야 하지만, 파괴는 극소수의 욕심과 불의로 인하여 하루아침 순식간에 무너지게 된다.

차제에 종교개혁자들의 "교회는 계속해서 개혁되어야 한다(Ecclesia semper reformanda est)"는 주창에 따라 교단의 성숙과 한국교계와 국가와 세계를 향해 귀하게 쓰임 받는 중앙총회로 거듭나기 위하여 우리 모두 뼈아픈 고통을 절감하는 개혁을 촉구한다. 빠른 시일 안에 "정상적이고 합법적인 총회를 위한 비상대책위원회"의 활동이 적극적으로 이루어져 교단과 산하 지교회와 중앙신학 모두 은혜와 사랑, 용서와 비움을 통해 보다 더 건강한 면모를 갖춘 중후한 교단으로 세워지를 통감하며 비상대책위원회의 모든 활동과 결의를 중앙신학대학원대학교 교수협의회는 적극 지지한다.

1. 선거과정은 상식적이었나?

총회 규칙 제2장 7조 3항에 의하면, 총회장 선출은 본교단 존속 10년 이상 목회경력 10년 이상된 자로 전직 증경총회장(고문)의 추천을 받아야 한다고 명시되어 있다. 그리고 전 총회장 전원은 자동으로 고문이 된다고 되어 있다. 즉 총회장을 추천할 수 있는 고문의 자격은 법적으로 전직 총회장이어야 하는 것이다. 법대로라면 ○○○ 목사가 고문이 되어야 하고 즉석에서 선발한 다른 인물이 되어선 안 되는 것이다.

또한 선거를 치르기 위해서는 선거관리위원회를 조직하여 공정한 절차에 따라 선거를 진행하여야 함에도 지명된 임시의장이 선거 회무를 독단적 일방적으로 진행하였다.

2. 총회장 선거 절차는 상식적이었나?

적법한 선거를 위해서 개회 시 계수한 총대 364명 중 재석수를 점검했는가? 투표용지 배포는 적절하였는가? 적절한 것이면 왜 당시 회의장내에 있는 신문기자와 서울중앙교회 평신도들에게도 투표용지가 배분되었으며, 의자에 떨어져 있던 투표용지는 무엇인가? 선관위가 없이 즉석에서 선발한 고문 다섯 사람을 동원해 선거사무를 한다는 것이 기상천외한 발상이 아닌가?

3. 임원선거를 위한 합법적 당선 유효수를 알고 있는가?

총회장선거에 있어서 대한예수교 장로회 중앙총회 헌법 170페이지 총회규칙 제7조의 선출방법에는 "정기총회에 참석한 총회대의원에서 무기명투표로 2/3의 득표를 받아야 하며 1차 2치에에시 결징이 되시 못했을 때에는 3차 투표에서 최다수자가 총회장이 된다."라고 명시되어 있다. 서기가 점명 후 보고한 참석 총대는 346명이었다. 참석한 총회대의원의 2/3라면 231명이다. 그런데 231명에는 많이 부족한 128명이 투표에 참여하였다. 1차 투표에 의한 총회장 당선이 불가능한 숫자였다. 그럼에도 불구하고 선거를 진행하여, 이○○ 목사 88표, 최○○ 목사 15표, 김○○ 목사 3표, 무효 22표로 합 128표, 곧 1차 투표에서 88표에 그친 이○○목사의 총회장 당선을 공포할 수 있는 것인가?

만국통상회의법에 따르면 최소한 과반수 참석에 과반수 득표를 얻어야 안건을 처리할 수 있는데, 개회성수는 총대원 498명의 과반수인 249명이 최소한 참석하여야 하고, 의결정족수인 참석한 총회원의 과반수인 최소한 125명 이상의 찬성을 얻어야 한다. 그런데 249명 이상이 참석했으며, 125명 이상의 찬성을 얻었는가?

이○○ 목사의 총회장 당선은 사탄의 발상적인 악행이므로 교단 헌법을 준수한다는 감언이설로 어불성설 총회장을 자처함은 하나님을 두려워하지 않는 불의, 불법, 불신앙적 작태이므로 당연히 당선 무효임을 자신의 양심이 더 잘 알 터 하나님께 회개하고 교단 앞에 용서를 구하고, 용퇴해야 한다.

4. 매년 매회 총회대의원들이 보고받고 회무 처리한 것은 누구의 책임인가?

대한예수교 장로회 중앙총회 설립자인 고 백기환 목사께서 총회장 재임 시 부총회장, 총무, 부총무, 서기, 부서기, 회계, 부회계, 감사 등 즉 임원을 포함한, 총회 회의에 참석한 대의원들에게 임원보고, 회계 보고할 시 총회 감사가 감사 보고한 후 임원보고 및 총회회계보고를 대의원들이 받았을 것인데, 당시에는 말 한마디 없다가 이제 와서 과거사를 들먹이며 이의를 제기하는 것은 어불성설이며, 비열한 행태이다. 법적인 책임을 물으려면 고 백기환목사님이 재임 시, 또는 생전에 했어야 할 것이요, 이 모든 보고내용은 당시 해당 임원들이 함께 책임을 져야하는 것이 옳지 않은가? 지금 누구에게 책임을 묻고 있는 것인가? 중앙총회는 세상에도 없는 연좌제가 시행되고 있는 교단인가? 말끝마다 유족, 유족 그러는데 유족 중 한 사람만 대의원일터, 게다가 서울중앙교회는 유족의 재산이며 사유재산인가?

5. 선배와 스승의 이름에 흠집을 내려는 작태는 자기 얼굴에 침 뱉는 것 아닌가?

대한예수교 장로회 중앙총회의 임마누엘신학은 심미적, 철학적으로 음미하는 정신이 아니라, 언약의 아들로 오신 예수 그리스도의 복음에 근거한 중앙 공동체들의 신앙이다. 한국 교계에서 괄시받던 여성들의 목사안수에 선구자 역할을 한 자랑스러운 교단의 정체성은 어디로 가고, 복음은 어디로 사라지고 소수 몇몇 사람들에 의해, 설립자인 고 백기환목사님의 명예에 흠집을 내며, 교단 전체를 영적으로 암울하게 만들고 있는가? 복음은 흠결을 덮는 것임을 하나님이 예수 그리스도안에서 자기 백성들의 죄를 덮어주신 사랑으로 오늘 우리가 존재하는 것이 아닌가? 새로운 도약을 위해서 과거를 덮는 용서와 사랑이 어느 때보다 현금 중앙교단에 절실히 필요하다. 이유는 우리 모두 불완전한 인간이기 때문이다. 은혜를 저버림은 곧 사탄의 짓이기 때문이다.

6. 하루 속히 교단이 정상화하여 총회산하 지교회들과 사역자들이 복음 사역에 전력하고, 중앙신학이 한국교육기관에 크게 자리매김하며, 명실공이 하나님의 주권과 영광을 드러내는 교단으로 거듭나기를 재차 천명하는 바이다.

주후 2018년 10월 16일 종교개혁의 달에
중앙신학대학원대학교 교수협의회 일동

(교수명단 및 사인 : 생략)

온석신학연구소 규정

제1장 총칙

제1조(목적)
이 규정은 온석신학연구소(이하 "연구소"라 한다)의 조직과 운영에 관한 사항을 규정함을 목적으로 한다.

제2조(사업)
연구소는 온석 백기환박사의 임마누엘정신을 계승하여, 칼빈주의 신학과 웨스트민스터신앙고백을 바탕으로 신학, 철학, 정치, 경제, 사회, 교육, 문화, 예술을 체계적으로 연구 개발하여 민족교회와 세계복음화에 기여하기 위하여 아래와 같은 업무를 수행한다.
1. 연구활동 및 학술발표회 개최
2. 연구논문집 및 학술도서의 간행
3. 국내·외의 문헌, 기타 참고자료의 수집 및 번역
4. 외국학자 및 저명인사의 초청
5. 국내·외의 학술 기관과의 연구 교류
6. 국가 및 지방자치단체의 학술용역 수행
7. 기타 연구소 목적 달성에 필요한 사업

제2장 조직 및 임원

제3조(조직)
① 연구소에는 연구위원, 운영위원, 행정간사를 둔다.

② 연구위원은 연구업무를 담당한다.
③ 운영위원은 연구소 운영 및 발전을 위한 업무를 담당한다.
④ 행정간사는 연구소의 관리 및 행정전반에 관한 업무를 담당한다.

제4조(임원)
① 연구소에는 소장 1인, 간사 1인, 각 위원 약간 인을 둔다.
② 소장은 본교 교수 중에서 총장이 임명하고, 연구소를 대표하며, 연구소의 업무를 총괄한다.
③ 간사는 본교 교직원으로 선정하되 총장이 임명한다.
④ 각 위원은 본교 조교수 이상의 교원 중에서 소장의 내신으로 총장이 임명하며, 소장의 명을 받아 각 위원의 소관사항을 관장한다.

제3장 회의 및 임기

제5조(회의 및 임기)
① 회의는 소장이 필요하다고 인정할 때 소집한다.
② 각 위원의 임기는 1년으로 한다.

제6조(심의사항)
회의는 다음 각 호의 사항을 심의한다.
1. 사업계획의 심의와 조정에 관한 사항
2. 예산 및 결산에 관한 사항
3. 연구소 규정의 개정에 관한 사항
4. 기타 연구소의 목적달성에 필요한 사항

제4장 재정

제7조(재정)
연구소의 재정은 다음의 재원으로 충당한다.
1. 본교의 교부금
2. 찬조금
3. 기타 수입

제8조(회계년도)
연구소의 회계년도는 학년도에 준한다.

부 칙(규정)

1. 이 규정은 2019년 3월 1일부터 시행한다.
2. 이 규정의 시행 전에 행한 업무는 이 규정에 의한 것으로 본다.

고 백기환 목사의 호인 온석(溫石)이란 의미와 호(號)의 유래

온석(溫石)이란 무슨 말인가?

온석 백기환목사는 마틴 루터 킹의 말대로 여성들에게 자유와 새 삶의 종을 울린 선각자요, 세계 여성의 타종수였다. 지금까지 여성은 인격도 인권도 없는 것처럼 무시당하고, 여성들의 가슴속에 한이 돌처럼 굳어진 채 그 누구도 돌아보지 않을 때 온석 백기환목사는 주님처럼 여자와 어린이를 사랑하였다. 하나님이 준 인간으로서의 권리를 수탈당한 채 생식과 가정 경영의 도구 정도로 여겼던 여성들에게 그들의 생을 지평위로 끌어

올린 희망의 자애로운 아버지였다. 인류사에 천대 받던 여성들을 불러 모아 '한국교회의 새 이정표'를 그리게 하였다. 하버드대학교 사회학 교수 캐럴 길리건은 여성주의 이론가로 이렇게 말했다. "오랜 세월 여성은 남성보다 도덕적으로 열등하다고 알려져 왔지만 오히려 여성들이야말로 남성보다 더 도덕적이다. 남성들은 '독립'과 '정의'를 이야기 하지만 여성은 사람과 사람사이를 관심 갖고 살필 줄 아는 존재다. 역사를 만들어 가는 것은 남성일지모르지만 그 역사 속에 생명과 사랑의 숨을 불어넣는 것은 여성이다". 온석 백기환목사는 철저한 성경신학자요, 칼빈주의 신학자요, 여성들을 '하나님의 딸'들로 불러낸 임마누엘신학자요, 자비의 목회자이다. 대한예수교장로회 중앙총회는 선각자 온석 백기환목사로 말미암아 세계기독교회사의 한 획을 긋는 위대한 역사를 만들어 낸 시대를 앞서가는 교단이다. 여목사안수제도는 어느 나라, 어느 교파에서도 생각하지 못했을 때 중앙총회는 하나님의 창조의 신학을 관통하고 달관하여 지상선교대명은 남녀모두에게 부여한 사명인 것을 온누리에 선파한 교단이다.

이제 필자는 독자들의 질타를 무릎 쓰고 이해를 바라며 고 백기환목사의 호와 유래에 대하여 둔필을 들어 해석하려고 한다.

돌은 보호와 휴식의 돌이다. 온돌은 따듯하게 데운 돌이란 뜻으로, 한국 고유의 난방 방식이다. 온돌을 빼고는 우리 역사 속 주거문화를 말할 수가 없다. 온돌은 방바닥에 돌을 깔고, 아궁이에 불을 지펴서 돌(구들)을 달구어 방을 데워 난방하는 구조를 뜻한다. 온돌은 장갱(長坑), 화갱(火坑), 난돌(暖堗), 연돌(烟堗), 구들 등 다양한 이름으로 불리다가, 19세기 이후 온돌이란 이름으로 정착되었다. 온돌은 불을 때는 아궁이, 아궁이에서 나온 열을 전달받은 구들, 그리고 열기가 빨리 빠져 나가는 것을 막는 개자리, 연기가 통하는 연도, 그리고 연기를 배출하는 굴뚝으로 구성된다. 보통 뜨거운 열이 바로 전달되는 아랫목의 구들은 두껍게, 열이 늦게 전달되는 윗목의 구들은 얇은 돌을 놓기 마련이다. 방의 구들 밑으로 만든 고랑인 방고래에 불길과 연기가 잘 통하여 구들 전체에 고루 열을 전달하게 만드는 것이 중요하다.

온석 백기환목사가 그랬다. 온석은 방황하는 사람, 세파에 시달리고 지친 영혼의 석상(石床)이었다. 돌 하면 돌담을 연상할 수 있다. 돌담이 바람으로부터 보호해주는 역할을 하듯이 온석 백기환목사는 지켜주는 역할을 사명처럼 여기었다. 얼어붙은 가슴을 녹이는 데운 돌이자 구들장이었다.

또한 돌 속에는 신비한 생명이 있다. 돌 속에는 살게 하는 따스함이 있고, 돌 속에는 불사의 신비가 있다. 사도 베드로는 우리 주 예수 그리스도를 베드로전서 2장 4~8절에 산 돌(Living Stone)이라고 말하면서, 주를 따르는 모든 자들을 향하여 "너희도 '산 돌' 같이 신령한 집으로 세워지라"고 말했다.

- 4절. "사람에게는 버린 바가 되었으나 하나님께는 택하심을 입은 보배로운 산 돌이신 예수께 나아가" → 베드로는 "버린 바"와 "택하심"을 대조적으로 사용하여 예수 그리스도께서 사람들에게는 배척당하신 진정한 메시야이심을 말하고 있다. "사람에게는 버린 바가 되었으나"는 유대인의 왕으로 오신 예수님이 자신의 백성들에게 배척을 받으셨던 그 일을 말하고 있다. 그러나 그 예수님이 하나님께는 택하심을 입으신 분으로서 보배로운 산 돌이 되신 분이시다. "보배로운"(ἔντιμον, 엔티몬)은 문자적으로 '존경을 받는', '존귀한'이라는 의미로 하나님께서 그리스도를 통하여서 나타내신 영광을 의미한다. "산 돌"(λίθον ζωντα, 리돈 존타)은 유대인들 사이에서 메시야를 상징하는 것으로 알려졌고, 신약에서 예수 그리스도는 '모퉁이의 머릿돌'(마 21:42), '생명수의 반석'(고전 10:4), '기초석'(고전 3:11), 구약에서는 '심판의 돌'(단 2:34)로 비유되었다. 이러한 비유들을 함유하는 '산 돌'은 예수께서 부활하신 것이 확실한 사실이며, 예수께서 영원한 생명을 주는 교회의 초석이 되시는 분이심을 시사하는 것이다. 사람에게 버림받았을지라도 메시야가 되신 예

수 그리스도는 자신에게 나아오는 모든 자에게 생명을 주시는, 부활하셔서 살아계신 말씀이 되는 '산 돌'이심을 말씀하고 있다.

- 5절. "너희도 산 돌 같이 신령한 집으로 세워지고 예수 그리스도로 말미암아 하나님이 기쁘게 받으실 신령한 제사를 드릴 거룩한 제사장이 될지니라" → 여기서 "산 돌"(λίθοι ζῶντες, 리도이 존테스)은 복수로서 그리스도 앞에 나오는 자는 누구든지 산 돌이 되며 생명의 근원이신 그리스도와 연합하고, 다른 그리스도인들과 하나로 지어져 "신령한 집", 즉 교회로 세워지는 존재임을 말하고 있다. 여기서 "세워지고"(οἰκοδομεῖσθε, 오이코도메이스데)는 예수님께서 직접 베드로에게 '내가 이 반석 위에 내 교회를 세우리니'라고 말씀하실 때 사용된 동사와 동일한 것이다. 베드로는 여기에서 사람들이 단순히 교회에 나오는 것으로 그리스도인이 되고, 구원을 얻는 것이 아니라, 먼저 그리스도와 연합하여 산 돌이 되어 교회로 지어져 가야 하는 것을 강조하고 있다. 그리고 그런 이들이 하나님이 기쁘시게 받으시는 제사를 드리는 신령한 제사를 드리는 제사장이 되어야 할 것을 명하고 있다. 베드로는 '만인제사장'에 대한 분명한 가르침을 성령의 감동으로 우리에게 전하고 있다. 실제로 모든 이스라엘 백성들이 제사장이어야 했던 것을(출 19:6) 이루지 못했지만 이제 예수 그리스도로 말미암은 임마누엘 중앙총회인 교회가 하나님의 그 뜻을 실현하게 되었고, 그리스도인 개개인이 그 직무를 감당하게 되었음을 밝히고 있다.

인간은 체온의 유지가 건강의 핵심이다. 체온을 올려야 혈액순환이 좋아져서 면역기능이 향상되기 때문이다. 전문가들의 말을 빌리면 흔히 현대질병인 암은 냉병이라고 하는데, 체온을 유지하기 위해서는 온전한 먹거리를 잘 먹는 것과 온천과 사우나 그리고 온돌을 이용하여 체온을 올리는 방법인데, 일본등지에서 주로 이용되는 온천은 자연적이 환경이 되어야하고 핀란드지역에서 발달한 사우나는 많은 나무 연료를 필요로 한다.
 우리의 전통온돌은 적은 연료로 밥을 지으면서 그 남은 열로 오랜 시간 난방 하는 취사겸용 축열 원리가 특징이다. 불은 인류가 추운 지방으로 삶의 터전을 옮기는데 결정적인 도구이다. 불의 이용과 함께 음식과 요리가 발달하고 추운지방에서 체온을 유지하면서 겨울을 나게 되었다. 그러나 불은 항상 연기와 함께 오기에 연기의 퇴치가 항상 숙제로 남아 있었다. 연기를 내보내면 연기와 함께 열기도 사라지기 때문에 불이 꺼지면 다시 추워졌는데 우리의 온돌은 아궁이에 불이 꺼진 시간에도 축열된 열을 방바닥에서 방열시키는 고체축열식 난방법에 속한다. 연기와 열기를 나누면서 슬기롭게 에너지를 절약하는 방법이 온돌이다.

 온돌은 불을 잘 들어가게 하는 기술과 그 들어온 불기운 – 그 들어온 온기를 잘 보존하는 기술이 핵심이다. 우리의 전통온돌은 세 개의 개자리가 핵심인데 먼저 구들개자리는 열을 빨아들이고 중간의 고래개자리에서 식은 연기를 내보내고 마지막 굴뚝개자리가 외부의 찬 기운이 방바닥으로 역류하여 들어오는 것을 막아 방바닥의 열을 최대한 보존한다.

 또한 구들의 굴뚝바닥으로 푹 파인 개자리가 있어 최고의 집진설비가 된다. 아궁이에서 불을 때면 그 열기는 아궁이 → 아궁이 후령이 → 부넘기 → 구들개자리 → 방고래 → 고래개자리를 거쳐 구새(굴뚝)로 빠져나간다. 부넘기는 방고래가 시작되는 어귀에 조금 높게 쌓아 불길이 아궁이로부터 골고루 방고래로 넘어가게 만든 작은 언덕으로 구들장을 빨리 데우고 재를 가라앉히는 턱이 된다.

 온돌은 열 기운이 고래 위의 구들장을 덥히고, 고래개자리와 굴뚝개자리(방고래와 굴뚝이 이어지는 부분에 깊이 판 고랑) 등을 통해 열기 흐름의 속도를 조절하고 연기 속의 분진을 내부에서 처리한다. 즉 온돌은 복사(輻射)와 전도, 대류의 열전달 3요소를 모두 고려한 독특하면서도 친환경적, 과학적인 난방법이라 할 수 있다.

이러한 온돌은 세계최초의 방에 연기가 없는 난방법으로, 우리의 온돌은 방바닥으로 불길을 옆으로 보내는 '누운 불'을 사용하는 방법이고 서양의 벽난로는 불을 수직으로 위로 올린 '선 불'을 사용한다. 그런데 불은 윗부분이 가장 뜨겁기 때문에 불 옆을 사용하는 것은 효율이 떨어진다. 가장 따뜻한 불 윗부분을 굴뚝을 통해 열기를 내보내고 열기의 일부만을 이용하는 비효율적인 방법이다.

그러나 불은 항상 연기와 같이 오기 때문에 연기를 피하면서 불의 온기를 취하기 쉽지 않다. 냄비를 불 위에 놓지 불 옆에 놓는 사람은 아마 없을 것이다. 우리는 구들을 놓아 불을 딴지를 걸어 불과 연기를 눕혀서 바닥으로 기어서 다니게 하고 그 위 구들에서 불을 쌀고 앉아 불을 배고 잠을 자는 불을 호령하는 민족이다.

현재 발견된 가장 오래 된 고래가 있는 온돌은 3,000년 전 알래스카 알류우산 열도 아막낙섬에 있는 고래 뼈로 일부 이루어진 구들이고, 한반도 북부의 북옥저 유적이 고래와 구들장이 있는 유적인데 2,300년 전 경으로 추정된다. 그러나 두만강하구의 서포항집터의 고래가없이 돌과 진흙으로 된 온돌유적은 신석기 시대인 5,000년전 경으로 현재 가장 오래된 바닥을 따뜻하게 데우는 초기 원시온돌이다.

이러한 온돌에 관한 정의의 보면, '방바닥에 불을 때서 구들장을 뜨겁게 난방을 하는 장치'라고 설명하고 있다. 그러나 실생활에서는 온돌과 구들이 많이 혼용되어 사용되고 있는데, 지금 아파트에서 사는 사람들도 온돌방에서 산다고 얘기하고, 흔히 식당이나 호텔 등 숙박시설에 묵을 때도 '온돌방을 드릴까요?', '침대방을 드릴까요?' 하고 구분하여 부른다.

그래서 온돌은 현재 생활에서 쓰는 단어와는 사전적인 용어와는 다른 의미로 표현되고 있다. 그리고 '구들'이라는 순 우리말을 溫突(온돌)이라는 한자어로 쓰기 때문에 온돌과 구들은 뜻이 같은 말이 된다. 그래서 온돌이 곧 구들이며 구들과 온돌은 같은 말이라 할 수 있다. '구들'이라는 순 우리말이 언제부터 사용되었는지는 확실치 않으나 '온돌(溫突)'은 조선시대에 들어서 비로소 '구들'을 대신한 한자어로는 표기되기 시작하였다. 결론적으로 온돌과 구들은 같은 뜻이다.

구들의 유래는 우리나라 민족학의 거두인 손진태가 그의 저서 '온돌예찬'에서 처음 '구운 돌'에서 유래되었다고 주장했는데 아마도 민속학자이기 때문에 불을 가두는 흙의 기능보다는 당시에는 '구들장의 돌'이 일반적으로 온돌에 널리 사용되었기 때문에 그렇게 주장 하였을 것으로 생각된다.

하지만 구들은 '돌의 기술'이라기 보다 '불을 가두는 흙의 예술'이기에 '구운 돌'보다는 '구운 들'이나 '굴 → 구울'에서 유래되어 구들로 되었다고 보는 것이 더 타당하다. 왜냐하면 돌은 우리 전통건축에서는 집안에는 사용하지 않았다. 왜냐하면 돌은 뜨거우면 데이게 되고 차가우면 턱이 돌아가는 질병을 얻게 되기 때문이다.

건강건축이 화두인 현대건축에서 우리의 빛나는 문화유산인 이러한 온돌을 계승 발전시키는 것은 우리 모두의 의무라 하겠다.

바위가 석수장이의 징에 맞고 쪼개어져 편평한 구들장으로 태어난다. 구들장은 자신의 몸을 불에 달구어 사람의 몸을 따뜻하게 덥혀서 얼은 가슴을 녹여주는 온석이 된다. 또한 넓은 밑 돌 반석으로 거듭난다.

반석(盤石·磐石)은 명사로서 바위라는 뜻이며 넓고 편평한 바위. 너럭바위. 밑 돌. '아주 믿음직스럽고 든든함'을 비유하여 이르는 말이다. 성경에서 베드로의 뜻이 반석이라는 뜻이다. 아람어로는 게바, 헬라어로는 베드로 모두 반석이라는 뜻이다. 예수님은 베드로의 "주는 그리스도요 살아계신 하나님의 아들"이라는 고백을 듣고 이 고백 위에 교회를 세우겠다고 말씀하시며 반석은 건물의 기초석처럼 흔들리지 않아 음부의 권세가 넘어뜨리지 못하는 교회를 의미한다.

더불어 지혜로운 사람은 반석 위에 집을 짓고 어리석은 사람은 모래 위에 집을 짓는다고 한다. 하나님 앞에서 반석 위에 믿음의 집을 짓는 그래서 흔들리거나 무너지지 않는 중앙인의 신앙이었으면 한다.

고 백기환목사는 하나의 불변하는 돌이었다. '하나님께서 친히 쓰신 영원한 돌, 생명의 돌이 되게 하셨다'. 하나의 '산 돌'이 된 것이다. '하나님의 공동체'를 이루기 위해 그의 몸을 돌비삼아 하나님 말씀을 전파했다. 그는 전신에서 발산하는 사랑으로 상처투성인 일어붙은 남녀노소 암하레츠들을 품고 또 품어 하나님의 자녀들로 돌아오게 했다. 그는 임마누엘공동체인 대한예수교장로회 중앙총회의 밑 돌로 쓰임 받았다.

호(號)의 유래와 종류

온석(溫石)은 백기환목사는 그의 칠순 날 사랑하는 동역자 문대골목사로부터 헌정 받은 호(號)이다. 그의 삶을 한마디로 요약하면 Warmstone이다. 안일한 사생활이란 좀처럼 허락하지 않는 모두를 살리는 돌, 온석이었다. 그의 삶은 온통 하나님 중심의 생각과 말과 삶이었다. 사람의 머리에서 나온 호가 아닌 우리 주 예수 그리스도께서 시몬에게 베드로라고 부르신 음성을 하나님이 문대골을 통해 온석이라고 부르신 것이리라.

온석 백기환 목사, 온석 백기환 총회장, 온석 백기환 총장

세계 명문사학들이 대부분 설립자의 이름을 따서 교명으로 명명하였다. 우리나라의 대학교들도 보면 그러하다. 다만 그러나 그를 우상화하려는 의도나 사심이 있어서가 아니다. 교육환경에 따라 지혜를 구하고 기도하다가 이것저것도 모두 교육부로부터 허락이 되지 않았다가 온석대학원대학교라는 교명은 수다한 대학교들이 찬동하여 2019년 3월1부로 교명변경허가를 득한 것이다. 그의 삶처럼 베드로의 빈 배에 고기들을 가득 채우셨던 주님께서 복음의 선구자들을 훈련하기 위한 **어산(魚山)**과 사명의 십자가를 등에 지고, 보혈의 피에 흠뻑 적신 일꾼을 키우는 복음의 산실, 진리의 기수들이 커가는 요람인 **십자봉(十字峰)** 아래에 온석대학원대학교가 무릎의 기도로 이제부터 천년을 향해 세계의 명문대학으로 발전하리라~~~~

여기서 호(號)의 유래와 종류를 말해야 할 것 같다.

字는 부모님이나 집안 어른이 짓는 것이고, 號는 스승이나 친구 아니면 자기 스스로 지을 수 있다는 것이 가장 큰 차이점이다.
자(字)와 호(號)의 가장 특징은 자는 부모나 집안어른이 지어주는 것이 보통이나 호는 웃어른 또는 선생이 지어 주거나 스스로 지을 수도 있다.
자(字)란 중국이나 우리나라에서 관례 때 가명 외에 붙여 주는 성인으로서의 별명이다 우리나라 남자의 경우 20세가 되고, 여자의 경우 15세가 되면 결혼하게 되어 비녀를 꽂으면 자를 짓는다. 자를 가지게 된 배경은 두 가지 이상의 이름을 갖는 풍속과 또는 실제의 이름을 피하는 풍속으로 전해지는데 그 근원은 실제의 이름을 공경하여 부르기를 꺼리는데서 나왔다고 한다.
자가 붙은 후로는 윗사람에게는 자신의 본명으로 말하지만 동년배 이하의 사람에게는 자가 쓰였다고 한다. 특히 부모나 스승이 그 아들이나 제자를 부를 때에는 본명을 사용하는 것이 보통이다. 예를 들면 成三問(성삼문)의 자 : 謹甫(근보), 李滉(이황)의 자 : 景浩(경호), 李珥(이이)의 자 : 叔獻(숙헌) 조금은 생소 하게 들릴 것이다. 그것은 그만큼 자 보다 호를 많이 사용 하게 되었기 때문일 것이다.

호(號)는 이름이나 자 외에 누구나 허물없이 부를 수 있도록 지은 칭호이다. 호는 본래 중국에서 주거지, 출생지 등에 연유해서 누구나 보편화하면서 호를 많이 사용하므로써 자 는 피하게 된 것이다. 그 결과 후세인들도 선인들의 이름이나 자 보다 호를 더 잘 알게 되었다. 이황 보다는 李退溪(이퇴계)로, 이이 보다는 李栗谷(이율곡)으로 더 많이 부르고 기억하게 된 이유가 바로 여기에 있다.

자(字)는 중국에서 비롯된 풍습으로 한국에서는 삼국시대부터 사용한 것으로 추정된다. 이 시기에는 자의 사용이 보편화되지 않았으며 근세 이후 유학자들이 중국을 본떠 자를 많이 사용하였다. 윗사람이 그 사람의 기호나 덕을 고려하여 붙이며, 자가 생기면 본명은 별로 사용하지 않는다. 그래서 본명을 휘명(諱名)이라고도 하며 흔히 윗사람에게는 자신의 본명을 말하지만, 동년배 이하의 사람에게는 자를 쓴다. 다른 사람을 부를 때도 자를 사용하지만 손아래 사람인 경우, 특히 부모나 스승이 그 아들이나 제자를 부를 때는 본명을 사용한다.

호(號)는 중국, 한국 등 유교 문화권에서 본명을 부르는 것을 피하는 풍습에 따라, 본명이나 자 이외에 사람들이 편하게 부를 수 있도록 지은 이름으로 당나라 때부터 사용하여 송나라때에 이르러 보편화되었다. 우리나라에는 삼국시대부터 호를 사용하였으며, 조선시대에 이르러 학자들간 교류와 편지 교환이 일반화되면서 일반·사대부·학자들에 이르기까지 보편화되었다. 호는 대부분이 거처하는 곳이나 자신이 지향하는 뜻, 좋아하는 물건을 대상으로 한 경우가 많았다. 따라서 거처하는 곳이 바뀌면 호도 달리 사용되기도 했으며, 좋아하는 물건이 여럿인 경우 호는 늘어나게 마련이었다.

호는 자신이 직접 만들거나 남이 지어주기도 하는데 흔히 거처하는 곳, 이루고자 하는 뜻, 처한 환경이나 여건, 간직하고 있는 것 등을 근거로 짓는다. 글자수는 1~10자까지도 있으나 2자가 보편적이며 추사 김정희(金正喜)의 경우 무려 503개에 이르는 호를 사용했다. 현대의 문인들이나 예술가들 사이에서는 필명(筆名)이라고도 한다.

옛날에는 아무나 호를 함부로 사용하는 게 아니라 학자나 군인, 예술가 등 능력이 출중하거나 큰 명성을 날린 사람이어야만 호를 가질 수가 있었지만 오늘날은 대개 모든 사람들이 각자 호를 가질 수 있으며, 그것도 주로 유림 모임, 문단 등의 특정 분야에서나 통용되는 경향이 강하다.

① 본명보다 호가 널리 알려진 경우

이백(李白) → 이태백(李太白), 소식(蘇軾) → 소동파(蘇東坡), 김정식(金廷湜) → 소월(素月), 박영종(朴泳鍾) → 목월(木月)

② 호가 바뀌는 경우

이규보(李奎輔) 시 · 술 · 거문고 세 가지를 좋아하여 → 三酷好先生, 나중에는 구름에 묻혀 있는 자신의 처지를 좋아하여 → 白雲居士

③ 자신이 학문을 배우고 가르친 곳을 호로 하는 경우

이황(李滉) → 퇴계(退溪), 이이(李珥) → 율곡(栗谷), 서경덕(徐敬德) → 화담(花潭)

④ 이름과 호의 음이 같은 경우

이상백(李相佰) → 상백(想白), 이호우(李鎬雨) → 이호우(爾豪愚)

〈호의 종류〉

① 별호(別號)

일반적으로 호라고 하면 별호를 가리킨다. 주로 그 사람의 성품이나 직업, 취미, 특기를 반영하는 경우가 많다. 남이 지어주는 때도 있으나, 오늘날 대부분 자신이 직접 짓는다. 필명이나 별명도 별호로 볼 수 있다.

② 아호(雅號)
아호는, 별호 가운데 하나로서, 우아하게 부르는 호칭이다.
지명에서 유래 : 성호(星湖) → 이익(李瀷), 다산(茶山) → 정약용(丁若鏞)
덕목에서 유래 : 의암(義庵) 경재(敬齋)

③ 아명(兒名)
아호(兒號)라고도 하며, 주로 어릴 때 집안에서 부모가 자식에게 사용하는 친근한 이름이다. 옛날에는 무병장수를 기원하는 의미에서 역설적으로 천한 의미의 아명을 지어서 사용했다.

대한제국 고종 → 개똥이

황희(黃喜) → 도야지(돼지)

④ 택호(宅號)
주로 여성에게 붙이며, 성명 대신에 그 사람의 출신시 이름에 '댁'을 얹어 부르는 호칭을 말한다. 시집오기 전 친정의 지명에 붙여, 본명 대신에 부르는 통명으로 사용하였다.

부산 출신 → 부산댁, 대전 출신 → 대전댁

※ 남편 직업, 직함에 따른 명칭은 택호가 아니다(사장댁, 김선생님댁).

⑤ 당호(堂號)
성명 대신에 그 사람이 머무는 거처의 명칭을 이름을 대신하여 부르는 호칭이다. 당호는 대부분 '~당(堂)'으로 끝나지만 '~재(齋)'등 거처의 명칭을 당호로 사용한다.

신사임당(申師任堂) → 사임당(師任堂), 정약용(丁若鏞) → 여유당(與猶堂), 최한기(崔漢綺) → 태연재(泰然齋)

⑥ 군호(君號)
군호란 성명 대신에 그 사람이 받은 군의 작위를 대신하여 부르는 호칭이다. 군호를 쓰는 사람은 왕자와 공신, 국구(왕의 장인) 등이며, 조선에

서는 왕도 군호로써 자칭하기도 했다. 예컨대 명나라와 청나라 사신에게 조선 왕이 왕자 시절의 군호로써 자칭하였다.

⑦ 제호(帝號)

제호는 제왕의 칭호로 왕호(王號)와는 다르다. 왕호는 황제, 왕, 칸, 천황 등 군주의 지위를 나타내는 호칭이며 제호는 군주를 가리키는 칭호로 시호와 묘호 등이 있다. 명나라 만력제, 청나라 강희제 등도 제호 가운데 하나이다. 또한 왕비나 왕의 혈족 등의 시호도 제호 가운데 하나로 볼 수 있는데, 이는 그들의 지위가 군주에게서 비롯하기 때문이다.

⑧ 시호(諡號)

시호는 죽은 인물에게 국가에서 내리거나 올리는 특별한 이름이다. 봉건왕조가 군주나 군주의 배우자, 공신, 고급 관료 등이 죽은 뒤에, 생전에 그들이 국가에 기여한 공적을 감안하여 지어서 내리거나 올린 이름이다. 시호는 국가에서 정하는 것이 원칙이나, 나라가 망하였거나 시호가 내려지지 않을 때에는 저명한 학자, 문든, 친구들이 자발적으로 시호를 올려주는 경우도 있는데 이를 사시(私諡)라고 한다.

명성황후 → 명성, 이순신 → 충무

⑨ 묘호(廟號)

묘호는 황제나 국왕 등 군주에게만 붙인 명칭이다. 원래는 태묘(太廟, 또는 종묘)에서 군주의 위패를 모시고 제사를 지낼 때 사용되는 칭호로 태묘에서 제사를 지낼 만큼 특별한 업적이 있는 군주에게 붙여졌다. 묘호는 원칙적으로 황제에게만 붙이지만, 고려와 조선, 베트남 등은 이런 묘호를 사용하여 자주성을 대내에 표방하였다.

조선시대 → 태조, 세종

頂山 親睦會(정산 친목회) 會則

第1章 總 則

第1條 本 會는 頂山 親睦會라 稱한다.

第2條 本 會는 會員 相互 間의 友誼 親睦을 敦篤케 하는 것을 目的으로 한다. 但 會員의 父母 召天 時 會員 全體의 弔問 및 喪事에 관하여 扶助하며 子女 婚事 및 家內慶事 時 賀禮한다.

第3條 本 會의 事務所는 總務 事務室 內에 둔다.

第4條 本 會의 會員은 다음과 같다.
本 會의 會員은 忠南 舒川이 故鄕인 者와 會員의 推薦을 받아 會員 全體의 同意를 얻어 本 會에 加入한 者로 한다.

第5條 本 會 會員은 住所, 電話의 變動 및 家內 哀, 慶事가 있을 때는 卽時 이를 總務에게 通知하여야한다.

第6條 會員으로써, 本 會의 名譽를 毁損시킨 者는 除名할 수 있다.

第2章 財 政

第7條 會員은 定規 모임이 있을 時 本 會가 定한 會費를 納入해야 한다. 會員 父母 召天 時 一百萬원, 子女 婚事 時 五十萬원을 慶弔費로 支拂한다.

第3章 任 員

第8條　本 會에 아래의 任員을 둔다. 總務 1人을 둔다.

第9 條　本 會 任員의 任務는 아래와 같다.
1. 總務는 本 會를 代表하며 會務를 總括 執行한다.

第10條　會員의 選擧에 依한 總務의 任期는 1個 年으로 한다. 단, 連任할 수 있다.

第4章 會 議

第11條　本 會는 每年 1 回 12 月에 定期總會를 開催한다. 단, 必要하다고 認定될 때에는 臨時總會를 開催한다.

第12條　總會에서의 決議는 出席 會員 過半 數로써 이를 定한다. 可否 同數일 때에는 總務가 이를 決定한다.

第13條　本 會 事務 細則은 全 會員이 協議한 後에 이를 定할 수 있다.

第5章 附 則

第14條　本 會 會則 改正은 總會의 決議에 衣한다.

第15條　本 會則은 西紀 2001年 12月 6日부터 實施한다.

진리가 무엇인가(Quid est Veritas)?

중세교육은 여러 신학적 주제와 더불어 사도 바울의 사상이 지배적이었다.

바울의 사상에 바탕을 둔 중세의 신학은 그리스도인들에게 믿음과 책임감을 강조하였고 종말론적 세계관을 심어 주었다. 바울은 '그리스도인과 권위'에 대한 교회와 국가 간의 관계(로마서 13장)를 하나님이 정해준 것으로 그리스도인들은 국가에 복종할 의무가 있다고 가르쳤다. 이 가르침에 따라 교회법이 시민법 보다 더 상위에 있게 되었다. 그래서 성경이 법률적 차원의 공동 유산이자 공통규범이 되었고 점차 모든 것의 근원이 되기에 이르렀다.

하지만 시간이 지나면서 사람들은 성경이 현실의 모든 문제를 해결해 줄 수 없다는 것을 절감하기 시작했다. 결국 중세 사람들은 성경의 권위를 변함없이 인정하고 유념하면서도 세속의 학문과 연계해서 문제를 풀고자 했다. 이것이 유럽 대학이 탄생하게 된 배경이다.

다시 말하면 중세의 교육이 지식과 의식이 급격히 성장하는 사람들의 욕구에 더 이상 부응하지 못하자 그 대안으로 대학이 설립된 셈이다. 이렇게 이탈리아와 프랑스에 대학이 설립하게 되었다. 이탈리아의 볼로냐대학교(1088년)와 살레르노대학교(1231년), 프랑스의 파리대학교(1170년) 등이 대표적이다. 최초의 대학은 법학의 아버지 이르네리우스(Irnerius)가 법학을 가르친 볼로냐대학교이다. 네리우스는 새로운 과목을 개설하고 법학의 권위를 부여할 필요성, 이전 교육기관이 시행했던 방식과는 다른 전문적 성격의 교육 혁신의 필요성을 느꼈다. 이런 사실에 비추어보면 대학들은 어느 날 갑자기 설립된 것이 아니라 자연스럽게 성장해서 점차 확고한 형태를 갖추게 되었던 것이다.

라틴어로 '과목, 학문'을 의미하는 단어에는 크게 '아르스(ars)와 쉬엔티아(scientia)'가 있는데, 두 단어는 처음에는 별 구분 없이 사용하다가 12세기에 이르러 그 의미가 확실하게 정착된다. 12세기 이후 진정한 의미의 학문은 '쉬엔티아' 그와 비슷한 논술 정도의 의미를 갖는 것은 '아르스'로 구별한다. 그래서 중세 이후에 설립된 대학의 모토에는 '쉬엔티아(학문, 앎)', '베리타스(veritas 진리)', '사피엔티아(sapientia 지혜)', '룩스(Lux 빛)'라는 말을 자주 사용했고, 그것을 대학의 표제어로 사용했다. 그 영향을 받아 하버드대학교는 '진리veritas', 예일대학교는 '빛과 진리Lux er veritas', 서울대학교는 '진리는 나의 빛 veritas lux mea', 서강대학교는 '진리에 복종하라 obedire veritati'를 표제어로 쓴다. 그리고 옥스퍼드대학교는 '주님은 나의 빛 Dominus illuminatio mea' 펜실베이니아대학교는 '양심이 없는 법은 공허하다 Leges sine moribus vanae', 스웨덴의 룬드대학교는 '각자에게 각자의 것을 Suum cuique'라는 표제어를 사용한다.

대학은 진리를 추구하는 전당이 되어야 한다는 취지에서 '진리'라는 말을 표제어로 든 것이다.

진리가 무엇인가 Quid est veritas? 진리 즉 베리타스는 '참되고 진실한' 것을 가리키는 형용사 '베루스verus'에서 나왔고 형용사 '베루스'에서 '참, 진실, 진리'를 의미하는 '베룸verum', 프랑스어의 '베리테 verite', 스페인어의 '베르다 verdad' 포르투갈어의 '베르다지 verdade' 등에 근원한다.

백여 년 전에, 한 미국 시인이 고대 우화를 시로 옮겼다. 그 시의 첫 소절은 이렇게 시작된다.

배우기를 아주 좋아하는 힌두스탄의 여섯 남자가 코끼리를 보러 떠났네 (하지만 이들은 모두 장님이었네) 이들은 각자 체험을 통해 만족할 수 있을 것이라 생각했네.

이 시에서 이들은 각자 코끼리의 다른 부위를 만져보고는 다른 사람들에게 자신이 발견한 것에 대해 설명한다.

그들 중 한 사람은 코끼리 다리를 만져보고는 나무처럼 둥글고 거친 것이라고 설명한다. 다른 한 사람은 상아를 만져본 다음 코끼리가 창처럼 생겼다고 묘사한다. 세 번째 사람은 꼬리를 붙잡고는 코끼리가 밧줄 같다고 주장한다. 네 번째 사람은 코를 만져본 다음 코끼리가 큰 뱀 같다고 주장한다.

각자가 진실을 설명하고 있다.

그리고 자신의 진실은 개인적인 경험을 통해 얻은 것이기 때문에 각자가 자신이 아는 것을 안다고 주장한다.

그 시의 결론은 이렇다.

그래서 이들 힌두스탄 사람들은 오랫동안 목청 높여 다투었다네.

각자 자신의 의견을 한 치의 양보도 없이 강력히 주장했다네.

이들 각자는 부분적으로는 옳았지만 모두 틀렸는데도 말이네!

우리는 더 큰 관점에서 이 이야기를 통해 미소 짓게 된다. 우리는 코끼리가 어떻게 생겼는지 안다. 우리는 코끼리에 대해 읽었고, 많은 사람들은 눈으로 직접 본적도 있다. 우리는 코끼리가 무엇인지에 대한 진실을 안다고 믿는다. 진실의 한 측면에만 근거하여 판단하고 그것을 전체에 적용하는 것은 터무니없어 보일 뿐 아니라 심지어 믿기지가 않는다. 이들 여섯 장님에게서 우리 자신의 모습을 볼 수 있지 않을까? 그들과 다름없는 잘못을 저지르는 우를 범한 적이 한 번도 없을까?

이 이야기가 많은 문화권에서 오랜 세월 동안 대중적으로 잘 알려진 이유는 보편적으로 적용되기 때문이다. 사도 바울은 이 세상에서의 빛은 희미하며 우리는 마치 "[희미한] 거울로 보는 것 같이"(고전 13:12). 단지 진실의 한 면만을 본다고 말했다. 그럼에도 불구하고 불완전하고 때로는 오도하는 경험에 근거하여 사람, 그리고 신앙심에 대해 추정하는 것이 우리 인간의 타고난 속성 가운데 한 측면인 것 같다.

60년 동안 결혼하여 함께 살아온 어떤 부부에 관한 이야기이다. 그들은 그 세월 동안 거의 다툰 적이 없고 함께한 나날들은 행복하고 만족스럽게 지나갔다. 모든 것을 나눴으며 둘 사이에는 어떤 비밀도 없었다. 다만

한 가지 예외가 있었다. 그 부인에게는 선반 꼭대기에 둔 상자 하나가 있었다. 결혼할 때 남편에게 절대 상자 안을 들여다봐서는 안 된다고 말했다.

수십 년이 흐른 후, 드디어 남편은 그 상자를 내려놓으며 그 안에 무엇이 들었는지 봐도 되겠느냐고 물어보게 되었다. 아내가 허락하자, 남편은 상자를 열었다. 그 안에는 실로 뜨개질 한 작은 접시 깔개 두 개와 2만 5천 달러가 들어있었다. 남편이 아내에게 이것이 무엇을 의미하는지 묻자, 아내는 이렇게 답했다. "우리가 결혼할 때, 친정어머니께서 내가 당신에게 화가 날 때나 당신이 내가 좋아하지 않는 어떤 일을 할 때마다, 작은 접시 깔개를 뜨개질하고 그 후에 그것에 대해 같이 이야기를 나누라고 말씀하셨어요. 남편은 이 감미로운 이야기에 감동하여 눈물을 흘렸다. 결혼생활 60년 동안 아내가 접시 깔개를 겨우 두 개만 뜨개질 할 정도 밖에 자신이 아내의 마음을 상하게 하지 않았다는 점이 놀라웠다. 자신에 대해 심히 자부심을 느끼면서 그는 아내의 손을 잡고 말했다. 접시 깔개는 설명이 되었고, 그럼 2만 5천 달러는 무엇이죠?" 아내는 다정하게 미소를 지으며 말했다. "그건 지난 세월 동안 뜨개질해서 만든 접시 깔개들을 팔아서 모은 돈이랍니다."

이 이야기는 결혼 생활의 갈등에 대처하는 흥미 있는 방법을 알려 줄뿐 아니라 제한된 정보를 근거로 성급하게 결론을 내리는 것의 어리석음을 분명히 보여준다.

"진실"이라고 말하는 것들이 그저 진실의 조각들에 불과한 경우가 허다하며, 때로는 전혀 진실이 아닌 경우도 있다.

진리가 무엇인가? 무엇이 진리일까? 예수께서 생의 마지막 시기에 본디오 빌라도 앞에 끌려가셨다. 유대의 장로들은 예수님이 로마에 대항해 선동과 반역을 꾀했다고 고소하며 사형에 처해야 한다고 주장했다.

빌라도는 갈릴리 사람과 대면하자 "네가 왕이냐?"(요 18:33)라고 물었다. 예수님은 이렇게 답하셨다. "내가 이를 위하여 세상에 왔나니 곧 진리에 대하여 증언하려 함이로라. 무릇 진리에 속한 자는 내 음성을 듣느

니라."(요18:37)

"진리가 무엇이냐?"(요18:38)라는 빌라도가 묻고자 했던 것은 "누가 감히 진리를 알 수 있다는 말이냐?"가 아니었나 생각한다. 이것은 바로 모든 시대와 모든 사람을 위한 질문이다. 지상에 살았던 몇몇 위대한 지성들이 그 질문에 대한 답을 시도해 왔다. 진리의 규정하기 힘든 속성 때문에 역사상 위대한 시인들과 작가들이 가장 좋아하는 주제가 되어 왔다. 특히 셰익스피어는 이 주제에 관심이 많았던 것 같다.

세계 역사상 어느 시대도 오늘날 우리처럼 많은 정보에 손쉽게 접할 수 있었던 적은 없었다. 그러한 정보 가운데 일부는 참되고, 일부는 그릇되며, 대다수의 많은 정보는 부분적으로만 참되다. 따라서 세계 역사상 어느 시대도 지금처럼 정확하게 사실과 오류를 분별하는 법을 배우는 것이 더 중요한 적은 없었다.

진리를 탐구하는 과정에서 직면하는 문제 가운데 하나는 우리가 너무나도 자주 인간의 지혜에 실망해 왔다는 점이다. 인류가 한때 참되다고 알았으나 오류로 증명된 예들이 너무도 많다.

예를 들어, 한 때 모두가 절대적이라 할 만큼 그렇게 믿었지만, 지구는 평평하지 않다. 별들은 지구 주위를 돌지 않는다.

구약성경에 "진리"를 그릇되게 해석한 사람들에 관한 이야기가 있다. 발람은 모압 왕이 제의한 "불의의 삯"(벧후 2:15)을 물리칠 수 없었다. 그래서 그는 이스라엘 백성들이 부도덕과 불순종을 통해 스스로를 저주하게 함으로써 모압인들을 도왔다(민수기 22~24장, 민수기 31:16; 요한계시록 2:14).

우리가 매달리는 "진리"는 우리 개인의 인격뿐 아니라 우리가 속한 사회의 품격을 형성한다. 이러한 "진리들"이 흔히 불완전하고 부정확한 증거에 근거하며, 종종 그것들은 매우 이기적인 동기로 이용되는 것이 다반사이다.

어리석은 판단을 하는 이유 가운데 하나는 믿음과 진리 사이의 경계를 모호하게 하려는 인간의 성향 때문이다. 우리는 어떤 것이 말이 되거나 편리하기 때문에 그것이 진리임에 틀림없다고 생각하며 너무나도 자주 믿음과 진리를 혼동해 한다. 반대로, 우리가 진리를 받아들인다면 우리가 변화해야 하거나 우리가 틀렸다는 것을 인정해야 하기 때문에 때로 진리를 믿지 않거나 거절한다. 진리가 이전 경험과 일치하지 않는 것처럼 보이기 때문에 거부하는 일이 흔히 일어난다.

다른 사람의 의견이나 "진실"이 우리 자신의 의견과 상충될 때, 우리가 알고 있는 것을 보강하거나 보충해 줄 수도 있는 유용한 정보가 있을 수 있다는 가능성을 고려하는 대신, 우리는 자주 다른 사람이 잘못 알고 있고, 심지어 의도적으로 속이려 한다고 성급히 결론을 내리거나 추정한다. 이 성향을 보여주는 한 비극적인 예가 19세기 중반에 의술을 행했던 헝가리인 의사 이그나즈 세멜웨이스의 이야기이다. 의사 일을 시작한 초기에 세멜웨이스 박사는 인근 병원에서는 산욕열에 의한 사망률이 4퍼센트 이하인 반면 자신이 일하는 병원에서는 사망률이 10퍼센트에 달한다는 것을 알게 되었다. 그는 왜 그런지 알아보기로 결심했다.

두 병원을 조사한 끝에, 세멜웨이스 박사는 자신이 일하는 병원이 시체를 검시하는 임상 병원이라는 사실이 중요한 차이점이라는 결론을 내렸다. 그는 의사들이 부검을 끝내고는 곧 바로 아기를 받으러 가는 것을 보았다. 그는 어쩌면 시체를 만진 의사의 손이 오염되었고 죽음에 이르게 하는 열을 유발했을 수도 있다는 결론을 내렸다.

그가 의사들에게 손을 클로르 석회로 문질러 씻을 것을 권하기 시작했는데, 모두가 그를 무시하거나 심지어 멸시하기까지 했다. 그의 결론은 다른 의사들의 "진리"와 상충되었다. 일부 동료들은 심지어 의사의 손이 불결하거나 병을 유발할 수 있다고 생각하는 것이 터무니없다고 믿었다.

하지만 세멜웨이스는 굽히지 않고 아기를 받기 전에는 손을 씻어야 한다는 것을 병원 내의 모든 의사들이 준수해야 할 방침으로 만들었다. 그 결과, 사망률이 곧바로 90퍼센트나 떨어졌다. 세멜웨이스 박사는 자신이 주장한 바가 옳다는 것이 입증되었기 때문에 이제 곧 전 의료계에서 이를 실시할 것이라 확신했다. 그러나 그의 생각은 보기 좋게 빗나가고 말았다. 심지어 극적인 결과가 나타났는데도 불구하고 그 당시의 많은 의사들의 마음을 바꿔 놓는 데는 역부족이었다.

진리는 믿음을 초월하여 존재한다. 심지어 아무도 믿지 않는다 하더라도 참되다. 서쪽이 북쪽이고 북쪽이 서쪽이라고 온종일 말할 수 있고 심지어 온 마음으로 그렇게 믿을 수도 있다. 절대적인 진리가 있다. 진리는 믿음과는 다르다. 소망과도 다르다. 절대적 진리는 대중의 의견이나 인기에 달려 있지 않다. 투표로도 흔들 수 없다. 심지어 저명인사의 지지가 갖는 무한한 권위도 진리를 바꿀 수는 없다.

그렇다면 진리를 어떻게 찾을 수 있을까?

우리 모두가 알다시피, 우리 자신의 경험에서 진리를 가려내는 일은 너무나 어렵다. 설상가상으로, "우는 사자 같이 두루 다니며 삼킬 자를 찾는 마귀"인(벧전5:8) 대적이 우리를 막아선다.

사탄은 속임수의 명수이다. "형제들을 참소하는 자"(요한계시록 12:10)이며, 모든 거짓의 아비(요한복음 8:44)로서 우리를 넘어뜨리기 위해 끊임없이 속이려 한다.

대적은 교활한 전략을 다양하게 전개하여 사람들이 진리에 이르지 못하게 한다. 그는 진리란 상대적인 것이라고 믿게 하려 한다. 우리의 관대함과 공정함에 호소하여, 그는 한 개인의 "진리"가 다른 사람의 진리만큼이나 정당한 것이라고 주장함으로써 참 진리를 감춘다. 어떤 사람들에게는 어딘가에 절대적 진리가 있기는 하지만 그것을 아는 것은 불가능하다고 믿도록 유혹한다.

이미 진리를 받아들인 사람들을 상대하는 그의 기본적인 전략은 의심의 씨앗을 뿌리는 것이다. 예를 들어, 그는 전에 배웠던 것과 상충되는 것처럼 보이는 정보를 발견할 때 실족함에 이르도록 많은 성도들을 유혹해 왔다. 때로는 거짓된 주장이나 정보가 상당히 신빙성 있게 보이는 방식으로 전달된다.

　그렇다면 이 진리는 무엇인가? 이 진리는 바로 복음이다. 예수 그리스도가 복음이다. 예수 그리스도는 그 길이요 진리요 생명이다.(요한복음 14:6) 또한 성령은 이 진리에 대한 안내자이다. 성령은 우리의 마음을 밝혀 주고, 우리를 가르치며, 우리에게 진리를 증거 해 준다. 성령은 계시자이다. 그렇다. 사랑하시는 하나님 아버지께서는 여러분을 이 세상 어둠 속에서 헤매도록 결코 홀로 내버려두지 않으실 것이다. 여러분은 속임을 당할 필요가 없다. 여러분은 어둠을 극복하고 신성한 진리를 찾을 수 있다. 그 은혜가 대한예수교 장로회 중앙총회에 임하시기를 간절히 기원한다. 그래서 편견과 불신을 하루 속히 씻어 버리고 용서와 화목 속에 주님의 재림을 기다리며 맡겨주신 지상대명에 생명을 다하는 종말공동체가 되기를 바란다.

　진리라는 말은 종교라는 말과 함께 이해해야 하는 용어이기도 하다. 종교란 무엇일까? 종교란 한 무리의 사람들이 휴식을 취하는 정원과도 같다고 할 수 있다. 그 안에는 종과 수가 다른 여러 식물들이 제한된 범위 안에서 자라고 있다. 제 각각의 정원들이 자기들의 이야기를 한다. 하지만 자기들의 안목에서 서로 '틀렸다'가 아니라 '다르다'라고 인정해야 하지 않을까? 그래야 그 자체로 복종할 수밖에 없는 '오보에디레 베리타티'를 말할 수 있지 않을까?

　'진리에 복종하라 Oboedire Vertati' 이 말은 '나는 지금 어느 정원에 있는가?' 하고 묻게 된다. '나는 지금 그 정원에서 무엇을 동경하며 꿈꾸는가?' 하고 묻게 된다.

　반목과 분열 속에는 진리가 진리 되지 않는다. 진리가 말한다. "형제가 연합하여 동거함이 어찌 그리 선하고 아름다운고"(시편 133편 1절)

추 천 사

　책 중의 책인 성경을 가까이 하는 것은 지혜의 근본 되시는 하나님과의 만남이요, 우주와 인생의 주인과의 만남인 만큼 그 무엇보다도 값지고 복된 일입니다.

　성경의 복 있는 사람이란 여호와의 말씀을 주야로 묵상하는 자라고 말씀하고 있습니다. 그러므로 하나님의 백성은 날마다 성경을 가까이 하여 무궁무진한 지혜를 얻어 영육간의 건강과 풍요로움을 영위해야 합니다.

　그런데 우리가 얼마나 말씀에 충실한 성도인가 생각해보면 하나님 앞에 송구스럽기가 그지없습니다. 일 년에 성경통독 한번 하지 못하는 성도들도 적지 않습니다.

　성경을 모르는 성도는 힘을 가질 수 없습니다. 그 같은 교인들이 모인 교회는 행복할 수 없습니다. 이런 까닭에 하나님의 말씀의 진수에 근접해 보지 못한 수많은 성도들이 이단이라는 바람과 기센 파도에 휩쓸려서 패가망신하는 경우도 많이 보게 됩니다. 복음적인 교회는 마땅히 성도들을 하나님의 온전한 말씀으로 양육해야 할 책임이 있기 때문에 이러한 문제는 교회 입장에서 중대한 문제가 아닐 수 없습니다.

　이번에 사회복지법인 사랑이 꽃 피는 집(장애우 생활시설)의 원장으로 하루가 모자라도록 바쁘게 생활하면서도 남다른 학구열을 가진 나의 제자 최희석박사가 저술한 「성경 66권 전체를 쉽게 빠르게 이해할 수 있도록 하는 성경공부」라는 교재는 오랜 각고 끝에 성도들에게 성경에 대한 올바른 지식과 교리를 정확하게 이해할 수 있도록 하고자 펴낸 영적 네비게이션으로서 성결한 신앙생활의 다짐과 하나님의 말씀의 생활화를 기하는 데 꼭 한번 공부할 수 있는 역작이라 믿어 기쁘게 추천합니다.

주후 2014년 3월 일

구 금 섭 박사

추 천 사

　우리는 살면서 수없이 많은 웃음을 짓는다. 때로는 커다란 좌절에 빠지기도 하고 그로 인해 심각한 마음의 병을 가질 때도 있지만 웃음은 우리를 다시 정상적인 생활을 할 수 있도록 만들어 준다. 또한 요즘 텔레비전에서나 신문에서 웃음치료에 관한 게시물 혹은 방송이 자주 보인다. 수술로는 어떻게 할 수 없을 정도의 심각한 질병을 꾸준한 운동과 웃음치료로 이겨냈다는 내용으로 사람들의 주의를 끌기에 충분하다. 웃음 치료는 어떻게 시술되고 또 웃음치료가 우리의 몸과 정신에 어떠한 영향을 주는 것일까. 일단 우리가 웃으면 우리의 몸에서는 NK세포(natural killer cell)의 활성도가 높아진다. NK세포란 자연 살생세포로서 백혈구의 일종으로 바이러스나 암세포의 표면에 달라붙어 구멍을 뚫고 세포막을 터트려 자신이 사라질 때까지 공격한다고 한다. 이렇게 병을 낫게 해주는 세포가 우리가 많은 웃음을 웃음으로써 더 많이 생겨나서 우리의 몸의 질병을 낫게 하는 것이다.

　웃음 치료란 웃음을 활용하여 신체적 혹은 정서적 고통과 스트레스를 경감하는 치료법이다. 건강을 증진하고 질병을 극복하는 데 보완적인 방법으로 사용되고 있다. 웃음치료는 역사가 기록된 이후부터 꾸준히 사용되어 왔다. 13세기 초 일부 외과 의사들은 수술의 고통을 경감시키기 위해 웃음을 사용했고, 16세기에는 로버트 버튼은 멜랑콜리의 치료법으로 사용되기도 했다. 현대의 웃음 치료는 미국의 새터데이 리뷰지의 편집장이었던 노만 카즌즈로부터 비롯되었다. 그는 강직성 척수염 이라는 질병에 걸렸는데, 굳어져 가는 뼈와 근육 때문에 잘 걷지도 못하는 고통스런 나날을 보내고 있었다. 그러던 어느 날 긍정적인 감정인 웃음이 치료에 효과를 가져 올 수 있다는 신문보도를 읽고 개인적으로 실험을 하기 시작했다. 그래서 그는 웃기는 영화를 보고 또 코미디 프로그램을 보고 매일 배꼽 빠지게 웃으려고 노력을 했다. 그 결과 점점 고통을 잊은 채 숙면을 취할 수 있었고 그의 상태도 좋아지면서 실제로 염증수치도 감소되었다는 것이다.

15분 웃으면 2시간 동안 통증이 없어진다는 사실을 발견하게 된 것이다. 이후 적극적인 웃음 치료로 병을 치료하는 데에 큰 도움을 받은 그는 본격적으로 웃음의 의학적인 효과를 연구하였다.(서울대학교병원 자료)

또한 웃음치료효과에 대해 30년 이상을 연구한 윌리엄 프라이 박사는 웃음이 폐를 확장시키고 근육과 신경과 심장을 따뜻하게 해서 긴장을 풀어줌으로 에어로빅운동과 비슷한 효과를 낸다고 주장한 바 있다.

웃음치료는 국내, 외국에서 많이 활용되고 있는데 외국에서 스트레스를 해소시키기 위한 중제방안으로 웃음요법, 복식호흡, 명상, 요가, 심상요법, 음악요법 등이 활용되고 있고, 미국의 중서부 지방의 암 환자에 대한 연구에서도 환자 중 87%가 1개 이상의 보완대체 중제방법을 사용하고 있었으며, 그중 가장 흔한 것이 바로 웃음 치료이다. 다른 치료에 비해 웃음치료는 우리 일상생활에 가장 가까이에 있고 웃음으로써 우리의 기분이 좋아지고 간단한 치료 방법이기 때문에 많이 이용되고 있다.

웃음치료를 하면 우리 몸에서는 면역계, 신경호르몬계, 심혈관계에서 각각 변화가 일어나는데 면역계에서 웃음은 면역계 관련 물질의 변화를 일으킨다. 인터페론 감마, 백혈구와 면역 글로블린이 많아지고 면역을 억제하는 코르티졸과 에피네프린이 줄어든다고 한다. 암세포를 죽이는 nk 세포가 웃음에 의해서 강력하게 활성화되기도 한다. 신경호르몬계에서 웃음은 뇌에서 엔도르핀이나 엔케팔린같은 통증을 줄이는 신경 전달 물질의 분비를 증가시킨다. 이는 웃음이 통증에 대한 내인성을 높이는 효과에 대한 생리적 근거이기도 하다. 또한 대표적인 스트레스 호르몬으로 알려진 코르티졸의 혈액 내 농도를 감소시킨다. 심혈관계에서 웃음은 혈관을 이완시켜서 혈압을 떨어뜨리고 순환을 촉진시킨다. 호흡과 산소이용도를 증가시킨다. 이같은 효과 때문에 웃음치료는 환자의 통증의 경감이라던가 스트레스관리 및 정서 조절이나 분노, 우울 등 정서조절 향상을 위한 치료의 일환으로도 쓰이고 의사와 환자의 관계를 증진 시키는 것에도 웃음 치료가 활용된다. 또한 국내에서 유방암 환자와 유류피해를 입은 지역 주민에게 대대적으로 웃음 치료를 사용해본 결과 삶의 질, 극복력에서 유의한 영향을 확인할 수 있었다. 또 유류피해를 입은 주민들의 기질 분노가 유의하게 감소하였다는 것이다.(이용미. 손정님 교수가 집필한 웃음치료 프로그램이 유류피해 지역의 주민의 분노, 분노 표현 방식 및 정신건강 상태에 미치는 효과. 논문 출처)

우리의 감정은 매우 다양하고 변덕스러워서 금방 웃다가 화를 내기도 하고, 지치면 쉽게 우울해지고, 안 좋은 기분이 들기도 한다. 하지만 웃음이 이토록 많은 이점을 가지고 있는 것에 비해 웃음의 대가로 아무것도 지불하지 않아도 된다면 우리에게 웃음을 거부할 이유가 어디 있을까? 만약 당신이 오늘 하루 매우 기분이 좋지 않거나 몹시 피곤하다면 웃음치료를 통해 당신의 정신적인 건강과 육체적인 건강을 모두 돌봐주는 것은 어떤가? 하루 동안 힘들었던 자신의 뇌와 몸에게 웃음으로써 보답한다면 그만큼 좋은 선물도 없을 것이다.

웃음요법은 안면 근육을 많이 사용하게 해 얼굴 스트레칭을 자연스럽게 유도해 안면마비환자의 근육운동에도 도움이 된다고 한다. 박장대소나 요절복통을 하게 되면 우리 몸의 650개 근육, 얼굴근육 80개, 206개 뼈가 움직이며 에어로빅을 5분 동안 하는 것과 비슷한 효과를 보이기 때문으로 풀이된다.

끝으로 21세기를 살아가는 현대인들은 산업화 이후 제4차 산업혁명시대를 살면서 행복감 보다는 현실에서 당하는 과도한 스트레스로 인하여 삶의 질이 현격하게 떨어지고, 정신적으로 불안감내지 우울증 및 각종 질병을 유발하고 있다. 이로 인한 국민의 건강을 위해 만든 건강보험도 바닥이 날 정도로 국민의 부담은 날로 커지고 있다.

이에 대한 고민을 목회현장과 노인시설, 학교 등에서 다년간 임상실험 끝에 제출한 박인성목사의 박사학위 논문이 「전인치유 웃음치료」라는 저서로 출판되었다. 목회실천의 한 방법이라고 생각하여 기쁜 맘으로 추천한다.

탄 원 서

사건번호 : ○○○○(공문서 위조, 사문서 위조 등)
성   명 : ○○○
생년월일 : ○○○○년 ○월 ○○일생
탄 원 인 : 목사 구 금 섭

인 천 지 방 법 원 귀 중

탄 원 서

* 사건번호 : ○○○○(공문서 위조, 사문서 위조 등)
* 성   명 : ○○○
* 생년월일 : ○○○○년 ○월 ○○일생
* 탄 원 인 : 목사 ○○○(부천 큰나무교회)
   주   소 : 부천시 소사구 송내1동 336-6 동신아파트 0동 000호
   연락처 : (032) 653-0000 H.P 000-000-0000

  존경하는 판사님

  본인은 피의자(성명 : ○○○)가 출석하는 부천 큰나무 교회 담임목사로서 국가의 법 행정 질서에 따라 선량한 국민으로, 사회기강을 바로 세우며 복지국가를 실현하는 시민으로 살도록 교육하지 못하여 범죄 하게 된 것을 진심으로 사과드립니다.

  피의자는 자신의 범죄에 대하여 깊이 통감하고, 신앙양심에 따라 참회를 하고 있으며, 자신의 행동이 무서운 범죄였음을 깨닫고 크게 후회하며, 비장한 마음으로 바른 생활을 다짐하고 있습니다.

  피의자는 두 자녀를 둔 아빠로서, 착하고 어진 아내의 남편으로서 본 사

건의 범죄행위 말고는 살아보겠다는 의지하나만으로 앞만 바라보며 구진 일도 마다하지 않고 성실하게 살아온 가장입니다. 그러나 본 사건으로 아내와 자식들 앞에서 떳떳한 남편과 아빠의 자리를 지키지 못하였고, 노모에게는 걱정을 끼쳐 드려 불효자가 되었음을 부끄럽게 생각하고 있습니다.

 존경하는 판사님,

 탄원인은 피의자가 섬기는 큰나무교회 담임목사로서 이번 일을 거울삼아 대한민국의 성실한 시민의 한 사람으로, 착실한 신자로, 한 가정의 듬직한 아빠로 살도록 최선의 훈육을 다하겠습니다.

 존경하는 판사님,

 상기 사건은 벌을 받아야 당연하겠으나, 생활이 곤고한 환경가운데서도 내일의 푸른 꿈을 이루기 위해, 허리띠를 졸라매고 산업전선에서 열심히 일해 온 젊은이입니다.

 피의자가 절실히 각성하는 마음 자세를 곁에서 지켜 본 탄원인은 목회자로서 바르게 훈육하지 못한 것을 통탄하며, 피의자에게 본 사건을 거울삼아 전화위복의 기회가 될 수 있도록 너그러우신 선처를 간곡히 당부 드립니다.

 이 간절한 소망이 주어진다면 다시는 우리 사회에 누가 되지 않고, 바른 시민의 한 사람으로 살아가도록 교육할 것을 약속드리며 현명하신 판사님의 선처를 두 손 모아 기대합니다.

 끝으로 판사님의 건강과 가정에 축복이 함께 하시기를 기원드립니다.

위 탄원인 : 목사 구 금 섭(기독교 대한 성결교회 큰나무교회)
 * 첨부서류 : 탄원인 동의 명단 1부

학교발전개발위원장 인사의 말씀

온석대학원대학교는 새롭게 역사를 만들어 가고, 써 나가는 곳입니다.

47년 전 고등교육의 첫 장을 열었던 온석대학원대학교(구 총회신학, 구 중앙신학대학원대학교)는 국내·외 명문사학으로 우뚝 설 비전을 안고 있습니다. 그 동안의 역사와 전통을 바탕으로 이제 온석대학원대학교는 또 다른 미래를 향해 나아가려고 합니다. 시대적 변환의 스펙트럼 속에서 우리의 현재 위치를 파악하고, 새로운 100년을 이끌어가기 위해 역사의 시계를 새롭게 맞춰보고자 학교발전개발위원회가 출범하였습니다.

우리는 지금 이전에 경험하지 못했던 미지의 세계를 향해 달려가고 있습니다. 거대한 과학기술의 급속한 발전과 정보통신수단의 발달은 대학의 교육과 연구 환경을 송두리째 바꾸어 놓고 있습니다. 100세 시대의 도래 역시 새로운 교육을 우리에게 요구하고 있습니다. 온석대학원대학교는 빠르게 진행되는 사회 변화를 선도적으로 이끌어가는 미래지향적인 교육과 연구를 목표로 연구와 교육시스템, 그리고 이를 뒷받침하는 대학행정을 혁신하고 있습니다.

21세기를 살아갈 우리 학생들에게 산업사회에서나 적합한 전공지식만을 전수하는 것은 시대착오에 불과할 것입니다. 제4차 산업혁명인 인공지능이 인간의 지능을 뛰어 넘는 시대가 와도 인간만이 할 수 있는 창의적 사고능력을 키우는 것이 바로 온석대학원대학교가 지향하는 교육 정신입니다. 온석대학원대학교는 네트워크 시대의 창의력을 키우기 위해 다양한 프로그램을 개발 운영하고 있습니다.

현대의 지식은 서로 이질적인 여러 지식이 연결되어 새로운 지식을 만들어내고 있습니다. 그러므로 학문의 영역을 뛰어 넘어 타 분야 전문가와 대화할 수 있는 능력을 배양해야 할 것입니다. 이를 통해 지능

(intelligence)의 향상은 물론이고 기존의 스마트한 아이디어를 연결하여 새로운 것을 만들어 낼 수 있을 것으로 생각합니다. 창의력이란 무에서 유를 만들어내는 능력이 아니라, 이미 있는 것들을 연결시켜 새로운 것을 창조하는 '생각의 네트워킹' 능력이기 때문입니다. 이를 위한 대역사를 향하여 학교발전개발위원회가 재학생, 동문 여러분의 기대와 부응 속에 진수하였기에 기도와 참여 바라면서 인사의 말씀을 올립니다.

온석대학원대학교 학교발전개발위원장 구금섭 교수 올림

학교발전개발위원회 운영규정

학교발전개발위원회 운영규정
2019년 3월 01일 제정

제1조(목적) 본 위원회는 온석대학원대학교의 효율적인 발전과 건학정신의 구현에 기여하기 위하여 설치한 학교발전개발위원회에 관한 사항을 규정함을 목적으로 한다.

제2조(기능) 위원회는 제1조의 목적을 달성하기 위하여 다음과 같은 사항을 심의한다.
① 기획에 관한 사항
1. 장,단기 사업계획 및 기본운영에 관한 사항
2. 연구, 교육 및 시설 등에 관한 기본사업 계획에 관한 사항
3. 제 기구, 학제, 직제 등의 조직 및 정원 조정에 관한 사항
4. 대외협력 관계 체결 및 학술 교류
5. 홍보에 관한 사항

② 규정에 관한 사항
1. 각종 규정의 제정(안)과 개정 및 폐지(안)의 심의
2. 각종 규정과 관련된 조사연구
③ 홍보에 관한 사항
1. 홍보자료 수집, 분석 및 활용
2. 면학분위기 조성을 위한 홍보
3. 교수 연구 활동 홍보
4. 교수 및 학생의 대 내외활동 홍보
5. 각종 대내외 학술회의 홍보
6. 교수 해외 학술 교류
7. 장학제도 홍보
8. 각종 교육 , 연구시설물 홍보
9. 홍보에 관한 예산 및 결산에 관한 사항
④ 대학 역사에 관한 사항
⑤ 그 외 학교발전에 관하여 중요하다고 인정되는 사항

제3조(구성)
① 위원회의 위원장은 총장이 위촉한다.
② 위원회의 위원은 총장이 위촉하는 위원으로 구성한다.
③ 위원회는 5인 이내의 위원으로 구성하며, 사무를 처리하기 위하여 간사 1인을 둔다.

제4조(위원의 임기) 위원의 임기는 1년으로 하되 연임할 수 있다.

제5조(회의소집과 의결)
① 위원회는 위원장이 필요하다고 인정되거나, 위원 과반수의 요청이 있을 때 위원장이 소집하고 그 의장이 된다.

② 위원회의 회의는 위원 과반수의 출석으로 개회하고 출석위원 과반수의 찬성으로 의결한다.

제6조(규정심의절차)
① 위원회는 교학처 및 사무처 또는 부속기관에서 절차에 따라 사전에 제출된 부의안건을 심의한다.
② 위원장은 제1항의 안건을 회의개최 3일 전까지 각 위원에게 통지하여야 한다.
③ 위원장은 필요에 따라 제1항의 부의안건 제출부서의 관계자를 위원회의 회의에 출석시켜 의견을 청취할 수 있다.

제7조(회의록)
① 위원회는 매 회의 시마다 회의록을 작성, 보관하여야 한다.
② 회의록은 위원장 및 출석위원 2/3가 서명을 하여야 한다.

제8조(재정) 본회의 운영에 필요한 재정은 교비로 지원한다.

제9조(시행세칙) 위원회의 조직 및 운영에 필요한 사항 중 본 규정에 명시되지 않은 사항은 위원회의 의결을 거쳐 시행한다.

부 칙
1. (시행일) 본 규정은 2019년 03월 01일부터 시행한다.

환 영 사

환영합니다.

동토를 열어젖히고 창조적 사명을 다하기 위하여 만물이 소생하는 계절에 개교 19주년을 맞이하여 여러 해 동안 고뇌하며 궁구하던 우리 대학의 교명이 2019년 3월 1일자로 교육부로부터 학교법인 중앙총신학원 온석대학원대학교로 변경허락 된 것을 진심으로 환영하고 축하합니다.

그동안 우리 대학원대학교는 대한예수교장로회 중앙총회의 목사님들과 성도들의 뜨거운 사랑과 격려로 1,100여명의 동문들을 배출하여 지역사회를 넘어 세계를 지향하는 명문대학으로 우뚝 섰습니다. 대한예수교장로회 중앙총회는 역사적으로 성경적 복음주의인 임마누엘신학을 보수하며, 칼빈주의 신학의 전통을 이어가며 여타의 추종을 불허하는 인재양성의 산실이 되고 있습니다.

자랑스런 동문과 재학생 여러분!

그동안 여러분의 모교가 월계동에 소재한 복음적 보수주의 신학의 요람인 중앙신학교와 용인 십자봉 동산에 학교법인 중앙총신학원인 중앙신학대학원대학교에서 국내외에서 활약하는 복음의 기수들을 수천여명 양성하여 왔으나, 시대적 요청과 국내의 학생수급 저조 환경으로부터 존립의 위기마저 감지하고 있는 안타까움에 앞서 오래전부터 고뇌하고 논의되어 왔던 교명이 변경되었으며, 앞으로 7개학과의 후배들이 꿈을 키워가는 새로운 면모를 갖추었습니다.

특별히 개교 19년이 되는 2019년에는 미래 100년을 생각하며 "개교 19주년 새로운 비상"이라는 비젼선포와 함께 명실 공히 세계의 인재를 끌어 모아 하나님나라 확장을 위한 복음의 기수들을 육성하는 대학으로 가는 기반을 마련하였습니다. 또한 용인을 대표하는 대학원대학교로 교육역량강화 우수대학교로 첨단 인재양성을 위한 다양한 프로그램을 계획함으로서 미래의 훌륭한 인재를 양성하는 요람이 될 것이 확실합니다.

 이 모든 발전과 영광의 원동력이 지난 19년간 세계 곳곳에서, 전국 각지에서 물심양면으로 후원과 기도해 해주신 동문여러분의 따스한 사랑의 힘이었다는 것을 우리는 기억하고 있습니다.

 자랑스런 동문 여러분!
 온석대학원대학교는 여러분들을 영원히 잊지 않을 것입니다.
 여러분과 함께 희망찬 미래 100년의 역사를 새롭게 써 내려 갈 것입니다.
 다시 한 번 동문여러분들의 모교 사랑에 깊이 감사드리며, 이 기쁨과 사랑이 대한예수교장로회 중앙총회에 영원하시기를 기원하며 환영사에 가름합니다.

2019년 2월 1일

온석대학원대학교
교수일동 드림

제9부

설 교

개업예배 설교

기도

성도의 요새가 되시며 산성이 되신 하나님 아버지 감사 드립니다. 오늘 ○○○자매로 하여금 새 사업을 시작하도록 인도하여 주심을 더욱 감사 드립니다. 거룩하신 하나님, 인간은 때로는 자신의 지혜를 믿고 살다가 어리석은 자가 되고, 자신의 기능을 의지하다가 실패하기도 합니다. 오늘의 개업은 전적인 하나님의 은혜이옵기에 오늘 개업하면서 주 앞에 굳게 맹세를 하게 하옵소서. 인간의 계획이나 인간의 지략으로 사업하지 말게 하시고 주의 뜻이면 이것도 하고 저것도 하는 자 되게 하옵소서. 이 사업을 통하여 하나님께 영광을 돌리게 하옵소서. 하나님의 뜻을 따르는 자에게 하나님이 함께 하신다는 확신을 갖게 하옵소서. 깊은데로 가서 그물을 내려 고기를 잡으라는 예수님의 말씀을 들은 베드로가 밤이 맞도록 수고를 하였으나 얻은 것이 없지만은 말씀에 의지하여 내가 그물을 내리리이다 하고 고기를 많이 잡은 것같이, 내 계획이나 내 지식에 맞지 않아도 주의 명령과 주의 뜻을 따라 삶으로써 성공하게 하시옵소서. 시험을 이기고 유혹을 물리치며 믿음을 지키는 사업이 되게 하시옵소서. 여호와 하나님이 함께 하심을 확신하게 하시옵소서. 일을 시작하시는 분도 하나님이시오 일을 성공시킬 이도 하나님이시오니 하나님과 동행하는 사업이 되게 하시옵소서. ○○○자매를 주님이 인도해 주시고 품에 안아 주심을 믿고 이 일을 시작하게 하시옵소서. 예수님의 이름으로 기도드립니다. 아멘.

바벨탑의 유혹(창세기 11:1~9)

한 사람이 흥할 때는 반드시 흥할 만한 요인이 있어서 흥하고 실패할 때는 실패할 만한 요인이 있어서 실패합니다. 역사에는 우연이나 요행이 없습니다. 이것은 개인이나 민족이나 사업의 경우도 마찬가지입니다. 오늘 첫 걸음을 주의 이름으로 시작하는 이 사업이 흥왕하기를 바라는 마음과 함께, 바벨탑을 쌓던 일이 허사로 끝마친 역사의 교훈을 명심하시기를 바랍니다.

사람들은 노아 홍수 후에 다시는 홍수의 재난을 당하지 않기 위해 바벨탑을 건축하기 시작하였으나 성공하지 못했습니다. 이유는 바벨탑 건축의 목적이 잘못되었기 때문입니다. 그들이 쌓고자 하는 바벨탑의 목적은 세 가지였습니다.

1. 성과 대를 쌓아 대 꼭대기를 하늘에 닿게 하자(4절). 이것은 하나님과 같이 되고자 선악과를 범한 아담과 하와의 욕망과 다름이 없습니다. 인간의 욕망과 교만에서 시작한 불신앙입니다. "우리 이름을 내고 온 지면에 흩어짐을 면하자"는 생각은 무신론적 인본사상입니다.

2. 우리가 우리 힘힘으로 하자(3절). 영어성경에 보면 "우리가 하자(Let Us)라는 말이 세 번씩이나 반복하고 있습니다. 하나님이란 말이 한 번도 나오지 않습니다. 인간이 만든 벽돌로, 인간의 기술로, 인간을 위하여 탑을 쌓자는 것입니다.

3. 목적과 방법이 순수하지 못했다. 사업이나 정치, 경제, 사회, 문학 모두 하나님의 주권아래 하나님의 영광을 위한 목적과 방법이 순수해야 합니다. Corem Deo 신전의식(神前意識)의 믿음으로 하나님의 축복의 통로가 되는 사업이 되어 일마다, 도와주시는 하나님의 의로운 오른팔에 힘입어, 성업을 이루시기를 주 예수 그리스도의 이름으로 축복합니다.

결혼의 목적
(에베소서 5장 22~33절)

18세기 에드워드 기번이라는 역사학자가 쓴 《로마 제국 패망사》를 보면, '로마 제국이 왜 망했는가?'라는 질문에 대한 해답이 나와 있습니다. 도대체 왜 영원한 제국이요 결코 무너지지 않을 것 같았던 로마 제국이 무너졌는가? 기번은 가장 큰 멸망의 요인으로 '가정의 파괴'를 들고 있습니다. 즉 가정이 무너지면 모든 것이 다 무너지고 만다는 뜻입니다.

먼저 남편이 된 ○○○ 군에게 말씀을 드립니다. 남편은 아내를 사랑해야 합니다.

오늘의 본문 에베소서 5장 22절을 보면, "남편들아 아내 사랑하기를 그리스도께서 교회를 사랑하시고 위하여 자신을 주심같이 하라"고 나와 있습니다. 남편의 아내 사랑을 교회와 그리스도와의 관계로 설명하고 있습니다. 그리스도께서는 교회를 위해 죽으셨습니다. 마찬가지로 남편도 아내를 위해서 죽을 수 있어야 한다는 말씀입니다. 즉 "아내를 죽도록 사랑하라"는 말씀입니다.

한자를 보면, 평안할 안(安) 자가 있습니다. 이 글자에는 갓머리에 계집 녀 자가 들어가 있습니다. 여기에 깊은 의미가 있다고 봅니다. 무슨 뜻입니까? '평안하다'는 것은 '안해가 있어야 한다.'는 것을 의미합니다. 아내의 얼굴에 해가 떠 있어야 그 가정이 평안하다는 것입니다.

아내는 남편에게 사랑받으면 자신감이 생깁니다. 자신의 능력의 100% 이상을 발휘할 수 있습니다. 반대로 남편에게 사랑 받지 못하면, 아무리 돈과 명예가 있다 할지라도 자신감을 회복하지 못합니다. 이것이 여자의 속성입니다. 27절을 보면 "남편들도 자기 아내 사랑하기를 제 몸같이 할

지니 자기 아내를 사랑하는 자는 자기를 사랑하는 것이라"고 말씀합니다. 아내를 사랑하는 것이 사실은 자기 사랑이라는 것입니다. 이 말씀이 보통 때는 잘 이해가 되지 않습니다. 그러나 정반대의 경우를 한번 생각해 봅시다. 남편이 아내를 학대하고 아내를 내팽개치고 아내를 버려둡니다. 그러면 묘하게도 그 사람 자신이 파멸되어 간다는 사실을 알 수 있습니다. 아내를 학대하는 것이 아니라 사실은 자신을 학대하고 있는 것입니다. 아내가 무너지면서, 자신도 무너지는 것을 발견하게 됩니다.

성경은 사람이 아무리 친구를 사랑해도, 친구를 사랑하는 것이 '내 몸 사랑'이라고 말하지 않습니다. 사람이 아무리 자식을 사랑해도 자식 사랑하는 것이 '내 몸 사랑'이라고 말하지 않습니다. 성경은 오직 아내 사랑만이 제 몸을 사랑하는 것이라고 말씀합니다.

다음은 아내가 된 ○○○ 양에게 드리는 말씀입니다. 하나님께서는 아내를 돕는 배필로 주셨습니다.

남자는 아내의 도움이 없이는 혼자서 제대로 설 수 없습니다. 그리고 이 말은 남편에게 아내의 영향력이 대단히 크다는 것을 보여줍니다. 세상의 다른 어떤 여자에게도 영향을 받지 않는 사람이라도, 자기 아내한테 영향을 받지 않는 사람은 거의 없을 것입니다. 그래서 "범죄 뒤에 여자 있고, 성공 뒤에 여자 있다"는 말이 있는 것입니다. 아내는 남편에게 좋은 영향력을 줄 수도 있고 나쁜 영향력을 줄 수도 있습니다.

자매가 주의해야 할 것은 결혼 생활 중에 대수롭지 않게 던진 말 한마디가 남편에게 엄청난 영향을 미친다는 사실입니다. 어떤 가정에 돈을 잘 벌지 못하는 남편이 있었습니다. 아내는 항상 남편에게 투정을 합니다. "제대로 입을 옷이 없다.", "제대로 치장할 액세서리가 없다."고 항상 투정을 합니다. 그러고는 홧김에 남편에게 "어디 가서 도둑질이라도 해서 아내에게 보란 듯이 밍크코트 한 번 입혀 봐요!"라고 소리를 쳤습니다. 그런데 남편이 진짜 백화점에서 옷을 훔치다가 구속이 되었습니다. 청천벽력 같은 일이 벌어진 것입니다. 나중에 아내는 눈물을 흘리며 이렇게 울부짖었습니다. "그냥 한번 해본 말인데!"

반면에 아내가 남편에게 하는 격려의 말, 믿음의 말 한마디가 모든 역경을 이기는 힘이 됩니다. 아내가 하는 격려의 한마디는 산삼보다도 더 큰 효력이 있습니다. 하루의 피로를 푸는 청량제 역할을 합니다. 아무쪼록 자매는 지혜로운 아내가 되기를 바랍니다.

그리고 부모님께 효도하십시오. 부모님은 나에게 생명을 전수해 주신, 생명의 전수자이십니다. 형제와 화목하십시오. 형제들은 아름다운 정원의 벌과 나비와 같습니다. 사람의 향기가 물씬 풍기는 부부가 되세요. 부모 효도에는 약속이 있습니다. 에베소서 6장 2~3절을 보면, "네 아버지와 어머니를 공경하라 이것이 약속 있는 첫 계명이니 이는 네가 잘되고 땅에서 장수하리라."고 말씀합니다.

말씀의 결론을 맺겠습니다. 하나님의 계획가운데 맺은 부부이니, 아브라함에게 이삭을 통하여 웃음을 주셨던 하나님의 은혜가 지금부터 영원까지 웃음이 가득한 부부와 가정이 되시기를 축복합니다.

놀라운 점심식사
〈온석대학원 채플 설교〉
(고린도전서 2;1~5, 요한복음 6:1~14)

버드란드 러셀은 "나는 왜 크리스챤이 아닌가?"라는 책을 썼습니다. 그는 예수의 부활을 믿지 못하기 때문에 기독교인이 될 수 없다고 하였습니다.

제가 대학재학 시절 존경하는 서울대학교 박종홍 철학교수의 철학개론과 논리학개론을 아주 재미있게 배웠습니다. '제자들이 선생님 예수 믿으세요' 하고 말씀드리면 글쎄 나도 믿으려고 애써도, 안 믿어져서 믿지 못한다고 말씀하셨다라고 했습니다. 예수님이 믿어지는 것이 은혜입니다. 그리스도인은 부활을 믿고, 부활을 전제한 신앙을 가진 사람들입니다. 참으로 행복하고 힘 있는 사람들입니다.

왜 예수님을 믿습니까? 여러분은 믿음에서 무엇을 기대합니까? 아마도 많은 대답들이 나올 것입니다.

바울은 이 질문에 대하여 한 마디로, "너희 믿음이 사람의 지혜에 있지 아니하고 다만 하나님의 능력에 있게 함이라"(고전 2:5)고 했습니다.

우리의 믿음의 원천(ad fontes)은 "오직 성경"(sola scriptura)에서 나오며, 성경은 "오직 그리스도"(solus christus) 중심적인 관점에서 해석됩니다. 구원은 단지 예수그리스도에 대한 "오직 믿음"(sola fide)으로 가능하기에 인간의 도덕성이나 경건성이 아니라 하나님이 주시는 능력인 "오직 은혜(sola gratia)로 받습니다. 이로써 인생의 목적은 "오직 하나님께만 영광"(soli deo gloria)을 돌리는 삶이 되어야 하는 것입니다.

믿음을 갖는다는 것은 하나님의 주시는 능력을 갖게 되기 때문에 예수를 믿습니다.

바울은 스스로 약점이 많은 것을 고백합니다. 본문에 "내가 너희 가운데 있을 때(즉 고린도에 체류 중 2년반 동안이나 고린도교인들과 함께 지낼 때) 나는 약하며 두려워하며 심히 떨고 있었음을 너희가 알지 못하느냐?"(3절)고 말합니다. 그러나 그가 "성령의 나타남과 하나님이 주시는 능력으로"(4절) 일할 수 있었던 것은 바로 믿음에서 온 결과입니다. 믿는 자에게는 능력이 따릅니다. 그럼 성경이 말하는 능력이란 어떤 힘일까요?

1. 바울의 증언에서 그 힘의 뜻을 알게 됩니다.
   로마서 8:31절 이하의 '유명한 승리의 개가' 입니다.

"하나님이 우리를 위하시면 누가 우리를 대적하리요?…… 자기 아들까지 내어 주신 이가 우리에게 모든 것을 주시지 않겠느뇨?…… 누가 우리를 그리스도의 사랑에서 끊으리요? 환난이나 곤고나 핍박이나 기근이나 적신이나 위험이나 칼이랴?… 그러나 이 모든 일에 우리를 사랑하시는 이로 말미암아 우리가 넉넉히 이기느니라"(롬8:31~39).

여기에서 바울은 세상의 힘보다 더 강한 내적 능력이 자기에게 주어졌음을 간증하며, 이는 자기뿐만 아니라 믿음을 가지는 모든 자에게 주어질 것임을 말하고 있습니다.

1985년 테네시주 메이슨 마을에 있기 힘든 일이 있었습니다. 감옥에서 탈출한 죄수가 총을 들고 루이스 집에 침입했습니다. 남편 나단은 무서워 떨고 앉아 있었습니다.

그러나 부인인 루이스는 조금도 무서워하지 않고 가까운 손님처럼 대했습니다.

"무거운 총을 들고 서 있지 말고 거기 앉으세요. 내가 맛있는 아침식사를 만들어 드릴테니까요"하며 콧노래로 찬송까지 부르면서 식사를 준비했습니다.

탈옥수는 이상하게 여기고 소리를 질러댔습니다. "너는 내가 무섭지 않느냐?"

루이스는 자기는 예수를 믿고 영생을 얻었기 때문에 무섭지 않다는 말로부터, 예수 믿는 기쁨과 새로운 인생을 그 죄수도 가질 수 있다는 이야기를 차근차근 얘기했습니다.

새벽 세시에 침범하여 오전 열시가 되었을 때 불과 일곱시간 사이에 탈옥수는 제 발로 교도소로 돌아갔습니다.

여기에 콘트롤(조종, 제압)과 파우어(능력)의 비교가 뚜렷이 드러납니다. 탈옥수는 총이 있기 때문에 자기가 그 집을 제압했다고 생각했습니다. 그러나 루이스는 파우어(power)를 가지고 있었습니다. 그 힘은 죽음을 이기신 예수그리스도부터 받은 믿음에서 나온 것입니다.

세상의 힘이란 콘트롤을 뜻합니다. 그러나 믿음에서 나오는 힘은 세상의 어떤 힘보다 강한 능력입니다.

성경이 말하는 능력이란 내적인 힘을 말합니다. 그것은 사랑의 힘이고, 자유의 힘이고, 죽음을 이기는 생명의 힘입니다. 예수님은 대로마제국의 독수리 깃발 아래 벌레처럼 약해 보였으나 로마는 무너지고, 예수의 능력은 2천년동안 세계를 지배하게 되었습니다.

우리에게는 이 영력이 필요합니다. 고통이 올 때, 어려운 문제에 봉착했을 때, 바울처럼 병들고 신체가 약할 때 "예수의 사랑의 능력에서 누가 나를 끊으리요"하는 믿음이 필요합니다.

2. 복음서에서 능력의 내용이 무엇인가를 말해주고 있습니다.

요한복음 6장에 떡 다섯 개와 물고기 두 마리로 5천명이 점심식사를 한 기사가 있습니다.

그래서 나는 오늘 여러분에게 "점심먹으러 가자"고 제안하고 싶습니다. 물론 오늘 점심은 모두 드셨지요? "하, 하"

하나님은 이스라엘백성들이 가나안을 향한 출애굽의 대장정 길에서 "이것이 무엇이여"하고 놀랄정도의 푸짐한 아침식사를 40년동안이나 매일 매일 먹여주셨고, 저녁식사는 공생애의 최후식사인지라 제자들만 데리고 그들의 발을 한 사람 한사람 씻겨주시면서 오붓하게 황홀한 식사를 먹여주셨습니다. 그리고 디베랴 호숫가 넓은 초장에 5천명의 무리들이 배고파 지쳐있는데, 예수님은 그들에게 점심을 먹이라고 제안합니다.

이 때 두 제자 빌립과 안드레의 의견이 대립되었습니다. 빌립은 "2백 데나리온을 가지고도 부족하다"고 과학적이고, 합리적인 계산에 근거하여 불가능을 말했습니다. 그러나 안드레는 군중 속에서 어린 소년이 지참했던 도시락인 떡 다섯 개와 물고기 두 마리를 건네받아 예수님께 드렸습니다.

떡 다섯 개와 5천명은 1천대 1의 엄청난 차이지만 안드레는 예수님께 대하여 작은 믿음을 가졌습니다.

이 때 정말 불가능이 가능으로 변하는 놀라운 능력이 나타났습니다. 믿음이란 내가 계산한 것을 믿는 것이 아닙니다. 신앙이란 보이는 사실을 믿는 것이 아닙니다. 믿음이란 그리스도 예수 안에서 하나님의 가능성을 믿는 것입니다. 그리고 잠재력(potential)과 가능성을 믿는 것입니다.

믿음이 작은 우리는 디베랴 초원으로 점심 먹으러 갈 필요가 있습니다. 거기에는 계산기 대신에 예수가 있습니다. 능력 주시는 예수, 불가능을 가능케 하시는 예수, 주홍같은 죄까지도 말끔히 세탁할 수 있는 예수가 있는 곳입니다. 예수님의 사랑과 우리의 믿음이 만날 때 능력이 나타납니다.

점심 먹으러 갔다가 원자력을 발견한 이야기는 유명합니다. 리오 질라드(Leo Szilard)는 유태계 헝가리인으로 이론 물리학자였습니다. 1933년 그는 런던에서 연구생활을 하고 있었습니다. 그 해 9월 12일 신문을 읽던 그는 몹시 화가 났습니다. 영국의 물리학자들의 학술회의에서 "원자에서 에너지가 나온다는 말은 허무맹랑한 꿈이다"라는 결론이 났다는 기사 때문이었습니다.

질라드는 같은 방에서 연구하는 동료인 앨버트 아인슈타인에게 흥분해서 말했습니다. "소위 과학자라는 사람들이 가능성을 믿고 탐구하는 것이 옳은 정신이지, 불가능하다고 결론을 지을 수 있겠소?" 그는 신문을 찢어버리고 점심을 먹으러 나갔습니다.

무엇을 먹었는지도 기억 못할 만큼 그는 생각에 몰두하고 있었습니다. 식당에서 나와 횡단보도를 건널 때 오랜 연구의 해답을 얻었습니다. 그 순간 세계사에 큰 영향을 일으키는 핵시대가 열린 것입니다. 연구소에 돌아와 자기의 해답을 아인슈타인에게 설명했더니 아인슈타인은 감격스럽게 "당신은 놀라운 점심을 먹었소"(You had an incredible Lunch)하며 기뻐했다고 합니다.

모든 발명과 발견도 가능성을 믿는 믿음으로부터 시작됩니다. 오늘 우리의 학문의 노력도 가능성을 믿는 믿음에서 출발합니다. 리오 질라드의 "놀라운 점심식사"보다 더 놀라운 점심이 디베랴 초원에서 벌어졌습니다. 바울은 하나님을 이런 말로 설명하였습니다. "우리 속에 능력으로 역사하사 우리가 구하는 모든 것을 인간의 생각보다 훨씬 넘치도록 주시는 하나님"(엡 3:20~21)

믿음은 가능성과 잠재력을 보게 합니다. 여러분은 여러분이 생각하는 것보다 많은 가능성과 잠재력이 있습니다. 대한민국에서 미래의 꿈을 꾸며 고생하는 유학생 여러분, 예수 믿으십시오. 예수님은 여러분의 가능성과 잠재력을 보시고 여기까지 인도하셨습니다. 예수님은 여러분의 앞길을 인도하시는 그 길이시며 여호와 이레이십니다.

여러분의 이웃과 동료, 여러분이 부도덕하다고 죄인처럼 생각하는 그에게 회개의 가능성과, 새 사람이 될 가능성, 큰일을 할 잠재력이 있습니다. 사람은 그 사람으로부터 눈을 돌릴 때 하나님은 그를 더 사랑하십니다. "왜요?" 가능성을 보시기 때문입니다.

전도와 선교의 근거도 이 가능성에 두는 것입니다. 요한웨슬레의 복음적인 낙관주의도 이에 근원하고 있습니다. 그래서 그는 세계는 나의 교구라고 외쳤습니다.

학교를 바라보는 시각도 주님의 큰 일을 담당할 수 있다는 가능성을 보아야 합니다. 그래서 여러분을 그 가능성과 잠재력의 싹으로 심기 위하여 훈련하시는 것입니다. 하나님의 가능성을 믿고 여러분을 주님께 드리십시오.

여러분들이 주님의 손에 들려진 도시락이 되어 만민에게 점심을 먹이십시오.

우리도 디베랴 초원으로 점심 먹으러 갑시다. 보리 떡 속에 무한한 가능성을 보았던 안드레의 믿음을 우리도 받아야 합니다. 성경이 말하기를 하나님은 은혜와 능력의 원천이라고 표현합니다. 능력이란 하나님으로부터 주시는 에너지(동력)입니다. 이 에너지에 나를 접선시키는 것이 믿음입니다. 그 때 나와 너의 가능성이 능력으로 변화하는 것입니다.

아브라함은 아들 이삭을 데리고 모리아산으로 향하였습니다. 이삭이 물었습니다. "아버지 제사를 드린다면서 왜 제물은 안 가시고 가세요?" 아들을 제물로 바치라는 하나님의 말씀을 이행하려던 아브라함은 이삭에게 이렇게 대답했습니다. "아들아, 제물은 하나님이 준비하신다." 아브라함은 준비하시는 하나님, 해결하시는 하나님을 믿었습니다.

노아는 대홍수속에서 무지개를 보았고, 야곱은 광야에서 하늘 사다리를 보았습니다. 모세는 바위 속에 생수를 보았고, 삼손은 사나운 사자의 몸에서 꿀을 발견했습니다.

바울은 "내가 가장 약할 때 나는 가장 강하다"고 약점을 극복하는 믿음의 능력을 보았습니다.

사과나무를 쳐다보고 달린 사과를 세는 것은 누구나 할 수 있습니다. 그러나 사과 한 알을 놓고 그 속에서 수 많은 사과나무를 세는 것은 믿음입니다.

왜 믿음을 주셨습니까? 그 속에 능력이 있기 때문입니다.

온석대학원대학교 재학생 여러분, 그 능력의 원천인 하나님 믿으십시오. 이제부터 여러분 속에 계시는 성령의 능력을 보십시오.

여러분은 생명과 희망의 복음을 담은 그릇이요, 기드온이 들었던 성령이 거하시는 횃불이요, 성전입니다.
우리 학교 학우 여러분 속에 잠재되어 있는 성령에 있습니다.

당신의 하프타임 - 늙지 않는 사람
(로마서 4:16~25)

ㅇㅇㅇ목사님은 호적상으로는 50대여서 친구이겠거니 생각하였는데 외모로 볼 때는 영 나이를 가늠하기가 어려워 한 끝에 지나온 풍상이 평탄치 않았나 보구나 하고 가여워했었습니다. 그런데 속사정을 알고 보니 한참 위의 누님이시구요. 호적에 뒤늦게 등재 되어서 그렇다고 하시더라구요. 그러나 목사님은 겉과는 다르게 비전과 추진력이 있으시고 그리고 생각이 늙지 않은 청년이시고 여장부이십니다.

히브리서 11장에 나타난 신앙의 위인들 가운데에는 믿음의 여장부들이 등장합니다. 비록 양적 비중은 적을지라도 여성들이 구속사에 있어서 큰 영역을 차지하고 있습니다. 당시 제도적인 제한을 받았음에도 불구하고 하나님의 구원사의 주역으로 등장하고 있습니다. 구약시대 여성들은 남성의 소유물이고(출20:17), 일생동안 미성년자 취급을 받았고, 재산을 상속받을 수 없었습니다(민27:1~11). 또한 여성은 악의 근원이었으며, 여성의 종교적 서원은 남편의 허락 여부에 달려있었습니다(민30:8,12).

이러한 사회적 환경속에서 하나님은 성이나 신분이나 종족에 관계없이 구속사의 도구로서 미리암(출15:20, 미6:3~4), 드보라(삿4:1~10, 5:1~31), 훌다(왕하22:14~26, 대하34:22~28), 라합(수2:1~24, 6:22~27), 에스더, 다말, 야엘, 룻 등을 사용하셨습니다.

신약성경은 여성의 역할에 대하여 어떤 표준적인 지도체계가 확립되지는 않았지만 '공동체의 필요성'에 따라 칭호와 기능이 조금씩 달랐습니다. 목회사역에 관련된 여성의 역할은 교회설립(행18:2,18~19, 빌4:2~3), 공중예배에서의 기능(고전11:5), 교사 역할(행18:26), 예언자(행21:9, 롬16:7, 고전11:5) 등이었습니다.

특히 복음서에 나타난 여성의 역할은 유대 관습의 제약이 있었음에도 예수님은 선교여행의 동료 및 제자로 막달라 마리아, 요안나, 수산나를 부르셨고(눅10:38~42, 행22:3), 예수가 메시아라는 사마리아 여성의 증언(요4:1~42, 29), 십자가의 증인된 선교사의 역할(막15:40~41), 빈 무덤을 발견하고 다시 사신 예수를 만난 최초의 부활의 증인들이 여성들입니다.

오늘날에도 교회에 있어서 여성들의 활동은 다대하다고 말할 수 있습니다. 하나님의 부르심을 받은 모든 자들에게 "땅 끝까지 이르러 내 증인이 되라"(행1:8)고 지금도 명령하고 계시기 때문입니다.

사람이 강건하면 80이라던 다윗의 고백에 의한 하프타임은 40이고, 인생 백년의 하프타임은 50이고, 창세기에 의한 인간 수명 120년에 의한 하프타임은 60입니다.

어떤 잣대에 대던 신학도, 안수도 하프타임에 출발했으나 "나중된 자가 먼저 된다고 말씀하셨으니" 이전의 삶보다 앞으로의 하프타임에 복음의 역사와 능력이 충만하시기를 바랍니다.

'하프타임(half time)'이란 단어는 성경에는 없습니다. 다만 비슷한 단어가 하나 있습니다. 그게 '중년'이라는 단어입니다. 시편 102편 23~24절에 그 단어가 나옵니다.

시편기자가 이런 기도를 합니다. "저가 내 힘을 중도에 쇠약케 하시며 내 날을 단촉케 하셨도다"(시102;23). 여기에 중도라는 말이 나옵니다. 내 인생의 중간에 주님이 나를 쇠약하게 하셨다는 말씀입니다.

그 다음 절에 보면 "나의 하나님이시여 나의 중년에 나를 데려가지 마옵소서"하는 기도입니다. 아마 시편기자는 중간에 인생의 위기, 어떤 질병이나 어떤 중대한 사건을 경험하면서 이 기도를 했던 것같습니다. 이런 위기를 심리학자들은 소위 "mid-life crisis"라고 말하는데, 시편 기자는 당시 "하나님! 아직은 살아야 할 내 인생의 후반전이 남아있는데 지금 저를 데려 가시면 안 됩니다."하는 기도를 드린것입니다.

시편 구절과 함께 후반전의 삶을 위해 기억해야 할 또 다른 구절이 있는데, 그것은 고린도후서 4장 16절에 나오는 바울사도가 한 유명한 고백입니다. 바울이 자기 인생을 정리할 시간을 앞에 두고 인생 후반전에 진입하면서 고백했던 말입니다. "우리가 낙심하지 아니하노니 겉사람은 후패하나 우리의 속은 날로 새롭도다."

바울은 "나는 낙심하지 않는다"고 말하면서 그 이유에 대해서 이렇게 고백했습니다. "겉사람은 후패하고 늙어가는 것이 사실이지만 내 속사람은 날마다 새로워진다." 저는 이것이 후반전을 내다보는 그리스도인들의 삶의 고백을 잘 대변하는 것이라고 생각합니다.

19세기를 가리켜서 우리는 "어린이를 발견한 세기"라고 말합니다. 사실 19세기만 해도 우리 말에 "어린이"란 단어가 없었습니다. 방정환 선생님이 처음 어린이란 단어를 만들었습니다. 20세기를 가리켜서는 "여성을 발견한 세기"라고 말합니다. 여성이 역사 속에서 처음으로 남성과 동등한 파트너로서 인간의 대접을 받게 되었습니다.

사회학자들은 21세기를 가리켜서 "노인의 세기"라고 말합니다. "노인을 발견한 세기"라는 말입니다. 금세기 최대 이슈는 소위, 고령 인구의 문제입니다. 1900년대만 해도 평균 수명이 50세였습니다. 그 때는 45세만 돼도 벌써 늙은 축에 들어갔습니다. 늙은이였습니다. 그런데 1900년대 중반에 들어오면서 노인의 연령이 55세로 껑충 뜁니다. 그리고 1900년대 후반에 진입하면서 우리 사회를 포함하여 전세계 대부분의 국가가 법적으로 노인 연령을 규정할 때 65세로 규정하고 있습니다. 우리나라도 65세 이상 노인이 전국민의 10%를 넘어섰습니다. 그러나 요즘 우리 사회에서는 65세도 노인 축에 들지 못합니다.

평균 수명이 늘고, 사회가 급속도로 변하고 있는 상황에서 우리가 노인이 된다는 사실보다 더 중요한 것은 어떻게 늙어 갈 것인가 하는 문제입니다. 단순히 나이를 먹고 세월이 지나가는 것을 지켜보고 있는 것이 아니라 어떻게 인생후반전을 살 것인가 하는 질문을 해야 합니다.

자연적 연령이 얼마가 되든지, 늙지 않는 사람을 바울은 이렇게 말하고 있습니다. 그것은 믿음의 생활이라고 증언하고 있습니다. "아브라함은 백 세나 되어 몸은 죽은 자같이 노쇠하였으나 믿음에 약해지지 않고 오히려 견고하여져서 하나님께 영광을 돌리고 하나님께서 약속하신 바를 이루실 것을 확신하노라."(롬 4:19~22)

아브라함은 백 세라는 나이에 관계없이 아들을 주시겠다는 하나님의 약속이 이루어질 것을 확실히 믿고 살았다는 이야기입니다. 그는 나이 백세임에도 장래에 대한 하나님이 주신 꿈(비전)을 가지고 있었습니다. 하나님이 자기를 통하여 이룩하시려는 계획을 바라보며 희망의 여행을 계속하고 있었습니다. 이런 사람이 늙지 않는 사람입니다.

문호 빅토르 위고(Victor Hugo)가 후배로부터 비관적인 편지를 받았습니다. "50세의 생일 맞고 보니 허무하다."는 내용이었습니다. 위고는 이렇게 답장을 썼습니다. "50세는 젊음의 마지막임에 틀림이 없네. 그러나 그 나이는 노년기의 시작에 불과할세. 자네의 지난날은 인생의 연습이고, 이제부터 자네의 인생은 비로소 시작되는 것일세". 이것은 40세나 60세나 어느 나이에서나 가져야 할 교훈입니다.

"이제부터 시작이다. 나에게는 할 일이 많다. 하나님은 나에게 전진하라고 하신다."는 소망으로 아브라함은 백세에도 힘차게 전진하였습니다.

영어에 좋은 표현이 있습니다. "To add Life to Years, Not Just Years to Life" 세월이 흐른다든지 나이를 먹는 것은 세월에 나의 생명, 나의 생기를 부가하는 것이다. 그것은 단순히 나의 생명이 유지되기 위하여 세월을 사는 것이 아니라는 뜻입니다.

인간은 이 지구 속의 한 점에 불과합니다. 겨자씨만한 존재이고, 생존기간도 짧습니다. 그러나 이 작은 씨가 어떤 영향을 끼치는가 하는 데에 따라 사는 의미가 있습니다. 그래서 우리의 삶은 "목적이 이끄는 삶"이 되어야 합니다. 욕심에 이끌리는 삶이어서는 안 되고 하나님의 목적이 이끄는 삶을 살아야 합니다. 나를 향한 하나님의 목적을 따라 뛰어야 경기가 제대로 되는 것입니다. 전반전이든 후반전이든 하프타임이든, 그 때마다 가장 중요한 원칙은 하나님의 뜻이 나를 이끌도록 하고 내 인생의 방향을 하나님 뜻에 맞추는 것입니다.

19세기 최고의 시인이라고 불리우는 롱펠로우(Henry Longfellow)는 쓰라린 경험을 겪었습니다. 아내가 젊어서 오래 앓다가 죽었습니다. 그리고 재혼한지 몇 년 안된 어느 날 아내가 부엌에서 사고로 그만 화상을 입고 앓다가 또 죽었습니다. 75세가 되어 임종이 가까웠을 때 기자가 그에게 물었습니다. "선생님은 두 부인의 비극적인 사별 뿐만 아니라 그 밖에도 많은 고통을 겪으며 살아오신 것으로 아는데 그런 환경에서 어떻게 그토록 아름다운 시들을 쓸 수가 있었습니까?"

롱펠로우는 마당에 보이는 사과나무를 가리키며 말했습니다. "저 나무가 나의 스승이었습니다. 저 사과나무는 몹시 늙었습니다. 그러나 지금도 꽃이 피고 맛있는 열매가 열립니다. 그 이유는 해마다 늙은 가지에서 새 가지가 나오기 때문입니다. 나는 나 자신을 늙은 가지라고 생각한 일이 한 번도 없고 언제나 새 가지를 생각하며 꽃을 피우고 열매 맺는 것을 당연하게 알며 살았습니다"

"나는 낡은 나무이다. 세월이 갈수록 점점 고목이 되고 있다."는 생각과 "나는 낡은 가지에서 솟는 새 순이다. 나는 날마다 새롭다."라고 생각하는 인생과는 큰 차이가 있습니다.

하나님 신앙은 우리에게 세월에 대한 의미와 가치 그리고 소망을 주기 때문에 믿음으로 사는 사람은 아브라함처럼 백 세에도 새로운 가지, 새 순으로서의 희망과 사명을 갖게 합니다. 그러므로 희망의 하나님을 바라보고 믿는 사람은 과거에 살지 않고 언제나 미래에 사는 것입니다. 또한 묵은 가지를 바라보지 않고 새 순이 되어 백 세에도 꽃을 피우고 열매를 맺는 나무로 삽니다.

한국인의 표현은 "나이를 먹는다"고 함으로써 소모적이고 비관적인 표현을 합니다. 그런데 미국인은 나이를 말할 때 "60년 늙었다"는 식으로 Sixty Years Old라고 말합니다. 프랑스인은 나이를 말할 때 "60년 가졌다"고 표현함으로써 살아온 세월을 번 것으로 생각합니다. 이러한 것에는 근본적인 사고방식의 차이가 있습니다. 60세가 된 것을 60년 벌었다고 생각하면 그 자본, 그 투자, 그 경험을 기반으로 이제부터 맺어야 할 열매를 생각하는 것입니다.

흔히들 사람들은 "늙으면 이것저것 정리하고 포기할 시기다"고 생각합니다. 그러나 "포기하면 늙는 것입니다" 하나님을 믿는 사람은 백 세에 아들을 낳기를 꿈꾸고 있었던 아브라함처럼 내일 지구의 종말이 올지라도 오늘 한 그루의 사과나무를 심는 희망의 생애, 믿음의 생애를 가져야 합니다.

눈물의 예언자 예레미야는 많은 고통을 극복하고 산 사람입니다. 그러나 그는 이렇게 고백합니다. "내 고초와 재난을 기억하소서. 내 심령이 그것을 생각할 때 낙심이 되거나 중심으로 다시 생각하면 오히려 소망을 가지게 되옴은 여호와의 자비와 긍휼이 무궁하시므로 우리가 무너지지 아니함이니이다. 이것이 아침마다 새로우니 주의 성실이 크도소이다." (애 3:19~23) 이처럼 예레미야는 고초와 재난 삶을, 아침마다 새로운 희망의 삶으로 승화시켰습니다.

'삶에서 다시 한번 새롭게 삶의 의미를 전환하는 때' 이것이 하프타임의 진정한 의미입니다.

축구경기를 생각해 보십시오. 전반전을 뛰었던 선수들이 하프타임에 누구를 만납니까? 그들은 그 시간에 그냥 쉬는 것이 아니라 감독을 만납니다. 그리고 그 감독에게서 전반전에 했던 경기에 대한 평을 듣고 앞으로는 어떻게 하는 것이 좋을지 새로운 지시를 받습니다. 그리고 나면 후반전 경기가 달라지는 것을 봅니다.

하프타임이 중년이든, 그 후이든, 지금까지 살아온 시간을 되돌아보며 이후에 어떻게 내 삶을 주님께 바칠 것인지를 구체적이고 개인적으로 생각하고 적용하는 시간을 갖읍시다. 하나님은 죽은 태를 산 태로 만들어 새생명을 잉태케 하시며 생육하고 번성하게 하시기 때문입니다.

돌 축복예식

개회사

하나님께서 일년 전에 한 생명을 이 가정에 보내주시고 은혜 가운데서 양육하셨음을 감사하면서 민상희아기의 돌을 맞이하여 하나님 은혜 감사드리는 시간을 갖겠습니다.

찬 송 -460장-

기 도

생명의 근원 되시는 하나님 아버지, 한 해 전에 이 가정에 귀여운 아기 민상희를 태어나게 하시고 그 동안 하나님의 은혜와 축복 가운데서 자라게 하심을 감사드립니다. 오늘 이 예배를 통하여 영광을 받으시고 아이와 부모와 친척과 모든 성도들에게 기쁨과 축복을 내려주소서. 이 아이의 몸이 자라고 지혜가 자라나 여선지자 드보라와 왕후 에스더와 같이 되게 하여 주옵소서. 예수님의 이름으로 기도드립니다. 아멘.

성 경 마태 18: 5 - 어린이를 영접하라 -

어린이는 어른의 부모라는 말이 있습니다. 예수께서는 누구든지 어린아이와 같지 않으면 하늘나라에 갈 수 없다(마태 18:3)고 하시면서 또 누구든지 내 이름으로 이런 어린 아이 하나를 영접하라고 가르치셨습니다.

1. 천국의 자녀로 영접하라

이 가정에 태어난 어린아이는 모두 하나님이 주신 기업으로 하늘나라의 자녀입니다. 고귀한 천국의 자녀이니 이 어린아이를 잘 키우기 위해 마음과 힘을 다해야 합니다.

이스라엘 민족의 지도자였던 모세의 아버지 아므람과 어머니 요게벳은 아이에게서 하나님의 영광을 바라보고 최악의 환경을 극복하며 말씀과 기도로 양육하였습니다. 가정은 사람을 만드는 학교요 요람입니다. 부모는 아이의 영성을 위한 목회자입니다. 병든 가정, 병든 부모는 병든 아이, 문제 아이를 양산하여 이 사회에 보냅니다. 몸소 본을 보여 주는 것이 어린아이를 영접하는 것입니다.

2. 다음 세대의 주인으로 영접하라

오늘의 어린이는 내일의 어른이요 다음의 이 나라, 이 교회의 주인입니다. 어린아이의 작은 머리 속에 장래의 천하를 요리할 지혜가 자라고 있고, 그 작은 팔에는 다음 세계를 운전 할 힘이 뛰고 있습니다. 오늘의 어린이는 제 2세 국민이요, 제 2세 교인입니다. 내일의 나라의 지도자도, 교회의 일꾼도 이 아이들 가운데 있습니다. 내일의 나라를 사랑하거든 오늘의 어린이를 사랑하고, 내일의 교회를 염려하면 오늘의 어린이를 영접하십시다.

나일 강변에서 울던 어린이가 자라서 이스라엘을 구원하는 모세가 되었고, 외조모 로이스와 어머니 유니게에게 귀염받던 어린이가 위대한 전도자 디모데가 되었습니다. 오늘의 어린이를 나무의 묘목을 키우듯이 말씀의 영양분을 먹고 웃으면서 튼튼하게 자라도록 키우고 소망 중에 비젼을 안고 성장하도록 사랑을 주십시다.

축복기도

네 손을 댄 모든 일에 복 주시리라
〈류기숙 헤어 숍 개업예배 설교〉
(신 16:15)

오늘 류기숙 헤어 숍 개업예배를 드리게 하신 하나님께 찬송과 영광을 돌려드립니다. 오늘 뜻 깊은 예배에 신16:15절 말씀을 축복의 말씀으로 하나님께서 주셨습니다.

"네 하나님 여호와께서 네 모든 소출과 네 손으로 행하는 모든 일에 복 주실 것이니 너는 온전히 즐거워할지니라."

하나님께서는 오늘부터 우리 막내 처제인 류기숙성도가 손을 대는 일마다 다 복 주신다고 약속하셨습니다.

교회일 하시면 교회에 복 주시고 헤어 숍 하시면 헤어 숍에 복을 주시고 더 나아가 오시는 손님에게 악수 만해도 하나님께서는 그 손님을 복 주시는 것입니다.

하나님은 모든 일에 복 주신다고 약속하셨습니다.

믿으시기를 축원 합니다. 이 일로 인해서 즐거워하라고 했습니다. 이제 이 헤어 숍은 즐거워 할 일만 있을 줄 믿습니다. 주인도 즐겁고 손님들도 즐겁고 우리교회도 즐겁고 모두가 즐겁게 될 줄 믿습니다.

오고 또 오고 싶은 숍이 될 줄로 믿습니다. 이 숍의 주인은 하나님이십니다. 하나님을 주인으로 모실 때 하나님의 손에 많은 사람이 붙게 됩니다. 그래서 오늘부터 이 숍은 손님들이 문 앞에라도 용신 할 수 없도록 몰려오기를 바랍니다.

줄을 서서 기다리는 손님이 있는 헤어 숍이 되기를 바랍니다. 그러므로 오늘부터 눅 6:38절 말씀을 시행하시기 바랍니다.

"주라 그리하면 너희에게 줄 것이니 곧 후히 되어 누르고 흔들어 넘치도록 하여 너희에게 안겨 주리라."

그리하면 하나님께서 후히 되어 누르고 흔들어 넘치도록 안겨 주실 줄 확실히 믿으십시다.

이 헤어 숍으로 하여금 하나님께는 영광이 되고 교회도 부흥이 되고 손님들에게는 기쁨을 주고 처제의 가정은 늘 기쁨이 충만하시기를 주님의 이름으로 축원합니다.

하나님께서는 또한 시편 128:2절 말씀에 네 손이 수고한 대로 먹을 것이라 네가 복되고 형통하리라…… 4절에 여호와를 경외하는 자는 이같이 복을 얻으리로다. 여호와께서 시온에서 네게 복을 주실지어다 너는 평생에 예루살렘의 번영을 보며 네 자식의 자식을 볼지어다 이스라엘에게(하나님의 백성인 너에게) 평강이 있을지어다라고 약속하셨으니 하나님 중심으로 사업에 손을 대시기 바랍니다.

최후에 웃는 사람
〈김공준 목사 은퇴식 설교〉
(고린도전서 4:1~5)

외롭고 힘든 교역자의 생활을 성공적으로 마치고 오늘 원로목사님으로 추대 받으시는 김공준목사님께 존경의 마음을 담아서 먼저 축하를 드립니다.

올림픽 경기에서는 언제나 마라톤을 끝부분에 둡니다. 마라톤 경기에서는 많은 사람들이 출발하나 모두 골인하지 못합니다. 등수에 관계없이 결승점까지 도착하는 선수들은 관객들에게 감동을 줍니다. 오늘 김목사님께서 영애의 골인을 하신 것을 진심으로 축하드립니다.

목회의 마라톤에는 등수가 없습니다. 모두 1등입니다. 1등으로 골인하신 것을 더욱 축하드립니다.

　모세는 이스라엘 백성을 인도하는 일에 평생을 바쳤습니다. 이론적인 훈련, 실천적인 훈련, 그리고 백성들을 이끌어 인도했습니다. 백성들의 불평은 늘 모세에게 집중되었고, 자주 배신당했으며 백성들의 불신앙 때문에 고통도 많이 받았습니다. 오늘 은퇴하시는 목사님의 모습을 보며, 모세가 느보산에 올라가 걸어온 길을 되돌아보고 가나안 복지를 바라보는 모습이 저러하였으리라고 생각해 봅니다. 자신은 가나안 복지에 들어가지 못하고 느보산에서 생을 마치면서도 끝까지 이스라엘 백성들에게 교훈을 베풀고(신32장), 축복하였습니다.(신33장)

　김목사님 그동안 성역을 감당하시느라 얼마나 힘드시고 또 얼마나 긴장의 연속가운데 보내셨습니까? 그 긴장에서 얼마간은 해방되신 것을 축하드리면서 저희들도 목사님의 뒤를 따라 좋은 본을 보일 것입니다.

　사람이 일생을 살아가면서 자기 자신을 새롭게 만들어가는 동력이 있습니다. 그것은 바로 신성한 자존감입니다. 그래서 신성한 자존감을 가지고 사는 사람들은 자기 자신을 발전시키는데 최선을 다합니다.

　자기 자신이 받아야 할 평가를 일반적으로 칭찬이라고 말합니다. 사람은 저마다 자신에 대해 인정을 받고 싶어 하는데 그것이 바로 칭찬입니다. 어렸을 때부터 칭찬 들으려는 자녀들은 부모에게 효자가 됩니다. 아이가 자라면서 자기 자존감을 가지고 칭찬을 받으려고 할 때 학교에서 공부를 열심히 합니다. 그리고 착하게 자랍니다. 이런 자존감을 가진 사람들은 직장에 들어가서도 그 능력이 뛰어나는데 자기 직장에서 칭찬받는 사람으로 창의력을 개발합니다. 또 이런 사람들은 사회와 국가에 기여하는 인물로 자기를 발전시킵니다. 뿐만 아니라 신앙생활도 성실하게 하게 됩니다.

우리는 과연 자기 자신을 평가할 때 칭찬받는 사람인지 아닌지를 자기가 압니다. 우리는 자기 존재에 대하여 언제나 분명한 평가를 하면서 살아야 되는데 한 해가 기울어갈 때 우리는 이 한 해를 돌아보면서 내가 어떻게 살아왔는가에 대한 생각을 갖게 됩니다. '세월이 참 빠르다'는 생각, '한 일 없이 세월이 갔구나!' 하는 그런 아쉬움, 그리고 '내 인생에 종말이 다가오고 있구나!' 라는 경고의 음성을 듣게 됩니다. 그러나 어리석고 미련한 사람은 자기 자신에 대한 미래에 별 관심이 없습니다. 사실 생각한다면 오늘은 우리 생에 최후의 날입니다. 금년 회기의 마지막 주일이기 때문입니다. 공교롭게도 마지막 주일에 은퇴 및 원로목사님 추대로 목회 마지막을 웃음으로 장식하게 되었습니다.

"최후에 웃는 사람이 바로 성공한 사람이다."라는 말이 있습니다. 최후에 칭찬을 들을 수 있는 사람, 이 사람이 바로 위대한 사람이 됩니다.
우리는 살아가면서 날마다, 어떤 계기마다, 소년시절, 청년시절, 장년시절 그때 그 때마다 자기 자신을 점검하게 됩니다. 우리는 분명 하나님 앞에 서야 할 사람들입니다. 우리의 최후의 칭찬은 사람에게 받는 것이 아니라 하나님으로부터 받아야 됩니다.

"사람이 마땅히 우리를 그리스도의 일꾼이요" 여기 '사람'은 일반적인 사람이 아니고 하나님의 사람을 말합니다. 하나님의 사람은 마땅히 자기 자신을 그리스도의 일꾼으로 여겨야 한다는 것입니다.
그리스도인들이 반드시 기억해야 할 것이 두 가지 있습니다. 하나는 자기 신분에 대한 기억이고, 하나는 미래에 주님 앞에서 받아야 할 상급에 대한 기억입니다. 우리는 하나님의 자녀라는 신분을 가지고 있습니다. 이 신분은 구원받은 자들에게 주신 하나님의 은혜입니다. 구원은 선물입니다. 내 노력으로 받는 것이 아니고 하나님의 전적인 은혜입니다. 이것은 내 공로와 관계가 없습니다. 내 자격과 관계가 없습니다. 하나님이 거저

주신 은혜일뿐입니다. 이것은 바로 지금 받은 것입니다. 그런데 미래에 받아야 할 은혜가 하나 있습니다. 그것은 상급입니다. 내 인생이 끝나는 날 하나님의 자녀들에게 주시는 상입니다. 충성된 자에게 주시는 하나님의 칭찬입니다.

자기 미래를 생각하는 사람은 지혜로운 사람이고 또 종말을 생각하는 사람은 가치있는 사람들입니다. 사람은 반드시 자기 노년을 생각하고, 종말을 생각하고, 직장에 다니는 사람은 퇴직을 생각하고, 학생은 졸업을 생각하며 살아야 합니다.

구원과 상은 두 가지 상관된 중요한 그리스도인의 가치관입니다.
구원은 거저 주시는 것이지만 상은 노력으로 받는 것입니다.
구원은 이미 지금 받은 것이지만 상은 미래에 받는 것입니다.
구원은 믿는 자마다 공평하게 받는 것이지만 상은 차별해서 받는 것입니다.
상은 성경에 면류관으로 표현되어 있습니다. 믿는 자들에게 주는 다섯 가지 아름다운 면류관에 대해서 성경은 말하고 있습니다.
기쁨의 면류관이 있습니다. 다른 사람을 그리스도에게 인도한 사람들에게 주는 면류관입니다.
의의 면류관이 있습니다. 주님의 재림을 사모하면서 소망 가운데 산 사람들에게 주는 면류관입니다.
영광의 면류관이 있습니다. 하나님의 말씀을 신실하게 가르치며 선포한 사람들에게 주는 면류관입니다.
썩지 않는 면류관이 있습니다. 그리스도인으로 자기를 쳐서 복종시키면서 진실하게 산 사람들이 받는 면류관입니다.
생명의 면류관이 있습니다. 그리스도의 영광을 위해서 고난을 참고 주님의 그 날을 위해서 순교자의 은혜를 사모한 사람들이 받는 면류관입니다.

면류관은 헬라어로 '스데반'이라는 말입니다. 'stefano' 면류관을 받을 사람들은 스데반처럼 살아라 그 말입니다. 이 스데반이라는 이름은 개인에게 준 이름도 되지만 모든 성도에 대한 이상적인 표본을 하나님께서 스데반으로 제시하면서 '너희는 모두 다 스데반이 되라'는 것입니다.

우리는 천국을 믿음으로 가기 때문에 이것은 전적인 하나님의 은혜입니다. 그러나 천국은 믿음으로 간다고 말하지만 이것은 신앙적인 교리이고 이것을 실존적으로 현재 신앙고백으로 다시 펴놓는다면 "천국은 누가 가나?" 이렇게 묻는다면 가고 싶은 사람이 간다고 말할 수 있습니다. 다른 말로 말하면 천국은 상 받을 사람들이 가는 곳입니다. 상 받을 것도 없는데 무엇 하러 천국에 가겠습니까? 간다고 말하지만 그것은 허상에 그칠 수가 있습니다. "내가 일생동안 예수 믿었으니까 천국에 간다." 이것은 일반적인 사람들에 대한 믿음의 보상을 얘기하지만 구체적으로 다시 표현한다면 천국은 가고 싶은 사람들이 가는 곳이고 또 다른 말로 말하면 최후에 웃는 사람들이 추구하는 세계라고 말할 수 있습니다.

누가 주님을 만나겠습니까? 예배드리는 사람마다 다 주님을 만나고 있지요. 그러나 이것은 일반적인 이해입니다. 주님을 사랑하는 사람이 주님을 만납니다.

"그러므로 때가 이르기 전 곧 주께서 오시기까지 아무것도 판단치 말라 그가 어두움에 감추인 것들을 드러내고 마음의 뜻을 나타내시리니 그 때에 각 사람에게 하나님께로부터 칭찬이 있으리라"(5절)

'그 때'라는 말은 '종말의 때에 주님 재림하시는 날, 내 인생이 끝나는 날' 이렇게 표현할 수 있습니다.

오늘 칭찬받을 사람이 누구냐? 소명 받은 일꾼, 하나님의 비밀을 맡은 일꾼, 충성스러운 일꾼 이렇게 표현할 수가 있습니다.

1. 소명 받은 일꾼은 최후에 웃는 사람입니다.

"믿는 사람들은 마땅히 자기 자신을 그리스도의 일꾼이요." 여기서 '그리스도의 일꾼'이라는 말은 당시에 노예들 중에서 배 밑층에서 노 젓는 사람들을 말합니다. 영화 벤허에서 보았을 것입니다. 벤허가 배 밑창에서 계속 노를 젓는 것을 말입니다. 선장의 지시를 따라서 계속 노를 젓습니다. 그런 의미에서 그리스도의 일꾼이라는 말은 그리스도에게 속한 자요, 그리스도를 위해서 사는 자요, 그리스도를 위해서 죽는 자라고 할 수 있습니다.

당시에 좋은 일은 하지만 삯을 받지 못합니다. 소유가 없습니다. 명예도 없습니다. 그리고 자기 자신을 위해서는 아무것도 할 수 없는 사람들이 노예였습니다. 그런데 노예 가운데 자원적 노예가 있습니다. 일반적인 노예는 불행한 노예요, 강압에 의해 억지로 된 노예지만 자원적 노예는 그리스도의 종입니다.

'나는 우리 주님으로부터 은혜를 입었기에 일생동안 그리스도에게 종노릇 하겠습니다.' 이렇게 고백하는 사람들이 바로 그리스도의 일꾼입니다. 이런 자원적 노예는 아무나 못됩니다. 일반적인 노예는 돈에 팔린 사람, 조상적부터 노예인 사람, 전쟁의 포로자들입니다. 그런데 자원적 노예는 그리스도의 은혜를 알고 난 후에 자원해서 '나는 일생동안 살아도 주를 위해 살고 죽어도 주를 위해 죽겠노라.' 이렇게 고백하고 자원적으로 그리스도를 위해서 종이 된 사람들입니다.

사도 바울은 '그리스도의 일꾼'이라고 말하고 있습니다. 그리스도의 일꾼은 신앙고백에 근거하고 있습니다. 거저 은혜를 받았고, 공로 없이 받았고, '나 같은 죄인 살리신 그 은혜 고마워 나는 주님의 종이 되겠습니다.' 하는 것입니다. 거기에서 그는 그리스도의 일꾼이 되었던 것입니다.

일꾼은 삯꾼과 다릅니다. 일꾼은 주인을 위해서 일하는 사람이고 삯꾼은 자기를 위해서 일하는 사람입니다. 일꾼은 주인이 원하여 일하는 사람이고 삯꾼은 자기 욕구에 따라서 일하는 사람입니다. 일꾼은 주인을 위해서 일하고 주인을 위해서 죽는 사람이고 삯꾼은 자기를 위해서 일하고 자기를 위해서 죽는 사람입니다.
우리가 찬양을 해도 "나는 그리스도의 일꾼이다." 이 생각을 갖고 해야 합니다. 직장에 가서 일하면서도 "나는 그리스도의 일꾼으로 일할 뿐이다." 그 심정을 지녀야 됩니다.

사명자가 하는 일은 세상들이 하는 일과 다릅니다. 세상 사람들의 판단에 좌우되지 않습니다. 사명자는 다른 사람이 열심히 하니까 나도 열심히 하고 다른 사람이 하지 않으니까 나도 그만 둔다 그런 사람들이 아닙니다. 오직 주님만 바라보면서, 주님의 뜻을 헤아리면서 주님이 원하시는 대로 그 마음에 감동을 받고 일하는 사람들입니다.

사도 바울은 "너희에게나 다른 사람에게나 판단 받는 것이 내게는 매우 작은 일이라"(고전 4:3)고 했습니다. 남이 뭐라고 하든 상관하지 않는다는 것입니다. 주님께서 나를 인정하고 주님께서 나에게 대한 기대가 큰 것이 중요하지 사람들이 나에게 뭐라고 말하느냐는 중요하지 않다는 것입니다.

사람들을 일반적으로 세 번 태어난다고 말합니다. 첫 번째는 부모로부터 태어나고 두 번째는 정신적으로 태어난다고 말합니다. 정신적으로 새로운 깨달음이 있을 때 두 번 태어난다고 말합니다. 이것을 일반적으로는 철들었다고 말하고 그리스도인들은 영적으로 거듭났다고 말합니다. 하나님의 자녀로 태어날 때 두 번 태어납니다. 세 번째 태어나는 것이 있는데 이것은 자기 할 일을 깨닫는 사명을 받는 것입니다. 일반적으로 두 번까지 태어난 사람은 많습니다. 그러나 "내가 하나님을 위해서 이 사명을 받았다." 이런 숭고한 정신을 갖는 사람은 많지 않습니다.

2. 하나님의 비밀을 맡은 일꾼은 최후에 웃는 사람입니다.

"내가 마땅히 그리스도의 일꾼이요 하나님의 비밀을 맡은 자다." 이것이 두 번째 칭찬받는 원리입니다. 하나님의 비밀을 맡은 자는 반드시 그 사명에 대하여 마음속에 사랑하는 마음을 가진 자입니다.

하나님의 비밀이 뭡니까? 그리스도입니다. 하나님의 비밀은 그리스도요, 그리스도의 복음이요, 십자가의 죽음과 부활입니다.

오늘날 이 비밀은 다 공개되었지만 지난 날 예수님이 오실 때까지, 오신 그때도 이것은 비밀이었습니다.

구약에서 이 복음의 비밀을 알았던 사람들을 우리는 성경에서 볼 수 있습니다. 아벨은 이 비밀을 알았습니다. 그래서 그 비밀을 맡은 자로서 죽었습니다. 노아는 이 비밀을 알았습니다. 그래서 그 비밀을 맡은 자로서 재산을 다 팔고 일생동안 방주를 만드는데 그의 생을 바쳤습니다. 아브라함은 하나님의 비밀을 알았습니다. 이 비밀을 맡은 자로서 본토를 떠났습니다. 자식을 재물로 드렸습니다. 모세는 이 비밀을 알았기에 이 비밀을 맡은 자로서 애굽을 떠났으며 애굽의 모든 보화를 버렸고 그는 자기 백성들과 함께 고난 받기를 잠시 죄악의 낙을 누리는 것보다 더 좋아했다고 했습니다. 다니엘은 이 비밀을 알았기에 사자굴에 들어가는 것도 두려워하지 않았습니다. 이 비밀을 안 룻은 모압을 버리고 기대할 것도 없고 미래에 아무런 희망도 없는 시어머니를 따라서 그의 생을 이어갔습니다. 이것이 바로 비밀을 아는 자요, 맡은 자들의 모습입니다.
　십자가에 죽는 예수를 아는 것과 십자가의 죽음의 비밀을 자기가 맡은 자, 이것이 바로 위대한 일꾼 되는 비밀이요, 칭찬의 비밀이었습니다.

　구약에서는 이 비밀을 맡은 자들이 소수였습니다. 예수님 당시도 예수님의 뒤를 따르는 자가 많았으나 이 비밀을 맡은 자는 소수였습니다. 이 비밀을 맡은 자는 제자들도 아니었습니다. 제자들 중에도 예수님의 십자가의 죽음과 부활을 들었으나 그 비밀을 맡은 자는 얼마 되지 않았습니다.

　마리아는 이 비밀을 알았습니다. 제자들은 예수님께서 "내가 십자가에 죽고 부활한다"는 말을 듣기는 했지만 알지를 못했습니다. 그러나 마리아는 이 말을 듣고 옥합을 깨뜨려 예수님 머리에 부었습니다. 예수님께서 말씀하십니다. "저가 나에게 좋은 일을 했다." 하나님의 비밀을 알고 맡았다는 것입니다.
　비밀을 많이 가지고 있는 자가 누구인지 아십니까 사랑하는 자입니다. 사랑하는 사람끼리는 비밀을 많이 가지고 있습니다. 이 나라를 움직이는 비밀을 가지고 있는 사람이 누구인지 아십니까? 대통령과 대통령이 사랑하는 사람들이 가지고 있습니다.

　넓은 차원에서 이 세계를 움직이는 큰 비밀을 가진 사람들이 누구인지 아십니까? 역사를 움직이는 통치자들이 아닙니다. 이 교회를 움직이는 사람이 누구인지 아십니까? 목사나, 장로나, 권사나, 직분 가진 자들이 교회를 움직이는 것 같지요? 아닙니다. 이 교회를 움직이는 하나님의 비밀을 맡은 자가 있습니다. 자기 몸으로 주님의 비밀을 맡아서 살리려고 하는 사람들입니다. 그 사람들이 교회를 움직이고 역사를 움직이는 핵입니다.

하나님의 비밀을 맡은 자가 누구입니까? 여러분 가운데 있습니다. 비밀을 듣기는 합니다. 십자가의 죽음과 부활을 듣습니다. 그런데 비밀을 맡지 못합니다. 왜 그렇습니까? 그리스도와 함께 하지 않기 때문입니다. 그리스도와 함께 한다는 말은 입으로 함께 하는 것이 아닙니다. 그리스도의 죽음과 부활에 함께 해야 합니다.

3. 충성스러운 일꾼이 최후에 웃는 사람입니다.

이 비밀을 맡은 자에게 나타나는 놀라운 사실이 뭡니까? 충성입니다. 충성은 몸으로 움직이는 것이 아닙니다. 그리스도와 함께 죽고 그리스도와 함께 사는 자에게 나타나는 그리스도의 사랑의 동력입니다.

"맡은 자에게 구할 것은" 구한다는 말은 얻는다는 말이 아니고 발견한다는 말입니다. 맡은 자가 발견할 수 있는 것이 충성입니다. 그래서 동력은 하나님의 사랑을 맡은 자입니다. 여기에 발견되고 있는 것이 충성입니다. 충성은 그 원어의 뜻이 '진실'이라는 말입니다. 한결같은 진실입니다. 처음과 나중이 같다는 것입니다. 충성스러운 일꾼은 일관되게 전진합니다. 무슨 일이 있어도 끝까지 합니다.

일본 동경에 유명한 선교사가 하나 있었습니다. 미국의 스탠다드 석유 회사에서 극동 담당 대리자를 선정하는데 이 선교사가 유창하게 영어도 잘하고 꼭 적임자인지라 사람을 보냈습니다. "당신이 여기 선교사로 와 있는데 우리가 연봉 10만불을 줄테니 우리 극동 담당 대리인을 맡아주시오." 선교사는 거절했습니다. 20만불로 올렸습니다. 그래도 거절했습니다. 30만불, 40만불, 나중에는 50만불까지 올렸습니다. 그래도 거절했습니다. "그렇게 많은 연봉을 준다는데도 왜 거절합니까? 더 올려드리면 가시겠습니까?" 선교사는 한마디로 거절했습니다. "당신들이 나에게 주려고 하는 연봉은 5만불도 많소. 그러나 내가 이것을 거절하는 것은 그

하는 일이 너무 작기 때문이오. 나는 극동 석유 담당 대리인으로 살 수 없는 사람이오. 나는 하나님의 비밀을 맡은 자요. 나는 그리스도의 일꾼이오. 그래서 이것을 못하는거요. 미안하오."

여러분들이 하고 있는 일이 뭡니까? 무슨 일을 하든지 상관이 없습니다. 그러나 분명히 한가지 사실을 기억해야 됩니다. "나는 그리스도의 일꾼이다. 하나님의 비밀을 맡은 자다." 그리고 여기에서 나오는 충성이 있어야 됩니다.

해가 거듭될수록 헌신된 일꾼 찾기가 참 힘듭니다. 매 해 연말이 되면 주일학교 교사 찾는 광고, 성가대원 모집 광고, 차량 안내자 모집 광고를 내지만 자진해서 일하겠다는 사람은 별로 없습니다.

미국의 지미 카터 대통령은 주일학교 선생이었습니다. 그는 대통령으로 당선된 후에도 여전히 교회에서 예배를 드렸고 주일학교 교사를 했습니다. 대통령 임기를 마치고 나서도 그는 다시 교회로 돌아가서 주일학교 교사를 했습니다. 왜? 사람을 가르치고 세우는 것보다 더 큰 일이 없다는 것을 깨달았기 때문입니다.

오현우씨가 최근에 「한국이 미국에 당할 수밖에 없는 이유」라는 책을 썼습니다. 그는 원래 반미주의자요, 미국의 나쁜 것과 제국주의 국가가 약소국가를 착취하는 나쁜 것만 골라서 책을 4권이나 낸 사람입니다. 그런데도 그는 미국의 약점을 더 많이 알기 위해서 유학을 갔습니다. 그는 미국에서 8년동안 공부하면서 신기한 것을 발견했습니다. 소련도 망했고, 사회주의는 다 망했고, 동유럽도 비틀거리고 있고, 일본도 시들거리고 있는데 미국은 전혀 망하지 않는다는 사실을 알았습니다. 도대체 미국은 왜 망하지 않는가를 그가 8년동안 연구하고 쓴 책이 바로 이 책인데 그는 마지막 결론을 이렇게 내리고 있습니다.

"미국은 Volunteer 정신이 있기 때문에 망하지 않는다."

'Voluntee'는 자원봉사 정신을 말합니다. 자원 봉사가 미국을 살리고 있다는 것을 그가 발견한 것입니다. 형편이 어렵거나 가난하거나 상관이 없습니다. 1년에 4천만명이 미국의 자원자입니다. 3억 인구를 계산한다면 7분의 1이 자원자입니다. 미국의 청소년은 중고등학교 다닐 때부터 자원 봉사 성적이 낮으면 대학에 못갑니다. 아무리 공부를 잘했어도 자원봉사 성적이 나쁘면 대학에 못갑니다. 이렇게 훈련을 쌓았기에 저들은 공부를 해도, 연구를 해도, 무엇을 하든지 봉사하는 마음이 밑에 깔려있습니다.

우리는 돈 받는 일이라면 눈이 커지는데 자원봉사 하자고 하면 자라 목 들어가듯이 뒤로 쏙 빠집니다. 충성스러운 일꾼은 다른 것이 아닙니다. 자원자입니다. 자원에서만 충성이 나오는 것입니다.

어떤 분이 스코틀랜드에 있는 에딘버러에 갔는데 한 곳에 관광객들이 줄을 서 있습니다. "무엇 때문에 이렇게 줄을 서 있습니까?"라고 물었더니 개 무덤을 보려고 서 있다는 것입니다. 그도 무슨 무덤인가 하고 줄을 서서 기다렸다가 봤습니다. 주인의 무덤 옆에 개 무덤이 있었습니다. 사연인즉은 주인이 죽었습니다. 주인이 죽자 개가 비가 오나 눈이 오나 무덤 앞에서 무릎을 꿇고 앉아 있는 것입니다. 사람들이 와서 아무리 끌고 가도 또 다시 거기에 와서 앉아 있습니다. 그래서 하는 수 없이 사람들이 밥을 갖다 주면 먹고 안그러면 굶고 했는데 그러다가 결국은 죽었습니다. 그러자 마을 사람들이 주인 무덤 옆에 개를 묻어주고 그 무덤에 비석을 세워주었습니다. "충성스러운 종 주인 곁에 잠들다."

주님께서 각 사람들에게 구원을 주신 것은 하나님의 선물입니다. 우리는 은혜를 받았으니 마땅히 은혜를 보답해야 합니다. 나는 그리스도의 일꾼이요, 그의 비밀을 맡은 자요, 맡은 자에게 구할 것은 충성입니다.

여러분이 가진 재능이 뭡니까? 여러분의 가진 것이 무엇입니까 그것으로 하나님의 일을 하십시오. "네 가진 것으로 주님의 일꾼이 되라"고 말씀하십니다.

오늘 은퇴하시는 김목사님은 최후에 칭찬을 바라보며 최후에 웃는 사람이 되셨습니다.
부부생활도 몇 해 지나지 않아 권태가 있고, 처음에는 신선해 보이던 것들도 시간이 흐름에 따라 짜증스럽게 여겨집니다. 그러한 모든 것을 극복하고 한 곳에서 오랜 세월 영적 지도자의 생활을 할 수 있는 것은 보통 일이 아닙니다. 끝없는 말씀 묵상과 경건이 있었기에 대부분 같은 성도들을 대상으로 오랫동안 말씀선포할 수 있었을 터이니 존경받아 마땅하십니다. 긴 기간동안 이 교회에서 양들을 돌보시고 이제 원로목사님으로 추대받게 된 것은 최후에 웃는 사람에게 주시는 상급이요, 칭찬입니다.

무릎 꿇고 있는 나무
(마가복음 4:30~32)

미국 서부지역에 남북을 가로지르는 산맥이 로키산맥입니다. 그 곳 해발 3천 미터 높이에 "수목 한계선"이라는 지대가 있습니다. 이 곳에 있는 나무들은 하나같이 반듯하게 자라지 못하고, 마치 사람이 무릎을 꿇고 앉아 있는 것같은 모습을 하고 있습니다. 이유는 일년 내내 불어오는 고지대의 "매서운 바람" 때문이랍니다.

이 곳의 나무들은 생존을 위해 매서운 바람을 참을 수 밖에 없습니다. 엄청난 인내심을 가지고, 생존의 고통을 나뭇결 안으로 품으면서 그렇게 수

십 년, 수백 년을 견딥니다. 그렇게 오랜 세월 바람을 안고 보낸 사이에 나무들은 휘어지고, 재질도 억세어져서 아무짝에도 못쓰는 나무가 되었답니다. 그곳을 지나 다니는 사람은 많지만 누구도 주목하지 않았습니다.

그런데 놀라운 사실이 알려졌습니다. 세계적으로 가장 공명이 잘되는 명품 바이올린이 바로 이 "무릎 꿇고 있는 나무"로 만들어진다고 합니다. 너무 휘고, 재질도 사나워서 아무짝에도 쓸모 없는 나무가 아닙니까? 그러나 이유는 이렇습니다.

무릎 꿇고 있는 나무는 오랜 세월 강풍을 견디며, 생존의 고통을 인내하면서 외부의 거친 요구를 거부하지 않고 자연스럽게 받아들입니다. 그러는 사이 바깥 세계와 함께 울어주는 특별한 재질로 바뀌었습니다.

강풍의 칼날같은 회초리를 맞으면서도, 고난의 울음소리를 행복의 노래로 즐길줄 아는 나무가 되었기 때문입니다.

매서운 바람이 부는 삶의 악조건이 오히려 그 나무들을 명품 바이올린 재목으로 바꾸어 버린 것입니다.

그리스도인의 삶도 그렇습니다. 아름다운 영혼을 갖고 인생의 절묘한 선율을 내는 사람은 아무런 고난 없이 좋은 조건에서 살아온 사람이 아닙니다.

온갖 역경과 아픔을 겪어온 사람입니다. 무릎 꿇고 고난의 노래를 부르는 사람입니다. 무릎을 꿇고 오랜 아픔의 세월을 견뎌 내면서 하늘을 바라보며 기다린 사람들입니다. 그렇게 무릎을 꿇고 모든 것을 다 품을 수 있는 사람으로 바뀌어갑니다.

"세상에서 가장 불행한 사람"이라고 낙인찍힌 사람이 있었습니다. 그의 어머니는 사생아로 태어나서 시골에서 늘 손가락질 당하며 자랐습니다. 그래서 이 남자는 늘 어머니에 대한 나쁜 소문에 시달리며 성장했습니다. "쟤는 사생아의 자식이야"

그러다 그 어머니마저도 돌아가시게 되었고, 그가 네 살 때에는 동생을, 여덟 살 때에는 가장 사랑했던 여동생의 죽음을 지켜보아야 했습니다.
이 남자가 결혼하여 하니문을 즐길 겨를도 없이 아내는 거의 정신이상자였는데, 그가 낳은 두 아들은 그 남자의 품안에서 쓸쓸하게 죽었습니다. 그는 정말 세상에서 가장 불행한 사람이었습니다.

그가 정치에 꿈을 안고 각종 선거에 입후보했지만 낙선의 고배만 마셨습니다. 그의 인생은 온통 실패의 연속이었습니다. 온통 불행과 슬픔뿐이었습니다. 계속되는 삶의 불행과 고통 때문에 그는 주변의 모든 사람들이 싫어하는 쓸모없는 사람이 되었습니다.

그러나 이 남자는 오랜 고난과 슬픔의 세월을 통해 점점 "무릎 꿇고 있는 나무"가 되어 갔습니다. 사람들이 말하는 수많은 불행과 아픔을 통해, 생명의 소중함과 인간의 존엄성을 누구보다 처절하게 깨달았습니다.
그 남자가 누구인지 아십니까? 가장 처참한 노예제도를 폐지하여 노예해방의 기수가 된 미국의 16대 대통령 아브라함 링컨입니다. 그는 항상 백성들을 향해 이렇게 말했습니다. "나는 노예가 되고 싶지 않다. 또한 주인이 되고 싶지도 않다. 인간은 누구나 평등한 존재이다"
그는 고난과 아픔을 인생의 귀중한 자산으로 삼아 가장 존경 받는 지도자, 정치가 로 손꼽히고 있습니다.

쓸모없이 보이는 아까시아 꽃에서 딴 꿀이 더 달고 향기롭고, 따가운 햇볕이 과일의 단맛을 내게 하듯이 고난은 인생의 단 맛을 만들어 냅니다. "못 난 나무가 산을 지킨다"고 하지 않습니까?

우리는 지금 사순절을 지내면서 예수님의 십자가 고난을 묵상합니다. "하나님의 아들이 십자가의 길을 갈 필요가 있었을까? 절대 권능을 가지신 분이 그 참혹한 십자가의 참형을 받을 필요가 있었을까? 기독교가 고통과 고난을 즐기는 마조히즘(masochism)을 가르치는 것은 아닐텐데……".

기독교가 고통을 즐기는 종교가 아니지 않습니까? 그렇다면 아무런 고통 없이 말씀 한 마디로, 수월하게 백성을 구원할 수 있었지 않았을까요?

마가복음의 겨자씨 비유는 이런 의문스런 질문을 다루고 있습니다. 왜 하나님 나라는 "겨자씨 같이" 그렇게 보잘것 없는 작고 초라한 모습으로 와야 하는가?

우리는 이미 예수 그리스도의 죽으심과 부활로 천국을 소유하고 삽니다. 천국 잔치 자리에 초대 받은 것이 우리들인데 무슨 이유로 여전히 삶의 고통에 방치된 듯 살아야만 할까요?

인간의 타락으로 인한 세상에 만연된 죄와 불의 때문이라는, 고난의 이유에 대한 대답으로는 무의미해 보입니다. 우리는 하나님의 자녀임에도 끊임 없는 경제적 고통, 사회적 혼란을 피할 수 없어 보입니다. 그래서 사람들은 고통의 늪에 더 깊이 빠져 들어 가면서 계속 좌절하고 포기합니다. 매일 접하는 뉴스들은 우리를 더욱 우울하게 만드는 것 뿐입니다.

하나님의 자녀임에도 세상을 사는 동안 수많은 고난을 피할 수 없다면, 우리는 어떻게 해야 합니까?

1. 무릎 꿇는 나무가 되어 기다려야 합니다.

본문의 겨자씨 비유는 기독교에 대한 로마 황제들의 박해 때문에, 신앙 생활의 지속적인 악조건 속에 처한 성도들을 대상으로 하고 있습니다. 황제들의 위협과 유혹은 날로 커지지만, 제자들의 모습은 너무나 작은 겨자씨처럼 별로 신통치 않아 보입니다. 복음운동 역시 너무 초라해 보였기 때문에, 당시 성도들은 낙심과 좌절에 빠져 있었습니다. 겨자씨 같은 삶은 영광의 십자가가 아니라 고통스런 십자가를 붙들고 사는 성도들의 모습입니다.

그래서 예수님은 겨자씨 비유를 통해, 계속되는 고통 속에서도 믿음을 포기하지 말고 끝까지 인내하라고 위로하십니다. 왜냐하면 작고 보잘것 없는 겨자씨에는 십자가 안에서 자라가는 하나님 나라가 들어 있기 때문입니다. 엄청난 변화가 반드시 있을 것이기 때문입니다. 이 믿음이 여러분의 것이 되시기를 빕니다.

마가복음은 1차 로마인들에게 주신 복음입니다. 죄수의 신분으로 바울의 심령성전에 감추어 들여간 복음의 비밀은 싹조차 기댈 것 없었던 나약한 겨자씨 같았습니다. 그러나 놀라운 사실은 박토인 로마 땅에 심어져 로마인들이 깃드는 큰나무가 되지 않았습니까?

비유를 듣던 예수님 당시의 청중들과 마찬가지로 우리 역시 고통스런 삶의 여건 속에서 신앙이 흔들리지 않습니까? 지속적인 경제의 어려움과 생활의 고통으로 신앙을 점점 잃어가고 있지 않습니까? 친구들을 점점 잃고 있지 않습니까? 우리의 모습을 보면 우리들이 가지고 있는 고통과 두려움은 심각한 수준에 이르고 있습니다.

마치 큰 광풍이 두려워 "선생님이여, 우리의 죽게된 것을 돌아보지 아니하시나이까?"(38절)라고 절규하던 제자들의 모습과 같습니다. 광풍속의 제자들처럼, 우리에게도 삶의 두려움이 파도처럼 몰려오고 있습니다.

그러나 그런 두려움이 광풍처럼 몰려올 때 그런 속에서도 우리는 무릎 꿇고 있는 나무가 되어야 합니다. 도저히 탈출구가 보이지 않는 어려움 속에서도 우리는 무릎 꿇고 있는 나무가 되어야 합니다. 도저히 감당할 수 없는 억울함과 상처 속에서도 우리는 무릎을 꿇는 나무가 되어야 합니다. "왜 하필 나에게 이런 십자가가 생겼는가?"하는 끝없는 회의감 속에서도 우리는 무릎 꿇고 있는 나무가 되어야 합니다.

현재의 고통과 현실은 하나님의 신비한 능력을 맛보기에는 은밀한 안개 속에 감춰져 있는 것 같습니다. 기대하는 미래는 여전히 불투명하고 멀게만 느껴집니다. 그렇다고 흔들리거나 배교의 자리에 빠지면 안됩니다. 신앙을 잃고 뒤로 물러나서는 안됩니다. 두려워 말고 끝까지 기다려야 합니다. 예수님은 풍랑을 만나 무서워하는 제자들에게 "어찌하여 무서워 하느냐. 너희가 어찌하여 믿음이 없느냐?"라고 꾸짖으십니다.

서양사람들의 식탁에는 항상 포도주가 있습니다. 적포도주가 심장을 보호해준다는 연구 발표가 있은 후로 적포도주를 선호합니다. 특히 프랑스는 고품질의 적포도주를 생산하기로 유명합니다. 프랑스에서 적포도주를 생산해 내는 비결이 무엇일까요?

첫째 비결은 포도나무 품종을 고르는 것입니다. 그러나 더욱 중요한 비결은 그 포도나무를 어디에 심느냐에 달렸습니다. 특히 포도나무가 잘자라는 토양이 고품질 포도주를 만드는 결정적인 요인이 된다고 합니다. 세계적으로 유명한 포도주를 생산하는 프랑스의 한 마을에서는 포도나무를 일부러 옥토가 아닌 척박한 땅에 심는다고 합니다. 옥토에 심어도 될까 말까 하는데, 왜 일부러 박토에다 심을까요? 옥토에 심겨진 포도나무는 쉽게 열매를 맺지만, 오염된 지표수를 흡수해서 양질의 열매를 기대할 수 없다는 것입니다.

그러나 척박한 땅에 심겨진 포도나무는 열매를 맺기까지 시간은 오래 걸리지만, 땅 속 깊이 뿌리를 내리며, 자라 최상품의 열매를 맺는다고 합니다. 포도나무가 자라기 힘들고 어려운 땅이 오히려 더 좋은 포도를 생산해 낸다는 것입니다.

이는 고난의 삶의 사는 성도들에게 고난의 유익이 어떠함을 잘 말해 줍니다. 고난 속에서도 끝까지 무릎을 꿇고 있는 나무로 인내한 성도는 쉽게 인생을 살아온 사람들과 비교할 수 없는, 아름다운 고품질의 열매를 맺게 됩니다.

고난을 즐길 수는 없겠지만, 고통 속에서도 끝까지 기다리면서 고품질의 포도를 생산해 내고, 명품 바이올린을 만드는 목재가 되어야 하지 않겠습니까? 그것이 이해할 수 없는 고난을 허락하시는 하나님의 목적입니다. 그리고 하나님 나라를 아주 작은 겨자씨에 담아서 보내신 이유입니다. 하나님이 허락한 고난은 뜻 없는 고난일 수 없습니다. 최후 승리를 이룰 때까지 인내하여 무릎을 꿇는 나무들이 되십시요.

2. 무릎 꿇는 나무가 되어 끝까지 주님을 바라보아야 합니다.

하나님 나라는 공중의 새와 같은 우리 인생들에게 그늘을 제공하는 영원한 보호처입니다. 본문은 풍랑을 무서워 하는 제자들의 모습가 풍랑을 잔잔케 하시는 예수님의 권위를 연결시키면서(4:35-41), 권능의 주님을 의지하도록 권면하는 목적을 가지고 있습니다. 즉 그분을 믿으라는 촉구입니다. 그분을 바라보라는 말씀입니다.

우리가 주목해야 할 점은, 제자들이 풍랑이 잔잔케 된 이후 에야, 바람과 바다라도 순종하는 능력의 주님(41절)인 줄 알고 놀랐습니다. 이런 현상은 예수님이 죽은 야이로의 딸을 살리시는 사건(5:21-43)과 열두 해를 혈루증 앓던 여인을 회복시키시는 사건(5:25-34)을 통해서 거듭 강조됩니다.

특히 혈루증 앓던 여인은 예수님의 옷자락에라도 손을 대면 낫는다는 참으로 위대한 믿음을 소유하였습니다(34절). 그 여인도 삶의 아픔과 오랜 상처 속에서 무릎 꿇고 있는 나무가 되었던 것입니다. 예수님은 그 여인의 믿음을 극찬하였습니다. 이러한 믿음이 바로 예수님의 제자들에게 그리고 로마 네로 황제의 박해 속에 처해 있는 성도들에게 요구되는 믿음이었습니다. 또한 고통의 시대를 살고 있는 우리에게 요구되는 믿음이기도 합니다.

무릎 꿇고 있는 나무는 스스로 포기하는 성도가 아닙니다. 무릎 꿇고 있는 나무는 소망이 있기 때문입니다. 무릎 꿇고 있는 나무는 주님에 대한 신뢰가 있습니다. 무릎 꿇고 있는 나무는 주님이 나를 사랑하고 있음을 믿는 믿음이 있습니다. 이 믿음이 저와 여러분의 믿음이 되기를 바랍니다.

풍랑을 보고 무서워할 것이 아니라, 혈루증을 앓고 있다고 낙심하고 좌절할 것이 아니라, 전능자가 배 안에 와 계시고 옆에 계신 것을 볼 줄 알아야 합니다. 넘어지고 쓰러질 수 밖에 없는 형편이라 할 지라도, 우리 곁에 계시는 전능하신 주님을 바라보고 의지해야 합니다. 풍랑을 잔잔케 하고, 혈루증을 고치시고, 거라사 광인을 회복시키시는 전능하신 주님을 바라보아야 합니다. 지금 현실적으로 그런 능력을 아직은 실감하고 있지 못해도 영원한 보호자 되시는 주님을 의지하고 바라보아야 합니다.

그래서 사도 베드로는 "하나님의 뜻대로 고난을 받는 자들은 선을 행하는 가운데 그 영혼을 신실하신 조물주께 다 맡겨 버리라"(벧전 4:19)고 권면하였습니다. "맡겨 버리라"는 말의 뜻은 던져 버리라는 것입니다.

모든 것을 모두 이해 할 수 없을지라도 신실하신 주님을 바라보면서 자기를 던져버리라는 것입니다. 고난 속에서 우리는 전능하신 하나님께 자기 영혼을 던져 버려야 합니다. 그분은 창조주 하나님이시기 때문입니다. 고난 속에서 무릎 꿇고 있는 나무가 되어, 전적으로 그분께 여러분을 맡기십시오.

마가복음의 겨자씨 비유는, 우리의 현재와 미래의 차이가 크다는 점을 강조하고 있습니다. 작은 씨앗에서 어떻게 큰 나무가 자라날 수 있는지, 그 미래의 결과는 사람들의 상상을 뛰어 넘습니다.

"현재의 고난은 장차 우리에게 나타날 영광과 족히 비교할 수 없도다"(롬 8:18). 인생의 고난은 하나님께 나아가도록 하는 수단입니다. 지속되는 고난 속에서도 나를 향하신 하나님의 뜻이 충분히 확장되고 성숙할 때까지, 끝까지 인내하는 믿음을 가집시다. 그리고 어려움과 고통 속에서도 우리와 늘 함께 하시는 그분을 바라보면서, 전능하신 주님을 믿고 나아갑시다. 명륜 바이올린은 삶의 고난 속에서도 무릎을 꿇고 있는 나무에서 만들어집니다.

무엇을 가지고 가려나?
(디모데전서 6:7~12)

헌 책방을 기웃거리다가 서가에 꽂힌 "여보게 저승 갈 때 뭘 가지고 가지"(고려원 간)라는 제목에 이끌려 구입했다. 이 책이 베스트 셀러였다니? 시대적인 상황을 반영해서 일까? 아니면 저승이라는 곳, 저 나라, 저 세상을 관조한 이유에서일까? 사람은 이 땅에 살면서도 此岸을 떠나서 彼岸의 세계를 동경하고 바라보는 것이 본유의 감정일 것이다.

이 책을 읽으면서 사도 바울이 믿음의 아들 디모데에게 보낸 편지 디모데전서 6:7~12를 묵상하게 되었다. "우리가 세상에 아무 것도 가지고 온 것이 없으매 또한 아무 것도 가지고 가지 못하리니 우리가 먹을 것과 입을 것이 있은 즉, 족한 줄로 알라" 사도 바울의 경제신학에 세 가지 의미가 함축되어 있다.

인간은 본래 가지고 온 것이 없다는 것이고, 그래서 인간은 아무 것도 가지고 가지 못한다는 것이며, 그럼에도 불구하고 인간은 가진 것이 있다는 것이다.

인간이 가지고 온 것이 없으므로 가지고 갈 것이 없다고 생각하고 사는 사람은 지혜로운 사람이다. 인간은 철저하게 무자본자이기 때문이다. 그런데도 지니고 있다고 영원히 가지고 갈 것처럼 살아가는 사람들이 많다. 내 생의 끝날에 내가 가지고 갈 수 있는 것이 무엇일까? 우리가 가진 모든 것, 심지어 자신의 몸마저도 주인은 내가 아니다. 하나님이 주인이요, 우리는 위임받은 청지기이다. "하나님이 내게 주신 모든 것이 하나님의 것이다"라는 전제가 기독인의 삶의 철학이어야 하지 않을까!

그럼에도 불구하고 우리가 가지고 갈 수 있는 것이 있다. 소외된 이웃의 고통에 동참 할 때에 그것만은 가지고 간다.

한 부자 청년이 예수님께 와서 "내가 어떤 선한 일을 해야 영생을 얻겠습니까?"라고 묻자 예수님은 "계명들을 지키라"(마가복음 10:17~22)고 말씀하셨다. 청년은 "그런 계명은 제가 어려서부터 다 지켰습니다."라고 대답했다. 그러자 예수님은 "네가 해야 할 일이 하나 있다. 네게 있는 것을 다 팔아서 가난한 자에게 나누어주고 그리고 와서 나를 좇으라"(筆者私譯)라고 하셨다.

여기에 도전적인 메시지가 있다. 네게 있는 것 가지고 더불어 사는 게 있느냐? 네가 부자요, 관원이요, 청년이요, 소위 종교가라고 하면서 네가 가진 것을 얼마나 나누며 산 적이 있느냐? 얼마나 다른 사람을 도와준 적이 있느냐? 얼마나 가난한 이웃과 더불어 산 적이 있느냐? 살아 있다는 현존은 곧 소명이다. 하나님이 나를 실존케 함은 하나님의 부르심인 것이다.

이웃과 더불어 나누는 삶, 함께 하는 삶은 영원히 없어지지 않는다.

주님께서는 "내가 주릴 때에 네가 먹을 것을 주었고, 내가 목마를 때에 네가 마실 물을 주었다."고 하셨다. 이에 대하여 "주여 내가 언제 주님께 마실 물을 드렸으며, 내가 언제 주님이 잡수실 음식을 드렸습니까?"라고 물었을 때에 "한 소자에게 행한 것이 곧 내게 한 것이라"고 주님은 대답하셨다. 그러기에 우리의 삶은 청지기의 삶이요, 더불어 사는 것이며, 나누는 삶은 영원히 없어지지 않고 하나님 앞에 가지고 갈 수 있는 것이다. 이것이 우리 모두가 행하고 살아야 할 "하나님 앞에서 영원히 사는 Coram Deo의 삶"이다. "神前意識의 삶"인 것이다.

기독교는 관념의 종교가 아니다. 사랑으로 실천하여 살리는 삶이 기독교이다. 언약의 "그 사람의 아들"로 오신 예수님은 인류구속의 완성을 위하여 죽음으로 하나님사랑의 극치를 보여주셨다. 예수님의 지상사역 중 1/3이 사랑의 봉사사역이었다.

Richard Bondi는 "Leading Gods People"이라는 그의 저서에서 구원사역이란 하나님 사랑과 이웃사랑을 실천하는 행위라고 했다. 그리스도인의 삶은 하나님 사랑의 현현이 이웃사랑으로 드러나야 한다. 신앙의 파트너는 디아코니아인 것이다.

"무엇을 가지고 가려나?" 우리의 생의 종말이 오고 말 터인데 무엇을 가지고 갈까?

우리는 가지고 온 것이 없다. 그러나 가진 것이 있다. 가지고 갈 것이 있다. 더불어 산 것(봉사의 삶)을 가지고 갈 수 있다. 이것이 예수 그리스도의 정신이다.

무엇을 가지고 가려나?
〈인천 사랑의 장기기증 운동본부 예배설교〉
(디모데전서 6:7~12, 빌립보서 1:6~8)

오래 전부터 베스트 셀러인 석용산 스님이 쓰신 수필집(고려원 간)을 보았습니다. 책이름은 "여보게 저승 갈 때 뭘 가지고 가지?"인데 많은 교훈을 주고 있습니다.

"여보게 저승 갈 때 뭘 가지고 가지?"라는 책이 왜 그렇게 많이 팔릴까 하고 생각을 해보았습니다. 스님이 쓰셔서 그럴까? 아니면 시대적인 상황을 반영하여서 그럴까? 아마 그런 것 같습니다. 요즈음 돈을 너무 사랑하여 부정축재하고 투기해서 이런 것들이 사회악으로 드러나는 현실 속에서 "뭘 가지고 갈 거냐?"하는 것은 이 시대를 노출시키는 제목이 아닌가 하고 생각을 해보았습니다. 저자는 "다 베어 버려라. 부처까지 버려라" 그런 말까지 서슴없이 대담하게 내뱉고 있습니다.

또 한가지 느낀 것은 모든 사람은 종교를 초월하여 저승이라는 곳, 저 나라, 저 세상의 관심은 다 가지고 있구나! 모두 죽음을 염두에 두고 있구나! 하는 것이었습니다. 그렇기 때문에 "저승 갈 때 뭘 가지고 가지?"라는 제목에 매료되지 않았나 하고 생각해 봅니다.

사람은 이 역사 속에, 이 땅에 살면서도 이 땅을 떠나서 다른 세계를 동경하고 바라보는 것이 본유의 감정이라고 생각하면서 읽어보았습니다.

저는 이 책을 읽으면서 사도 바울의 동역자요, 아들같이 사랑하던 디모데에게 보낸 편지 디모데전서 6:3~11을 묵상하게 되었습니다. 특히 7~8절을 보면 "우리가 세상에 아무 것도 가지고 온 것이 없으매 또한 아무 것도 가지고 가지 못하리니 우리가 먹을 것과 입을 것이 있은 즉 족한 줄로 알라"고 하였습니다.

디모데에게 주신 본문의 말씀은 바울의 경제론이자 그의 생활신조였다고 볼 수 있습니다. 7-8절 속에는 세 가지 함축된 의미가 있다고 봅니다.

첫째, 인간은 본래 가지고 온 것이 없다는 것이고, 둘째, 그래서 인간은 아무 것도 가지고 가지 못한다는 것이며, 셋째, 그럼에도 불구하고 인간은 가진 것이 있다고 하는 것이라고, 내용을 압축하여 볼 수가 있습니다.

인간이 가지고 온 것이 없으므로 가지고 갈 것이 없다고 생각하고 사는 사람은 지혜로운 사람입니다. 인간은 철저하게 무자본자인 것입니다. 그런데도 이 땅에 와서 살다가 자기가 노력해서 성취하는 것이지만, 지니고 있다고 영원히 가지고 갈 것처럼 살아가는 사람들도 많이 발견하게 됩니다. 그러나 사도 바울은 우리가 무엇을 가졌든지 아무 것도 가지고 가지 못한다고 분명히 밝히고 있습니다.

우리가 현재 가진 것이 무엇입니까? 내 생이 끝날 종말에 내가 가지고 갈 수 있다고 생각하십니까? 조용히 자문자답 해 보시기 바랍니다.

성경이 우리에게 가르쳐 주시는 말씀은 "인간은 공수래 공수거라는 것입니다" 그러나 반면에 "우리가 가진 것이 있다는 것입니다" 또한 "가지고 갈 수 있는 방법과 길이 있다는 것입니다."

우리가 이 세상에 와서 먹을 것, 입을 것, 거처 할 곳을 가지고, 상대적으로 어려운 가운데서도, 먹고, 입고, 살아 있다는 사실이 가진 것입니다. 본래 옷 하나 가지고 오지 않았습니다. 쌀 한 톨도 가지고 온 것이 아닙니다. 그러면서도 이 시간까지 살아서 현존하고 있다는 사실을 볼 때 "가진 것이 있지 않느냐?"고 질문할 수 있습니다. 그렇다면 가지고 가는 것이 무엇일까? 이것을 생각해 보고자 합니다.

첫째, 우리는 가진 것에 대해서 청지기라는 사실을 가지고 살아야합니다.

우리가 가진 모든 것, 물질, 옷, 양식, 심지어 자신의 몸도 주인은 내가 아니라는 사실입니다. 하나님이 주인이요, 우리는 위임받은 청지기라는 것입니다. 마태복음 25: 14-30에 달란트의 비유를 통해 주시는 메시지는 우리가 받은 재능과 우리가 가진 물질, 우리가 가진 건강 모두가 주인의 것이라는 사실입니다.

누가복음 12장의 어리석은 부자처럼 곡식을 많이 거둬들이고, 창고에 쌓아둘 곳이 없도록 해두고, 일평생 먹고, 마시고, 즐겨도, 걱정이 없다고 하면 그 밤에 하나님이 그 영혼을 부르실 때에 그것이 누구의 것이 되겠습니까? 대단히 중요한 성경의 교훈입니다. 그러므로 "하나님이 내게 주신 모든 것이 하나님의 것입니다"라는 전제가 기독인의 삶의 철학이어야 할 것입니다.

둘째, 주인은 내게 맡겨진 것을 내가 어떻게 관리하기를 원하시는가?

우리가 가진 것을 나누어 줄 때에 그것을 가지고 갈 수 있습니다. 우리가 가지고 갈 수 있는 것은 내가 남을 도와주고, 내가 어려운 사람의 삶에 함께 할 때에 그것만은 가지고 간다는 것입니다.

마가복음 10:17~22, 마태복음 19:20 이하의 말씀으로 잘 알 수 있습니다. 한 부자 청년이 예수님께 와서 "내가 어떤 선한 일을 해야 영생을 얻겠습니까?"하고 묻자 예수님은 "계명들을 지키라, 살인하지 말라, 간음하지 말라, 도적질하지 말라, 네 부모를 공경하라, 네 이웃을 네 몸과 같이 사랑하라"고 하셨습니다. 이 때에 이 청년은 "그런 계명은 제가 어려서부터 다 지켰습니다"라고 했습니다. 그러자 예수님은 "네가 한 가지 부족한 것이 있으니 가서 네 있는 것을 팔아 가난한 자에게 주고 그리고 와서 나를 좇으라"고 말씀하셨습니다.

네아(E. V. Nea)라는 사람은 이 말씀을 이렇게 풀었습니다. "네게 한 가지 부족한 것이 있다."하는 말 대신에 "네가 해야 할 일이 하나 있다. 네게 있는 것을 다 팔아서 가난한 자에게 나누어주고 그리고 와서 나를 좇으라"라고 하였습니다.

여기에는 도전적인 메시지가 들어있습니다. 네게 있는 것 가지고 더불어 사는 게 있느냐? 네가 부자요, 관원이요, 청년이요, 소위 종교가라고 하면서 네가 가진 것 가지고 얼마나 나누며 산 적이 있느냐? 얼마나 다른 사람을 도와준 적이 있느냐? 얼마나 가난한 이웃과 더불어 산 적이 있느냐?

살아 있다는 현존은 곧 소명입니다. 하나님의 뜻을 이 땅에 이루기 위해 나를 실존케 함은 하나님의 부르심으로 존재한다는 것입니다.

더불어 사는 삶은 참으로 나를 지켜주고 끝까지 없어지지 않게 하는 것입니다. 나를 필요로 하는 이웃과 더불어 나누는 삶, 함께 하는 삶은 영원히 없어지지 않습니다.

주님께서는 "내가 주릴 때에 네가 먹을 것을 주었고, 내가 목마를 때에 네가 마실 물을 주었다."고 하셨습니다. 이에 대하여 "주여 내가 언제 주님께 마실 물을 드렸으며, 내가 언제 주님이 잡수실 음식을 드렸습니까?"라고 물었을 때에 "한 소자에게 행한 것이 곧 내게 한 것이라"고 주님은 대답하셨습니다. 그러기에 우리의 삶은 청지기의 삶이요, 더불어 사는 것이며, 나누는 삶은 영원히 없어지지 않고 하나님 앞에 가지고 갈 수 있는 것입니다. 이것이 우리 모두가 행하고 살아야 할 "하나님 앞에서 영원히 사는 Coram Deo의 삶"입니다. "神前意識의 삶"인 것입니다.

셋째, 더불어 사는 구체적인 행위가 필요합니다.

기독교는 관념의 종교가 아닙니다. 사랑하는 것을 사랑으로 실천하여 살리는 삶이 기독교입니다. 요한복음 3:16에 "하나님이 세상을 이처럼 사랑하사 독생자를 주셨으니 이는 저를 믿는 자마다 멸망치 않고 영생을 얻게 하려 하심이라"고 하였습니다. 사랑의 하나님은 육신을 입고 역사 속에 오셔서 죽기까지 복종하셨으며 십자가를 지셨습니다. 언약의 "그 사람의 아들"로 오신 예수님은 인류구속의 완성을 위하여 죽음으로 하나님사랑의 극치를 보여주셨습니다. 예수님의 지상사역 중 1/3이 사랑의 봉사사역이었습니다. 사랑은 행동입니다. 사랑은 함께 고난에 참여하는 것입니다. 사랑은 아픔을 함께 하는 것입니다. 사랑은 가난과 함께 하는 것입니다. 영원히 없어지지 않고 가지고 갈 것은 참여하는 삶, 더불어 사는 삶, 구체적인 삶입니다. 이는 살리는 주님사역에 동참하는, 절대적으로 소멸하지 않는 삶입니다. 이는 영원히 가지고 갈 수 있는 것들입니다.

결론적으로 Richard Bondi가 쓴 Leading Gods People이라는 책에 보면 구원사역이란 하나님 사랑과 이웃사랑을 실천하는 행위라고 했습니다. 그리스도인의 삶은 하나님 사랑의 현현이 이웃사랑으로 드러나야 합니다. 신앙의 파트너는 봉사(디아코니아)입니다.

"네 믿음을 내게 보이라"는 말씀은 곧 하나님 사랑을 네 이웃에게 보이라는 명령입니다.

"무엇을 가지고 가려나?" 우리의 생의 종말이 오고 말 터인데 무엇을 가지고 가겠습니까?

나는 빈손으로 가도, 이웃과 더불어 사는 것이 있으니, 그 이웃이 내 것을 가지고 함께 가주고 내 것을 지켜주지 않겠습니까? 우리는 가지고 온 것이 없습니다. 그러나 가진 것이 있습니다. 가지고 갈 것이 있습니다. 더불어 산 것(봉사의 삶)을 가지고 갈 수 있습니다. 이것이 예수 그리스도의 정신입니다. 그 정신을 따라가지 않겠습니까?

빌립보서 1:6~8절의 말씀을 다같이 읽겠습니다.

"너희 속에 착한 일을 시작하신 이가 그리스도 예수의 날까지 이루실 줄을 우리가 확신하노라. 내가 너희 무리를 위하여 이와 같이 생각하는 것이 마땅하니 이는 너희가 내 마음에 있음이며, -중략-. 내가 예수 그리스도의 심정으로 너희 무리를 어떻게 사모하는지 하나님이 내 증인이 시니라."

복음적 설교 이렇게

요즘 설교의 위기를 본다. 설교자들은 설교 작성하느라 말할 수 없이 고생을 한다. 주일 저녁이 되어 한숨 놓는 것도 잠간이다. 다시 한 주간동안 설교들을 준비해야 한다. 예화집 간증집 설교집 이것저것 읽고 무슨 설교할까 고민한다. 한 마디로 숙제하는 것이다. 정신없이 한 주간이 지나간다.

그러나 그렇게 고생하면서 만든 설교는 어떠한가? 칸트도 있고 쇼펜하우어도 있다. 사회상 비판도 있고, 대통령, 정치인 비난도 있다 이런 저런 이야기도 다 있는데 하나가 쏙 빠져있다. 예수가 없는 것이다. 한 번 설교집을 찾아서 읽어 보라. 그리고 다른 사람들 설교 들어 보라. 모든 게 다 있다. 하지만 예수는 없다.

혹시 예수나 성령 이야기가 나오면 반갑다. 하지만 예수나 성령 이름뿐이다. 그가 우리를 위해서 무슨 일을 하셨고 지금은 무엇을 하고 있는지. 그래서 나를 어떤 존재로 만드셨는지 전혀 말이 없다. 예수 이름만 있지 그가 누군지 무슨 일을 하는지 상투적인 수준 밖에 없다. 다 알고 있기 때문인가? 그렇지 않은데. 그러니 교인들이 변할 리가 없다. 세상 이야기가 좋은 철학 이야기가 어떻게 심령을 변화시키겠는가. 귀만 발달하고 비판만 잘하는 사람 만든다. 성경 이야기는 아무리 들어도 질리지가 않는데 세상 이야기는 두 번 들어줄 수가 없다. 성경의 영적인 차원에 들어가지 못하니 신자들의 근본은 변하지 않는다.

신앙이 무엇인지 한번 물어보라. 기분 상으로는 알 것 같은데 꼭 집어서 신앙이 무엇인지 알 길이 없다. 이런 상황에서 문제 속에서 고통 당하는 사람들이 어떻게 도움을 받고 해결을 하겠는가! 다른 사람들보고 교회에 가자고도 하지만 그래서 교회에 온다고 무슨 도움을 줄 수 있는가! 기분으로만 신자가 된 것인데.

종교개혁자들은 강조하고 또 했다. 성령은 복음의 말씀과 함께 일하신다. 복음의 내용이 없으면 믿을 내용도 없다. 믿을 내용을 안주면서 무엇을 믿으라고 하는가? 그리스도가 해 주신 일을 말해주어야 한다. 그것이 믿을 내용이다. 그리고 그 내용을 믿으면 성령이 역사 하신다. 하나님이 함께 하는 사람이 된다.

그러면 마음과 몸은 엄청난 변화를 경험한다. 예수께서는 말씀하셨다. "나는 포도나무요 너희는 가지니." 근본적으로 그와 믿는 자는 하나라는 말씀이다. "나를 믿는 자는 나의 하는 일을 저도 할 것이요 또한 이보다 큰 것도 하리니." 우리도 그리스도처럼 엄청난 일을 하고 그렇게 아름다운 삶을 산다는 선언이다.

언제이건 상관이 없다. 설교자들이 변하면 청중이 변한다. 금식하고 기도원에 가서 엎드리지 않아도 된다. 단지 성경을 통해서 복음을 찾아내면 된다. 지금까지 들어온 설교는 잠시 그냥 두자. 선입관을 없애고 바울 서신부터 잘 읽어보자. 사도들의 말씀을 잘 살펴보자. 그리고 복음서를 살펴 보라. 그러면 다 있다.

무슨 새로운 것 말하자는 게 아니다. 교회끼리 경쟁하거나 "나에게만 오라"는 식이 아니다. 모두 사는 길로 수천 년 간 선배들이 걸어왔다. 교회가 부흥되고 신자들이 생기를 얻게 되는 방법이다. 사도행전부터 일어났던 일이다. 하루하루가 새롭고 감격스러운 삶이다. 이제 구속사적 설교를 연구하면 그런 일이 일어난다.

성경 전체가 가르치는 것을 한 마디로 하자면 어떻게 될까? 여러 가지 말할 수 있겠지만 가장 적당한 말은 이것이다. "그리스도의 하신 모든 일이 나를 위함인 줄 믿음으로 구원을 얻는다." 그리스도가 하신 일이 얼마나 많은가! 그가 오기 전과 후의 모든 성경 내용은 서로 연관이 되어 있다.

한 마디로 말해 신자는 그리스도가 하신 일 덕분에 사는 존재들이다. 그리스도의 탄생부터 승천까지 모든 과정이 우리를 위한 것이기 때문이다. 그 의미를 잘 알아서 대가를 누릴 수 있어야 구원받은 삶은 실제적인 경험으로 나타나게 된다. 설교자라면 이 분야에서 전문가이어야 한다.

자기 스스로 무엇을 해서 하나님을 기쁘게 해 복을 받아 가지겠다는 생각은 단지 종교심이다. 만약 기도이건 선행이건 그것을 함으로 그 수고로서 복을 받을 것이라고 생각해 보자. 실제로 그렇게 생각하는 사람이 대부분이다. 그렇게 되면 하나님의 은혜는 더 이상 선물이 아니라 대가이다.

그런 식으로 가르치면 열심히 하는 만큼 복을 받는다고 생각하게 된다. 사실상 대개 설교자들이 이렇게 가르친다. 이것은 순수하게 율법적인 믿음이다. 그리고 일단 신앙을 이런 식으로 이해하기 시작하면 그 억압에서 벗어나지 못한다. 계속 더 열심히 더 열심히 하는 방법 밖에 없기 때문이다.

율법 그 자체는 아무 것도 잘못이 없다. 단지 인간이 율법의 용도가 무엇인지 모르고 따르기에 율법적인 믿음에 빠진다. 이 믿음대로 하면 온통 보상심리에 잡혀서 살게 된다. 기도했으니 봉사했으니 바쳤으니 주십시오. 그러면 그리스도의 공로는 의미가 퇴색된다. 그의 공로로만 구원을 얻는 것인데, 여기서 우리는 개신교 신앙원리의 가장 중요한 면에 들어간다. 성경 전체가 말씀하는 내용은 곧 "믿음으로 의롭게 되며 믿음으로만 구원을 얻게 된다"는 것이다. 그래서 종교개혁자들이 외친 "오직 믿음"이란 구호가 명백해 지는 것이다. 복 받으려면 하나님이 주시는 것을 거저 받으라는 말이다.

하나님 앞에 서는 일(Coram Deo), 죄의 사함과 성화의 권능을 받는 일, 매일의 삶 속에서 승리와 능력을 경험하는 일, 그 모두가 다 그리스도가 해주셨다고 믿어야만 내 것으로 경험이 되기 시작한다. 구원은 믿음으로 받고 나머지는 내가 노력해서 되는 것도 아니다. 모두 그리스도가 해주신 것이다.

누구나 믿음 믿음 하지만 정작 무엇을 믿는지에는 관심이 없다. "무조건 될 줄 믿습니다." "주실 줄 믿습니다." 이렇게 외치는데 여기에는 보장이 없다. 제 맘대로 믿기 때문이다. 믿음에는 믿을 내용이 따른다. 설교자는 믿을 내용을 주어야 한다. 믿음은 지식에서 나오기 때문이다.

믿음은 "하나님이 그리스도를 통해서 내게 해 주신 일들에 관한 지식"에서 출발한다.(기독교강요 3.2.6) 그 지식이 없이는 믿을 내용도 없다. 그 지식을 많이 알고 믿는다면 엄청난 능력이 수반된다. 하나님이 내게 해 주신 일들을 안다면 내가 어떤 존재로 바뀌었는지도 알게 된다. 그리하여 세상 사람들은 알 수 없는 새로운 삶을 살게 된다.

많은 사람들은 믿음과 행위를 따로 떼어놓고 둘 다 필요하다고 말한다. 이렇게 되면 행위가 곧 믿음이라고 생각하게 된다. 예를 들어. 주위에서 믿음 좋은 사람이 누구인가? 열심히 교회 나오고 봉사 잘하고 기도 많이 하고 선행을 많이 하는 사람이 믿음 좋다고 생각하지 않는가? 그러니 행위가 좋은 사람이 그런 사람이다.

그러므로 믿음 이야기를 할 때는 언제나 행동하라는 말을 강조하게 된다. "열심히 하십시오. 봉사 잘하십시오. 기도 많이 하십시오. 성령 충만하십시오." 그러다 보면 어떻게 하면 그렇게 할 수 있는지는 가르쳐 주지 않고 그저 하라는 설교만 계속하게 될 것이다. 이런 식은 아무리 성경을 많이 인용해도 율법적인 설교이다.

행위만을 보고서는 절대로 믿음을 판단할 수 없다. 행위가 곧 믿음이라고 한다면 간디나 공자 같은 분들은 구원을 받았어야 한다. 실제로 그렇다고 주장하는 분들도 있다. 하지만 그것은 성경적이고 복음적인 이해가 아니다. 인간의 눈에 행위가 아무리 완전해도 하나님은 중심을 보신다. 그리고 인간의 행위를 받지 않으신다.

사도 바울은 성경에 나타나는 차원 높은 윤리를 자신의 힘으로는 행할 수 없다고 고백한다. 선행을 원해도 힘이 없다고 탄식한다. "내 지체 속에서 한 다른 법이 내 마음의 법과 싸워 내 지체 속에 있는 죄의 법 아래 나를 사로잡아 오는 것을 보는도다." 이것이 인간의 현실인데 아무리 선행하라고 해도 제대로 할 수 있겠는가.

우리는 본성부터 수준 이하이다. 이성을 향해서 간음을 안하고 살인을 안 할 수는 있다. 하지만 이성을 참으로 자매처럼 형제처럼 깨끗한 마음으로 대할 수 있는가? 내 원수를 향해 순수한 사랑으로 대할 수 있는가? 이 수준을 하나님은 원하신다. 그러나 사람으로는 가능하지 않다. 오직 그리스도만이 그럴 수 있었다.

인간이 당하고 있는 모든 고통의 원인은 바로 이러한 죄성이다. 모두 악하기에 그리고 하나님을 떠났기에 괴로운 것이다. 세상에 올바로 되어 복받을 인간은 하나도 없다고 성경은 선포한다. "선을 행하는 자는 없나니 하나도 없다." 그런 상황에 있는 인간들이 어떻게 선행을 통해서 자기 힘으로 구원이나 복을 받겠는가!

그래서 복음이 필요한 것이다. 복된 소식의 내용이 무엇인가? 하나님의 아들이 그 수준의 의를 행해 주었으니 그 사실을 믿으라는 것이다. 그리고 그 분을 모셔들여서 한 몸을 이루라는 것이다. 그러면 그의 공로가 다 내 것이 되고 그의 능력이 다 내 힘이 된다는 기가 막힌 소식이 아닌가! 그저 믿기만 하면 된다는 것이다.

그러므로 설교자는 믿으라고 하지만 말고 믿을 내용을 주어야 한다. 그러면 그 믿음이 곧 행동으로 나타난다. 누가 멋진 의복을 두고 누더기를 입을 것인가? 누가 아름다운 음식을 두고 쓰레기통을 뒤지겠는가? 믿을 내용을 주자. 그러면 믿는다. 그것도 없이 믿으라고 외치는 것도 율법적인 설교이다. 믿음으로만 구원을 얻는다.

차라리 이런 식으로 말하라. "주께서 내 속에 계심을 믿으십시오." "그 분의 능력이 내 능력임을 믿으십시오." "그 분이 항상 돌보시는 것을 믿으십시오." "내 몸이 그리스도와 한 몸이요 내가 작은 그리스도임을 믿으십시오." "내가 그리스도와 한 몸이니 내 속에는 엄청난 능력이 있습니다."

이러한 내용을 재미있게 잘 설명해 주는 것이 설교이다. 사람들의 마음에 항상 복음의 내용이 자리 잡아서 생각이 바뀌게 하라. "새 사람을 입었으니 이는 자기를 창조하신 자의 형상을 좇아 지식에까지 새롭게 하심을 받는 자니라."(골 3:10) 자꾸 구속사적인 복음을 받으면 바울처럼 믿음으로 생각하고 행동하게 된다.

그러려면 설교자부터 의식구조가 그렇게 되어야 한다. 설교하기 전에 자기 자신부터 설득시켜야 한다. 그러면 확신이 선다. 그리고 복음의 경험이 일어난다. 그 경험을 예화로 말하게 된다. 설교자에게 가장 중요한 덕은 확신이다. 구속사적인 복음의 확신이 있는 설교자는 무엇보다도 소중한 하늘의 재산이다. 저에게 천안대학교 기독교학부에서 교수로써 섬길 수 있는 기회를 주신다면, 사람과 자연을 살리는 구속사적인 복음이 살아있는 신앙과 인격을 소유한 하나님의 사람을 키우는데 일조 하겠습니다.

부활의 소망
〈하관식 설교〉
(요한복음 11:25~26)

밀알 하나가 땅에 묻혀 썩은 후에 새 싹이 땅 위로 올라오듯 그리스도를 믿는자들은 육체는 땅에서 썩지만 영적으로 변화하여 다시 사는 것을 믿습니다.

예수께서는 나는 부활이요 생명이니 나를 믿는 자는 영원히 죽지 아니하리라 하셨습니다. 우리는 오늘 여기에 장사하는 친구를 이 세상에서는 다시 만나 볼 수 없습니다. 그러나 믿는 자들은 다시 만날 날이 있습니다. 이것이 부활신앙이요 부활의 소망입니다. 다만 이 생뿐이라면 인생처럼 불쌍한 자가 없을 것입니다.

그러나 그리스도께서 죽은 자들의 첫 열매가 되셔서 우리들에게 부활의 소망을 주셨습니다. 인류의 조상 아담으로 말미암아 모든 사람이 죽은 것 같이 그리스도 안에서 모든 사람이 삶을 얻게 되었습니다.

썩을 몸으로 묻히지만 썩지 않는 몸으로 다시 살아납니다. 이제 우리의 형제의 관을 땅에 묻겠습니다. 우리도 얼마 후에는 이와 같은 하관식을 가지게 될 것입니다. 그러나 우리 모두 불멸의 몸, 영원한 몸으로 변할 것입니다.

"썩을 몸이 썩지 않을 것으로 입고 죽을 이 몸이 죽지 않을 것을 입을 때에는 죽음이 이김에 삼킨바 되었으니 죽음아 네 이김이 어디 있느냐"하고 부활을 노래할 것입니다. 부활의 소망으로 위로가 충만하시기를 바랍니다.

브엘세바로 올라가자
〈경인지방회 개회설교〉
(창세기 26:12~22)

"지금 우리에게 정의보다 더 중요한 것은 거룩이다." 영국의 신학자이자 세계적 기독변증가인 제임스 패커의 말이다. 그는 '거룩의 재발견(Rediscovering Holiness)'이란 책에서 '거룩이 없으면 아무도 주님을 볼 수 없다'고 단언한다. 패커는 '거룩함은 영성과 도덕성이란 두 개의 기둥에 놓인 아치와 같아서 두 기둥 중 어느 하나가 가라앉으면 반드시 무너지게 되어 있다'고 경고하였다. 거룩은 비단 패커뿐만 아니라 오스왈드 챔퍼스, J.C 라일, 댈러스 윌라드 등 기독교 지성들이 한결 같이 강조한 주제이다.

지금 한국교회라는 기둥이 무너지는 소리가 들린다고 이구동성으로 말한다. '한국교회를 향한 하나님의 통곡소리가 들리는 것 같다' '성도로서 가슴이 미어진다'는 등 하나님의 통곡소리를 듣는 수많은 목회자와 성도들이 도처에 많이 있을 것이다. 실천신학대학원대학교의 은준관 총장은 '한국교회는 그동안 거룩을 빙자한 신앙의 위선을 쌓아왔다'고 질타하였다. 그는 한국교회에 일이 터질 때마다 '목사 혹은 성도가 죽어야 한국교회가 산다'고 했지만, 이것은 '거짓말'이라면서 '목사와 성도는 그런 구호에 결코 죽지 않는다. 직분과 상관없이 우리의 모든 삶과 신앙의 구심점을 하나님께로 돌릴 때에만 진정 죽을 수 있다.'고 말했다. 그 역시 지금 한국교회에 거룩의 재발견이 절실하다고 강조했다.

거룩은 무엇인가? 복음주의자로 불리는 영국의 라일주교는 '거룩함이란 습관적으로 하나님과 한마음을 갖는 것'이라고 정의했다. 거룩한 삶은 하나님이 미워하는 것을 미워하며, 사랑하시는 것을 사랑하며 이 세상의 모든 일을 성경의 기준에 비추어 사는 것이다. 지금 한국교회는 라일주교가 정의한 거룩의 삶이 이뤄지고 있는지 심각하게 자문해야 하는 상황까지 와 있다.

패커 역시 '현대교회들은 영성만을 강조하며 도덕성은 개인의 문제로 취급하여 거의 관심을 갖지 않는다'면서 '교회들이 거룩한 영성은 추구하지만 거룩한 삶은 외면하고 있다.'고 질타하였다.

여기 거룩함의 두 날개인 영성을 버리고 그 결과 윤리와 도덕적으로 존재해야 할 자리를 벗어나 거짓말을 했던 아버지를 답습하는 이삭을 보라!

오늘 본문 1절 말씀에 '아브라함 때에 첫 흉년이 들었더니 그 땅에 또

흉년이 들매' 이삭이 그랄로 내려가서 블레셋왕 아비멜렉에게 이르렀다고 말씀한다. 이삭이 누구인가? "약속의 씨"로써 언약의 계승자이다. 그가 그랄로 내려간 것이다.

    그랄은 가나안과 애굽의 중간지점으로 영적으로 말하면 차지도 아니하고 더웁지도 아니한 미지근한 상태를 의미한다(계 3:15).

    여호와께서 이삭에게 나타나 가라사대 "애굽으로 내려가지 말고 내가 네게 지시하는 땅에 거하라"하신다. "이 땅에 유하면 내가 너와 함께 있어 네게 복을 주고 내가 이 모든 땅을 너와 네 자손에게 주리라 내가 네 아비 아브라함에게 맹세한 것을 이루어 네 자손을 하늘의 별과 같이 번성케 하여 이 모든 땅을 네 자손에게 주리니 네 자손을 인하여 천하만민이 복을 받으리라."(3~4절)고 아브라함에게 하셨던 언약을 이삭에게 계승시켜 주고 계신다.

    언약의 내용은 아브라함에게 하신 것과 변함이 없이 땅과 자손과 영생의 복이다. 이 언약은 성경의 중심 축이다. 이 언약은 하나님의 주권적인 언약이기 때문에 여기서도 "내가… 하리라"고 '내가'가 강조되어 있다.

    이 언약은 이스마엘에게 계승되지 않고 이삭에게 주어졌다. 아브라함이 "이스마엘이나 하나님 앞에 살기를 원하나이다"(17:18)라고 말했을 때에 "하나님이 가라사대 아니라 네 아내 사라가 정녕 네게 아들을 낳으리니 그의 후손에게 영원한 언약이라"(19)고 약속하셨던 바를 지켜주시는 신실하신 하나님이시다.

    그런데 이삭은 흉년을 만나자 그가 살고 있던 브엘라해로이(25:11)를 떠나 블레셋 땅 그랄로 내려간 것이다. 이것은 이삭이 하나님의 언약 안에 견고히 서있지 못했음을 말해준다. 하나님의 언약에 대해 신실하지 못했음을 말해 준다.

    하나님의 경계하심을 받고도 6절에서 "이삭이 그랄에 거하였더니"하고, 8절에 "이삭이 거기 오래 거하였다"고 말씀한다. 몇 해나 살았을까? "이삭이 그 땅에서 농사하여 그 해에 백배나 얻었고, 여호와께서 복을 주시므로....창대하고 왕성하여 마침내 거부가 되었다."(13)고 말씀한다.

선하신 하나님께서 이삭에게 아내를 주셨고 자녀를 주셨으며 이제는 물질의 복도 주셨다. "양과 소가 떼를 이루고 노복이 심히 많으므로 블레셋 사람이 그를 시기하여(14)" 아브라함 때에 팠던 우물들을 흙으로 메우고 이삭을 추방한다.

이삭은 "이곳을 떠나" 그랄 골짜기에 장막을 치고 아브라함 때에 팠던 우물을 다시 파서 샘 근원을 얻었다. 그랬더니 그랄 목자들이 와서 자기들 소유라고 다툽니다. 이삭은 양보하고 "또 다른 우물"을 팠더니 그들이 또 다투는고로 그 이름을 싯나라하고 "거기서 옮겨" 다른 우물을 팠다고 성경은 말씀한다.

인천동지방회에서 분할되어 부천지방회가 세워질 때 당시 지방회 서기였던 전부천지방회장 서재희목사가 은총의 물이 많은 부천지방회가 되도록 피터지게 쟁투하여 팠던 우물, 이름처럼 맑고 넓은 부천지방회가 되도록 하기 위해 자기 모든 것을 희생하며 우물을 지키고자 쟁투했던 전 부천지방회장 백홍규 목사의 노력은 아랑곳하지 않고, 치매 예방에 좋다고 48폭짜리 조그만한 동양화인 화투놀이를 당회장실에서 하다가 고발당하고, 하나님 우물을 제 것이라고 인심 쓰듯 아들 딸, 제부에게 여러 우물을 분양하듯 소유권 등기해준 고소사건, 도덕과 윤리는 아랑 곳 없는 익명 투서사건 등등 소 뿔 바로 잡으려 했다고, 서울신학대학교 이사 안시켜줬다고 인사권이 없는 총회서기를 대의원으로 보내서는 안된다고 선배도 동료도 눈에 뵈지 않는 그랄목자들 때문에 맘고생 많았던 전 부천지방회장 구금섭목사, 대표권, 의사결제권이 지방회장에게 있음이 헌법에 명시되었는데도, 관례라며 서기가 지방회장에게 보고도 없이 제 맘대로 결제하여 법과 질서를 무너뜨린 그랄목자의 억지에 두 손, 두 발도 다 들어버리고 무색해했던 전 부천지방회장이며 현 경인지방회장인 손병수목사 등과 선배되시는 김공준, 박희석목사님 또한 그랄목자들 때문에 편할 날 없이 스트레스 많이 받았습니다.

그랄에서의 이삭의 생활은 불안과 다툼과 불안정의 연속이었다. 경인지방회 식구들도 그곳에서의 신앙생활은 편치 않았다. 불안은 물론 하기 싫은 다툼과 불안정의 연속이었다. 그 원인이 어디에 있는 것일까? 왜 그랬을까? 23절에 "이삭이 거기에서부터 브엘세바로 올라갔다"고 말씀한다. 신앙여정은 내려가는 길이 있는가 하면 올라가는 길이 있다. "어떤 사람이 예루살렘에서 여리고로 내려가다가 강도를" 만난 것이다.(눅 10:30)

그랄로 내려갔던 이삭은 이제 브엘세바로 올라갔다고 말씀한다. 브엘세바라는 뜻은 일곱우물, 맹세의의 우물(브엘셔부아)이라는 뜻이다. "이 물을 먹는 자마다(그랄의 우물물) 다시 목마르려니와 내가 주는 물(브엘세바)을 먹는 자는 영원히 목마르지 아니하리니"(요4:13~14)

"그 밤에 여호와께서 그에게 나타나 가라사대 나는 네 아비 아브라함의 하나님이니 두려워말라 내 종 아브라함을 위하여 내가 너와 함께 있어 네게 복을 주어 네 자손으로 번성케 하리라"고 그에게 나타나 아브라함에게 언약하셨던 바를 다시 확정하여 주셨다.

이삭이 그랄에 내려가 거하는 동안에도 하나님은 그에게 물질의 복을 주셔서 창대케 하시고 거부가 되게 하셨다. 그러나 불안과 분쟁의 연속이었을 뿐 그곳에서는 하나님의 임재하심을 만나보지 못했었다. 이삭이 그랄을 떠나 브엘세바로 올라오자 그 밤에 여호와께서 그에게 나타나셨다. 그 때에 아비멜렉이 군대장관 비골을 대동하고 이삭을 찾아와서 "여호와께서 너와 함께 계심을 우리가 분명히 보았으므로"(28) 우리 사이에 화친하는 조약을 맺자고 말한다.

하나님과의 관계가 회복되자 분쟁을 일으켰던 장본인들이 제 발로 찾아와 화친하자고 제의한다. 또 "그 날에(32)" 이삭의 종들이 달려와 보고하기를 "우리가 물을 얻었나이다"라고 말한다.

미국의 종교사회학자 피터 버거는 역사적 관점에서 살펴볼 때 각 시대마다 세계 전체를 덮어주는 "거룩한 덮개"가 있었다고 말했다. 거룩한 덮개는 시대정신이라고 할 수 있다.

2011년 한국교회를 덮어주는 거룩한 덮개는 무엇인가, 지금 한국교회가 사회에 던져줄 수 있는 시대정신이 무엇인지 비신자는 물론 신자들도 헷갈려하고 있다. 성결교회가 한국사회의 거룩한 덮개가 되기 위해서는 먼저 교회지도자인 우리가 거룩을 회복해야 한다. 교회 안팍에서 "거룩을 재발견 하라"는 요청을 받고 있다. 이는 하나님의 요청이다. "내가 거룩하니 너희도 거룩하라"(레위 11:45, 벧전 1:16).

경인지방회 대의원 여러분! 우리가 추구하는 것은 거룩의 회복을 위해서 그랄이 아닌 하나님이시다. 그랄에서는 다툼과 불안정이었으나 하나님 안에서 안식을 위해 브엘세바로 올라가자!! 그리하면 차기 경인지방회장 이름처럼 우리에게 곧 영광스러운 면류관인 錦榮冠이 씌여질 것이다.

뼈 중의 뼈, 살 중의 살

〈결혼식 주례 설교〉
(창2:21~25)

오늘 두 사람의 결혼식을 진심으로 축하합니다. 사람이 살아가면서 여러 가지 일들 가운데 가장 축복 받을 일이 바로 결혼식입니다. 그래서 결혼을 人倫之大事라고 말합니다.

결혼은 하나님께서 만드신 제도입니다. 예수님께서도 공생애를 시작하시면서 하신 일이 가나의 혼인 잔치에 참석하셔서 축복하셨습니다.

결혼을 일치라고 말하는 분들이 많은데 결혼은 일치가 아닙니다. 일치를 향한 출발입니다. 몇십 년간 서로 다른 환경 속에서 다른 성격을 가지고 살아온 두 사람이 얼마동안의 짧은 교제와 이 예식 하나를 통해서 일치를 이룰 수 있다고 한다면 그것은 무리한 이야기일 것입니다.

이제부터 더 이해하고 더 양보하고 더 노력하면서 일치를 이루어 가는 것입니다. 그래서 노만 라이드는 "결혼은 두 사람이 함께 달려 둘 다 이길 수 있는 유일한 경주다"라고 말하였습니다.

하나님께서는 결혼의 관계를 아주 자세히 설명하고 있습니다. 성경이 말하는 이상적인 결혼관을 알고 더욱 완숙한 사랑을 하는 부부가 되었으면 합니다. 우리들의 세상에서 가장 불행한 일들은 거짓된 사랑 속에서 왜곡된 결혼관을 갖는다는 것입니다. 마치 텔레비젼 속에서 나오는 주인공들의 사랑을 우리들은 부러워하고 그것이 사랑의 전부인 것처럼 거기에 우리들의 사랑을 비교한다는 것입니다. 불륜의 관계는 배경이 있고 멋있어 보입니다. 그러나 정상적인 부부에게도 분위기가 있으면 마찬가지입니다. 그것이 한국사회에 깔려있는 결혼의 모습입니다.

우리는 사랑을 세 가지로 구분하여 이해합니다. 먼저 에로스적인 사랑입니다. 불이 붙으면 뜨겁고 좋은데 식으면 냉냉하여 쉽게 헤어진다는 식의 사랑입니다. 젊은 사람들에게는 이런 사랑이 많습니다. 감정의 기폭이 심합니다. 그래서 이 사랑은 뜨겁지만 싱겁다고 표현합니다. 젊어서는 다 이 수준의 사랑을 좋아합니다. 또 한가지는 필리아 사랑입니다. 이는 우정적인 사랑으로 에로스 사랑에 비하면 미지근합니다. 그러나 이러한 사랑이 길면 정신적으로 건강합니다. 세 번째는 아가페적인 사랑입니다. 의지적이고 책임적인 사랑입니다. 이 사랑은 결혼을 지속시킵니다. 이렇게 정 삼각형의 사랑을 이룰 때 의지적으로, 정적으로, 영적으로 건강한 부부가 됩니다. 감정적인 사랑에서 우정적인 사랑으로 끈끈하게 맺어지고 영적인 사랑으로 익어 가서 부부의 해로가 연륜을 더 할수록 친구 같은 반려자로서의 완숙미가 있는 사랑을 하시기를 바랍니다.

볼스윅 박사는 결혼은 언약(covenant)이라고 말했습니다. 예를 들면 하나님과 아브라함과의 언약과 같이 사랑의 불변성을 말하며 서약과 같은 것으로 쌍방간에 책임이 따릅니다. 방법은 주님의 은총을 받은 자로서 은혜(grace)로서 용서하고 이해하며 상대방의 약한 면과 실수까지도 용납하고 감싸줄 수 있는 것을 말합니다. 다음은 힘의 부여(empowering)로 서로 섬기고 격려하고, 치유하며 능력을 부여하는 것이며, 또 친밀감(intimacy)을 나누는데 있습니다. 부부로서 서로 깊이 알고 서로 경험하며, 이해하는 것입니다. 그래서 언약을 완성하는 것입니다. 부부로서의 성숙한 사랑으로 완성하는 것입니다.

그러면 결혼의 목적이 무엇입니까? 하나님께서 온 천지 만물을 창조하시고 만족해 하시며 기뻐하셨습니다. 그러나 유독 사람이 혼자 사는 것을 좋지 않게 여기셨습니다. 창세기 2:18에 "여호와 하나님이 가라사대 사람의 독처 하는 것이 좋지 못하니 내가 그를 위하여 돕는 배필을 지으리라 하시니라."

달리 말하면 사람은 서로 관계적, 공동체적 존재로 만드셨다는 말씀입니다. 결혼은 일대일의 가장 가까운 관계를 이루는 것이요, 아주 핵심적인 공동체를 이루는 것입니다. 그 안에서 서로 친밀감을 경험하는 것입니다. 또한 동역자로 만나게 하신 것입니다. 창세기 1:28의 말씀대로 하나님의 복을 받아 "생육하고 번성하여 땅에 충만하라, 땅을 정복하라, 모든 생물을 다스리라"고 하셨습니다. 두 사람에게 하나님은 사명을 (mission)을 주셨습니다. 아내나 남편 서로 동역자가 됩니다. 결혼은 회사를 설립하는 것과 같습니다. 그래서 이제는 하나의 team이며 partner 입니다. 또한 상호 돕는 배필입니다. 자신에게 없는 것을 상대방에게서 보완하는 것입니다. 성격 하나만 보더라도 전혀 서로 반대로 만나게 되는 것을 보게 됩니다. 그래서 결혼은 용서와 사랑의 훈련장인 것입니다. 아름다운 하모니를 이루어 하나님께 영광을 드리고 아름다운 사랑이 가풍처럼 다음세대에게 계승되기를 바랍니다.

미국의 유명한 잡지 〈라이프〉지의 사진기자가 영국을 방문했을 때였습니다. 어느 날 그가 아침 식사를 하기 위해 역사 내 식당으로 갔습니다. 마침 식사를 하고 있는 도중, 한 노부부가 들어 왔습니다. 행색은 초라한데 얼굴은 모두 밝아 보였습니다. 노부부는 서로 부축해 가며 사진 기자 앞자리에 앉아 음식을 주문했습니다.

잠시 후 비스킷 한 접시와 차 한 잔이 나왔습니다. 남편이 먼저 비스킷을 들어 천천히 씹어 먹었고 그의 아내도 남편의 얼굴을 바라보며 뜨거운 차를 조금 마시더니 다시 찻잔을 내려놓았습니다. 그리고 이상한 일이 벌어 졌습니다 남편도 역시 비스킷 한 조각을 겨우 먹고 나더니 입안의 틀니를 뽑아내는 것이었습니다. 남편은 정성스럽게 틀니를 깨끗이 닦아 아내에게 건네주었습니다. 아내는 아무렇지도 않다는 듯이 틀니를 자연스럽게 입안에 넣고는 비스킷을 들었습니다. 남편은 아내의 비스킷 먹는 모습을 바라보며 차를 마셨습니다.

이 광경을 지켜 본 사진 기자는 그만 목이 메어 더 이상 아무 것도 먹지 못했습니다. 사진 기자는 두 노인에게 양해를 구하고 사진을 찍었습니다. 지하철 식당에 다정히 앉아 있는 이 두 노인의 모습이 "아름다운 참 사랑"이란 제목으로 life지에 실렸고 이 사진을 들여다보는 전 세계인들에게 엄청난 충격을 주었습니다.

두 사람도 이런 참사랑의 주인공들이 되시기 바랍니다. 오늘 두 사람에게 참 사랑의 주인공이 될 수 있는 그림 하나를 소개하겠습니다. 그 방법을 오늘 본문 말씀이 가르쳐 주고 있습니다.

첫째는 "부모를 떠나라"(leave parents)는 것입니다.

이것은 분리의 원칙을 말하는데, 단순히 분가하는 것을 의미하는 것이 아닙니다. 부모를 떠난다는 말의 어원은 "내버린다" "계획을 중단한다" "권리를 포기한다" "친구, 습관 등을 버린다"는 뜻이 있습니다.

두 사람은 결혼을 통해 새로운 출발점에 서야 합니다. 그렇다고 부모를 버리라는 뜻은 아닙니다. 다만 두 사람사이에 그 어느 것도 개입이 되지 않아야 하고, 독립적으로 두 사람에게 집중해야 합니다. "떠나는" 것은 완전한 결합이요 새로운 시작인 것입니다. 이제 두 사람은 스스로 독립하십시오. 그 어떤 것에도 조종을 받지 않고 영향받지 않는 행복한 가정을 만드십시오.

두 번째는 "그 아내와 연합하는 것"(be united)입니다.

연합이란 단순한 결합이 아니라 조화를 의미합니다. 연합하려면 나를 고집하면 안됩니다. 배우자에게 100% 헌신하는 것이 진정한 연합입니다. 서로의 단점을 있는 그대로 용납하고 보완하여 완전을 향해 나아가는 것이 연합입니다. 영어 성경에 사용된 단어가 cleave라고 번역되었는데 "들러붙다" "고착시키다" "계속 지속되다"라는 의미입니다. 마치 혀가 입 천정에 붙어 있는 것이나 살이 뼈에 달라붙는 것, 또는 비늘이 물고기에 붙어 있는 것을 의미합니다.
 부부는 어떤 경우에도 분리 될 수 없습니다. 부부는 생명의 은혜를 유업으로 함께 받을 자입니다.(벧전 3:7)

 셋째는 "한 몸을 이룰지로다"(becoming one body).
 결혼은 독특한 공식을 갖고 있습니다. 하나에 하나를 더하면 둘이 아니라 하나입니다. 여기에 결혼의 신비가 있습니다. 불완전한 반쪽이 결혼을 통하여 온전히 하나로 묶이게 되는 것입니다. 따라서 부부는 가치관이 하나가 되어야 하는 것입니다. 철학이나 삶의 목표가 나뉘어서는 안됩니다. 기도하는 일 외에는 분방 하는 일이 없기를 바랍니다.

 마지막으로 "두 사람이 벌거벗었으나 부끄러워 아니하더라"라는 말입니다. 결혼생활에서 허물이나 약점은 문제가 되지 않습니다. 서로에게 완전히 열려있어야 하고 오히려 그 약점들 때문에 서로를 도울 수 있어야 합니다. 따라서 부부란 서로를 깊이 알고 그 아픈 상처를 치유 할 수 있어야 합니다. 그래서 부부는 서로에게 "뼈 중의 뼈요, 살 중의 살"인 것입니다.

 두 사람이 일치를 이루는데 제일 큰 힘은 신앙입니다. 하나님의 손에 붙들려 믿음 안에서 가정을 작은 천국으로 만들어 가시기 바랍니다. 두 사람의 가정이 즐거운 곳, 항상 기쁨이 넘치는 곳으로 사랑의 향내가 물씬 풍기는 작은 천국을 이루시기를 바랍니다. 이 지구상에 가장 아름다운 단어가 세 가지가 있습니다. 천국(heaven), 어머니(mother), 가정(home)입니다. 그래서 칼빈은 교회 안에 또 하나의 가정이 있다고 말했습니다.
 이제 손을 성서 위에 올려놓고 혼인 서약을 할텐데 두 사람의 손을 성서 위에 올려놓은 것을 계기로 성서 위에 가정을 올려놓으시기 바랍니다. 두 사람의 결혼을 다시 한번 축하하면서 행복한 가정, 작은 천국을 이루기 위한 행진에 성령께서 함께 하시기를 축원합니다.

사명자의 고백
(로마서 1:7~14)

신앙생활을 하면서 은혜 받는 말씀이 있습니다. 이 종의 가슴을 설레이게 감명을 주었던 말씀이 있습니다.

첫째, 먼저 그의 나라와 그의 의를 구하라.(마 6:33)
어느 날 밤 처음으로 들었던 말씀입니다.
"그러므로 내가 너희에게 이르노니 목숨을 위하여 무엇을 먹을까 무엇을 마실까 몸을 위하여 무엇을 입을까 염려하지 말라 목숨이 음식보다 중하지 아니하며 몸이 의복보다 중하지 아니하냐"(마 6:25)
저는 이 말씀에서 오직 하나님 나라를 위하여, 하나님의 의를 위하여 산다는 것으로 인생관이 설정되었습니다.

둘째, 우리는 무익한 종이라.(눅 17:10)
예수 믿고 부모님을 섬기면서 효자 되고 싶은 마음으로 감명이 된 말씀입니다.
"너희 중에 뉘게 밭을 갈거나 양을 치거나 하는 종이 있어 밭에서 돌아오면 저더러 곧 와 앉아서 먹으라 할 자가 있느냐 도리어 저더러 내 먹을 것을 예비하고 띠를 띠고 나의 먹고 마시는 동안에 수종 들고 너는 그 후에 먹고 마시라 하지 않겠느냐 명한대로 하였다고 종에게 사례하겠느냐 이와 같이 너희도 명령받은 것을 다 행한 후에 이르기를 우리는 무익한 종이라 우리의 하여야 할 일을 한 것뿐이라"(눅 17:7~10)
'무익한 종이라 우리의 하여야 할 일을 한 것뿐이라.' 저는 이 말씀이 그토록 은혜가 되었습니다.
인생을 감사하게 살 수 있는 비결은 무익한 종의 자세입니다. 저는 우리 교인들에게 늘 감사한 마음이 있습니다. 충성을 다 한 후에도 할 일을 했다는 심정으로 일하고 있기 때문입니다.

셋째, 나는 빚진 자다.(롬 1:14)

제가 시골에 가서 목회를 하는데 어느 날 나무 그늘 아래서 사도 바울이 "헬라인이나 야만이나 지혜 있는 자나 어리석은 자에게 다 내가 빚진 자라"라고 말한 로마서를 읽다가 얼마나 눈물이 쏟아지는지 저는 땅에 무릎을 꿇었고 이렇게 외쳤습니다. "주님, 이 좋은 빚진 자입니다. 주님에게 빚진 자입니다. 갚을 길이 없습니다. 부모님에게 빚진 자입니다. 불효한 자식입니다. 내 조국에 빚진 자입니다. 하늘을 보나 땅을 보나 빚진 자입니다. 교인들을 대할 때마다 빚진 자입니다. 온 지역 사람을 쳐다보아도 빚진 자입니다."

'너는 빚진 자다' 하는 음성이 늘 메아리쳐 왔고 빚진 자의 심정으로 살아오고 있습니다.

은혜를 받으면 세 단계의 변화가 있습니다.
첫째, 겸손해집니다.

은혜를 받으면 겸손해집니다. 모든 것이 은혜요 자기가 한 일이 없기 때문입니다. 은혜받고 겸손해지는 것이 큰 축복이나 축복을 받고 교만해지면 망합니다. 모든 축복을 받고 이 모든 것을 다 하나님의 은혜로 받으면 겸손해집니다.

둘째, 감사한 마음이 생깁니다.

감사한 마음을 가지면 행복하게 됩니다. 은혜받고 감사한 마음을 가지면 행복해지고 삶이 풍성해집니다. 그러므로 은혜를 받으면 받을수록 행복하게 됩니다. 성도는 은혜를 받을수록 좋습니다.

셋째, 빚진 자가 됩니다.

이 단계는 미치는 자가 됩니다. 역사를 이끄는 창조적 소수는 이 단계에 이른 사람들입니다. 사도 바울은 은혜를 빚으로 받았습니다. 예수님은 지극히 사랑하는 자는 빚쟁이로 만들어 재산, 재능, 시간, 생명까지 다 빼앗아 갑니다.

믿음의 사도인 바울이 지녔던 빚진 자의 심정은 예수 사랑에 미친 심정입니다. 사도 바울이 그토록 고난과 험한 길을 걸으면서도 복음을 전해야만 했던 것은 빚진 자의 심정을 지녔기 때문입니다.

헬라인, 야만인, 어리석은 자, 지혜로운 자 모두 이방인들입니다. 이방인들은 유대인들이 개처럼 취급했습니다. 이들에게 빚진 자의 심정을 갖는 것은 성령의 감동입니다.

주의 귀한 은혜받고 일생 빚진 자되네
주의 은혜 사슬되사 나를 주께 매소서
우리 맘은 연약하여 범죄하기 쉬우니
하나님이 받으시고 천국인을 치소서

이 말씀 속에서 그의 깊은 신앙심을 엿볼 수 있습니다. 높은 인격이 엿보입니다. 그리고 강렬한 사명감이 타오르고 있습니다.

터너(Turner)라는 분은 이런 말을 하였습니다. "기억하라 네가 나기 전에는 아무것도 아니었다. 난 후에는 연약한 그릇 일생을 통하여 죄인, 그리고 성공의 절정에 선 때라 할지라도 하나님과, 하늘과, 땅과, 양친에게 빚진 자라"

왜 바울은 자신이 이토록 빚진 자라고 했을까요? 하나님의 은혜를 많이 받았기 때문입니다. 은혜를 많이 받았다는 말은 빚 많이 졌다는 말입니다. 은혜 많이 받은 것을 큰 능력이나 신비한 은사나 체험한 것으로 생각할 수 있지만 내 자신의 입장에는 빚진 자가 되는 것입니다. 주시는 하나님 입장에서는 선물이요, 은혜지만 받는 우리에게는 빚입니다.

내가 많은 자녀들 중에서 부모님의 은혜를 많이 입었다면 이는 곧 부모님에게 빚을 많이 진 것입니다. 그러기에 하나님의 은혜는 거저 베푸시지만 받는 사람의 입장에서는 철저하게 빚으로 받아들여야 합니다. 이것이 바로 은혜를 은혜로 받아들이는 결과가 됩니다.

그러므로 자기에게 있는 모든 것이 다 하나님의 은혜로 받아들이면 받아들일수록 그에게 은혜는 커지고 은혜를 많이 받고 있는 것이 됩니다.

깨닫는 은혜는 크다.

은혜 가운데 가장 큰 은혜는 은혜를 깨닫는 은혜입니다. "그러나 나의 나 된 것은 하나님의 은혜로 된 것이니 내게 주신 그의 은혜가 헛되지 아니하여 내가 모든 사도보다 더 많이 수고하였으나 내가 아니요 오직 나와 함께 하신 하나님의 은혜로라"(고전 15:10)

나의 나 된 것이 다 하나님의 은혜로 받아들였습니다. 다시 말하면 내가 잘나고, 내가 능력이 있어서 된 것이 아니라 모두 다 하나님의 베풀어주신 은혜로 이렇게 되었으니 자랑할 것은 하나도 없고 할 말이 있다면 하나님께 빚 많이 졌다고 할 수밖에 없다는 것입니다.

그러기에 고린도후서 12장에서 이렇게 말합니다. "내가 이런 사람을 위하여 자랑하겠으나 나를 위하여는 약한 것들 외에 자랑치 아니하리라"(5절)

당시에 많은 주의 종들이 자기 자랑을 하였습니다. 학벌, 문벌, 인물자랑이었습니다. 사실 나도 그리스도의 일꾼으로서 '너희보다 낫다 나는 그들보다 더 많이 수고하였다.'라는 교만한 마음이 있었지만 "내가 자랑할 것이 있다면 내 약점을 자랑하겠습니다."라고 하였습니다. 왜냐하면 하나님은 이러한 약점 위에 은혜를 주셨기 때문입니다. 나의 약함을 깨닫고 하나님의 은혜만을 의존하게 될 때 하나님의 은혜가 더 크게 나타남을 알기 때문입니다.

사람이 아무리 큰 은혜를 받았어도 은혜를 은혜로 깨닫지 못하면 그 은혜를 헛되이 받은 것입니다. 그래서 "우리가 하나님과 함께 일하는 자로서 너희를 권하노니 하나님의 은혜를 헛되이 받지 말라"(고후 6:1)고 했습니다. 누가 은혜를 헛되이 받는 자입니까? 은혜를 빚지는 것으로 받아들여야 할텐데 교만으로 받아들이는 자입니다.

겸손한 은혜

만약에 우리가 받은 것이 다 하나님의 은혜요, 하나님의 선물로 믿는다면 결코 우리는 교만하지 않을 것입니다. 나는 건강하다고 신체적으로 불우한 사람을 무시합니까 나는 물질이 부요하다고 가난한 자를 무시하려고 합니까 나는 학벌이 좋고 문벌이 있다고 남을 무시하고 있습니까 나는 영적으로 더 깊은 신앙인이라고 남을 무시합니까 모든 것을 다 은혜로 받는 사람은 교만하지 않습니다.

오늘 이 땅에는 두 종류의 사람이 있습니다. 하나는 남보다 공부를 많이 하였고 출세를 하였기에 더 잘살 권리가 있다고 하는 사람이고 또 하나는 나는 남들보다 더 많이 공부했고 출세했으므로 남들보다 더 많이 봉사할 의무가 있다고 하는 사람입니다. 전자는 빚을 받아내려는 채권자의 태도입니다. 이런 사람이 많아지면 그 사회는 황폐해집니다. 그러나 자신을 빚진 자로 받아들일 때 그 사회는 살찌고 번영하는 것입니다.

사랑에 빚진 자

사도 바울이 일생동안 빚진 자의 간절한 심정에서 나타나는 것이 있으니 사랑의 복음이었습니다. 바울은 하나님의 사랑을 받고 있다는 사실에 감사하여 견딜 수 없는 마음이 솟아오르고 있었으니 그리스도의 사랑의 강권함이었습니다.

슈바이처 박사는 자신을 빚진 자로 생각하였습니다. 그가 건강할 때 다른 친구들의 약함을 보면서 자랑으로 생각한 것이 아니라 더 많이 봉사할 의무와 빚으로 느꼈습니다. 주위에 있는 사람들의 불행과 고통을 보면서 현재의 행복한 삶에 부담을 느끼고 무엇인가 갚아야 할 의무감이 솟아나고야 말았던 것입니다. 이 생각이 그를 아프리카에 건너가게 했고 세계 인류의 괴로움의 한 몫을 지도록 했던 것입니다.

많은 사람들이 사도 바울을 미쳤다고 하였습니다. 거기에 대한 사도 바울의 대답은 이런 것이었습니다. "우리가 만일 미쳤어도 하나님을 위한 것이요 만일 정신이 온전하여도 너희를 위한 것이니 그리스도의 사랑이 우리를 강권하시는도다"(고후 5:13).

사도 바울은 일생동안 빚진 자이기에 종의 심정을 떠난 적이 없습니다. 바울은 당시 로마 사회에서 노예제도의 비참한 것을 보았으면서도 자신을 종으로 부르기를 꺼려하지 않았습니다.

은혜에 감사해서 스스로 종이 되었던 것입니다. "형제들아 너희가 자유를 위하여 부르심을 입었으나 그러나 그 자유로 육체의 기회를 삼지 말고 오직 사랑으로 서로 종 노릇 하라"(갈 5:13). 바울은 하나님의 그 크신 사랑에 빚진 자로서 스스로 사랑의 종이 되었던 것입니다.

미국에서 노예 해방이 되기 오래 전에 있었던 일화입니다. 주인으로부터 가혹한 학대를 받으며 살던 한 흑인 노예가 병약해져서 일을 잘 하지 못했습니다. 그러자 주인은 채찍으로 그 노예를 피가 나도록 내리쳤습니다. 길을 가다가 이 광경을 목격한 백인 교수는 그 노예를 두 배가 넘는 값을 지불하고 집으로 데려와 그의 상처를 싸매주며 정성스레 돌보아 주었습니다.

며칠이 지나 그의 몸이 회복되자 교수는 이미 몸값을 치루었으니 더 이상 노예가 아니므로 돌아가 자유인답게 살라고 하였습니다.

이 말을 듣고 감동을 받은 흑인 노예는 눈물을 흘리며 다음과 같이 대답하였습니다. "선생님, 당신은 포악한 주인의 손에서 나를 건져주신 분이십니다. 그리고 나에게 자유를 허락해 주시고 나를 자유인 되게 하셨습니다. 자유인으로서 나에게 주어진 첫 번째 자유를 당신을 섬기는 일에 사용하고 싶습니다. 이 집에 살면서 당신을 섬기겠습니다."

그는 사랑으로 교수를 정성껏 섬겼습니다. 교수는 식물학 전공 학자로 연구차 태평양의 한 외딴 섬에 갔습니다. 종은 거친 숲을 헤치고 앞서 가고 교수는 그의 뒤를 따라갔습니다. 그런데 숲 속에서 교수는 그만 독사에 물려 쓰러졌습니다. 이때 종은 독이 교수의 온 몸에 퍼지기 전에 자기 살을 칼로 베어 독사에 물린 상처에 가져다 대어 독이 자신의 살로 빨라 올라오도록 하였습니다. 교수를 살리기 위해 자신의 살을 수차례 베어낸 종은 심한 출혈로 인해 쓰러져 죽고 말았습니다.

얼마 후 의식을 되찾은 교수는 자신의 곁에서 피 흘려 죽은 종을 보았습니다. 그는 죽은 종을 껴안고 한없이 눈물을 흘렸습니다. 그를 위해 무덤을 만들고 비석을 세워 주었습니다. 그 비석의 비문에는 다음과 같은 문구가 새겨져 있다고 합니다. "주인을 살리고 죽은 충성스러운 참된 자유인!"

자유인이 되었으나 자유를 스스로 포기하고 자청해서 주인의 종이 되었습니다. 그것은 주인에게 진 빚을 알았기 때문입니다. 비록 노예는 교수를 살리고 죽어갔지만 그는 빚진 자로서 죽음을 선택했으며 행복하게 숨을 거두었습니다. 그래서 우리는 그를 참 자유한 삶을 살다 간 사람으로 기억합니다.

빚진 자는 희생이 없다.

사도 바울은 예수 그리스도의 생애를 종의 생애로 그렸습니다. '하물며 자기 같은 죄인이 어찌 그 크신 사랑을 감당할 수 있을까' 그리스도의 종이 되는 것을 최고의 영예로 생각을 했던 것입니다.

주 예수께 빚진 것이 한없건만
나 주 위해 갚은 것은 참 적으니
주 예수여 너그럽게 보옵소서

교회마다 보내는 서신 첫머리 인사에서 그리스도 예수의 종이라고 영광스럽게 밝히고 있습니다. 은혜를 아는 사람은 희생이 없습니다. 리빙스턴은 일생동안 빚진 자의 심정으로 살았습니다. 말년에 리빙스턴은 자신이 살아온 봉사의 생을 이렇게 아름다운 글로 묘사하고 있습니다.

"사람들은 내가 내 일생의 대부분을 아프리카에서 보내며 치른 희생에 대해 얘기합니다. 그러나 우리가 하나님께 진 큰 빚, 결코 갚을 수 없는 그 빚의 극히 일부를 갚은 것에 불과한 것이 희생이라고 할 수 있습니까 건강한 활동 속에서 그 자체의 가장 최고의 보답, 즉 선한 일을 행한다는 자각, 마음의 평온, 내세에 있을 영광스러운 운명에 대한 밝은 희망을 가져다 주는 것이 희생입니까? 내세에 우리 안에 또 우리를 위해 있게 될 영광에 비하면 이 모든 것들은 아무것도 아닙니다. 나는 결코 희생하지 않았습니다. 우리를 위하여 자기를 희생하신 그리스도의 큰 사랑을 안다면 이렇게 말해서는 안될 것입니다."

이 말은 사랑에 빚진 자로서 살았다는 것입니다. 사랑에 빚진 자로서 사랑의 강권함을 받는 심정으로 살라는 것입니다. 그러나 바울은 이 사랑의 빚, 그리스도의 사랑의 강권함은 로마인이나, 헬라인이나, 야만이나, 지혜있는 자나 누구에게든지 복음을 전하지 않고는 견딜 수 없는 사명감에 불탔던 것입니다.

복음에 빚진 자

예수님은 빚을 아는 자에게는 빚을 갚을 수 있는 능력을 주십니다. 빚은 예수님의 구원의 복음입니다. 내가 받은 빚이 예수님의 생명입니다. 그 생명이 내 안에 있습니다. 내게 있는 것을 저에게 주어야 합니다. 예수님은 없는 것 주라 하지 않습니다. 내게 있는 것으로 갚아야 합니다.

"내게 있는 것으로 네게 주노니 곧 나사렛 예수 그리스도의 이름으로 걸으라"(행 3:6) 빚진 자는 빚을 진대로 갚아야 합니다. 물질로 진 빚은 물질로 갚아야 합니다. 사랑으로 진 빚은 사랑으로 갚아야 합니다. 은혜로 진 빚은 은혜로 갚아야 합니다.

사도 바울은 예수님의 은혜로 진 빚이었습니다. 그러기에 로마교회에 자기에게 있는 것을 갚아야 했습니다. 자기에게 있는 것은 예수였습니다. 예수 복음과 예수 사랑이었습니다. 이것을 갚지 않고는 화가 있을 것 같았습니다. 마땅히 갚아야 할 빚 때문에 견딜 수 없었습니다.

"내가 복음을 전할지라도 자랑할 것이 없음은 내가 부득불 할 일임이라 만일 복음을 전하지 아니하면 내게 화가 있을 것임이로라"(고전 9:16)

"내가 모든 사람에게 자유하였으나 스스로 모든 사람에게 종이 된 것은 더 많은 사람을 얻고자 함이라 유대인들에게는 내가 유대인과 같이 된 것은 유대인들을 얻고자 함이요 율법 아래 있는 자들에게는 내가 율법 아래 있지 아니하나 율법 아래 있는 자같이 된 것은 율법 아래 있는 자들을 얻고자 함이요"(고전 9:19~20) 하고 또 하여도 부족한 일, 하고 또 하여도 더하지 못하여 마음 아픈 일이 세 가지가 있는데 하나는 기도하는 일, 또 하나는 내 이웃을 사랑하는 일, 또 하나는 전도하는 일입니다.

'네 이웃을 내 몸처럼 사랑하라' 하셨는데 그 한가지 일은 내 이웃에게 복음을 전하는 일입니다.

인도에서 온 어느 선교사는 눈물로 호소다 이런 선교 표어를 걸었습니다. 그것은 'go or send'(가라 그렇지 않으며 보내라)라는 것이었습니다.

'가라, 복음 들고 가라, 선교사로 가라, 갈 수 없거든 보내라' 선교사를 보내든지 선교비를 보내든지 하라는 것입니다. 이것은 주님의 절대적인 명령입니다. 선교는 빚진 자의 최상의 의무입니다.

한국교회를 한번 생각해보십시오. 전 인구의 4분의 1이 그리스도인이라는 통계를 내놓을 정도로 부흥하여 세계적으로 소문이 난 교회입니다. 그러나 이와 같은 축복을 누리게 된 배후에는 상상할 수 없는 피와 눈물과 땀이 있었다는 사실을 아십니까?

27세에 선교의 비전을 품고 영국에서 중국으로 건너온 토마스 선교사는 중국에 오자마자 꽃다운 나이에 아내를 잃었습니다. 아내를 잃어버린 상처가 채 아물기도 전에 그는 한 가지 소식을 접했습니다. 저 중국 한 모퉁이에 붙어있는 한반도에 조선이라는 나라가 있는데 그 백성들이 아직도 예수를 믿지 않고 있으며 복음을 들은 일이 없다는 것이었습니다. 아내를 잃은 슬픔이 아직 남아 있음에도 불구하고 그는 중국말로 된 성경책을 배에다 싣고는 대동강 쪽으로 달려왔습니다. 그때는 대원군이 한창 쇄국정책을 펴고 있던 때로 카톨릭 신자들을 잡아죽이던 살벌한 상황이었기 때문에 누구든지 '예수'(야소) 소리만 내어도 세상 구경을 다시는 하지 못하던 때였습니다.

그러나 그러한 상황에는 아랑곳하지 않고 그는 대동강을 거슬러 올라가서 성경을 전해주려고 노력했습니다. 그러자 우리 관군들이 그 배에 불을 질렀고 드디어 그는 강변에로 끌려 내려와서 칼에 맞아 순교를 했습니다. 순교를 당하는 그 순간에도 자기 목을 치는 사람에게 성경을 주면서 그것을 읽어보라고 말했습니다. 그 성경을 받아든 그 사람이 나중에 예수를 믿게 되었습니다. 토마스라는 젊은이의 피가 그 강변에 뿌려졌기에 그 피 값으로 인해 오늘 우리가 존재하는 것입니다. 오늘 한국교회가 존재하는 것입니다. 우리가 이것을 이렇게 잊어버릴 수 있습니까?

양화진에 가면 비석이 많이 서 있습니다. 이 땅에 복음을 전하기 위해서 1세기 전에 발을 들여놓았다가 풍토병에 걸려서 죽었거나 잘 적응하지 못해서 죽은 어린 아이들의 무덤, 선교사 부인의 무덤, 제 명대로 살지 못하고 일찍 세상을 떠난 젊은 선교사들의 무덤들입니다. 그 사람들은 무명의 선교사들입니다. 그러나 그들의 희생이 있었기에 오늘 한국교회가 있고 우리가 있는 것입니다.

이 빚진 자 의식을 잊어버리면 안됩니다. 희생 없이 생명이 살아날 수 있습니까? 희생 없이 지옥으로 가던 영혼이 천국을 향해 돌이킬 수 있습니까? 하나님도 희생하셨는데 어떻게 우리의 희생 없이 전도가 되겠습니까?

얼마 전 저는 감동적인 소식 한 가지를 들었습니다. 잘 알다시피 최근에 북한에서 굶주림에 지쳐 중국으로 넘어온 사람들이 급증하고 있습니다. 그런데 그들이 국경을 넘기만 하면 복음을 듣게 됩니다. 이것을 위해 준비하고 있는 사람들이 있기 때문입니다. 반세기가 넘도록 거짓말에 속아온 사람들인데, 이제는 배까지 고프니 얼마나 그 영혼이 갈급해 있겠습니까?

"하나님이 당신을 사랑하십니다. 당신을 위하여 예수님이 십자가에 돌아가셨습니다."라는 말을 듣는 순간 뜨거운 눈물을 쏟으며 회심한다고 합니다. 이렇게 해서 값없이 죄사함을 받고 영생을 얻는 축복을 가슴 가득히 담게 되자 그 흥분과 행복을 도무지 억누를 길이 없습니다. 그래서 자기들끼리 조직을 결성했는데 그 단체의 목적이 북한으로 다시 돌아가서 복음을 전하자는 것입니다.

그들은 '예수 전사들의 수칙'이라는 것을 만들었는데 첫 번째가 이런 것입니다. 예수 믿는 사람은 천대받게 되어 있다.

천대받는 그것이 긍지요, 기쁨이다. 우리는 고난을 당하게 되어 있다. 그러므로 우리는 각오한다. 북한으로 다시 들어간다는 것은 죽는 것을 의미합니다. 어디에서 그런 용기가 나오겠습니까? 어디에 그런 담대함이 있겠습니까? 예수님을 알기 전에는 평범한 사람들이요, 비겁한 사람들이요, 배가 고파 못견뎌서 사선을 넘어온 사람들이요, 빵만 주면 다 해결될 것 같은 사람들이었는데, 어떻게 예수 모르는 자기 동족 때문에 생명을 걸고 다시 사지로 들어가겠다고 하는 이상한 사람으로 바뀐단 말입니까? 성령이 그들을 사로잡은 것입니다.

성찬을 받을 때
(고린도전서 11: 23~29)

기독교에는 두 가지 성스러운 예식이 있습니다. 하나는 세례예식이고 다른 하나는 성찬식입니다. 세례를 통하여 우리는 깨끗함을 입었습니다. 속죄와 구원을 받았습니다. 오늘 우리는 구원을 받은 자가 그리스도와 연합하는 삶을 산다는 의미의 성찬식을 갖게 됩니다.

성찬식은 예수께서 잡히시던 그날 밤, 제자들과 함께 하셨던 최후의 만찬에서 비롯되었습니다. 예수께서 제자들의 발을 씻겨 주신 다음, 떡과 포도주를 두고 이렇게 말씀하셨습니다. 떡을 떼어 주시면서 "이것은 내 몸이라"고 말씀하셨으며, 포도주 잔을 드시면서 "이것은 내 피라"고 말씀하신 후 오늘의 본문 25절의 말씀으로 당부하셨습니다.

이 잔은 내 피로 세운 새 언약이니 이것을 행하여 마실 때마다 나를 기념하라, 성경은 우리가 예수님의 몸을 의미하는 떡과 예수님의 피를 의미하는 잔을 나눔으로써 주님과 우리 사이에 새로운 언약의 관계가 성립된다고 하셨습니다. 오늘 우리는 이 성찬에 참여함으로써 주님과 우리 사이에 맺어지는 새 언약관계는 무엇이며, 어떠한 영적인 축복이 있는지 은혜 받는 시간이 되시기를 바랍니다. 그리고 어떤 자세로 이 성찬에 참여해야 하며, 성찬에 참여하는 자의 책임은 무엇인지 교훈을 받기를 바랍니다.

우리 앞에 있는 떡과 잔은 단순한 떡과 잔이 아닙니다. 우리를 위하여 찢기신 주님의 살을 상징하는 떡이고, 우리를 위하여 흘리신 주님의 보혈의 피를 의미하는 잔인 것입니다. 이 성찬에 참여함으로 우리는 주님의 몸을 체험할 수 있고 주님의 피를 체험할 수 있습니다. 그래서 주님의 생명을 받고 권능을 받아들이는 것입니다. 그러면 성찬을 받을 때 어떠한 은혜가 임합니까?

1. 속죄의 능력이 임합니다.

에베소서 1:7은 "우리가 그리스도 안에서 그의 은혜의 풍성함을 따라 그의 피로 말미암아 구속 곧 죄 사함을 받았다"고 말하고 있습니다. 우리 몸과 옷이 더러우면 물로 씻습니다. 그러나 우리 마음속에 있는 더러운 죄악은 십자가에서 흘리신 주님의 보혈의 피로써만 씻을 수 있습니다.

주님께서 십자가에 달리신 사건은 단순한 사건이 아니었습니다. 주님께서 십자가에 달리셔서 흘리신 그 피는 우리의 산 제물이 되었습니다. 그 피로 말미암아 우리는 죄 사함을 얻게 되었습니다. 그 주님의 피를 의미하는 잔이 여기에 놓여 있습니다. 우리는 포도주 잔을 받아 마실 때마다 나의 죄를 씻으신 그 주님의 피를 생각하며 "주님, 감사합니다. 나의 죄를 용서해 주신 은혜를 감사합니다"하고 자기 죄를 자복하는 마음을 가져야 합니다. 마태복음 26:28에 "이것은 죄 사함을 얻게 하기 위하여 많은 사람을 위하여 흘리는 바 나의 피, 곧 언약의 피"라고 하신 말씀을 깊이 생각하며 이 성찬에 임해야 하겠습니다.

2. 화평의 능력이 임합니다.

화평에는 두 가지 역사가 이루어집니다. 하나는 하나님과 나 사이에 이루어집니다. 에베소서 2:13에 "이제는 전에 멀리 있던 너희가 그리스도 예수 안에서 그리스도의 피로 가까와졌느니라"는 말씀이 있습니다. 하나님과 나 사이에는 죄악의 담벽이 가로놓여 있었습니다. 그러나 예수의 피가 하나님과 나 사이에 가로놓여 있는 죄악의 담벽을 헐었습니다. 예수 그리스도의 보혈의 피로 우리는 하나님께 가까이 나갈 수 있게 되었습니다. 하나님의 자녀가 되었고, 하나님은 우리의 아버지가 되었습니다. 이처럼 예수님의 피는 하나님과 나 사이를 가깝게 만들어 주시고 화평케 하시는 피인 것입니다.

또 하나의 화평은 나와 이웃간에 이루어지는 화평입니다. "내가 너희를 사랑한 것같이 너희도 서로 사랑하라"하신 이 말씀처럼 주님께서 우리를 사랑하기 위해서 흘리신 그 희생의 핏방울은 동시에 우리들에게 이웃을 사랑할 수 있는 도를 깨우쳐 주십니다. 골로새서 1:20은 "그의 십자가의 피로 화평을 이루사 만물 곧 땅에 있는 것들이나 하늘에 있는 것들을 그로 말미암아 자기와 화목케 되기를 기뻐하심이라"고 말하고 있습니다. 십자가의 피로 예수님은 사랑이 무엇인지 깨우쳐 주셨습니다. 이제 우리는 성찬을 받음으로써 나를 위해 희생하신 예수 그리스도의 사랑을 다시 한번 생각하면서 이웃과 사랑의 관계를 맺어갈 수 있기를 바랍니다.

3. 치료의 능력이 임합니다.

이사야 53:5에 "그가 채찍에 맞음으로 우리가 나음을 입었도다"는 말씀이 있습니다. 주님께서 채찍에 맞으시고 십자가에 달리셔서 그 살이 찢겨지고 고통을 당하심으로 우리가 당해야 할 그 고통을 대신해 주셨습니다. 문제의 해답이시고 치료자이시며 권능의 왕이신 주님의 살과 피를 먹고 마심으로 주님의 능력이 임하시기를 바랍니다.

요한계시록 12: 11에도 "여러 형제가 어린양의 피와 자기의 증거 하는 말을 인하여 저를 이기었느니라"고 했습니다. 주님의 피로 이기는 삶을 살수 있다는 것입니다. 십자가를 이기신 주님의 살과 피, 우리는 이 거룩한 성찬을 통하여 그 은총이 임하는 시간임을 믿으시기 바랍니다. "문제 해결의 주님, 평화의 주님, 치료의 주님, 승리케 하시는 주님께서 흘리신 그 핏방울과 그 살이 내 몸 속에 들어오셔서 나로 하여금 새로운 삶을 살게 하여 주십시오. 승리케 해주십시오"라는 믿음이 일어나기를 바랍니다.

4. 삶 속에 축복이 임합니다.

마가복음 14:22에 "저희가 먹을 때 떡을 가지사 축복하시고 떼어 제자들에게 주시며 가라사대 이것은 내 몸이니라"하셨습니다. 주님께서 그냥 떡을 떼어 주신 것이 아니라 축복하신 후에 떡을 떼어 주셨습니다. 주님께서 우리에게 떼어주시는 이 떡은 주님의 축복을 동반하고, 주님의 은혜를 동반하며, 주님의 사랑을 동반하는 떡입니다. 이 떡은 오늘 이 시간 우리에게 주님의 놀라운 축복을 주시는 것입니다.

그래서 갈라디아서 3:13에 말하기를 "그리스도께서 우리를 위하여 저주를 받은바 되사 율법의 저주에서 우리를 속량하시고"라고 하였습니다. 우리가 주님의 몸을 체험함으로 율법의 저주에서 구원받고 하나님의 능력 가운데 살 수 있게 되었습니다.

5. 생명의 능력이 임합니다.

요한복음 6:51에 "이 떡을 먹으면 영생하리라"하였고, 요한복음 6:53에는 "인자의 살을 먹지 아니하고 인자의 피를 마시지 아니하면 너희 속에 생명이 없느니라"하였습니다. 여러분이 떡과 잔을 드는 이 순간, 우리는 예수 그리스도의 몸과 피를 드는 것입니다. 그 속에서 우리는 예수 그리스도와 하나가 됩니다. 예수님의 생명이 나의 생명이 되고 예수님의 피가 나의 피가 되고 예수님의 몸이 나의 몸이 됩니다. 그러므로 내 속에서 살아 움직이는 이는 예수 그리스도의 생명인 것입니다. 성찬에는 이와 같이 속죄의 능력이 임합니다. 화평을 이루사 사랑의 능력이 임합니다. 문제해결과 축복이 임합니다. 새 생명의 능력이 임합니다. 이와 같은 놀라운 능력을 가신 주님의 몸과 피를 오늘 성찬식을 통하여 간직할 수 있기를 축원합니다.

그러면 이 놀라운 능력을 가진 성찬에 우리는 어떤 자세로 참여해야 합니까? 본문 28절이 가르쳐 주고 있습니다. "사람이 자기를 살피고 그 후에야 이 떡을 먹고 이 잔을 마실지니 주의 몸을 분변치 못하고 먹고 마시는 자는 자기의 죄를 먹고 마시는 것이니라"하였습니다.

먼저 자기를 살피고 자기를 회개하고 새로운 결단을 다지는 마음으로 이 성찬에 참여해야 하겠습니다. 새로운 결단 없이, 자기를 주님 앞에 적나라하게 고백하지 않고, 자기를 주님 앞에 바로 세우지 못한 상태에서 주님의 몸과 피를 대하는 것은 성찬을 드는 것이 아니라 자기 죄를 먹고 마시는 것이라고 하였습니다. 새로운 결단을 세우고 이 성찬에 참여하시기 바랍니다.

마지막으로 성찬을 가진 자에게 사명을 주셨습니다.

너희가 이 떡을 먹으며 이 잔을 마실 때마다 주의 죽으심을 오실 때까지 전하는 것이니라(고전 11:26)

주의 죽으심을 주님 재림하실 때까지 전하는 것이 성찬을 받은 자들의 사명입니다. 주의 죽으심은 십자가의 도입니다. 인류를 구속해 주신 구원의 도입니다. 목마른 인생이 갈망하던 복음입니다. 주님께서는 이 진리를 주님이 다시 오실 때까지 전하라고 하셨습니다. 성찬을 받은 그리스도인에게 주어지는 귀한 사명은 주님의 말씀을 전하는 복음의 전도자가 되는 것입니다. 오늘 성찬에 참여하시는 분들은 다음 달에 또 성찬을 받을 때 "주님 여기 제 형제와 함께 나왔습니다"하는 여러분들이 되시기를 바랍니다. 지금 여기에 주님이 함께 계십니다. 할렐루야 !

聖靑, 피 묻은 복음에 가슴을 적셔라!
〈역사와 민족, 통일을 깨우며 열방을 향하여 나아가는 청년〉
― 기독교 대한성결교회 전국성청연합집회 초청설교 ―
(시편 110:3, 계시록12:11, 이사야66:19, 갈2:20)

1. 여는 말

새 천년(New Millennium)을 성청인들이 한자리에 모여 금식성회로 출범하는 것은 제2의 미스바 성회요, 제2의 요시야 왕의 부흥 운동이요, 제2의 오순절운동입니다.

많은 사람들이 새 천년을 맞기 위해 뉴질랜드 피지섬, 동해안, 제주도, 마라도, 선유도 등 해가 떠오르면 제일 먼저 볼 수 있는 곳을 찾기 위해 수많은 인파들이 동분서주하고 있습니다. 동쪽은 부활을 의미한다고 합니다. 그래서 떠오르는 태양을 바라보며 새로운 다짐을 저마다 할 것입니다. 미래를 위해 해를 바라보며 저마다 빌고 또 소원 할 것입니다.

그러나 자연의 태양은 인간의 소원을 들어 줄 수 없습니다. 태양을 신으로 숭배하던 로마, 가나안족속 등 어느 나라든 모두 망했습니다. 우리 성청인들은 말라기 4:2 말씀대로 의로운 해이신 예수그리스도를 만납시다. 이 지구촌을 치료하실 광선이요, 영원한 태양이신 예수님만이 21세기의 희망입니다. 우리는 J 2 K Movement로 욕심과 죄악으로 더러워지고, 상처받은 60억 영혼들과 이 지구상에 성결성 회복의 삶으로 사랑과 용서, 화해의 Mood를 조성합시다.

드디어 격변의 20세기의 끝자락에 서있습니다. 수년간 논의해왔던 21세기가 코 앞에 다가섰습니다. 사람마다 시대와 패러다임(paradigm)의 변화를 말합니다. 20세기와 21세기는 질적으로 전혀 다른 세계가 전개될 것이라는 것입니다.

이 변화를 주동하는 것은 과학기술이고 정보통신입니다. 과학기술의 발전 속도가 너무 빨라서 거의 신비의 지경에 이르렀습니다. 과학기술은 합리적인 이성의 산물인데 그 속도가 지나치게 빨라서 인간 이성의 유추능력을 따돌리고 달립니다.

인간 이성의 열매인 과학 기술이, 이성적 사고를 배제하고 현란한 화면과 함께 육박하는 정보들을 감각적으로 느끼고 선택하게 하는, 감성시대가 열렸습니다. 종래의 변화를 물리적이라고 할 수 있다면 오늘의 변화는 가히 화학적이어서 양적 변화가 아니라 질적 변화에 이르렀다고 할 수 있습니다.

지난 시대는 대량생산이 곧 가치이고 선이었습니다. 대기업은 우리 나라에서 한동안 전능자였습니다. 김우중 씨의 『세계는 넓고 할 일은 많다』는 책은 베스트 셀러였고 젊은이들의 가슴을 흥분시켰습니다. 세상이 그러니 교회도 덩달아 대 교회 중심의 사고와 논리가 성공이고 축복이었습니다. 교회 성장은 지상목표가 되었습니다.

지금 대우의 신화가 무너지고 세계 경영의 영웅은 죄인처럼 고개를 숙였습니다. 그의 잘못은 시대의 변화를 읽지 못하고 계속해서 양적 확대로 승부 하려 했다는 것입니다.

양적 성장의 신화 이면에는 무리한 병합과 중소기업의 하청계약 이행에 따른 약자들의 비명과 탄식이 있습니다. 그러나 이제는 대마불사(大馬不死)의 원리도 종언을 고하고 있습니다. 교회 성장학에서는 어떻게 말할지라도 한동안 기독교계를 풍미한 교회 성장 지상주의는 이 세상의 대기업 주도의 경제 성장과 무관치 않습니다.

교회 성장은 바람직한 것이지만 성장주의는 교회 공동체를 파괴하는 요소가 있습니다. 우리는 그 동안 성장주의 일변도로 달려왔고 그 이념에 따른 고통도 당해왔습니다. 신자를 빼앗아 가기도 하고 빼앗기기도 했습니다. "있는 자는 더 있게 되고, 없는 자는 있는 것 마저도 빼앗기리라"는 자본주의의 특성을 합리화하고 비난도 하였습니다. 큰 교회와 작은 교회 사이에 건널 수 없는 강이 흐르고 뼈저리게 느껴야 했던 이질감으로 우리는 하나가 되지 못했었습니다.

그런데 지금 시대가 변하고 있습니다. 양적 성장의 한계가 오고 질적으로 승부 해야 하는 시대가 되었습니다. 그렇다면 기독교의 새 천년을 향한 갱신 방향은 자명한 것입니다. 교회도 양에서 질로의 전환이 요구된다는 것입니다. 양과 질을 구분하는 것도 어쩌면 서구적 이분법이라고 비난 받을지 모릅니다.

하여튼 다가온 2000년은 질로 승부 해야 합니다. 수적인 노름과 맘모니즘적인 우상적 사고에서 영적으로 전환하여야 합니다. 영성에 목숨을 걸어야 합니다. 우리 교회는 성결교회입니다. 성결은 정치제도에 따른 장로와 감독과 침례보다는 훨씬 질적입니다. 웨슬레의 말을 빌리지 않아도 성결은 분명 사랑의 완전이요 성도의 완전입니다. 주님의 십자가와 부활의 복음입니다. 이 복음은 타락한 시조 아담에게 "너는 흙이니 흙으로 돌아갈 것이니라"(창 3:17~19)고 저주를 내려야만 했던 인생들에게 주신 은 총입니다. 요한복음 7:38에 말씀 하셨습니다. "나를 믿는 자는 성경에 이름과 같이 그 배에서 생수(生水)의 강이 흘러나리라"고. 그러나 반드시 주님의 십자가의 대속적인 피에 씻음을 입어야 합니다. 죄에 대하여 죽고 주님의 의로 다시 산 자에게 새 시대를 맡겨 주실 것입니다. 새 시대는 영성에 의한 바람직한 성장과 함께 열어갑시다.

2. 죽은 영들의 파괴를 보라!(성공주의, 기복주의, 양적 성장 일변도의 부작용, 믿음 없는 행위와 삶이 없는 믿음들)

첫 사람 아담의 타락만으로 현 시대의 모든 타락을 설명하고 책임을 전가하기에 우리는 너무도 많은 시대의 변화 속에서 살고 있습니다. 도대체 이 민족의 이 모든 타락과 상실의 책임은 누구에게 있는 것입니까? 정치, 경제, 사회, 문화의 모든 부정과 부패의 책임이 교회와 기독교인들에게 있다고 생각합니다. 과연 우리는 세상에 대하여 하나님을 두려워하고 회개하라고 외칠 자격이 있습니까?

최근 정치권에는 부정, 부패에 연루되어 구속되는 정치가들이 속출하고 있습니다. 국민들은 정치에 환멸을 느끼고 가장 부도덕한 집단으로 정치가를 들기를 주저하지 않고 있습니다. 이런 상황에 대해 교회 강단에서는 가벼운 가십(gossip) 거리로, 예화로 이야기하고 기독교신문은 일제히 회개를 촉구합니다. 그러나 속내를 들여다보면 구속되는 정치가들의 상당수가 기독교인입니다. 대부분 장로, 집사들입니다. 이들은 한때 교회를 위해 기독교 법안을 상정하는데 앞장서기도 했던 사람들입니다. 몇 사람의 실명을 들어보면 서ㅇㅇ집사, ㅇㅇ행장로, ㅇㅇ호장로, ㅇㅇ해장로, ㅇㅇ문장로, ㅇㅇ동집사 등등… 옷로비 청문회 사건은 모든 부패의 총체적 표현입니다.

한국에 IMF가 도래한 책임은 부도덕한 정치가와 재벌들의 정경유착 관행이 결정적인 영향을 미쳤습니다. 전 신동아그룹의 회장인 ㅇㅇㅇ장로가 구속을 당하여 교계는 망연자실하였습니다. ㅇㅇㅇ장로가 누구입니까? ㅇㅇ연합신학대학교의 이사장이었고, ㅇㅇ선교센터 이사장의 남편이고, ㅇㅇㅇ교회 설립시에 재정을 지원했으며, 월간 「소금과 빛」 발행인, 할렐루야 축구단 최대 지원자 등등 그분이 교계에 미친 영향력은 엄청난 것이었습니다. 그런 분이 회사 공금 중 일부를 해외에 수백억의 돈을 빼돌리다 걸리고 얼마를 개인적으로 유용한 것입니다. 또한 취임 당시 기독교계의 엄청난 기도와 지원을 받은 ㅇㅇㅇ장로의 실정에 의한 경제적 영향은 대단한 것이었습니다.

최근 섹스는 변형된 오락의 개념으로 급속도로 확장되고 있습니다. 성범죄의 연령은 상상할 수 없는 나이까지 내려갔습니다. 우리나라의 성문화 타락을 부추긴 것 중에 하나가 스포츠 신문입니다. 스포츠 신문은 성인잡지를 보편화시켜서 성을 보편화시킨 주범이기에 "기윤실"이 나서서 "음란물대책시민협의회"를 통해 제재를 가하는 운동을 하는 것입니다. 그런데 최근에 여의도 ㅇㅇ교회에서 운영하는 ㅇㅇ일보에서 『스포츠 투데이』를 발간하였습니다. 사실 ㅇㅇ일보는 매년 엄청난 적자를 내고 있는데 무슨 돈으로 『스포츠 투데이』를 발간하였을까요?

국내 최초로 일본 만화를 직수입해서 연재하고 있는데 그 내용은 귀신들이 등장하는 것입니다. 또한 별자리 점성술을 실었습니다. 기독교 정신으로 운영되는 신문이라 할 수 없습니다. 대구의 모 신학대학 4학년 학생은 통신을 통해 사이버 포주를 하다가 구속된 일도 있다. 신애 양의 소아암을 하나님의 뜻에 맡긴다는 광신적이고, 미신적인 부모들의 반사회적이고 무책임한 신앙관, 시랜드 화재 참사사건, 인천 호프집 화재로 인한 수 십명의 중.고등학생들의 희생 모두가 저는 감히 교회에 책임이 있다고 주장합니다.

그 증거는 총회장 선거 때 쓰여 지는 수십억의 돈, 선거부정, 뇌물, 성 직매매, 등등 이루 헤아릴 수 없는 부정과 부패가 교회에 만연되어 있습니다. 오직 자기의 이익만이 궁극적 목적입니다. 실속을 차리고, 감투를 쓰고, 이권을 위해서 내편이 아닌 자는 내 원수라는 이분법의 흉악한 폐단이 교계에서 판을 칩니다. 음흉한 술수를 가지고 사람을 농락하고, 세상을 좌지우지하는 존재를 따라 다니는 군상, 문전성시 하는 양상이 우리의 실상임을 직시하고 개탄하는 사람이 늘어만 갑니다. "교회가 망하면 국가도 망한다"고 그랬습니다.

3. 죽은 나무에는 봄이 없다.

요즈음 한국 교계에 새로운 바람 중 하나가 상담 프로그램입니다. 장안이 온통 상담세미나로 젖어 있는 듯 합니다. 각 대학마다 상담학과정의 학사, 석사 과정을 개설하고 있습니다. 그러나 우리 인생의 문제는 단순히 심리학적인 문제만이 아닙니다. 심리적인 문제라기보다는 영적인 문제인 것입니다.

우리가 영적인 문제를 생각하다 보면 자연 현상을 통해 깨달을 수 있는 점이 있습니다. 겨울에 보면 나무들이 모두 죽은 것만 같이 보입니다. 어느 나무가 살아 있는 나무인지, 어느 나무가 죽은 나무인지 알 수가 없습니다. 봄이 되어야 죽은 나무와 산 나무를 알 수 있습니다. 봄이 되어도 싹이 나지 않는 나무는 죽어 있기 때문입니다. 살아있는 나무는 살아있기 때문에 싹이 나고 꽃이 핍니다.

살아있는가?

구원에 대해 생각할 때 우리가 제일 먼저 기억해야 될 점이 바로 구원에 대한 확신입니다. 구원의 감격이 자신의 노력에 의한 결과냐, 아니면 살아 있기 때문에 그런 반응을 하게 되는 것이냐 하는 점입니다. 이것은 그 나무가 살아있다는 것을 전제로 한 다음에야 봄에 싹이 나고 꽃도 핀다는 것과 마찬가지입니다. 나무가 죽어 있다면 어느 계절이든 싹은 나지 않습니다.

그러나 우리는 다음과 같은 오해를 종종 하게 됩니다. "죽은 나무라고 해도 남쪽을 향해 세워 놓았더니 싹이 나더라, 어떤 비료를 주었더니 꽃이 피더라."며 이야기하는 것들입니다. 이들은 싹이 나고 꽃이 피는 조건을, '무슨 거름을 주었느냐, 어느 쪽을 향해 서 있었느냐.'는 것에 둡니다. 그러나 그러한 것들은 꽃이 더 잘 피게 하고, 싹이 더 잘 나게 할뿐이지 생명을 있게 만드는 조건은 될 수 없습니다. 구원 문제에서도 이 부분이 잘 정리되어 있지 않다면 매우 혼동됩니다. 성경에 이것에 대해 잘 설명하고 있는 구절이 있습니다.

요한복음 3장을 봅시다. "바리새인 중에 니고데모라 하는 사람이 있으니 유대인의 관원이라 그가 밤에 예수께 와서 가로되 랍비여 우리가 당신은 하나님께서 오신 선생인 줄 아나이다 하나님이 함께 하시지 아니하시면 당신의 행하시는 이 표적을 아무라도 할 수 없음이니이다 예수께서 대답하여 가라사대 진실로 네게 이르노니 사람이 거듭나지 아니하면 하나님나라를 볼 수 없느니라(요 3:1~3).

성경이 이야기하고 있는 것 중에서 우리가 이해하지 못하고 있는 내용은 구원의 조건이 무엇으로 제시되느냐 하는 점입니다. 사람들의 질문에 대한 예수님의 대답은 이렇습니다. "네가 지금 보고 있는 것은 세상적인 것에 불과하다. 내면적인 것을 못 보고 있는데 그 이유는 단 하나, 거듭나지 못했기 때문이다." 이와 같이 예수님은 거듭남. 즉 '중생'이라는 단어를 사용하십니다. 중생은 영어로 표현하면 'born again'입니다.

'다시 태어남', 즉 '출생'이란 단어를 왜 도입하느냐 하면 그것이 수동적일 수밖에 없기 때문입니다.

출생을 스스로 하는 사람은 없습니다. 출생에 관한 한 우리에게는 전혀 조건이 없습니다. 출생하는 자가 선택할 수 있는 것은 아무 것도 없습니다. 그래서 예수님이 거듭난다는 것을 출생에 비유하셨다는 점은 상당히 의미 있는 것입니다.

성경은 늘 우리가 죽었던 자들이었다는 데서부터 출발합니다. "너희의 허물과 죄로 죽었던 너희를 살리셨도다"(엡 2:1). 즉, "본질상 진노의 자녀였다. 죽었던 자들이었다."고 설명하는 것입니다. 그런데 어느 날 죽었던 우리들에게서 싹이 나고 꽃이 핍니다. 살아났다는 것입니다. 그러나 죽었던 자리에서 살아난 자리로 온 데 대해서는 우리가 무엇을 했다거나 어떤 방법, 혹은 반응, 아니면 무슨 조건을 제시한 적이 없습니다.

그런데 지금 신자들은 모두 누구의 꽃이 더 예쁜가, 누구의 싹이 더 큰가 하는 싸움에 빠져 있습니다. 누구의 싹이 더 큰가, 누구 꽃이 더 예쁜가의 싸움은 생명을 얻고 난 다음의 반응이지 생명을 얻는가, 못 얻는가의 싸움은 아닌 것입니다. 꽃이 피는 나무에만 생명을 준다는 것이 아닙니다. 생명을 주었기 때문에 꽃이 피는 것입니다.

신자의 춘하추동(人生 四季節)

두 번째로 우리가 또 생각해야 할 것이 있습니다. 봄이라는 계절이 한 나무에 필요한 전체의 계절은 아니라는 점입니다. 봄은 나무에 있어서 필요한 출발점이 되기는 하지만 정작 나무에게 필요한 것은 열매를 맺게 하는 가을입니다. 물론 나무에 열매가 맺히기까지 봄은 나무에게 필수적인 계절입니다. 그러나 그렇다고 나무에 필요한 전체의 계절은 아닙니다.

봄에 피는 꽃은 참으로 아름답습니다. 하나님의 자연섭리 중 가장 놀라운 점이라고 한다면 하나는 봄이라는 계절을 지으신 것과 그 봄에 싹도 나기 전에 꽃이 피는 나무가 있게 하신 점이 아닐까요? 봄에 피는 개나리와 진달래는 참으로 아름답습니다. 신자에게 중생이라는 감정은 얼었던 대지를 뚫고 나오는 새싹같이, 죽었던 자리에 피는 개나리 같은 감동입니다.

그러나 역으로 생각해보면 그건 개나리에 불과한 시절입니다. 여름이 오고 가을이 오면 봄의 감정은 묻혀버리고 맙니다. 이것은 그 감동이 약화된다는 뜻이 아니라 그 감동이 묻힐 만큼 그 이후의 감동이 압도적이고 더 풍성하다는 말입니다.

아마 계절 중에 가장 놀라운 계절이 있다면 여름일 것입니다. 생명이 가장 큰 힘을 낼 수 있는 계절이 여름이기 때문입니다. 매미가 극성스럽게 울어도 가장 잘 조화를 이루는 계절이 또한 여름입니다. 여름에는 모든 생명력이 극치를 이루고 있기 때문에 매미가 힘있게 울어야 조화가 되는 것입니다.

가을이 되면 모든 벌레들의 소리가 작아집니다. 모든 것이 여름의 그 힘찬 움직임을 늦춥니다. 가을에는 모든 생명력이 결실을 맺습니다. 그러나 모든 생명력이 힘을 자랑하는 여름과, 완숙한 익음의 경지의 가을과는 비교할 수 없는 것입니다. 모두 각각 있어야 할 자리에 가 있는 것입니다.

그러나 우리는 봄에 피어난 목련, 철쭉, 개나리, 계절의 여왕인 5월에 피는 장미 등의 아름다움에 도취되어 거기에서 더 이상 나가기를 두려워하고 있습니다. 구원을 얻은 후, 그 다음 단계에 대한 설명이 거의 없는 것이 우리의 현실입니다. 대부분의 신자들은 싹이 나게 하고 꽃이 피게 하는 데만 매달려 있지, 그 자신이 얼마나 풍성해져야 하는지에 대해서는 아직껏 생각도, 관심도 전혀 없습니다. 그 부분에 대해서는 꺼내놓을 아무 것도 가지고 있지 않습니다.

"우리는 언제나 봄을 과찬한다."라는 말이 있습니다. 봄은 우리에게 계절의 여왕으로 불리고 있지만 생각해보면 사실상 봄 날씨는 좋은 적이 별로 없습니다. 늘 비가 오거나 흐리거나 또 바람이 붑니다. 맑고 화창하고 따뜻한 날이 별로 없습니다. 그럼에도 불구하고 우리가 봄을 과찬하는 것은 겨울 이후에 오기 때문일 것입니다.

실제로 좋은 계절은 수확의 계절인 가을입니다. 날씨도 가을만큼 좋은 계절은 아마 없을 것입니다. 우리의 신앙생활도 이와 마찬가지입니다. 신앙의 봄인 중생 때의 기쁨과 그때 갖는 감격에 대해 우리는 너무 과찬하고 있습니다. 물론 이 부분은 아무리 과찬한다 할지라도 조금도 부족함이 없습니다. 그러나 그 과찬이 다음 단계로의 진전을 막게 된다면 그것은 매우 잘못된 것입니다.

또한 생명의 시기를 넘어 열매의 계절이 있다는 것을 인정한다 하더라도 한 가지 주의할 것이 아직 남아 있습니다. 그것은 다 동일한 꽃이 피고, 다 동일한 열매를 맺는 것은 아니라는 사실입니다. 다른 꽃이 피고, 다른 열매가 맺히게 됩니다. 이것을 획일화하면 안 됩니다. 열매를 맺어도 다른 사람과 다 동일한 열매를 맺는 것이 아니며 꽃이 펴도 다 같은 꽃이 피는 것은 아닙니다. 각기 다른 꽃이 피고 다른 열매가 맺히는 것입니다. 채송화는 채송화대로, 장미는 장미대로, 민들레는 민들레로 각자의 합당한 위치에서 그 나름대로 아름답고, 또 각자의 특색대로 열매를 냇게 됩니다.

우리의 신앙생활도 꼭 같습니다. 어떤 이는 채송화로, 어떤 이는 장미로, 어떤 이는 민들레로 각각 부름을 받고 있습니다. 각자가 이 사실을 깨닫고 자기의 위치에서 자기만이 할 수 있는 일을 해야 합니다. 동일시하려고 하면 비교하게 되고 각자 그 사람만이 할 수 있는 독특한 사명이 없어져서 결국 신자로서의 성장을 막게 될 뿐 아니라 하나님이 그 사람을 통해 이 땅에 이루시고자 하는 일을 못 하게 되는 것입니다.

예수님께서 이 땅에 오신 목적은 두 가지, 생명을 주시는 것과 더 풍성히 얻게 하는 것입니다. 이 두 가지 중 전자는 싹틔우고 꽃피울 수 있는 근본적인 조건으로서의 생명입니다. 그리고 후자는 그 생명이 점차 꽃을 피우고 열매를 맺도록 하는 것입니다.

4. 神前意識(Coram Deo)을 가지라(御前會議)

　신앙생활을 그리스도인이 되는 것과 그리스도인으로 사는 것, 이렇게 두 가지로 나눠 봅시다. 그리스도인이 되는 데는 시간이 얼마나 걸립니까? 어떤 사람은 오래 걸릴 수도 있지만 사실은 순간적인 문제입니다. 예수 그리스도를 우리의 구세주와 주님으로 영접할 때 그리스도인이 됩니다. 이것은 순간의 문제입니다.
　그리스도인으로 사는 것은 언제부터의 문제입니까? 그리스도인이 된 뒤 평생의 문제입니다. 그리스도인으로 사는 데 가장 기초가 되는 사고(思考)가 무엇이냐, 태도가 무엇이냐, 자세가 무엇이냐, 방향이 무엇이냐를 가르쳐 주는 것이 바로 "주 되심"(Lordship)입니다.

　"주 되심"은 내가 그리스도인이 되었을 때 그리스도인으로 살아야 할 가장 기본적인 태도와 방향을 보여 주는 것입니다. 다른 모든 것들이 사실은 이 기초 위에 세워져야 합니다. 우리가 성경을 읽는 것, 전도하는 것, 직장 생활하고 가정 생활하는 것 등 우리가 그리스도인으로 살면서 행하는 모든 일들이 사실은 "주 되심"을 인정하는 삶의 한 과정입니다. 그래서 다른 모든 것들이 "주 되심"의 하부 구조라고 생각할 수 있습니다. "주 되심"은 생애 전반에 걸쳐 있는 문제입니다.
　"주 되심"을 논하기에 앞서서 생각해야 할 것이 있습니다. "주 되심"은 그리스도를 구세주와 주님으로 영접한 사람에게 필요합니다. 즉, "주 되심"은 그리스도인 모두에게 필요합니다. 그리스도인들이어야만 "주 되심"대로 살 수 있습니다.(산자들은)

　그러면 내가 과연 그리스도인이냐 하는 것이 문제입니다. 우리가 어떻게 그리스도인이 되었습니까? 믿음으로 그리스도인이 되었습니다. "영접하는 자 곧 그 이름을 믿는 자들에게는 하나님의 자녀가 되는 권세를 주셨으니"(요 1:12).

예수 그리스도를 영접한 사실에 기초해서 그리스도인이 되었습니다. 신앙 생활을 오래 한 사람도 그리스도인으로서의 확신을 갖지 못하는 경우가 많습니다. 모태 신앙인이나 어려서부터 교회 생활을 한 사람들에게 그런 문제점이 나타납니다.

그리스도인이라고는 하면서도 영생을 얻었고 하나님의 자녀가 되어 언제 죽어도 천국에 갈 수 있다는 확신이 없는 사람이 있습니다. 이것은 사실, 인식의 문제입니다. 예수님을 개인의 구세주와 주님으로 영접했음에도 불구하고 구원의 확신 없이 살 수 있습니다.

저는 이런 사람들을 네 가지로 나누고 싶습니다.

첫째로, 그리스도인이 아닌 사람이 있습니다.

아직 그리스도를 개인의 구주로 신앙 고백한 적이 없는 사람입니다. 이런 사람은 자신을 그리스도인이라고 인식하지도 않습니다.

둘째로, 그리스도인으로 착각하는 사람이 있습니다.

구원의 기초가 잘못되어 있는 사람입니다. 그리스도를 구세주와 주님으로 고백하지 않았지만 39년째 신앙생활을 해 왔고 교회에서 장로이고 1년이면 헌금을 얼마나 하는데, 내가 그리스도인이 아니라면 누가 그리스도인이겠느냐고 큰 소리 치는 사람입니다. 많은 사람을 교회에 데려왔고 남보다 못하는 것도 없는데 하나님께서 당연히 구원하시지 않겠는가, 영생을 얻는 것이 당연하지 않은가라고 생각하는 사람이 있습니다. 자기의 선한 행위로 구원을 얻는다고 생각하는 사람입니다.

셋째로, 그리스도인임을 의심하는 사람이 있습니다.

내가 구원받는 것은 나의 행위에 기초하는 것이 아니다, 나는 구원에 있어서 전적으로 무능하다, 전적으로 하나님의 은혜로, 예수 그리스도를 믿음으로 구원받았다는 사실을 알고 있는 사람입니다. 그래서 주님을 영접했습니다. 그럼에도 불구하고 마음에 확신이 안 서서 의심하는 사람입니다.

넷째로, 그리스도인임을 깨닫지 못하는 사람이 있습니다.
저는 굉장히 오랫동안 이 단계에서 고생을 했습니다. 제가 상담하면서 교회 생활 오래한 사람 중에 이런 상태에서 고민하는 사람이 많다는 것을 알게 되었습니다. 교회에 오래 다니지만 복음이 무엇인지, 구원의 기초가 무엇인지조차 모르는 사람도 상당히 많다는 것을 느끼게 되었습니다.

저는 10년 동안, 그래도 열심 있는 그리스도인이라고 생각하는 형제를 만났습니다. 그는 교회학교 수련회까지 합쳐서 1년에 보통 수련회를 네 번 정도 참석하였습니다. 그는 등산을 참 좋아하는데 등산가는 것도 마다하면서 교회 행사에 우선적으로 참여했습니다. 다른 사람이 볼 때 참으로 본받을 만했을지 모릅니다. 그가 생각 할 때도 이만하면 괜찮은 신앙인이라고 착각하고 살았습니다.

그런데 수련회에 가면 마음 한구석이 답답했습니다. "하나님, 뭔가 시원하게 해 주십시오, 제 마음이 답답합니다. 확실히 뭐라고 말씀해 주십시오. 저를 구원했다는 증거를 보여 주십시오" 하고 기도했습니다.
그렇게 갈등하던 중에 신앙 상담을 통해 "하나님께서 나를 사랑하시는구나, 하나님은 살아 계시는구나, 이미 나를 구원하셨구나" 하는 것을 확신하게 되었습니다. 그가 구원을 확신한 것은 그때였으나 구원을 받은 것은 훨씬 이전이었습니다.

"주 되심"의 의미

"주 되심"의 의미는 크게 네 가지입니다.
첫째, 만유의 주인(계 19:16).
둘째, 창조의 주인(골 1:16,17).
셋째, 산 자와 죽은 자의 주인(롬 14: 8).
넷째, 교회와 믿는 자의 주인(엡 1: 22,23).

예수님은 만물의 주인이십니다. 땅 위에 있는 것이나 땅에 있는 것이나 땅 아래 있는 것이나 모든 것들이 그 무릎을 예수 그리스도 앞에 꿇고 그 입으로 예수를 주(主)라 시인한다고 말씀하셨습니다(빌 2:10,11). 예수님은 모든 것의 주인이시고 창조주이십니다.

예수 그리스도는 그리스도인들만의 주인이 아니라 모든 사람, 모든 존재의 주인이십니다. 그리스도는 사람들이 뽑은 주인이 아닙니다. 우리의 선택에 관계없이 주인이십니다. 문제는 그분이 원래 만물의 주인이신데 그것을 사람들이 인정하느냐 안 하느냐가 문제입니다. 그분은 항상 만물의 주인이십니다.

아버지와 자식이 있는데 못된 자식이 아버지를 아버지로 부르지 않는다면 그것은 자식에게 문제가 있는 것입니다. 어쨌든 아버지는 아버지입니다.

고린도전서 6장 20절을 보면 "값으로 산 것이 되었으니 그런즉 너희 몸으로 하나님께 영광을 돌리라"고 되어 있습니다. 예수 그리스도께서 친히 자기 몸을 값으로 지불하고 우리를 사셨습니다. 우리를 사셨으니까 우리는 그분의 소유입니다. 우리는 그분의 것이고 그분은 우리의 주인이십니다.

주인이라는 것이 어떤 의미를 내포하고 있습니까? 주인의 반대는 종입니다. 주인과 종을 비교해 봅시다. 어떤 일을 하고 안 하고는 주인 맘입니다. 주인은 종과 다르게 결정권을 갖고 있습니다. 그리고 주인은 결정된 일에 대해서 명령할 권리를 갖고 있습니다.

우리가 그리스도를 주인으로 고백한다는 것은 우리 삶에서 결정하는 권한이나 명령하는 권한을 그분께 드린다는 것입니다. 결정하는 권한이나 명령하는 권한을 내가 갖고 있는 한은 아직 내가 그리스도를 내 삶의 주인으로 인정하지 않고 사는 셈입니다.

주인은 만물을 창조하고 만유를 가지고 계신 전지 전능한 분이라고 했습니다. 뿐만 아니라 그 주인은 다음과 같은 분입니다.
"자기 아들을 아끼지 아니하시고 우리 모든 사람을 위하여 내어 주신 이가 어찌 그 아들과 함께 모든 것을 우리에게 은사로 주지 않으시겠느뇨"(롬8:32) 우리 주인은 참으로 좋으신 분입니다. 우리에게 최선이 무엇인지 알고 그것을 주기를 기뻐하시는 분입니다.

우리가 예수 그리스도를 믿는다고 신앙 고백할 때 우리가 회개하고 예수 그리스도를 믿습니다. 회개가 무엇입니까? 내 죄에 대해서 슬퍼하는 것입니까? 슬퍼하는 강도(强度)가 진하면 회개가 더 잘된 것이고 강도가 약하면 회개가 덜 된 것인가요? 회개는 완전한 '유턴'(U-turn)입니다. 지금까지 가던 방향에서 180도 뒤로 돌아가는 것입니다.

회개는 과거에는 내 방식대로 내가 주인으로 살다가 이제 그리스도를 주인으로 삼고 그리스도의 방식대로 사는 것입니다. 과거에는 내가 결정권을 갖고 있었는데 그리스도에게 결정권을 양도하는 것입니다. 과거에는 내 삶에서 내가 명령했는데 이제는 그리스도께서 명령하시는 대로 사는 것입니다. 이렇게 고백하는 것이 회개입니다.

"주 되심"의 사례

하나님께서 우리 삶에 주권적으로 간섭하시는 예를 성경 인물을 통해 살펴보겠습니다.

요셉

창세기 37~41장에 요셉의 기사가 나옵니다. 로버트 매톡스라는 사람이 『다르게 일하는 사람들』(The Christian Employee)이라는 책에서 요셉의 삶을 새롭게 해석했습니다. 제가 그 내용을 간략하게 소개하겠습니다.

요셉의 인생은 참으로 우여곡절이 많았습니다. 그는 가나안에서 아버지, 어머니, 또 열 명의 형들과 한 명의 동생과 함께 살았습니다. 그의 상황을 나쁜 것과 좋은 것으로 구분해 봅시다.

요셉은 꿈쟁이였습니다. 그는 아버지의 편애로 형들의 미움을 받아 애굽으로 팔려 가는 신세가 되었습니다. 그는 애굽에서 보디발 장군의 신임을 받아 가정 총무로 일하게 되었으나 그 아내의 유혹을 뿌리치는 바람에 모함을 받아 억울하게 감옥에 들어갔습니다. 그는 감옥에서도 성실함을 인정받아 죄수들을 맡아 관리하였습니다. 그곳에서 만난 술 맡은 관원과 떡 맡은 관원의 꿈을 해석해 주어 결국에는 바로 왕의 꿈을 풀이하게 되었고 애굽의 총리자리까지 오르게 되었습니다.

삶은 이런 것입니다. 인생은 좋을 때도 있고 나쁠 때도 있습니다. 어두울 때가 있으면 밝을 때도 있습니다. 어두울 때를 잘 참아야 빛을 볼 날을 맞이합니다.

우리가 요셉의 삶을 두고 이야기할 때 보통 이런 식으로 말합니다. 그런데 로버트 매톡스는 다르게 해석했습니다. 요셉은 애굽에서 처음에 노예였습니다. 노예에서 가정 총무로, 감옥의 전옥 조수에서 총리로 올라갔습니다. 만약 요셉이 노예가 아니었다면 가정총무가 될 수 있었겠습니까? 감옥에 갇혔기 때문에 그는 술 맡은 관원장도 만날 수 있었고 애굽 왕도 만날 수 있었습니다.

　하나님께서는 노예와 감옥이라는 도구를 사용하셔서 요셉을 가나안에서 애굽의 바로 앞에까지 이끄셨습니다. 그래서 요셉은 하나님의 계획대로 최종 목표인 총리가 되었습니다.
　우리가 생각할 것은, 인생의 어려운 부분이 도리어 하나님께서 뜻하신 최종 목표를 달성하기 위한 도구일 수 있다는 것입니다. 그런데 사람들은 어떻게 생각합니까? 우리는 어떤 것이 최선이라고 나름대로 정의(定義)해 놓고 있습니다. 우리가 생각한 것을 성취하면 성공한 것이고 성취하지 못하면 실패한 것이라고 잘못 생각하는 경향이 있습니다. 그런데 하나님 보시기에는 고생하는 것 그 자체도 하나님의 뜻과 하나님의 최종적인 목표를 달성해 가는 하나의 과정이고 수단입니다. 우리가 고통 받을 때 이것이 하나님의도구일 수 있음을 이해하기 바랍니다.

　우리가 밟아 가는 과정 자체가 하나님께서 나에게 주신 최선임을 이해하는 사고(思考)가 필요합니다. 요셉이 이런 상황에서 불평하는 것을 성경에서 찾아볼 수 없습니다. 그런 면에서 요셉은 하나님의 주권을 인정하고 살았던 사람임을 알 수 있습니다. 그래서 각각의 상황을 하나님께서 계획하신 최종적인 목표를 달성하기 위한 중간 과정이라고 이해하면 좋겠습니다. 그는 가는 곳마다 아름다운 영향을 끼쳤습니다. 그가 가는 곳이면 모두 부유하게 되었습니다. 그가 일하는 곳마다 복음의 능력을 삶 속에서 보였습니다. 그가 맡은 사역으로 가족과 애굽을 살렸고 근방에 모든 나라를 살렸습니다.

5. 영적 정상에 서라

우리에게는 부끄럽게도 나라를 빼앗겼던 경험이 있습니다. 나라를 빼앗기면 비참한 일이 많이 있지만 그 중에 가장 비참한 것은 모국어를 빼앗기는 일입니다. 일제 시대 때 우리 나라 학생들은 국어 시간에 일본말을 배웠습니다. 일본말이 곧 국어였고 한국말은 조선어라고 해서 따로 구분했습니다. 한국말을 하면 매를 맞거나 변소 청소를 해야만 했습니다. 나중에는 성(姓)도 다 빼앗기고 일본 성을 붙여야만 했습니다.

똑같은 일이 이 사회에서도 일어나고 있습니다. 우리는 하나님 나라를 이 땅에 건설해야 할 책임을 가지고 사는 신앙인 입니다. 하나님의 나라를 이 세상에 빼앗기게 되면 우리가 일제 시대에 겪은 일과 똑같은 일들이 일어나게 됩니다. 첫째, 우리말을 빼앗깁니다. 하나님의 말씀을 세상에 나가서 하면 안 통합니다. 하나님의 말씀이 국어가 아닙니다. 마귀의 말, 세상의 말이 국어이고 하나님의 말을 하면 매 맞고 혼이 납니다. 그리고 하나님의 자녀라는 성(姓)을 빼앗깁니다.

서울에 안동교회라는 교회가 있는데 100년 가까이 된 오랜 교회입니다. 그 교회에서 발행되는 교회지를 읽다가 참 가슴 아픈 이야기를 읽었습니다. 집사님 한 분이 교통 경찰인데 교통 경찰로서의 일을 신앙적으로 하려고 무진 애를 썼습니다. 특별히 뇌물을 결코 받지 않겠다고 결단하고 그렇게 살려고 노력했습니다. 그 결과 그는 동료로부터 따돌림을 받았습니다. "너만 깨끗하냐"하는 식이었습니다. 인간은 사회적인 동물인데 그 사회에서 따돌림을 받는다는 것은 죽음과도 같은 일입니다. 상관들에게 무능한 공무원으로 낙인 찍혀 승진이 안 되었습니다. 불의한 재물로 상납하지 못했기 때문이었을 것입니다. 그 사회에서 도저히 견딜 수가 없어서 그는 스스로 사표를 내고 나왔습니다. 그것만 해도 마음이 아픈데 그는 6

개월 동안 신경정신과 치료를 받아야만 했습니다. 이것이 우리가 살아가는 현실의 단적인 모습입니다.

하나님의 말씀대로 살면 이 세상에서 살수가 없습니다. 우리는 하나님의 말씀을 빼앗겼습니다. 정직하고 성실한 것은 무능한 일로, 사랑하는 것은 바보스러운 일로 여겨지고 도리어 악인의 꾀와 세상의 요령을 좇아 살아야만 제대로 살 수 있는 사회가 됐습니다. 나라를 빼앗겼기 때문입니다.
하나님의 나라를 빼앗겨, 예수를 믿으면 믿을수록 더욱 곤란해지고 하나님의 말을 하면 할수록 더욱 매를 맞는 세상을 만들어 놓고 사람들에게 예수 믿으라고 하는 것은 무리가 아닐까요? 믿음대로 살아간다는 것은 참으로 힘든 일이 아닐 수 없습니다.

이렇게 하나님의 나라를 빼앗기고 말을 빼앗겼는데도, 무엇을 먹고 입고 마실까만을 고민한다면 그것은 참으로 수준 낮은 삶이 아닐 수 없습니다. 하나님은 우리가 먹어야 할 줄도, 입어야 할 줄도, 마셔야 할 줄도 아십니다. 그런 하나님께서 우리에게 분명히 말씀해 주셨습니다.

"너희는 먼저 그의 나라와 그의 의(義)를 구하라 그리하면 이 모든 것을 너희에게 더하시리라"(마 6:33).
지금 우리에게 매우 시급한 것은 하나님의 나라를 이 땅에 건설하여 하나님의 말이 세상에서 통하게 만드는 것입니다. 이것은 우리 모두의 소명입니다.

미국 고등학교 1학년 남학생의 70% 이상이 이미 성 관계를 갖고 있고, 그 중의 사 분의 삼 이상이 네 명 이상의 상대와 관계를 갖고 있다고 들었습니다. 도저히 이해할 수가 없는 일입니다. 그러나 그것은 미국이라는 사회의 하나의 문화입니다. 분명 하나님 나라의 문화는 아닙니다. 저는 수영장에 넥타이를 매고 간 적도 없고, 예배당에 수영복을 입고 간 적도 없습니다. 일정한 문화가 형성되면 수영장에서는 수영복이 편하고 예배당에서는 양복이 편합니다. 문화는 그런 특성을 가지고 있습니다.

그런 것처럼 미국이라는 사회의 문화에서는 순결을 지키기가 불가능합니다. 왜냐하면 문화 자체가 혼전 성 관계를 자연스러운 일로 받아들이고 누구도 그것을 비난하지 않기 때문입니다. 문화가 그러면 순결을 지키고 깨끗하다는 것은 별 의미도 없고 깨끗함을 지킬 수도 없게 됩니다.

'어떤 문화가 이 땅에 정착하느냐'는 매우 중요한 문제입니다. 예수 그리스도의 문화와 하나님의 나라를 이 땅에 건설하는 일이 우리에게는 가장 중요한 일입니다. 지금 이 세상은 위험 수위를 넘어섰습니다. 그렇기에 하나님 나라를 회복하는 일이 우리의 절대적 소명이어야 합니다. 하나님 나라와 예수 그리스도의 문화를 이 땅에 정착하고 건설하기 위해 공부하고 애쓰는 사람들이 많이 나와야 합니다.

이렇게 하나님의 나라를 건설하는 데 헌신하려는 사람들이 생각해야 할 것이 세 가지가 있습니다.

흐르지 않는 물은 썩습니다. 그런데 흐르지 않는데도 썩지 않는 물이 있습니다. 그것은 바닷물인데 바다가 썩지 않는 까닭은 소금이 있기 때문입니다. 큰 바다를 썩지 않게 하는 소금 양은 전체 바닷물의 2.8%입니다. "너희는 세상의 소금이라"(마 5:13)는 말씀은 세상에 그리스도인들이 2.8%만 있어도 세상을 썩지 않게 할 수 있다는 의미를 갖고 있습니다. 우리 나라 인구의 25%가 그리스도인입니다. 또 서울 강남 인구의 45%가 그리스도인입니다. 이것은 교회가 밝힌 통계가 아니라 1987년 대통령 선거 때 어느 정당이 조사해서 분석한 결과입니다. 지금은 더 늘었을 것입니다.

한국이라는 바다에는 25%의 소금이 있고, 강남이라는 바다에는 45%의 소금이 있습니다. 그런데 우리 국산 소금은 참 이상합니다. 소금이 많은 곳일수록 더 잘 썩습니다. 강남 지역이 한국에서 가장 향락적이고 세속적이고 퇴폐적인 곳이 아닙니까? 소금이 2.8%만 있으면 바다가 도저히 썩을 수 없다는데 교인이 전국민의 25%나 되는 이 세상과 문화의 형편이 지금 과연 어떻습니까? 우리는 예수를 너무나 엉터리로 믿고 있는 것입니다. 그저 입으로만 "주여 주여"하고 정말 그리스도인다운 모습과 실력은 못 갖추고 있습니다. 그러나 절망할 것은 없습니다. 숫자 많은 것은 절대 나쁜 것이 아닙니다. 현재 미숙한 상태에 있다는 것은 인정하되 낙망할 필요는 없습니다.

저는 그리스도인들이 그렇게 많은데도 이 땅의 문화가 기독교적이지 못하고 향락적이고 퇴폐적인 까닭을 알게 되었습니다. 그것은 군사 전략에서 배울 수 있는 것인데 지상 전쟁이 일어나면 가장 기본적인 전략은 고지(高地)를 점령하는 것입니다. 고지에 있는 사람과 저 아래 있는 사람이 싸우면 아래에 있는 사람이 작전상 3~5배 불리하다고 합니다. 고지를 점령하지 못하고 밑바닥에서 기면 70%를 차지해야 승산이 있지만 고지를 점령하면 100명이 500명을 상대할 수 있기 때문에 기를 쓰고 고지를 점령한다고 합니다. 사실 모든 전투는 고지를 중심으로 일어났고, 모든 전투의 이름은 곧 고지 이름이었습니다.

25%의 그리스도인들이 있으면서도 이 한국이라고 하는 사회에 예수 그리스도의 문화, 하나님의 나라를 건설하지 못하는 중요한 까닭은 우리가 밑바닥에서 기었기 때문이었습니다. 고지를 점령하면 25%로도 벌써 승산이 보이는데 밑바닥에서 기기 시작하면 전국민의 70%가 그리스도인이 되기 전에는 이 나라의 문화를 기독교적으로 바꾸지 못합니다.

정계(政界)와 재계(財界)를 쥐고 흔드는 대다수의 사람들이 그리스도인이 아닙니다. 그나마 예수 믿는 사람 많다는 국회도 정치 철학은 기독교적이지 않고 세속적입니다. 한국 사회를 이끌어 나가는 고지가 믿지 않는 사람들에게 점령당했습니다. 많은 사람들은 예수 믿지 않는 사람이 대통령 된다는 것에 대해 아무렇지도 않다고 생각하지만 저는 예수 잘 믿는 사람이 대통령이 되어야 한다고 믿는 사람입니다. 예수 믿는다는 것을 내세워 표 긁어모으는 정치꾼 말고, 정말 소명을 가지고 "하나님, 나를 대통령 삼으신 뜻이 무엇입니까?"라면서 나라를 위하여 방문 걸어 잠그고 기도하고 성경에서 정치 철학을 찾아내고 신앙이 곧 그의 정치 신념이 되는 사람이 대통령이 되면 이 나라가 복을 받습니다. 또 우리나라 경제계를 예수 잘 믿는 사람이 정복하면 이 나라 경제가 복 받습니다.

그런데 많은 그리스도인들이 고지를 점령하라는 것이 세상적 출세라 하며 비 성경적 이라고 생각하고 있습니다. 사실 예수님은 낮아지라고 늘 가르치셨습니다. 스스로 높이는 자는 낮아진다며 자기를 낮추는 자가 되라고 끊임없이 말씀하셨습니다. 그래서 고지를 점령하라, 재벌이 되라, 대통령이 되라, 높아져야 한다는 얘기를 비성경적인 것으로 오해하기 쉬운데 사실은 그렇지 않습니다. 예수님이 낮아지라고 하신 것은 실력입니까, 자세입니까? 자세입니다. 고지를 점령하는 것은 실력입니까, 자세입니까? 이것은 실력입니다.

예수님이 낮아지라고 하신 말씀 속에는 하나의 전제가 숨어있습니다. 낮아질 수 있는 사람은 어떤 사람입니까? 높은 사람이 낮아지지 낮은 사람은 낮출 것도 없습니다. 낮아지라고 하는 말씀 속에는 높아지라고 하는 무서운 전제가 들어 있다는 것을 알아야 합니다.

키가 아주 작은 목사님이 있었습니다. 강대상에 서면 교인들에게 목만 보여서 단을 높였습니다. 그래서 설교하는 데 지장이 없게 되었는데도 이 분은 설교하다가 흥분하면 발을 들었습니다. 발을 드는 것은 키를 높이기 위한 것이고, 키를 높이는 것은 자기 키가 작다는 것을 인식한다는 뜻입니다. 여기서 매우 중요한 것을 알 수 있는데, 모든 교만의 뿌리는 열등감입니다. 열등감과 교만은 달라 보이나 실은 동전의 양면입니다.

예수께서는 제자들이 서로 높아지려고 다툴 때 자신이 이 땅에 온 것은 섬김을 받으러 온 것이 아니라 섬기러 온 것이라고 말씀하셨습니다(마 20: 28). 예수님은 이 말씀을 통해, 높아지려는 것을 비판하신 것이 아니라 높아지려 하는 "의도"가 잘못되었음을 지적하고자 하셨습니다. 우리가 높아지려고 하는 것은 섬기기 위험입니까, 섬김을 받기 위함입니까? 우리는 섬김을 받으려고 높아지는데 예수님은 섬기기 위해 높아지라고 하셨습니다.

세상에서는 낮은 자가 높은 자를 섬깁니다. 약자의 섬김을 받으려는 인간의 본능은 사실 짐승의 원리입니다. 약육강식(弱肉強食)하는 짐승의 본능은 약자가 강자를 섬기고 강자가 약자의 고기를 먹는 것입니다. 그런데 하나님이 우리 인간에게 주신 법은 강자가 약자를 섬기는 것입니다. 강한 자가 약한 자의 약점을 마땅히 감당해야 합니다. 이것이 성경 말씀입니다.
대부분의 부모들은 자녀에게 공부하라는 소리를 많이 합니다. 이것은 공부하여 좋은 대학에 가서 출세하고 높아지라는 것입니다. "왜 높아져야 합니까?"라고 물으면 부모들은 똑같이 대답합니다.
"그래야 네가 남 부리고 살지. 너 남 섬기고 살테냐?"
이것은 비 기독교적인 원리입니다. 우리 그리스도인들은 아이들에게 이렇게 가르쳐야 합니다.
"공부 잘해야 돼. 그래서 높아져야 한다. 그래야 많은 사람을 섬길 수 있단다." 이것이 기독교와 세상의 다른 점입니다.

예수님은 허리에 수건을 두르고 제자들의 발을 씻겨 주셨습니다. 그런 후에 이렇게 말씀하셨습니다.

"내가 주(主)와 또는 선생이 되어 너희 발을 씻겼으니 너희도 서로 발을 씻기는 것이 옳으니라"(요 13:14).

여기서 중요한 것은 서로 발을 씻어 주는 것입니다. 그러나 또 하나 중요한 가르침이 이 말씀 가운에 있습니다. 예수님은 우리더러 제자가 되라는 뜻으로 이 말씀을 하셨습니까? 아니면 선생이 되라는 뜻으로 이 말씀을 하셨습니까? 여기에서는 선생이 주제입니다. 제자가 선생의 발을 씻기는 게 아니라 선생이 되어 제자의 발은 씻기라는 것입니다.

또 마태복음 28장에도 보면 예수께서는 제자들에게 "그러므로 너희는 가서 모든 족속으로 제자를 삼아…가르쳐 지키게 하라"(19,20절)고 말씀하셨습니다. 믿지 않는 자들을 제자 삼으라고 하셨습니다. 예수 믿는 사람은 높아져야 합니다. 영성이 깊어져야 합니다. 그래서 세상을 추복하고 섬길 수 있어야 합니다.

공부해서 남 주느냐? 돈벌어서 남 주느냐? 출세해서 남 주느냐? 라고 말합니다. 그러나 예수 믿는 사람은 돈벌어서 남 주는 사람이 되어야 합니다. 출세해서 남에게 주세요. 공부해서 이 세상에 주세요!

예수 믿는 사람이 밤낮 뒤쫓아 가니까 세상이 이 모양입니다. 예수 믿는 사람이 정상에 서야 하나님나라가 확실하게 임합니다. 우리는 돈 몇 푼 벌자고 공부하는 것이 아닙니다. 고생하는 목적을, 이 나라의 고지를 점령해서 이 땅에 하나님 나라와 문화를 건설하는 데 두기 바랍니다.

6. 성직자로 살라.

사람들은 목사를 성직자라고 부릅니다. 그러나 저는 목사만 성직자라고 생각하지 않습니다. 사람마다 생각이 다를 수 있겠지만 제 나름대로 확고히 믿고 있습니다. 시장에 나가서 장사를 해도 그것이 하나님이 내게 주신 직분이라고 생각하고, 물건 하나를 사고 팔아도 하나님의 뜻대로 하는 사람은 성직자입니다. 학교에서 학생을 가르치는 교사와 교수가 그 직업을 하나님께 받은 성직으로 알고, 학생 가르치는 일도 하나님의 뜻대로 하나님의 방법대로 그리고 하나님의 영광을 위하여 한다면 그것은 목회와 조금도 다를 바가 없습니다. 저는 그런 면에서 예수 믿는 사람들 모두가 성직자라고 생각합니다.

목사가 목사만 성직자라고 하는 것은 교만한 처사이고, 교인들이 목사만 성직자라고 하는 것은 무책임한 처사입니다. 사람들에게는 자기 직업에서 자기 마음대로 하고 싶어하는 본능이 있습니다. 주일 거르고 십일조 안 내면 하나님이 벌 내리실까봐 꾸벅꾸벅 졸면서 예배드리고 정성도 없는 십일조를 내는 사람들이 많습니다. 그것은 신앙이 아닙니다. 그러나 하나님 앞에 진실한 마음을 갖는 사람은 누구나 성직자인 것입니다. 모든 사람이 성직자가 되어야 합니다.

전 국민의 25%가 그리스도인인데 이 세상에 하나님나라와 기독교 문화가 이루어지지 않는 이유가 무엇일까요? 그것은 그리스도인들이 이원적으로 양면적인 자세로 살아가기 때문입니다. 교회에서의 모습과 세상에서의 모습이 전혀 딴판입니다. 교회에서는 주여 주여 하면서도 세상에서는 악인의 꾀를 좇았기 때문에 그리스도인이 천 만 명이 되어도 기독교 문화가 정착할 자리가 없습니다. 예수 믿는 사람들이 자기 직업을 성직으로 받아들이지 않고 성직자가 되지 않는다면 이 땅에 기독교 문화는 요원합니다. 그러나 25%만 믿어도 모든 그리스도인들이 지기가 하는 일이 성직으로 안다면 이 나라에 기독교 문화가 이루어 질 수 있습니다.

고시 준비를 하던 대학생이 목사님한테 상담하러 왔습니다. 여름방학

동안에 대학부 행사 가운데 하나인 하계 의료 선교 봉사를 나갔다가, 축호전도 팀에서 전도를 하던 중 성령을 받아 팀 전체가 방언을 하게 되었다고 합니다. "오직 성령이 너희에게 임하시면 너희가 권능을 받고"라는 말씀을 체험하여 가슴이 뜨거워진 이들은 자기들 나름대로 계속 무릎을 꿇고 합심기도 하던 중 어느 날, 선교사가 되겠다고 단체로 서원 했다고 합니다.

시간이 흘러 정신 차리고 보니 자기는 고시 준비하는 사람인데 선교사가 되겠다고 하나님 앞에 서원을 해 버린 것입니다. 그 학생의 고민은 둘 중의 하나를 포기해야 되었기에 찾아왔습니다. 목사님은 그에게 이렇게 말해주었습니다.

"네가 생각하는 선교의 개념이 참 좁다. 목사만 선교사인 줄 아느냐? 아프리카, 방글라데시에 가야만 선교인 줄 아느냐? 그렇지 않다. 우리나라 법조계도 훌륭한 선교지다. 그곳에 훌륭한 선교사로 가려면 고시에 패스해야 할 걸?"

그 때 그 학생의 얼굴이 갑자기 환해졌습니다. 선교사와 고시 합격이 별개의 것이 아니라는 것을 알았기 때문입니다.

부모가 "내 자식을 하나님 앞에 바치겠습니다."라고 했으면 그것은 사나 죽으나 자녀를 신학교로 보내겠다는 말입니다. 피아노 잘 치는 사람은 계속 피아노 칠 수 있게 해 주고 미술에 소질 있는 사람은 미대로 보내고 무용을 잘하는 사람은 무용을 시켜야지 신학교는 왜 자꾸 꾸역꾸역 보내는 것입니까? 목사가 될 사람만 신학교 보내면 됩니다. 부모는 자녀들을 하나님께 음악으로도 바치고 미술로도 바치고 학문으로도 바치고 사업으로도 바쳐야 합니다.

장사하는 사람은 하나님 앞에서 열심히 일해 그 세계를 정복하고, 정치하는 사람은 열심히 정치하여 대통령도 되고 국회의원이 되면, 모두가 하나님 앞에서 성직을 감당하는 마음으로 자기 직업에 충실하게 되면 이 나라에 그리스도인이 2.8%만 있어도 기독교 문화가 장성하게 됩니다.

  이 사회는 지금 부 정직 때문에 망하고 있습니다. 부정으로 번 돈은 다 향락 산업으로 갑니다. 과소비에 씁니다. 다 먹고 마십니다. 그래서 향락 사업이 발달하니까 모두가 그쪽으로 몰려갑니다. 최선을 다해 고지를 점령합시다. 영적인 정상에 우리 모두 섭시다. 그리고 각자에게 주신 달란트와 일을 성직자의 심정과 자세로 감당하십시오. 그렇게 할 때 이 나라와 후손이 복을 받습니다. 21세기를 열어 가는 하나님의 백성이 됩니다 세계 열방을 섬기는 성결인이 됩니다. 새 사람, 새 교회, 새 역사를 열어 가는 성결교회가 됩시다. 바울을 구라파를 위해 사용하신 하나님은, 세계 열방을 위해 한국의 성청인을 들어 쓰시도록 드립시다.

7. 피 묻은 복음에 가슴을 적셔라(성결성 회복).
   - 죄를 짓기 때문에 죄인이 아니라 죄인이기에 죄를 짓습니다 -
  * 반드시 짚고 넘어가야 할 죄 *

  이 땅에 하나님 나라를 건설하려고 하는 우리는 사람들을 잘 살게 하는 사람들이 되어야 합니다. 하나님 나라를 건설해야 하는 이유도 사람들을 잘살게 하는 데 있습니다. 우리는 남만 잘 살게 하는 것이 아니라 자기도 진짜 잘사는 사람이어야 합니다. 그런데 잘 살려고 할 때 반드시 해결해야 할 문제가 있습니다. 바로 죄입니다.

  칼 마르크스가 사회주의 이론을 주장했던 것은 그 당시에 자본주의가 극도로 부패했기 때문입니다. 산업화로 농촌에서 도시로 올라와 공장 노동자가 되는 사람들이 늘어났습니다. 공장마다 사람들이 많아지니까 임금이 떨어졌습니다. 밥만 먹여 주고 12시간, 15시간이나 일을 시키는 공장이 실제로 생겼습니다. 추운 겨울에 난로도 피워 주지 않았고 동상이 걸려 손가락 마디가 떨어져 나가는데도 내쫓았으면 내쫓았지 치료해 주지는 않았습니다. 그런 일들을 보면서 마르크스는 "자본주의는 인간이 주인이 되지 않고, 돈이 인간의 주인이 되는 체제다"라고 생각했습니다. 그래서 그는 인간이 주인이 되는 사회를 만들고 싶다 하여 사회주의 이론을 내놓았습니다.

학생들이 대학에 들어가서 사회주의 이론에 깊이 빠지는 이유중의 하나는 사회주의의 본 바탕이 인본주의이기 때문입니다. 돈이 인간의 주인이 되는 것이 아니라 인간이 주인이 되는 사회를 만들자는 생각은 옳습니다. 거기까지는 마르크스가 옳습니다. 그런데 마르크스는 인간이 주인이 되지 못하는 "인간소외"(人間疎外)의 원인을 경제 소외에서 찾았습니다. 즉, 빈익빈 부익부(貧益貧 富益富)라는 경제 소외가 인간 소외를 초래했다고 믿고 인간 소외 극복을 위해 경제 소외를 해결하자고 주장했습니다. 마르크스의 생각을 따르는 사회주의자들은 있는 자들의 것을 다 빼앗아서 없는 자들에게 골고루 나눠줬습니다. 경제적인 소외 현상을 무력(武力)으로 다 해결한 그들은 경제적으로 소외가 없어졌으므로 인간 소외도 없어지리라고 생각했는데, 이것은 너무 낙관적인 생각이었습니다.

경제 소외가 인간 소외를 낳는 것은 사실입니다. 그러나 마르크스는 그 경제 소외를 가져오는 원인을 한 번 더 물었어야 했습니다. 성경을 우리에게 소외의 분명한 원인을 가르쳐 주는데, 그것은 "죄"입니다. 왜 죄가 소외의 원인이 되는 줄 아십니까? 죄의 뿌리는 욕심이기 때문입니다. 욕심이 잉태한즉 죄를 낳습니다(약 1:15).

저는 아이들을 관찰하면서 인간에게 원죄가 있다는 것을 확신하게 되었습니다. 힘이 있으면 상대방을 쥐어박고서라도 자기가 더 많이, 더 좋은 것 차지하려고 다툽니다. 어느 부모든 한번도 "거짓말 해라", "미워해라", "쥐어박아라"고 가르친 적이 없습니다. 완전 자동입니다. 누가 가르치지 않아도 서로 미워하고 쥐어박고 시기하고 욕심 부리고 앙앙거리고 싸우고 난리들입니다. 그런데 "정직해라", "사이좋게 놀아라"고 아무리 가르쳐도 그렇게 못합니다.

아담과 하와가 범죄한 후에 제일 먼저 일어난 일은 생명 자체인 하나님과의 단절이었습니다. 또 인간과의 단절이 찾아왔습니다. 죄를 짓기 전에 인간은 하나였습니다. 아담이 하와를 보고 처음 한 말이 무엇이었습니까?
"이는 내 **뼈** 중의 **뼈**요 살 중의 살이라"(창 2:23).
인간이 할 수 있는 가장 아름다운 말입니다. 네가 곧 나라는 말입니다.

그런데 선악과를 따먹고 범죄한 후 아담은 하와에게 죄를 전가하는 모습을 보였습니다. 하와를 감싸고 "하나님, 저 때문입니다. 제가 잘못했습니다. 제가 막았어야 했습니다"라고 하기는커녕 "하나님이 내게 주신 저 여자 때문에 그랬습니다"라고 했습니다. 그의 말 속에는 하나님을 향한 원망도 들어 있습니다. 아담의 태도에 나타난 것, 바로 그것이 소외입니다.

창세기 11장에 보면 하나님을 대적하여 바벨탑을 쌓은 노아의 후손들에게 하나님이 내리신 벌은 언어를 혼잡케 한 것이었습니다. 말이 안 통하게 된 사람들은 온 지면으로 흩어지게 되었습니다. 죄를 진 인간은 함께 살 수 없습니다. 죄에는 흩어 놓는 속성이 있습니다.
성경이 끊임없이 가르쳐 주는 것은 바로 이것입니다.
"인간이 소외되는 것은 경제 소외 때문이고 경제 소외가 일어나는 까닭은 죄 때문이다."

마르크스는 인간이 죄인이라는 사실을 너무 가볍게 보았습니다. 죄 문제를 개인적으로나 사회적으로나 국가적으로 해결하지 않고 잘 살 수 있는 길은 전혀 없습니다. 잘 산다는 것은 화목하게 사랑하며 사는 것인데 이 일은 죄 문제를 해결하지 않고는 이루어질 수 없습니다. 공산주의자들은 경제적인 소외를 해결했습니다. 그러나 그들 자신이 욕심이 있는 죄인입니다. 소외가 일어나는 건 시간문제입니다. 그리하여 동구권이 오늘날과 같이 되고 말았습니다.

인간이 변화되기 전에는 아무 것도 변할 수 없습니다. 우리가 이 세상을 이끌어 나가는 성직자로서, 고지를 점령하는 정복자로서 이 땅을 축복하는 사람이 되려면 죄 문제에 먼저 관심을 가져야 합니다. 죄의 삯은 사망이라는 말씀을 우리는 결단코 경솔히 여겨서는 안됩니다.

그렇다면 하나님 나라 건설을 통해 우리가 사람들을 잘 살게 하는 사람이 되어야 한다고 했는데 "잘산다"는 것의 의미는 과연 무엇일까요?

"잘 산다"의 의미

우리는 잘산다고 하면 부자를 떠올리고 못산다고 하면 가난한 사람을 생각합니다. 결국 은연중에 우리는 잘산다, 못 산다를 돈으로 구분하고 있습니다.

행복해야 잘사는 것이지 돈 많다고 해서 잘사는 것은 아닙니다. 돈이 많다고 해서 행복한 건 아니지 않습니까?

복음 중에 복음은 요한복음 3장 16절입니다.

"하나님이 세상을 이처럼 사랑하사 독생자를 주셨으니."

하나님이 우리를 사랑하신다는 것이 복음 중에 복음입니다. 그런데 하나님이 우리를 사랑하신다는 것이 왜 복음인 줄 압니까? 복음은 아주 놀라운 힘을 가지고 있습니다. 사랑 받는 자를 존귀하게 하며 사랑하는 자를 부요 하게 합니다.

하나님께서는 인간을 천하(天下)보다 귀하게 창조하셨습니다. 온 천하를 얻고도 제 목숨을 잃으면 아무 것도 유익할 것이 없다고 했습니다(막 8:36). 우리는 최소한 천하보다 귀합니다. 그런데 하나님께서는 그것으로도 자신의 사랑이 표현되지 않았다고 생각하셨는지 우리의 죄 값을 치르려 우리 대신 예수님을 십자가에 못박으셨습니다. 그분이 보시기에는 죄인 중의 죄인인 우리가 그분 자신의 생명보다도 더 귀하고 비싼 존재인가 봅니다.

이렇듯 천하보다 귀하게 창조되었기에 인간은 그 누구나 이 세상에서는 절대로 만족을 얻을 수 없습니다. "내 잔이 넘치는 것"(시 23:5)이 만족이요 행복인데, 하나님이 우리에게 주신 삶의 그릇은 천하보다 큽니다. 그렇기에 혹 천하를 다 얻는다 해도 만족하지 못합니다. 어느 정도 만족하다가도 곧 불만족스러워집니다. 세상의 온갖 부귀와 영화와 쾌락을 다 누렸던 솔로몬도 "헛되고 헛되며 헛되고 헛되니 모든 것이 헛되도다… 모든 강물은 다 바다로 흐르되 바다를 채우지 못하며 어느 곳으로 흐르든지 그리고 연하여 흐르느니라"(전 1:2,7)고 고백했습니다. 물이 바다로 흘러드는 것처럼 부귀와 영화와 쾌락이 솔로몬에게로 흘러 들어왔습니다. 그러나 그를 만족시키지 못했습니다. 행복하고 싶었지만 그 무엇도 그를 행복하게 만들지 못 했습니다. 하나님이 솔로몬을 사랑하셔서 솔로몬을 천하보다 크게 만드셨기 때문에 천하로써는 행복할 수가 없었던 것입니다.

하나님이 인간을 사랑하지 않으신다면, 그리하여 십자가의 복음이 없다면 인간은 이 세상만으로도 얼마든지 행복하게 살 수 있습니까. 그러나 하나님이 인간을 사랑하시기 때문에 우리는 이 세상에서는 만족할 수 없습니다. 새 집에 이사 가서 대개는 첫날 잠을 잘 못 잡니다. 더구나 그 집이 처음으로 갖게 되는 자기 집일 때는 말입니다. 사람은 소유할 때 행복해 합니다. 갖고 싶던 것을 가졌을 때 얼마나 행복합니까? 그런데 그것은 얼마 못 갑니다. 하루 이틀 지나면 소유의 기쁨과 흥분이 가시기 시작합니다. 일년쯤 지나면 더 좋은 것을 바라며 불평까지 합니다. 인간에게는 돈으로 채워지지 않는 부분이 있습니다.

우리의 행복은 하나님 안에 있습니다. 시편 기자는 "주(主)밖에는 나의 복이 없다"(시 16:2)고 했습니다. 그래서 사단은 우리를 주 밖으로 끌어내려고 발버둥칩니다. 자기는 진짜 복을 가지고 있지 않으니까 교묘하게 가짜 복을 만들어서 사람들을 미혹합니다. 사단이 제시하는 복은 먹음직하고 보암직해서 꼭 진짜 복 같습니다.

가짜 복과 진짜 복을 분별할 수 있어야 합니다. 평안과 편안, 어느 것이 진짜 복일까요? 물론 편안한 것은 나쁘지 않습니다. 그러나 편안하다고 해서 행복해지는 것은 아닙니다. 평안이 진짜 복입니다. 편안은 유사품인데 오늘날 많은 사람들이 사실 편안함에서 행복을 찾으려고 애씁니다.
그런데 이런 말이 있습니다.
"우유를 마시는 사람보다 우유 배달하는 사람이 더 건강하다." 우유를 배달하는 사람을 뛰어다니느라 육체적으로 피로하고 불편할지는 몰라도 가만히 앉아 있는 사람들보다는 건강합니다.

불편과 불행을 동일시한다면 그것은 대단한 착각입니다. 가난은 불편한 것이지 불행한 것이 아닙니다. 다시 말하면 부유함은 편안함이지 평안함이 아닙니다. 버스 타는 것과 벤츠 타는 것을 생각해 보십시오. 돈 많으면 벤츠 탈 수 있습니다. 그러나 벤츠를 타면서 "야, 벤츠 타니까 참 편하다"라고는 얘기할 수 있어도 "벤츠 타니까 참 평안하다"고는 못합니다. 이것은 돈의 뼈저린 한계입니다. 돈은 사람을 편안하게 해 주기는 하지만 평안하게 못 해줍니다. 그렇기 때문에 많은 것은 가짜 복입니다.

사실 편안한 것처럼 인간을 괴롭히는 것도 없습니다. 편안한 것은 행복이 아닙니다. 어느 교수님이 서울 망원동에 사셨는데 어느 해에 수재(水災)를 입어서 친척집에 가 있게 되었다고 합니다. 그런데 그 친척이 가난해서 공동 화장실을 쓰는 집에서 살았기 때문에 그곳에 있는 동안 몹시 불편했습니다. 그렇게 지낸 다음 하루는 이렇게 생각하셨다고 합니다.
"다시 불편하게 생활하라고 하면 그렇게 살 수 있을까?"
사람은 수준을 높이면 높였지 낮추지는 못합니다. 누구나 불편하게 살기 싫어합니다. 그런데 한참 생각하다 보니까 그 분에게 "뭐, 그렇다고 못 살 거 있냐? 괜찮다"하는 생각이 들더랍니다.

이런 것을 생각할 수 있습니다. 어떤 사람이 공동 화장실을 사용하는 불편함을 참지 못해 열심히 돈을 벌어 화장실이 실내에 있는 집을 드디어 사게 되었습니다. 소원 성취했습니다. 편안하게 한 몇 년 지내다 보니까 친구 아파트에는 화장실이 두 개가 있다는 것을 알게 되었습니다. 화장실이 하나니까 아침마다 화장실 쟁탈전이 벌어지는 불편을 겪어야 했기에 또 다시 열심히 돈을 모아 화장실이 두 개 달린 집을 샀습니다. 그러다가 일생을 마쳤다면 그의 묘비에 뭐라고 쓰겠습니까?
"○○○는 30대에는 가난해서 화장실이 집밖에 있었는데 40대에는 하여간 크게 성공을 해서 화장실이 실내에 있는 집으로 바꾸더니 50대에 드디어 화장실이 둘 있는 집에서 살다가 죽었다."
이 사람은 한평생 화장실 바꾸는 일만 한 것입니다.
과장된 얘기 같지만 모든 사람의 삶의 범주가 여기에서 크게 벗어나지 않는다고 생각합니다. 우리가 한평생 좀 더 편안한 것을 추구하며 사는 데서 그친다면 너무 허무하지 않습니까? 행복은 편안함에 있는 것이 아닙니다. 예수께서 우리에게 주시는 평안은 세상이 주는 편안과 같지 않습니다.

잘 사는 사람

예수께서는 산상보훈 가운데 복 있는 자에 대해 얘기해 주셨습니다. 예수께서는 과연 어떤 사람들을 "잘 사는 사람"이라고 하셨을까요?

첫째 / 심령이 가난한 자

심령이 가난한 자, 곧 세상에 대해 욕심이 없는 사람이 되기란 몹시 어려운 일입니다. 사람은 물질에 대한 욕심을 극복해야 한 단계 올라서게 됩니다. 그런데 어떻게 해야 이 욕심을 버릴 수 있을까요? 이것은 깨달음이나 결심으로 해결될 문제가 아닙니다. 우리 속에 있는 욕심을 우리가 어떻게 정복하겠습니까? 그러나 길이 하나 있습니다. 욕심을 이기고 심령이 가난한 자가 되는 비법이 하나 있습니다.

욕심은 가치와 연결되어 있습니다. 그렇기 때문에 욕심을 해결하려면 가치의 수준을 높이면 됩니다.

제 딸이 "엄마", "아빠" 다음에 배운 말이 "100원"이었습니다. 100원이 뭔지는 모르지만 하여간 그것만 있으면 껌도 사오고 장난감도 사오고 사탕도 집어올 수 있다는 것을 알게 되었습니다. 100원의 가치를 알아 그에 대한 욕심이 생겼습니다.

그 애가 두 살 때 제가 어느 날 심방을 가려고 하는데 "아빠, 100원" 하는 것이었습니다. 그런데 마침 100원짜리가 없었습니다. 그래서 500원짜리 하나를 주었습니다. 그랬더니 이게 뭔가 하면서 살피는 것이었습니다. 그 모습이 재미있어서 웃었더니 '아, 우리 아빠가 장난치는구나' 라고 생각했던지 500원짜리를 탁 내던졌습니다. 그러더니 자꾸만 100원 달라고 했습니다. 지나가든 아들이 500원은 100원짜리 다섯 개라고 계속 일러주는 데도 못 알아들었습니다. 지금은 물론 돈에 관한 가치관이 서 있습니다. 왜냐하면 나이가 24살이나 됐으니까요. 아직까지도 500원짜리와 100원짜리 중에 100원을 택한다면 그것은 문제일 것입니다. 500원을 갖기 위해서 100원을 버리는 것은 쉬운 일입니다. 100원 버리기가 어려워서 철야 기도하고 금식하는 사람이 어디 있습니까? 가치관이 욕심을 결정합니다.

마태복음의 천국 비유 가운데 이런 것이 있습니다. 어떤 사람이 밭에 감추어진 보화를 발견하게 되었습니다. 그는 보화를 얻기 위해 자기의 소유를 다 팔아 보화가 있는 밭을 샀습니다(마 13:44). 가치 있는 것을 발견했기에 그는 다른 모든 것을 버릴 수 있었던 것입니다.

사도 바울도 "모든 것을 해(害)로 여김은 내 주(主) 그리스도 예수를 아는 지식이 가장 고상함을 인함이라 내가 그를 위하여 모든 것을 잃어버리고 배설물로 여김은 그리스도를 얻고 그 안에서 발견되려 함이니"(빌 3:8,9)라고 고백했습니다.

우리의 가치관은 성령과 연관됩니다. 성령은 하나님의 마음, 하나님의 생각, 곧 하나님 자신입니다. 그렇기에 하나님의 영(靈)을 받으면 하나님의 가치관을 갖게 됩니다. 하나님의 가치관을 갖게 되면 하나님의 나라가 보입니다. 물과 성령으로 거듭나지 않으면 하나님 나라를 볼 수 없다고 했습니다(요 3:5). 성령을 받아 하나님 나라가 보이면 이 세상 것에 더 이상 가치를 두지 않게 됩니다.

하나님 나라를 보는 일이 중요합니다. 특히 지도자는 하늘을 볼 수 있어야 합니다. 지도자가 세상 사람들처럼 떡고물이나 보고 다녀서야 되겠습니까? 이 땅에 하나님의 나라와 하나님의 문화를 건설하는 사람이 되려면 하늘을 볼 수 있어야 합니다. 성령을 받아 하나님의 가치관을 가지고 있는 사람만이 세상적 욕심을 극복할 수 있습니다.

둘째 / 의(義)에 주리고 목마른 자

세상에 대해서는 욕심이 없는 반면 의에 대해서는 주리고 목마른 사람이 되어야 합니다. 불교와 기독교의 가치관은 다릅니다. 불교는 무욕(無慾)을 가르칩니다. 유교도 무욕을 청렴이라고 가르칩니다. 그러나 기독교에서는 욕심도 죄고 무욕도 죄입니다. 그러면 기독교가 얘기하는 것은 무엇일까요? 그것은 바로 의욕(義慾)입니다. 이익에 대한 욕심을 의(義)에 대한 욕심으로 바꾸는 것입니다. 즉, "그의 나라와 그의 의"에 대해 주리고 목말라 하라는 얘기입니다.

욕심 버린답시고 의욕까지 버리는 사람이 참 많습니다. 그런 사람은 아무 짝에도 쓸모가 없습니다. 욕심 있는 사람과 매한가지로 죄인입니다. 우리에게 의욕이 있어야 합니다. 하나님의 나라와 하나님의 의에 대해서 주리고 목말라 하는 심정으로 살아야 합니다. 더 나아가서는 의를 위하여 핍박을 받은 각오가 되어 있어야 합니다. 주께서는 그럴 사람이 잘사는 사람이라 하셨습니다.

셋째 / 의(義)를 위하여 핍박을 받는 자

초대교회가 부흥하고 발전할 수 있었던 힘은 사도들이 예수를 믿음으로 핍박을 받는 데서 나왔습니다. 사도들은 의를 위하여 핍박받는 것을 기꺼이 받아들였습니다.

"사도들은 그 이름을 위하여 능욕받는 일에 합당한 자로 여기심을 기뻐하면서 공회 앞을 떠나니라"(행 5:41).

이 때 베드로는 속으로 "됐다, 나도 드디어 예수님 때문에 맞았다!"라며 환호성을 질렀을 것입니다. 주님을 위해 핍박받음으로써 그의 마음속에 남아 있던 부끄러움과 죄의식이 해결되었기 때문입니다.

바울과 실라도 빌립보에서 전도하다가 붙잡혀 매 맞고 옥에 갇히게 되었을 때 기도하고 찬송했습니다(행 16장). 우리가 보기에는 도저히 이해가 되지 않지만 그들은 예수님 때문에 매 맞고 옥에 갇히는 게 그렇게도 기쁘고 감사했던 것입니다.

성령 받아서 바른 가치관을 갖게 되면 세상에 대해 자유한 자, 의(義)에 주리고 목마른 자, 의를 위하여 핍박받는 것을 기뻐하는 사람이 될 수 있는데 바로 이런 사람이 잘사는 사람입니다. 우리가 이 복을 받으면 이 나라가 복을 받습니다.

그런데 의에 주리고 목말라 한다고 해서 죄가 해결될까요? 의로운 욕심을 가지기 전에 근본적으로 해결해야 할 죄 문제가 있지 않습니까? 죄 문제를 해결하기 전에는 개인이나 나라나 절대로 잘살 수 없습니다. 성령 받아 세상에 대해 욕심 없고, 의에 주리고 목마르고, 핍박받아도 죄는 해결되지 않습니다. 죄는 예수 그리스도의 십자가로만 해결됩니다. 예수 그리스도께서 십자가에서 흘려주신 보혈만이 우리를 깨끗게 합니다. 미우라 아야꼬의 소설 『양치는 언덕』을 보면 이 사실이 매우 감동적으로 그려져 있습니다.

누구나 나아가서 십자가를 붙드는 자는 구원을 얻을 것입니다. 그런데 누가 십자가를 붙들 수 있습니까? 십자가를 붙드는 사람은 자기가 죄인인 것을 깨닫는 사람입니다. 누가 자신의 죄인 됨을 깨닫습니까? 의에 주리고 목말라야만 애통해 합니다.

참으로 자기가 죄인이라는 것을 깨달은 자만이 보혈의 능력을 맛볼 수 있습니다. 의에 주리지 않고 목말라 하지 않는 사람은 자기가 의인인 줄 착각합니다. 그러나 의에 주리고 목말라하는 사람은 자기 속에 의가 없다는 것을 깨닫습니다. 그래서 애통하는 자는 그리스도를 만나 십자가의 보혈로 깨끗해져서 마음이 청결한 자가 됩니다. 이 마음이 청결한 자가 바로 지도자입니다. 지도자는 보통 사람들보다 멀리 보는 사람입니다.

바둑을 둘 때 저를 보면 이겨야겠다는 욕심에 눈이 멀어서 잡아먹는 것만 알지 잡히는 것은 생각도 못 합니다. 그런데 옆에서 다른 사람 바둑 두는 것 훈수할 때는 꼭 이겨야겠다는 욕심이 없어 마음이 깨끗해지니까 멀리 보입니다. 마음이 청결한 자는 멀리 봅니다. 예수 그리스도의 십자가로 마음이 깨끗해진 사람만이 하나님까지 볼 수 있습니다. 반대로 마음이 청결치 못한 자는 바로 눈앞의 일도 못 봅니다. 바로 앞도 못 내다보는 사람이 정치를 하니 정치를 제대로 하겠습니까? 멀리 내다보지 못하고 앞만 쳐다보면서 이익과 손해를 따지니 나라를 제대로 이끌어 가겠습니까?

그런데 마음이 깨끗한 사람에게 아주 취약한 부분이 있습니다. 깨끗치 못한 사람을 사람 취급도 안 한다는 것입니다.
"에이, 치사한 것들"
"에이, 유치한 것들"
그런데 예수님은 팔복을 말씀하실 때 온유와 긍휼로 가르쳤습니다. 사람을 사랑할 줄 아는 사람이 잘 사는 것입니다. 또한 21세기 지도자가 갖추어야 할 가장 큰 능력도 사람을 사랑하는 것입니다. 예수님은 저 높은 곳에서 이 낮은 곳으로 스스로 낮아지셨습니다. 사람은 높아지면 다른 사람을 내려다봅니다. 교만해지고 도도해집니다. 그런데 예수님은 그런면이 없습니다. 흠도 티도 없는 분이 세리와 창기같이 업신여김을 받는 사람들과 함께 식사도 하고 어울리셨습니다. 그 때 사람들이 변화되었습니다. 사랑은 위대한 능력입니다.

1981년 1월 19일자 조선일보에, 나면서 정박아가 된 아이들에게 직업훈련을 시키는 분이 돈이 없어서 있던 장소에서 쫓겨나게 되었다는 기사가 실렸습니다. 그 다음날 40대 주부가 190만원을 신문사에 기탁하고 갔습니다. 그 분은 끝까지 이름을 밝히지 않고 쪽지 한 장만 건네주고 갔습니다. 그 쪽지에는 이렇게 씌어 있었습니다.

"어제 빨래하는데 아들이 와서 어머니 우리가 도와줘야 할 사람이 생겼습니다라고 하길래 도와준 것입니다. 저에게는 고등학교 다니는 아들과 중학교 다니는 잇는데 둘 다 전교에서 1등과 2등을 다투는 수재들입니다. 하나님께서 이런 아들을 둘씩이나 주신 것은 자랑하거나 뽐내라고 주신 것이 아닙니다. 이렇게 나면서 정박아가 된 아이들을 돕고 섬기라고 주신 것입니다. 하나님께서 이만한 심부름밖에 안 시키시지만 더 큰 심부름을 시키실 날이 오리라고 믿습니다."

8. 닫는 말

이 세상에는 사랑이 필요합니다. 가슴을 예수님의 피에 적신 사람, 가슴에 성령의 숯불을 지피운 사람, 가슴에 사랑이 있는 사람들이 영적인 정상에 서서 자기 직업을 성직으로 받아들이고 하나님 앞에 헌신한다면 우리나라는 틀림이 없이 복을 받습니다. 요셉과 같이 나로 하여금 다른 사람들을 잘 살게 해야합니다. "나라이 임하옵시며"라고 기도할 때마다 바로 이 사실을 기억하고 하나님 앞에 헌신합시다.

요한 웨슬레의 비문에는 "가장 좋은 것은 하나님이 우리와 함께 계심이라"라고 되어 있습니다. 하나님께서 한국 성결교회를 사랑하십니다. 라인홀드 니버는 "사랑은 불가능의 가능성"이라고 했습니다.
폴 틸리히는 "사랑은 분리된 것을 재결합하는 힘"이라고 했습니다. 하나님은 이번 성청인들의 전국적인 금식성회 위에 사랑의 불로 달구워 주실 것을 확신합니다. 그 뜨거운 불길이 이 강토위에 있는 불신앙과 어두움의 세력을 몰아내시고, 새 사람, 새 교회, 새 역사를 이루실 것입니다. "모든 것은 없어져도 진리는 있다"라는 말이 있습니다. 새 천년의 급격히 변화하는 세태 속에서 사람들이 구하고 찾는 곳은 사랑이라는 오아시스입니다. 성결의 극치는 아가페적 사랑입니다. 피 묻은 복음입니다.

21세기는 주님의 다시 오심을 위해서 대규모적이고 과감한 헌신이 있게 될 것입니다. "주의 권능의 날에 주의 백성이 거룩한 옷을 입고 즐거이 헌신하니 새벽이슬(dawn dews) 같은 주의 청년들이 나오는도다." (시편 110:3) 이들은 "죽기까지 자기 생명을 아끼지" 않았습니다.(계시록12:11) 이들은 "주의 명성을 듣지도 못한 먼 섬들로 가서 주의 영광을 열방에 전파"할 것입니다.(이사야 66:19)

21세기는 이러한 놀라운 일들이 청년들이 중심이 될 것입니다. 요시야 왕이 부흥을 주도할 때는 20살이었습니다. 요시야는 십대 후반에 있는 예레미야를 불러서(그 때 그는 18살 정도입니다.) 함께 부흥을 이끌었습니다. 하나님께서는 여러분을 이를 위해 부르십니다. 열방을 향한 복음대사로, 영성신학의 근간인 성결성 회복(하나님 형상회복)을 위한 천국대사로 이 땅에 보내셨습니다.

여러분은 지금 중요한 때에 살고 있습니다. 하나님은 여러분을 통하여 큰 일을 하기를 원하십니다. 윌리암 케리가 말했습니다. "하나님으로부터 위대한 일을 기대하십시오. 하나님을 위하여 위대한 일을 시도하십시오." "Expect great things God. Attempt great things for God."

송구영신 예배 참석에 대한 독려의 말씀

시작이 좋아야 결과가 좋다는 말이 있습니다. 맞습니다. '첫 단추를 잘못 꿰면 마지막 단추를 꿸 구멍이 없다'라는 속담이 있지 않습니까? 시작하는 방법도 다양합니다. 혼자서 하는 시작이 있고, 둘이 하는 시작도 있습니다. 여러 사람이 힘을 모아 시작하는 일도 있습니다. 둘 이상이 할 때는 동업이 됩니다. 동업의 경우에는 좋은 동업자를 만나야 합니다. 만나는 것뿐만 아니라 그 관계가 잘 유지되어야 합니다. 동업에는 종류가 많습니다. 한시적인 동업이 있습니다. 그리고 영원한 동업이 있습니다. 어떤 동업인가에 따라 동업하는 마음가짐이 달라질 수 있습니다.

송구영신예배는 한 해를 마무리함과 동시에 새로운 한 해를 시작하는 엄숙한 시간이며 하나님과의 동업의 관계를 맺는 순간입니다. 새로 시작되는 일 년을 그 분과 동업하겠다는 위대한 의사표시의 순간입니다. 하나님과 인간의 동업관계를 하늘과 땅에 선포한다는 것만큼 신나는 일은 없습니다. 그 동업자는 동업을 원하기만 하면 하나님께서 알아서 모든 것을 처리하십니다.

동업관계만 확실하게 맺어진다면 우리들이 해야 할 일은 없습니다. 할 일이 생겨도 하나님께서 먼저 다 처리하십니다. 그 분은 전능하신 분이십니다. 모든 것을 아시는 전지(全知)하신 분입니다. 장소의 구애를 받지 않고 어디에나 계시는 무소부재(無所不在)하신 분입니다. 선과 악의 근본을 따지시는 공의로운 분이십니다. 하나밖에 없는 독생자를 동업자를 위해서 희생시킨 분이시기 때문입니다.

우리 큰나무교회의 송구영신예배 프로그램은 대망의 2005년을 맞이하는 여러 성도님들이 하나님과의 동업의 관점에서 가슴 벅차고 감동적이며 환희 속에서 맞이하게 하자는 비전을 갖고 준비한 잔치입니다. 모든 가족이 자발적으로 신년의 시작을 예배를 드리면서 시작하는 감동적인 송구영신예배는 하나님과 사람이 인격적으로 하나 되어 만나는 신바람 나는 잔치의 한마당이 될 것입니다.

이번 계약만 잘 성사시키면 횡재(橫財)를 만납니다. 일년만 횡재하는 것이 아니라 한 세기의 횡재가 보장됩니다. 이번 계약만 잘하면 일년 동안 형통의 은혜가 보장됩니다. 계약 당사자는 후손들에게 세기동안 신앙의 머릿돌(믿음의 조상)로 기억되는 의미가 있습니다. 순간의 선택이 영원을 좌우할 수 있습니다. 후손들에게 영원한 기쁨을 안겨줄 것입니까? 아니면 한 순간의 세상 쾌락으로 영원한 비애를 안겨줄 것입니까? 믿음의 감격을 유산으로 물려줄 것입니까? 보잘 것 없는 변명을 물려줄 것입니까? 이런 엄청난 순간을 집에서 잠을 잔다는 핑계로 파기할 수 있습니까? 흔하디 흔한 일출을 구경하기 위해서 동해안으로 여행을 떠날 것입니까? 사실 그런 일출의 장면을 연출하시는 분이 오늘 우리의 행복을 위해 동업을 제의해 오신 분이 아닙니까? 그렇다면 집에서 친구들과 세상 오락을 즐긴다는 이유를 대서야 되겠습니까? 집을 비울 수 없다는 얄팍한 핑계를 만들 것입니까? 거리가 멀기 때문에 교통편을 걱정할 것입니까?

이유와 핑계는 얼마든지 만들 수 있습니다. 그러나 안 되는 이유도 되는 조건으로 만들면 됩니다. 온 가족이 함께 송구영신예배를 드릴 수 있는 구체적인 계획을 세우려는 마음가짐이 중요합니다. 가정부흥을 위한 신년 맞이 프로그램으로 온 가족이 다함께 참석하도록 독려하는 송구영신예배를 구상하시기 바랍니다. 선택은 자유입니다. 스스로에게 달려 있습니다. 선택의 주인공은 자신입니다. 이번 송구영신예배를 통하여 자신의 가능성을 증명합시다. 그 시작이 일 년의 절반 성공이라는 각오로 참여하시기 바랍니다. 세초부터 세말까지 하나님의 목적에 이끌어 가는 개인과 가정, 교회와 민족이 됩시다!! 송구영신예배순서에는 지금까지 받은 은혜와 앞으로 받을 은혜를 감사하여 미리 준비한 "축복감사헌금"을 드린 후 말씀카드가 담긴 꽃바구니에서 "올해 내게 주시는 하나님 말씀"을 뽑습니다. 그리고 담임목사님으로부터 한 해 동안의 영,육의 건강과 만사형통, 물질축복, 하나님과 주님의 몸된 교회를 위해 충성을 다짐하며 축복안수기도를 받습니다.

신실했던 증인, 데려간 사람
〈고 ○○○목사 발인예식 설교〉
(창 5: 21~24, 고후 5:1~3)

　성도의 죽음은 끝이 아니라 새로운 시작이며, 죄의 형벌이 아니라 오히려 축복의 과정입니다. 죽음은 죄 짓는 날을 끝내고 영생에 들어가는 관문이며, 우리가 온전한 성결, 성화된 인간이 되는 준비 단계입니다. 우리의 낡은 장막을 헐고 새로운 장막을 주시기 위한 하나님의 방법입니다. 그러므로 우리에게 최후의 적이었던 죽음이 그리스도의 구원사역을 통하여 우리의 친구가 되었습니다. 이 사실을 믿는다면 성도의 죽음 앞에서 우리도 언젠가는 가야 할 인생임을 알아, 오늘 이 시간이 나를 향하신 하나님의 목적을 온전히 성취하는데 최선을 다할 것을 다짐하는 기회가 되시기를 바랍니다.

1. 하나님과 함께 산 사람

　그 사람에 대한 평가는 관 뚜껑을 덮어야 나올 수 있다는 말이 있는데, 이 자리에 누워 있는 김 목사님은 모든 면에 모범을 보였습니다. 근면하고 성실하고 우애가 있었던 목사님으로 시간이 흐를수록 더욱 칭송을 받을 것입니다.

　사람은 네 번 태어난다는 이야기가 있는데, 어머니 뱃속으로부터 나온 것이 첫 번째, 자기 일생의 방향을 정했을 때가 두 번째, 자기가 정한 방향으로 한눈 팔지 않고 가게 되었을 때가 세 번째, 그리고 죽었을 때가 네 번째의 탄생입니다. 죽음을 통해 그 분이 보여준 여러 가지 미덕이 감동으로 포장되어 오래 오래 전해지기 때문입니다.
　김 목사님의 아름다운 미덕은 여러 면에서 많이 기억할 수 있지만, 한

평생을 하나님께서 맡겨주신 양들을 먹이셨습니다. 신실한 목자로, 선한 목자로 최선을 다하는 목자였습니다. 언제나 진리의 초장으로, 시원한 물가로 이끌고 신선한 그늘과 안전한 우리에서 쉬도록 양들을 위하여 늦은 밤까지 말씀을 연구하였습니다. 항상 진리의 말씀을 깊이 연구하여 가르치고 증거하여 모든 성도들을 말씀 위에 굳게 세워 열매 맺는 생활을 하게 하였습니다.

그리고 성도들로 주님과 가까워지고 바른 관계를 갖도록 최선을 다했습니다. 눈물의 기도가 끊임없었고 은혜로운 복음의 증언은 성도들로 하여금 주님의 모습을 닮게 하였습니다. 그래서 다남교회를 방문할 때마다 성도님들을 통해 받는 무언의 느낌이 무수한 감미로운 밤 꿀처럼이나 향기로웠습니다. 잔잔한 미소를 머금은 얼굴, 합리적인 사고, 포용적인 인품은 언제나 대하는 모든 이들에게 평안하게 했었습니다. 그것은 분명 에녹이 하나님과 함께 산 것처럼 김 목사님도 주님의 동행자로 하나님과 함께 산 사람이었기 때문입니다. 그는 항상 하나님 앞에서(Coram Deo) 산 사람이었습니다. 우리들도 김 목사님이 남긴 덕을 본받아 더욱 살려 나아갑시다.

2. 승리한 사람

에녹이 살던 시대에도 죄악이 관영하여 험난하고 어려운 때였지만 숨어 있지 않았고, 박해가 두렵다고 가만히 있지 않고 하나님의 말씀으로 세상을 향해 경고했습니다.(유 1:14~15)

죄악이 창궐한 세상을 향해 경고한 것은 하나님과 동행하기 때문이며, 그를 사랑하사 홍수 심판이 임하기 전에 하나님께서 데려간 것을(창 5:24) 보면 그는 승리의 성자였습니다. 오늘 본문에 "에녹은 하나님이 데려가심으로 세상에 있지 아니하였다"라고 했습니다. 올바른 사람이 사라지는 것은 재앙을 벗어나 평화를 누리러 가는 것이라고 이사야 57:1에서 말씀한 것을 보면 김 목사님은 재앙을 벗어나 평화를 누리게 하기 위해 하나님께서 데려가셨기에 승리한 사람입니다.(요 6:37)

3. 영원한 집

결론적으로 우리가 먹고 자는 집이 우리의 영원한 집이 아닌 것처럼 이 무덤도 우리의 영원한 집은 아닙니다. 주께서 호령과 천사장의 소리와 하나님의 나팔로 강림하실 때를 기다리는 처소일 뿐입니다.(살전 4: 16)

우리의 영원한 집은 하늘에 있습니다. ㅇㅇㅇ목사님이 호서대학교대학원 석사학위 논문으로 연구한 도마복음에 보면 도마가 인도에 가서 전도할 때, 인도의 왕이 동양 목수의 제자가 와 있다는 이야기를 듣고 궁궐 건축을 부탁했습니다. 도마는 건축금을 가지고 구제활동에만 전념했습니다. 왕이 화가 나서 도마를 옥에 가두고 죽이려고 했는데 왕의 동생이 병으로 죽어 먼저 하늘에 갔습니다. 하늘나라에서 크고 좋은 집을 보고 누구의 집이냐고 물으니까 안내하던 천사는, "도마가 당신의 형을 위해 지은 집"이라고 대답하더라는 것입니다.
우리들도 영원한 집을 사모합시다. 여기 잠들어 있는 김목사님의 무덤을 잘 가꾸듯 영원한 집을 잘 가꿉시다.

신학의 알파와 오메가
〈종강예배 설교〉
(로마서 1:16~17, 요한복음 21:15~19)

만추지절(晩秋之節) 끝자락에 한 학기를 마무리하는 2001학년도 2학기

終講禮拜를 드리게 된 것을 먼저 하나님께 감사드리면서 저는 신학의 현 주소를 성찰하려고 합니다. 신학공부를 한다는 것은 장차 목회자가 되기 위해서 신앙적으로 그리고 신학적으로 자기를 형성시켜 가는 수련과정을 뜻하는 것입니다. 신학도의 출발 기지, 이것을 저는 신학 수업의 원점, 곧 "신학의 알파"라고 표현해봅니다. 이 신학의 알파가 흔들리면 신학수업의 과정도 흔들리고 그 목표도 흔들릴 수밖에 없습니다. 여러분 각자가 마틴 루터가 그랬던 것처럼 신학도로서 갖는 고민도 사실은 이 원점에서부터 기인한 것이기 때문에 그 해결도 여기서부터 풀어가야 합니다.

신학의 출발점인 신학의 알파란 무엇입니까? 예수 그리스도를 믿는 믿음입니다. 이 예수 그리스도를 믿는 믿음에서 신학도의 신학수업이 시작되지 않으면 안 되는 것입니다.
"나는 알파와 오메가, 곧 처음과 나중이며 시작과 끝이다"(요한계시록 22:13~15)라고 말씀하신 예수 그리스도를 나의 구주로 받아들이는 원초적인 신앙행위가 또한 신학수업의 알파가 되는 것입니다.

우리가 신학의 알파로서 전제하는 믿음은 하나님의 계시에 대한 우리의 응답입니다. 하나님께서는 자기 아들을 통해서 인류구속의지를 계시하셨습니다. "하나님은 이 세상을 극진히 사랑하셔서 외아들을 보내 주시어 그를 믿는 사람은 누구든지 멸망하지 않고 영원한 생명을 얻게 하여 주셨다. 하나님이 아들을 세상에 보내신 것은 세상을 단죄하시려는 것이 아니라 아들을 시켜서 구원하시려는 것이다."(요3:16~17) 믿음이란 하나님의 계시행위를 받아들이는 인간의 행위인 것입니다. 하나님의 구속행위에 대하여 아멘하고 순응하는 믿음이 신학수업의 알파인 것입니다.

오늘 읽은 로마서 본문은 아주 귀한 구절입니다. 복음은 하나님께서 인간을 당신과 올바른 관계를 가지게 하는 길입니다. 인간은 오직 믿음으로

만 하나님과 올바른 관계를 가지게 됩니다. 이 믿음을 통한 하나님과 바른 관계야말로 우리 신학의 출발점이요, 우리 신학의 알파인 것입니다. 하나님의 계시가 없이는 신학이란 어불성설에 불과합니다. 또한 하나님의 계시에 대하여 믿음이 없이는 신학도, 神學徒도 생각할 수 없습니다.

신학 교육을 통한 신학도의 자기 형성도 중요하고, 신학의 궁극적인 목표인 목회도 중요하지만 그 이전에 전제되어야 하는 것은 계시에 대한 믿음입니다. 신학의 알파인 믿음이 바로 서지 못할 때 하나님과의 관계는 물론 모든 것이 잘못되어지는 것입니다. 신학 교육은 우선 믿음을 세우는 데 있습니다. 바른 신학은 바른 믿음을 세우지만, 바른 믿음은 바른 신학을 추구합니다. 하나님의 계시에 대한 응답인 믿음은 신앙과 신학, 믿음과 지식, 이 둘의 조화에 있어서 알파인 것입니다.

그렇다면 한 학기를 마무리하는 이 순간에 우리가 공부해온 "신학의 오메가"란 어떤 것입니까? 본문 요한복음 21장은 편집사적연구에 의하면 첨삭된 부록입니다. 본래의 요한복음은 20장으로 끝을 맺었습니다. 20장 마지막부분에 보면 "예수께서 제자들 앞에서 이 책에 기록되지 아니한 다른 표적도 많이 행하셨으나 오직 이것을 기록함은 너희로 예수께서 하나님의 아들 그리스도이심을 믿게 하려함이요 또 너희로 믿고 그 이름을 힘입어 생명을 얻게 하려 함이니라"하고 끝을 맺고 있습니다. 요한복음의 편집자는 그 뒤에 발견 된 자료들을 버릴 수가 없어서 21장으로 보완하면서 그 마지막 절에 또 이렇게 사족을 달고 있습니다. "예수의 행하신 일이 이외에도 많으니 만일 낱낱이 기록된다면 이 세상이라도 이 기록된 책을 두기에 부족할 줄 아노라"(21:25)

요한복음 20장의 마지막 부분은 부활하신 예수님께서 제자들에게 나타나셨고 의심이 많은 도마에게까지 나타나신 이야기가 기록되어 있습니다. 예수님의 손바닥과 옆구리에 손가락을 넣어 본 도마는 "당신은 나의 주시오 나의 하나님이십니다."라는 신앙고백으로 요한복음의 클라이막스를 장식합니다. 도마의 신앙고백은 요한복음 서두에 전제한 "말씀이 육신이 되신 분"(1:1), "본래 하나님을 본 사람이 없으되 아버지 품속에 있는 독생자이신 하나님 아버지를 우리에게 알려주셨다."(1:18)는 말씀을 신앙으로 고백하므로 요한복음을 마무리했습니다. 요한복음은 이렇게 끝맺을 수도 있었습니다.

그런데 21장의 내용이 추가되므로 요한복음서는 더욱 중요한 책이 되었습니다. 예수님께서 친히 디베리아 바닷가에까지 오셔서 마지막 한번의 기적을 베푸시고 제자들과 조반을 잡수시고, 수제자였으나 예수님이 십자가에서 죽으심을 보고 실망해서 어부생활로 돌아가 버린 베드로를 만나서 마지막 사명을 남기시는 내용의 기사입니다. 부활하신 예수님께서 승천하시기 직전 사랑하는 제자들에게 남긴 마지막 유언과도 같은 의미심장한 내용의 이야기가 여기에 담겨져 있습니다.

실의에 빠진 베드로를 이곳 디베리아 해변까지 찾아와서 처음 믿고 따르던 때의 관계를 회복시켜 주신 주님께서 학업에 쫓기고 세상사에 시달려 우리가 왜 여기까지 왔는지 모를 만큼 해이해진 상태에서 한 학기를 마무리 할 수밖에 없는 이 순간에 베드로를 찾아오신 것처럼 우리들을 찾아오셔서 마지막 중요한 이야기를 한 사건이라고 자신에게 적용하며 오늘 본문을 묵상할 수도 있지 않을까 생각해 봅니다.

실의에 빠진 나머지 옛날의 직업으로 돌아와 버렸으나 한 때 예수님의 수제자였던 베드로를 찾아오신 주님은 "네가 나를 사랑하느냐?"고 세 번씩이나 되풀이해 묻습니다. 예수님과 베드로는 어떤 관계였습니까? 3년 전 바로 이 자리인 해변을 지나가시던 예수님께서 공생애의 서막에 고기를 잡는 어부 시몬을 불러서 "나를 따르라! 내가 너희를 사람을 낚는 어부가 되게 하리라"고 했을 때, 마가복음 1:18에 기록된 바로는 "즉시" 그물을 버려 두고 예수님을 따라나선 베드로였습니다. 예수께서 가이사랴 빌립보 지방에 이르러 자기를 따르던 제자들에게 사람들이 나를 누구라고 하더냐고 물었을 때 베드로는 "주는 그리스도시오 살아계신 하나님의 아들이십니다"말하였고, 예수님은 "네가 복이 있도다…… 내가 이 반석 위에 내 교회를 세우겠다고 칭찬하셨던 그 베드로!"(마16:18) 그러던 베드로가 예수님께서 대제사장 집 뜰에서 심문을 받으실 때 너도 이 예수와 한 무리가 아니냐는 질문에 세 번이나 아니라고 적극부인까지 했던 것입니다.

그리고 나서, 실의와 절망의 늪에 빠져 옛날의 어부생활로 돌아가, 마지못해 나날을 소일하던 베드로에게 부활하신 예수님께서 친히 찾아오셔서 "지금도 네가 나를 사랑하느냐?"고 세 번이나 반복하여 되묻습니다. 왜 세 번씩이나 되물었을까요? 여러 설들이 있는데, 베드로가 주님을 세 번이나 부인한 것을 상기시키려는 의도라고 말하는 사람도 있지만, 베드로가 처음 부름 받았을 때의 그 소명을 재확인하는 것이라고 생각됩니다. 소명의 재확인 이것이 신학의 오메가라고 생각합니다. 오늘 우리도 이번 학기의 종강을 맞으면서 처음 소명을 의식하고 지금도 우리를 불러 주신 예수그리스도를 여전히 사랑하고 있는가? 우리의 소명을 다시 재확인하는 시간이 되시기를 바랍니다. 아직도 주 예수보다도 더 귀한 것이 없으며 아직도 예수 그리스도를 이 세상 어느 것보다도 사랑하십니까?

예수님께서 베드로에게 세 번이나 "네가 나를 사랑하느냐"고 묻고 또 세 번 거듭 예수님을 사랑한다고 대답하자 예수님께서는 세 번 거듭해서 "내 양을 먹이라"고 분부하셨습니다. 주의 양을 먹이는 것, 목회를 하는 것, 교회를 섬기는 것, 이것이 신학의 오메가입니다. 신학은 교회를 섬기는 학문입니다. 신학은 그 자체에 목적이 있는 것이 아니고, 교회를 위해 있는 학문입니다. 신학은 우리를 불러주신 분의 분부, 그 분의 양떼들을 돌보는데 있습니다.

소명의 분량이나 한계에 따라 다르겠지만, 신학공부를 한 우리에게는, 그 학문의 목표, 오메가인 맡겨진 양들을 보살피라는 명령을 외면할 수가 없습니다. 적어도 한 학기 수업을 하고 종강하는 우리들의 심정에도 내 양을 치라는 주님의 음성을 들어야 합니다. 또한 목자의 자세를 가다듬는 계기가 되어야 합니다.

참다운 목자의 자세는 어떤 것입니까? 요한복음 10:1 이하 말씀을 들어봅시다. 이런 목자가 되는 것이 우리 신학의 오메가라는 것을 다시 한 번 다지고 기억해야 될 본문이라고 봅니다. "선한 목자는 자기 양을 위하여 목숨을 바친다. 삯군은 이리가 오는 것을 보면 양을 버리고 달아난다. 양들은 자기 양이 아니고 그도 또한 양들의 목자가 아니기 때문이다. 그렇게 되면 이리가 양들을 물어가고 양떼들은 사방으로 흩어진다. 삯군이 달아나는 것은 그가 삯군이어서 양들을 진심으로 돌보는 마음이 없기 때문이다. 나는 선한 목자다. 나는 내 양을 알고 그들은 나를 안다. 그것은 마치 내 아버지께서 나를 아시고 내가 아버지를 아는 것과 같다. 나는 양들을 위하여 목숨을 버린다.…… 내가 목숨을 버리는 것은 그 목숨을 다시 얻기 위한 것이다. 아무도 내 승낙 없이는 내 목숨을 빼앗을 수 없다. 내가 스스로 목숨을 바치는 것이다. 나는 목숨을 바칠 권리와 능력도 있다. 아버지께서 이 권리를 내게 주셨기 때문이다." 우리가 신학을 공부하는 것은 이런 목자가 되기 위한 것입니다.

오늘 본문 18절에 주님은 베드로에게 "네가 젊었을 때에는 네가 원하는 일을 하고, 가고 싶은 곳에 마음대로 갈 수가 있었다. 그러나 네가 늙으면 네가 손을 펴게 되고 다른 사람이 너를 인도하여 네가 원하지 않는 곳으로 데려 갈 것이라"고 말씀하십니다. 그리고 19절 상반 절은 주를 달아서 그 의미를 설명하는데 많은 성경번역에는 이 부분을 괄호 안에 넣어 두고 있습니다. 예수님께서 이렇게 말씀하신 것은 그가 어떤 죽음으로 하나님께 영광을 돌릴 것인가를 알게 하시려고 하신 것입니다. 그리고 19절 하반 절에서 예수님은 베드로에게 "나를 따르라"고 말씀하십니다.

여기서 나를 따르라고 분부하신 것은 요한복음 1:41~43이나, 마가복음 1:17의 의미와는 다르다고 봅니다. 예수님의 공생애 초기에 제자들을 부르실 때 "나를 따르라"고 하심은 제자가 되어 달라는 부름, 목자가 되어 달라는 부름이라고 볼 수 있지만, 부활하신 주님께서 승천하시기 직전 자기를 사랑하는 수제자 베드로와의 관계를 회복하시고 다시금 "내 양을 치라" "나를 따르라"고 강조하신 것은 이 앞뒤의 문맥상 "주님의 고난에 동참"을 의미한다고 생각됩니다. 바로 이 고난에의 동참 이것이 "신학의 오메가"라고 생각합니다.

신학을 하는 사람이면 적어도 한 번 이 복음을 위해 죽을 각오 一死覺悟를 하여야 한다는 말이기도 합니다. 언제인가는 내 몸도 내 마음대로 하지 못할 경우도 생길 것이고, 고난도 받게 되겠지만 백절불굴의 신앙으로 이겨내야 한다는 말입니다.

전설에 의하면 베드로가 로마 황제의 핍박으로 주후 64년에 처형당한 후에 붙여진 이야기입니다만 베드로 자신은 스스로 예수님처럼 십자가의 사형을 받을 수 있겠느냐고 거절하고 자기는 오히려 거꾸로 매달아 죽여 달라고 간청해서 거꾸로 십자가에 못 박혀 사형을 당했다는 이야기가 전해오고 있습니다. 한 번도 아니고 세 번씩이나 주님을 부인했던 자기를 찾아오셔서 고귀한 사명을 맡겨주신 주님의 사랑을 생각하면서 베드로는 정말 그런 순교를 믿음으로 감수했을 것이라고 믿어집니다.

우리 모두 이 같은 삶을 살수는 없다고 하더라도 우리를 신학교에 부르신 주님의 소명은 신학의 오메가인 목회에 있다는 확신을 가져야 하겠습니다.

오늘 종강을 맞는 이 계절은 교회력으로 대강절(Advent)을 앞두고 있습니다. 2,000여 년 전에 오신 예수 그리스도의 오심을 축하드리며, 다시 오실 주 예수 그리스도를 기다리는 대림절입니다. 베드로를 찾아오신 예수님께서 여러분의 마음속에 다시 한번 찾아오셔서 처음 부르심을 받았을 때의 첫 사랑을 재확인하고, 우리들에게 그 분의 양을 목양하도록 허락하신 은총에 헌신할 것을 재다짐 하여, 끝내는 영광된 죽음의 자리까지 주님을 따라갈 수 있는 우리 모두가 되십시다.

아름다운 연합
〈부천지방회 교육원 교사대학 개강예배 설교〉
(시편 133:1~3)

오늘 본문의 말씀은 하나님의 언약 공동체인 우리 모두에게 주는 메시지입니다. "함께" "더불어 살아야 하는 삶" "구속 공동체의 아름다운 삶" "화목의 은혜로 하나된 공동체"라는 아이덴티티(주체성)를 제시해 주는 말씀입니다.

아론 계통의 대제사장의 헌신에 사용한 기름은 달콤한 향과 복합 향료로 만든 아주 귀한 것이었습니다(출 30:22~33). 또한 제사장의 수염은 깎지 못하게 되어 있을 만큼 매우 귀한 것이었습니다(레 21:5). 아론의 머리에 부어진 기름은 그의 수염과 어깨에 흘러서 이스라엘 12지파의 이름이 새겨진 흉패에까지 흘러내립니다(2절). 그리고 흘러내리는 기름은 북쪽에 있는 헐몬 산(헐몬의 이슬은 양이 많다)으로부터 시온 산(남쪽에 있는 예루살렘을 의미)까지 흘러내리는 이슬을 연상시킵니다. 이 말씀은 언약백성의 아름다운 공동체를 의미합니다. 그래서 우리도 하늘로부터 부어주시는 기름인 "성령으로 하나되게 하신 것"을 힘써 지켜야 하겠습니다(엡 4:3).

교회학교 연합회를 통해 연합정신의 기초 위에서 교회교육을 실시함은 대단히 중요한 일입니다.

1. 새 세기의 과제이기 때문입니다.

지난 세기 한국 교회의 제일 가는 병폐는 분열이었습니다. 장로교단을 보더라도 150여개 교단으로 갈라졌고, 감리교도 기감, 예감, 예감에서도 또 군소교단으로 분열되었고, 우리 성결교단도 기성과 예성으로 분열이 된채 40년이 지나가고 있습니다. 이 폐단을 씻고 일치하는 교회, 연합하는 교회, 화합하는 교회를 이룩하기 위해서는 교회학교 교육에서부터 연합의 면모를 보여야합니다.

2. 주님사업의 기초가 되기 때문입니다.

성경은 보좌의 기초로 의와 공의를 가르치고 있습니다. 연합되지 않은 공의는 독선이 되기 쉬우며 힘을 발휘하기 어렵습니다. 주님의 제자들에게 주어진 직분 가운데 하나가 가르치는 일이었습니다. 어부들이 제자들로 선택받은 이유 가운데 하나를 바올레이라는 신학자는 어부들이 합동훈련에 익숙한 사람들이기 때문이라고 말하고 있습니다.

3. 더욱 발전시켜야 할 분야이기 때문입니다.

한국교회는 일찍부터 교회학교 교육 연합사업을 중요시하여 왔습니다. 1907년 로마에서 개최된 세계주일학교 대회에 우리 한국교회 대표가 참석했었고, 1913년에는 서울에 2천여명이 모여 주일학생 대회를 열기도 했었습니다. 이 빛나는 전통을 더욱 발전시켜야 합니다. 우리 부천지방회에서는 교단 교육백서에 따라 지방교육원을 개원 운영하자는 제29회 지방회의 결의에 의하여 지난 4월 10일 현판식을 갖고 명실공히 연합교육사업의 기관으로 출범하였습니다. 우선 먼저 교사대학을 운영하자고 이 구동성으로 요청하여 이미 공문을 보내드렸습니다. 입학원서도 샘플로 한 장씩 동봉했습니다 복사하여 사용하시면 됩니다. 접수처는 지산교회로, 수강장소도 지산교회에서 4월 25일 밤 7시 30분에 교사 대학 개강예배와 함께 5월 9일부터 매주 화요일 밤 7시 30분부터 10시까지 두 달 동안 2000학년 봄 학기 수업을 하게 되었습니다. 이 연합사업의 성공이 교사 개개인의 성숙을 가져오고, 개 교회의 교회학교 부흥은 물론 교단부흥의 불길로 번져 갈 것입니다.

한 권위 있는 조사에 의하면 우리나라 교회에 성도들이 느는 가장 중요한 통로가 바로 교회학교라고 합니다. 부흥회나 전도집회일 것 같지만 사실은 교회학교가 더 공헌한다는 것이 객관적인 숫자에 의해 밝혀지고 있습니다. 한국 교회의 성장을 20세기의 기적이라고 합니다. 이 기적은 우연히 이루어진 것이 아닙니다. 교사 여러분의 수고가 도화선이 되었다는 것입니다.

목사님 한 분이 임종하는 분의 부탁을 받고 예배를 인도했습니다. 신앙생활을 하지 않는 분이었습니다. 어찌하여 임종에 목사를 청할 마음이 생겼느냐고 묻자, "어렸을 때 한 두 번 나간 교회학교의 가르침이 생각나서"라고 대답하더랍니다.

교회학교 교육의 열매인 것이 분명합니다. 잠시 세상을 살다가 실족하여 하나님의 품을 떠났을지라도 언젠가는 반드시 돌아와 회개하고 어린

시절에 심기워진 그 하나님을 섬길 것입니다. 죽음 직전이라도 회개할 것입니다. 교사 여러분의 헌신을 통하여 이 땅에 하나님나라가 넓혀지고, 많은 영혼들이 주님 앞으로 돌아오는 역사를 감사하며 여러분의 위치와 존재가 얼마나 값진 인생인가를 다시 한번 치하 드립니다. 하나님 나라의 백성이요 형제 자매로서 영혼구령의 구속사업의 일꾼으로 함께 일하게 된 것을 새삼 감사드립니다.

아버지 집
〈임직자 헌신예배 설교〉
(누가복음 2:41~51)

먼저 2012년 새해 벽두에 하나님의 사명을 위해 일꾼으로 세우심을 받으신 것을 축하합니다. 그리고 축복합니다. 요한은 3서 2절에 영혼이 잘됨과 같이 범사가 잘되고 강건하기를 원하노라하신 말씀이 부름 받은 여러분의 가정과 사업, 직장. 자녀 그리고 섬기는 교회위에 열매 맺기를 축원합니다.

오늘 본문의 말씀은 예수님께서 12살 되던 해인 유월절에, 예루살렘을 방문하셨을 때 일어났던 일입니다. 요셉과 마리아는 고향으로 돌아가던 길 위에서 오랜만에 만난 여러 친지와 친구들과 함께 대화의 꽃이 무르익었습니다. 하루 길을 다 간 후에야 예수가 동행중에 없는 것을 알게 되었습니다. 그래서 그들은 예수를 찾으며 예루살렘으로 다시 돌아갔고, 사흘 후에야 성전에서 예수를 만나게 되었습니다.

소년 예수는 성전에서 선생들 중에 앉으셔서 듣기도 하시고 묻기도 하셨습니다. 이에 듣는 자가 다 그 지혜와 대답을 기이히 여겼다고 했습니다. 기이히 여긴 핵심은 주님의 "지혜와 대답"에 있습니다. 이 말씀의 배경은 유월절을 염두에 두고 하신 말씀입니다. 절기를 마친 후에 부모를 좇아서 내려가시지 않고 사흘 동안이나 성전에서 듣기도 하시고 묻기도 하셨다고 말씀합니다. 무엇을 물으셨으며 무엇이라 대답하셨을까요? 주님은 분명 예루살렘에서 유월절 양이 죽임을 당하는 것과 피를 흘리는 광경을 목격하셨을 것입니다. 이를 바라보면서 무엇인가 깊은 생각에 잠기셨으리라는 것을 추측할 수 있을 것입니다. 그러하셨기 때문에 예루살렘에 남아서 사흘 동안이나 묻기도 하고 대답하기도 하신 것이 아니겠습니까?

사흘 만에 그 부모가 놀라 모친 마리아는 "아이야 어찌하여 우리에게 이렇게 하였느냐? 보라 네 아버지와 내가 근심하여 너를 찾았다"고 책망하였을 때에 이렇게 대답하셨습니다.

소년 예수께서는 "어찌하여 나를 찾으셨나이까?" "내가 내 아버지 집에 있어야 될 줄을 알지 못하셨나이까?"라고 대답하셨습니다. 이 말씀의 의미는 자신의 정체만이 아니라 사명을 알고 계셨음을 나타냅니다. 주님께서는 자신이 무엇을 위하여 이 땅에 오셨는지 장차 이 곳 예루살렘에서 저 유월절 양이 죽임을 당하며 피를 흘림과 같이 죽임을 당하고 피를 흘려야 할 것을 알고 계셨다는 말씀입니다. 그러므로 그런 의중에서 하시는 주님의 말씀을 듣는 자가 다 그 지혜와 대답을 기이히 여길 수밖에 없었을 것입니다.

주님의 사명은 만인의 속죄제물이 되어 죽으려고 이 땅에 오셨습니다. 여러분에게 하나님 아버지 집의 일꾼이라는 성직을 왜 허락하셨는지요?

구약시대에는 성전에 아무나 들어갈 수가 없었습니다. 우리는 성전 밖에 있었습니다.

아버지를 만날 수없는 죄인인 우리는 죽어 있었습니다. 그러나 주님이 역사 속으로 들어오셨고, 아버지 집에 들어가셔서 만인의 대속제물이 되어 죽어 주셨습니다. 이로 인하여 우리가 살게 되었습니다. 성전되시는 주님이 오순절 성령강림절에 우리 안에 들어와 계십니다.(고전 3:16, 6:19) 예수님은 성전이십니다. 이 성전은 언제나 죄악에 찢기고 상처투성인 심령을 만나주십니다.

예수께서 요한복음에서 말씀하신대로 네가 내 안에 내가 네 안에 있으면 무엇이든지 구하라 이루리라하신 말씀대로 우리 안에 성전 되시는 주님이 들어와 계십니다. 움직이지 못한 페트라스가 이제는 움직이는 돌로 변화 된 페트로스처럼, 가루 서 말 속에 들어 있는 누룩처럼 수많은 영혼들에게 복음의 혁명, 복음의 개혁의 도구로 사용하시려고 여러분 속에 들어와 계십니다. 이제 아버지 집에서 자신을 드리기만 하면 하나님 아버지께서는 여러분을 축복의 통로로 쓰실 것입니다. 그 사명에 헌신하십시오.

어린이 설교사역 이렇게…
〈교사 강습회 개회 설교〉
(욥 32:18~20 , 딤전1:12)

목회는 구원사역이다. 죄에 빠진 인간들이 예수 그리스도를 믿고, 구원에 이르도록 하는 수단이 목회이며, 구원에 이르도록 믿음을 세우는 사역이 설교이다.

예수 그리스도의 천국사역은 그의 설교로 시작되었고, 교회는 사도들의 설교와 함께 문을 열게 되었다. 예수님께서 베드로에게 목회를 위임할 때 부탁한 것은 양을 먹이는 것이었다. 양을 먹이는 사역이란 하나님의 구원사에 종사하는 사역으로서 구속사적인 복음을 설교하는 것이다.

구속사적 설교란 바로 이것이다. 예수 그리스도께서 해 주신 일을 말해주어야 한다. 이것이 복음이요, 믿을 내용이다. 그리고 그 내용을 믿으면 성령이 역사하신다. 구속사적 설교는 율법아래서 떨고 있는 죄인들에게 죄 사함의 선포가 주어진다. 구원의 확신과 삶의 능력을 준다. 하나님의 능력은 십자가의 도를 통해서만 나타난다. 마음과 몸은 엄청난 변화를 경험한다. 변하는 사람들이 있을 때 가정이 달라지고 비로소 세상은 밝아진다. 변한 어린이들이 많을 때 교회가 달라지고 그렇게도 기다리던 부흥이라는 결과를 안겨다 준다. 그러므로 설교자는 예수의 피묻은 복음을 전해야 한다. 피묻은 복음에 목숨을 걸어야 한다. 예수를 그들의 마음에 집어 넣어야 한다. 그들의 심령을 말씀의 검으로 쪼개야 한다. 존 스타트(J. stott)는 "복음에 대한 확신을 먼저 회복하지 않고는 설교를 회복할 기회가 없다"고 말한다.

화란의 설교자 훅스트라(Hoekstra)도 "그리스도 없는 설교는 이미 설교가 아니다"라고 하였다. 설교자는 그리스도를 설교해야 한다. 설교란 하나의 들려지는 소리로써 끝나지 않는다. 인간의 삶을 변화시키는 희망과 용기를 갖게 한다. 그리스도인이란 정체된 상태가 아니라 삶속에 믿음을 표현하는 동적상태이다.

1. 목회에 있어서 설교사역의 초점

칼빈은 "우리 안에 신앙을 낳고 그 신앙을 증대시켜 그 목표에까지 도달하도록 전진시키는 일"이라고 말했다.

어린이 목회에 있어서 중요한 일이란 어린 영혼들의 신앙을 돌보는 것이다. 구원에 있어서 가장 중요한 것은 신앙이기 때문이다.

그리스도가 우리의 것이 되고 우리가 그리스도께서 마련하신 구원과 영원한 복락에 참여하는 자가 되는 것은 복음을 믿음으로 말미암는다.

하나님께서 그리스도 안에서 이루어 놓으신 구원과 영원한 복락에 참여하는 것은 신앙으로 말미암아 오는 유익이다.

구원사에 있어서 믿음은 모든 것의 관건이 되기 때문이다.

어린이 사역에 있어서 설교는 믿음을 위한 사역에 집중되어야 한다.

우리를 대속하사 구원하시는 예수 그리스도를 전파하여 믿음을 일으키는 데에 초점을 두어야 한다. 믿음으로만이 하나님의 창조 역사를 볼 수 있다.

믿음이 있어야 자신이 타락한 죄인임을 깨닫는다. 믿음이 일어나야 하나님 사랑을 알게 된다. 독생자 예수그리스도로 하여금 대속의 죽음을 죽게 하시고 죄를 사하신 하나님의 의를 깨닫는다.

이 복음을 위하여 설교자와 교사로 세우시고 한 사람 심령에 믿음을 불어 일으켜 믿는 자에게 회개와 칭의라는 은혜를 체험케 하신다.

그러므로 목회에 있어서 설교사역은 구원의 역사를 이루는 믿음을 일으키고 믿음을 견고케 하는데 초점을 두어야 한다.

2. 구원의 수단으로서의 믿음

믿음의 시중없이는 구속의 역사는 이루어지지 않는다. 그러므로 철저히 믿음의 도움을 받아야 구원에 이르게 된다. 누구든지 저를 믿으면 멸망치 않고 영생을 얻는다고 하였다. 진정 '그리스도가 우리것이 되고 그가 이루신 구원과 영원한 복락에 참여하는 것은 복음을 믿는 신앙 안에서이다' 믿음이 없이는 어느 누구도 하나님께서 예비하시고 그리스도 안에서 이루어 놓으신 큰 구원의 은총과 무관하게 된다. 믿음외에 어떤 다른 방법으로도 구원에 이를 수는 없다. 오직 믿음만이 구원에 이르는 길이다. 뻘코프는 그의 조직신학 5권 구원론에서 회개의 성경적 견해를 말하면서 "참된 회개는 신앙과 관련 없이는 결코 존재하지 않지만 참된 신앙이 있는 곳에는 어디든지 참된 회개도 있다"고 하여 신앙이 있는 곳에서만이 회개가 이루어지고 구원의 역사가 시작됨을 지적하였다. 믿음이 그 자체가 목적이 될 수 없고 또 최후의 목표가 될 수는 없으나 구원을 이르는 유일한 수단이다. 믿음이 있어야 복음에 나타난 회개도, 죄 사함도 주어지는 것이다. 구속의 역사는 이렇게 믿음의 시중을 받아야만 이루어지는 것이다. 믿음은 구원의 역사를 이루기 위하여 하나님이 예비하신 특별 은사이다.

3. 믿음을 세우는 설교

오토 베버는 칼빈의 교회론을 정리하면서 믿음의 소중함을 말하면서 "단단한 바위 위에 내리는 비가 바위 안으로 스며들지 못하고 그냥 흘러버리듯이, 믿음이 없는 자들은 그들의 마음이 굳어서 하나님의 은혜가 그들의 마음 속으로 파헤치고 들어가지 않는 것과 같다"고 하였다. 그러므로 교회를 통하여 이루어지는 설교는 사람들의 믿음을 세우는 일에 초점을 두어야 한다.

칼빈은 말하기를 '하나님께서는 교회의 품안으로 당신의 자녀들을 불러모아 교회의 거룩한 직임에 의하여 어린 신자들을 양육하시며, 또한 그들이 성숙한 신자가 되어 신앙의 목표에 다다를 때까지 모성애와 같은 배려로 그들을 기꺼이 인도하게 하셨다'고 하였다. 다시 말해서 구원에 이르는 믿음을 얻게 하기 위하여 하나님은 은혜의 수단으로 교회를 세우시고 설교자를 세워 이를 감당하게 하신 것이다. 그러므로 설교자는 이런 설교의 초점을 바로 알아 힘써 믿음을 세우는 일에 매진해야 한다. 믿음이란 성령의 역사하심인 것만은 사실이지만 그 대상이 없는 것은 아니며, 그 대상이란 바로 말씀과 성례전이다. 교회를 섬기는 목회자들에 의하여 말씀과 성례전이 이루어지면서 교회가 제 기능을 발휘할 수 있고 교회 안에 있는 성도들은 바로 거기에서 믿음이 생겨 자라 성숙하도록 양육받게 된다. 결과적으로 설교 없이는 구원의 역사가 일어나지 않는다는 말이다. 하나님께서 일순간에 전 일류를 믿음에 들어가게 하실 수도 있으시지만 하나님은 그 방법을 택하지 않으시고 설교를 통하여 구원의 역사를 이루게 하셨음을 알 수 있다. 다시 말해서 하나님께서는 교회라는 은혜의 외적 도구를 세우시고 설교자라는 인격적인 대리자를 세우신 이유는 구속의 역사를 이루시기 위하여 성도들 가운데서 믿음을 양육케 하는 데 있다는 말이다.

4. 말씀과 신앙

로마서 10장 17절에 보면 "그런즉 믿음은 들음에서 나며 들음은 그리스도의 말씀으로 말미암았느니라"라고 하였다. 말씀을 들음이 없이는 믿음이 생기지 않는다. 그래서 태양이 없이 태양빛이 존재할 수 없듯이 말씀이 없이는 믿음이 있을 수 없다고 칼빈도 지적하였다.

첫째로 우리가 기억해야 할 것은 신앙과 말씀 사이에는 항구한 관계가 있다는 사실이다. 이 관계는 마치 태양광선을 그 원천인 태양으로부터 뗄 수 없는 것과 같이 서로 관계가 있다는 것이다.

요한도 말씀이 신앙의 원천이라는 것을 '이것을 기록함은 너희로 믿게 하려 함이라'(요 20:31)고 한 것이다. 말씀은 신앙을 붙들고 보수하는 토대가 되는 것이므로 만약 신앙이 말씀으로부터 이탈하면 넘어지고 말 것이다. 따라서 말씀을 제하여 버리면 신앙은 남지 않는다는 결과가 되는 것이다.

이렇게 신앙과 말씀은 불가분의 관계가 있다. 그러므로 믿음을 세우는 목회사역에서 말씀을 위한 사역이 얼마나 중요한 것인가를 분명히 인식해야 한다.

5. 능력 있는 말씀선포

알 압바는 설교의 능력은 설교자의 말 '안에서' 말과 '더불어' 그리고 말 '아래서' 역사하시는 그리스도의 역사에 의하여 되는 것이라고 하였다.

다시 말해서 인간의 언어의 재능이나 감정에 의해서가 아니라 그리스도의 영이신 성령에 의하여 이루어지는 것이라는 말이다. 그러므로 설교자는 언제나 영이 함께 하심을 확신하면서 증거할 수 있어야 한다.(행 10:44)

(1) 설교는 누구나 쉽게 알아들을 수 있는 언어로 전하는 것이 중요하다.

(2) 설교는 재미가 있어야 한다. 아무리 생명을 건지는 하나님의 말씀이지만 호기심이 끌리지 않으면 그림의 떡과 같이 되고 만다. 양약을 먹기 싫어하는 어린이들을 위하여 당의정을 만들어 먹이는 것과 같다.

(3) 설교를 통하여 하나님의 말씀의 뜻을 바로 깨닫도록 돕는데 힘써야 한다. 말씀을 통하여 하나님께서 의도하시는 뜻이 무엇인지 바로 전하려는 노력이 있어야 한다. 그러기 위하여 충분한 준비와 노력이 있어야 한다. 자신의 의도를 설득하기 위하여 하나님의 말씀을 이용하려고 해서는 안된다.

(4) 설교지는 설교를 통하여 먼저 회중들이 힘을 얻도록 돕는 것이 중요하다. 잘못을 책망하고 꾸짖기보다는 용기를 주고 소망을 주는 것이 중요하다. 지나치게 의무를 부여하여 이것을 하라 저것을 하라는 식의 율법적인 설교보다는 하나님의 풍성하고 넘치는 은혜를 선포하는 복음적인 설교에 힘쓰려고 한다.

(5) 구체적으로 삶에 어떻게 적용하는 것이 좋을지 방법을 제안하는 것이 바람직하다.

결론 : 18세기 요한 웨슬레의 설교는 흑암의 권세와 죄악의 깊은 수렁 속에 빠져있던 영국을 건져내었다. 우리나라 기독교 인구는 25%를 넘어서고 있다. 그러나 사회부조리와 악은 교회성장을 능가하도록 팽창하고 있다. 이는 설교는 있으나 말씀이 없는 시대임을 알려주는 것이다.

설교라고 다 말씀이 아니라 이제 한국교회는 말씀을 찾아야 한다. 말씀

위에 바로서야 한다. 성경은 예수 그리스도를 증거한다(요5:39). 그러므로 그리스도가 없는 설교는 말씀이 아니다. 예수 그리스도는 초대교회 사도들이 전한 말씀의 중심내용이었고 강단의 권위였다. 사도들의 구속사적 복음설교가 선포될 때 사람들이 변했고, 사회의 변혁이 뒤따랐다. 구속사적 설교만이 교회가 사는 길임을 기독교 역사가 말하고 있다.

어린이에게 웃음을, 민족에 희망을
〈어린이 주일 설교〉
(빌립보서 4:4)

「성공하는 사람에게는 표정이 있다」라는 책이 있다. 저자는 이 책에서 성공하는 사람들의 표정을 이렇게 설명한다.
"성공하려면 먼저 웃어라. 항상 부드러운 미소가 얼굴에 감돌도록 만들어라. 표정이 아름다워야 일과 사랑에 성공 할 수 있다. 치열한 경쟁사회에서 성공하기 위해서는 자신의 능력도 중요하지만 그 전에 자신을 드러내어 {호감이 가는 사람}이라는 말을 들을 수 있어야 한다."

다빈치의 "최후의 만찬"에 얽힌 일화이다. 그가 이 명작을 그릴 때 두 명의 모델이 없어서 고민했다고 한다. 한 명은 예수님의 모델이고, 다른 한 명은 가룟유다의 모델이었다.
모델이 없어서 고심하던 어느 날, 성전 건축 현장 옆을 지나게 되었다. 그 때 마침 한 젊은 목수가 콧노래를 부르며 환한 얼굴로 일을 하고 있었는데, 그 모습이 어찌나 당당하고 아름다운지 다빈치는 그를 모델로 예수님을 그렸다.
하지만 유다의 모델은 아무리 찾아도 찾을 수가 없었다. 그래서 수년동안 그림을 완성하지 못하고 있었는데, 어느 날 한 환락가 골목을 지나가

다가 술에 취해 비틀거리며 걸어오는 청년을 만나게 되었다. 그의 얼굴에는 세상에 온갖 고뇌와 불만이 가득 담겨 있었다. 그 얼굴이 어찌나 추악한지 다빈치는 그에게서 배신자의 형상을 발견하고는 그를 모델로 하여 가룟유다를 그렸다.

자! 이렇게 표정이 중요하다. 한 사람의 얼굴이 표정에 따라서 인류의 구주이신 「예수님의 얼굴」이 되기도 하고, 배신자의 대명사인 「가룟유다의 얼굴」이 되기도 한다. 순교자 스데반의 얼굴은 임종순간 "천사의 얼굴"이었다고 하지 않는가?

그렇다면 여러분의 얼굴은 어떤가? 자화상은 어떤가?
성공하려면 오늘 그대의 얼굴을 바꾸어라. 삶의 컬러, 삶의 자세, 삶의 표정을 바꾸어라. 우울한 얼굴, 침울한 얼굴, 겁먹은 얼굴, 낙심천만한 얼굴, 세상을 다 산 것 같은 얼굴로는 성공도, 행복도 있을 수 없다. 하지만 기대하시라! 위대한 Image Maker이신 "예수님께서 그 능력의 말씀으로 그대의 얼굴을, 삶의 표정을 바꾸어 주실 것이다. 환한 얼굴, 밝은 얼굴, 당당한 얼굴, 진실한 얼굴, 행복한 얼굴, 천사의 얼굴, 바로 주 예수의 얼굴로 바꾸어 주신다." 여러분의 얼굴이 주님의 얼굴이 되기 바란다.

"웃는 얼굴이 웃는 얼굴과, 정다운 눈이 정다운 눈과, 건너보고 마주보고 바라보고 산다면 아침마다 동트는 새벽은 또 얼마나 아름다우랴" 시인 박목월의 찬가이다.
이를 사도 바울은 이렇게 선언한다.
"누구든지 그리스도안에 있으면 새로운 피조물이라 이전 것은 지나갔으니 보라 새 것이 되었도다."(고후5:17) 이 말은 얼굴 표정, 삶의 모습, 삶의 컬러가 바뀌었다는 뜻이다. 환한 얼굴 바로 주님의 얼굴로 말이다.

어느 목사님이 어느 지방에서 강의를 하시는데 재미있는 이야기를 많이 하셨다고 한다. 그런데도 사람들이 전혀 반응이 없어서 목사님은 저으기 당황이 되었다고 한다. 하도 어처구니가 없어서 강의를 마치고 한 집사님을 붙잡고 물었다.

"아니, 내 말이 그렇게도 우습지 않으세요?" 그랬더니 그 분이 하시는 말씀이 "아 아 아니유, 정말루 우습구만유…" 이 말에 놀란 것은 목사님이었다. 그래서 다시 물었다. 그러면 웃으시지 왜 웃지 않으셨어요. 그랬더니 그 분이 하는 말씀이 이랬다. "우 우리는 뒤 뒀다가 집에 가서 웃구만유…"

여러분 성경에서 제일 빨리 왕이 된 사람이 누구인지 아는가? "바로-왕"이다.

역시 여러분은 수준이 있다. 바로 알고 바로 웃으니 바로 왕의 자녀가 되었다. -- 주님 안에서 --

웃음은 참 좋은 것이어서, 긴장을 이완시켜서 스트레스를 해소시켜 줄 뿐 아니라 심장박동, 근육상태, 혈액순환 등에 영향을 미쳐 에어로빅 효과를 낸다고 한다. 만약 우리가 크게 20초만 웃어도 5분동안 노젓는 효과를 가져 온다고 한다.

웃음이 치료 효과가 있다고 발표하니까 미국의 저명 인사나 스타들이 소아 병동에 찾아가 아이들을 웃겨주는 것을 최고의 자원 봉사로 여긴단다.

노만 커즌스는 웃음이야말로 "내면 세계의 깊숙한 맛사지"라고 했다. 또 웃음은 "체내의 조깅"이라고 했다.

어떤 성도가 하나님께 물었다. "하나님 하나님께는 1만년이 1초와 같다면서요" "암, 그렇고 말고 그뿐만 아니라 1억원이 1원이기도 하지"

그랬더니 이 성도가 재빨리 "하나님, 그렇다면 많이도 말고 그 1원만 주십시오." 그러자 하나님이 하시는 말씀이 이랬다 "암 주고 말고, 1초만 기다려라."

지도자가 되는데 가장 큰 전제 조건이 무엇인지 아는가? 유머감각이다. 선진국에서는 유머를 구사할 줄 모르면 아예 지도자가 될 생각을 말아야 한다. 그래서 영국 사람들은 자녀들을 위해 기도할 때 무엇무엇이 되게 해 달라는 기도는 하지 않아도 "웃음을 잃지 않는 자녀가 되게 해 달라"는 기도를 빼놓지를 않는다.

웃음은 사람에게만 내려 주신 선물이요 하나님의 은총이다.

개가 웃는 것을 보셨는가?

돼지가 웃는 것을 보셨는가?

아무리 웃겨도 안 웃는다. 웃음은 사람에게 주어진 축복이다.

사람에게는 누구나 교감신경과 부교감신경이 있는데, 교감신경이 발달한 사람을 A형이라고 한다. A형은 쉽게 흥분하고, 화를 잘 내고, 불안하고 초조하다. 그래서 긴장을 풀지 못한다. 성격도 공격적이고 반항적이다.

하지만 B형은 다르다. 여유가 있고 합리적이고 느긋하다. 삶에 웃음이 있다. 때문에 부교감신경을 많이 개발해야 한다. 가장 좋은 방법은 웃음을 찾아가는 것이다. 웃음이 있는 사람은 벌써 얼굴부터 다르다.

성경에 "마음의 즐거움은 얼굴을 빛나게 하여도 마음의 근심은 심령을 상하게 하느니라"(잠15:13)라고 말씀하시지 않았는가?

프란시스 쉐퍼는 광채가 나는 얼굴이 크리스챤의 아름다움이라고 했다. 이 세상에서 가장 큰 선물은 마음에 기쁨을 주는 것이다. 어떤 선물보다 값진 것이다.

어린아이는 울음으로 세상 삶을 시작한다. 그래서 아이들을 웃기려고 했다. 아무리 웃겨도 안 웃는다.
그러니까, "깍-꿍 한다. 그러면 웃는다"
자. 우리 옆 사람을 보고 한번 해 볼까? "깍-꿍"
아침에 일어나서 부부사이에도 아이들에게도 "깍-꿍" 해 보라 집안이 달라진다. 출근하는 남편보고도 "깍-꿍" 퇴근해서 집에 들어서자마자 아내보고 "깍-꿍" 얼마나 신나는 일인가? 웃음이 보약이다. 웃음은 가정의 향수와 같고 에너지 촉진제와 같다.
그래도 못 웃는 사람을 위해서는 간지럼이다. 웃음도 배워야 한다. 간지럼을 태우는데도 웃지 않고 화를 내는 사람은 정신적으로 장애가 있지 않나 싶다.

웃음이 무엇인가? 기쁨의 외적 표현이다.
즐거움은 웃음의 내적 원천이다. 웃음이 있는 사람의 마음속에는 기쁨과 즐거움이 넘쳐 있다.
신앙생활의 핵심이 무엇인가? 즐거움이다. 믿음으로 즐거움으로 감사함으로 주와 교회를 섬기는가?
가장 영적인 삶은 즐거움을 간직한 삶이다. 기독교는 고행의 종교가 아니다. 슬픔의 종교도 아니다. 기쁨이다. 여러분에게 기쁨이 있는가?
기쁨은 성령이 충만한 사람만이 맺을 수 있는 열매이다.(갈5:22) 왜냐하면 하나님나라는 기쁨이기 때문이다. 로마서 14:17에 "하나님의 나라는 먹고 마시는 것이 아니요 오직 성령안에서 의와 평강과 희락이라"고 하였다.
"항상 기뻐하라!" 한순간은 누구든지 기뻐할 수 있다. 그러나 항상 기뻐하는 것은 어렵다.
건강이 기쁨을 앗아간다.
비난이 기쁨을 앗아간다.
오해가 기쁨을 앗아간다.

남과 비교 당할 때 기쁨을 앗아간다.
무시당할 때 기쁨을 앗아간다.
내 능력에 한계를 느낄 때 기쁨을 앗아간다.
고통에 빠지고 절망의 늪에 빠져 헤메게 될 때 기쁨을 앗아간다.

기쁨도 웃음도 저절로 얻어지는 것이 아니다. 가꾸어야 하고 길들여야 하는 믿는 자의 표상이다. 그리스도인들에게 끊임없이 재발견되어야 할 가치이다. 세계만방에 알릴 수 있는 선교의 도구이다. 민족가슴에 희망을 선사할 수 있는 것은 기쁨이다. 다른 것으로는 그리스도인이 된 것을 증명할 수 없다. 누구든지 말은 매끄럽게 잘 할 수 있다. 그러나 기뻐할 수 없는 환경과 상황에서 기뻐할 수 있는 데에 기독교인의 가치가 있다.
사도 바울은 로마 감옥에서 오늘 본문의 편지를 썼다. 기뻐할 수 있는 환경이 아니었다. 그러기에 그의 말은 다이아몬드와 같이 빛이 난다.
사람들이 우울에 빠지기는 쉽다. 화를 폭발하는 것도 쉽다. 권태에 빠지는 것도 쉽다. 그러나 그 속에서도 기쁨을 갖는 것은 복중의 복이요, 은혜 중에 은혜이다.

어떤 성도가 앵무새 두 마리를 샀다. 한 마리는 목사님댁에 선물하고 한 마리는 자기 집에서 키웠다. 그런데 어떻게 된 일인지 목사님댁 새는 사람을 보고 하는 인사가 "기도합시다"하는 것이었다. 그런데 자기집 새는 사람을 보면 "키스합시다" 그러는 것이었다. 성도가 생각할 때 "역시 환경이 중요하구나 새까지 저렇게 경건해지는걸 보면" "그렇다면 우리집 새도 목사님댁에 데려다가 훈련을 시킨 다음 데려와야겠다"하고 목사님께 부탁을 드렸다.
목사님댁으로 들어서는 순간 성도집 새를 향해 목사님 앵무새가 인사를 했다. "기도합시다" 인사를 받은 성도님 새가 인사한다. "키스 합시다" 바로 그 때 목사님댁 새가 큰소리로 하는 말이 이랬다. "주여 ! 이제야 제 기도를 들어주시니 감사드립니다."

불평하고 짜증내고 신경질 부리는 것은 쉽다. 우리의 죄성은 기쁨보다 절망에 갇히기 쉽다. 기뻐하기가 어렵다. 왜 항상 기쁨에서 떠나서는 안 되는지 아는가? 기쁨에서 떠나 불평과 절망에 잠길 때 사탄에게 일할 기회를 주기 때문이다. 사탄은 기회만을 엿보고 있다.
항상 기뻐할 수 있는 비결은 오직 한가지 밖에 없다 "주 안에서 기뻐하라"

하박국 3:17~18에 "비록 무화과 나무가 무성치 못하며 포도나무에 열매가 없으며 감람나무에 소출이 없으며 밭에 식물이 없으며 우리에 양이 없으며 외양간에 소가 없을지라도 나는 여호와를 인하여 즐거워하며 나의 구원의 하나님을 인하여 기뻐하리로다."

기쁨의 원천은 하나님이시다. 오직 주님만이 우리를 기쁘게 하신다. 하나님은 기쁨자체이시다.
민수기 6:24~26 공동번역에 "야훼께서 너희에게 복을 내리시며 너희를 지켜주시고 야훼께서 웃으시며 너희를 귀엽게 보아주시고 야훼께서 너희를 고이 보시고 평화를 주시기를 빈다."
주님을 만나는 순간, 그 얼굴을 보는 순간, 슬픔이 변하여 기쁨이 된다. 웃음은 주님의 약속이다. "이제 우는자는 복이 있나니 너희가 웃을 것임이요."(눅6:22)
하나님은 아브라함과 사라에게 웃음을, 한나에게 웃음을, 엘리사벳과 사가랴에게 웃음을, 온 땅 온 인류에게 하나님은 주 예수안에서 웃음을 주셨다. 기쁨은 힘의 원천이라고 느헤미야 8:10에서 말씀하셨다. "어린이에게 웃음을, 민족에게 희망을" 이는 기독교인의 슬로건이 되어야 한다. 기독교인의 징표가 되어야 한다.

여름 신앙
〈여름수련회 개회 설교〉
(창세기 8:13~22, 마가복음 13:28~37)

우리는 지금 섭씨 34~5,6도가 오르내리는 폭염과 불쾌지수가 7~80에 이르는 무더운 여름을 지내고 있습니다. 보통 여름하면 싱그러운 자연, 시원한 계곡, 가벼운 옷차림의 자유스러움을 느끼는 계절입니다. 여름성경학교, 여름 캠프 모두 아름답고 기대되는 단어들입니다. 그래서 여름은 여름대로 재미가 있고 낭만이 있는 계절입니다.

친구들을 만나면 어디 피서 안 가느냐 ? 어디에 다녀왔느냐 ? 함께 어디로 가지 않겠느냐 ? 하고 묻기도 합니다. 바캉스, 피서 여행 그리고 초복과 중복과 말복에 보신탕, 삼계탕을 드시면서 보내는 재미, 모두가 여름은 추억과 낭만이 있어 재미있는 계절입니다. 저 개인적으로는 바다 게나 꼬끼오 鷄나 멍멍이 개(犬)나 모두 개신교 목사이기 때문에 개자가 들어 가 있는 것은 모두 좋아합니다. 여름하면 溪谷이 시원하여 좋고, 쉬는 것, 휴식하는 것도 게(憩)입니다.(休息, 憩息, 休憩, 小憩, 休憩室)

그래서 신구약 성경 전체에 "여름"이라는 말을 모두 찾아 읽었더니 모두 27곳에 여름이라는 말이 씌어 있었습니다. 그 중에 창세기 8장 22절에 있는 말씀을 먼저 살펴보았습니다.
"땅이 있는 한 뿌리는 때와 거두는 때, 추위와 더위, 여름과 겨울, 밤과 낮이 시지 않고 오리라"
구약 잠언에도 여름이라는 말이 몇 곳이 나옵니다. 그 중에도 6장 6~8절의 말씀을 보면 "게으른 자는 개미에게 가서 그 사는 모습을 보고 지혜를 깨쳐라. 개미는 우두머리도 없고 지휘관이나 감독관이 없어도 여름동안 양식을 장만하고 추수절에 먹이를 모아들인다."

그리고 신약성경 마가복음 13장 28~29절 이하의 말씀입니다. "무화과나무를 보고 배워라. 푸른 가지가 나고 잎이 돋으면 여름이 가까워진 것을 알게 된다. 이와 같이 너희도 이런 일이 일어나는 것을 보거든 인자가 문 앞에 다가온 줄을 알아라… 그러나 그 날과 그 시간은 아무도 모른다. 그 때가 언제 올는지 모르니 조심해서 항상 깨어 있어라."

오늘 아침 이 구절들을 생각하면서 어떻게 사는 것이 이 무더운 여름철을 신앙적으로 사는 길인지를 살펴보며 은혜 받기를 원합니다.

1. 창세기 8장에 있는 말씀은 노아의 홍수이야기의 마지막 부분에 있는 구절입니다. 하나님께서 에덴동산을 지으시고 거기서 편히 살도록 아담과 하와를 창조하셨건만 그 후손들이 범죄하기 시작하여 심지어 가족간에 살인사건이 벌어지게 되었습니다. 그래서 하나님께서 이 죄된 세상을 홍수로 멸망시키려고 40주 40야를 계속하여 장대 같은 폭우와 샘들이 터지게 하였습니다. 홍수가 끝나고 노아의 방주에 탔던 사람과 짐승들이 다시 이 땅위에 정착하게 됐습니다.

노아가 하나님 앞에 제단을 쌓고 산 제사를 드렸을 때, 하나님께서 그 향긋한 제사를 받으시고, 이렇게 말씀하십니다. "사람은 어려서부터 악한 마음을 품게 마련 다시는 사람 때문에 땅을 저주하지 않으리라. 다시는 전처럼 모든 짐승을 없애버리지 않으리라." 그리고 22절에 "땅이 있는 한 뿌리는 때와 거두는 때, 추위와 더위, 여름과 겨울, 낮과 밤이 쉬지 않고 오리라."하는 선언을 하십니다.

이 말씀은 노아가 자기와 가족들을 구원해 주신 은혜에 감사하여 하나님 앞에 제단을 쌓았습니다. 노아의 제사를 받으시고 하나님께서는 다시는 이 땅에 사는 사람과 짐승들 그리고 이 땅을 저주하지 않겠다고 하시면서 "축복"으로 씨 뿌리는 때와 거두는 때, 추위와 더위, 여름과 겨울을 허락하셨습니다. 바꿔 말하면 이 여름과 더위가 하나님의 축복이라는 말입니다. 인간을 괴롭히는 저주가 아니라 축복이라는 것입니다.

이 여름이 있기에 곡식이 자라고 열매가 맺어갑니다. 여름이 곧 하나님의 축복이요, 더위가 하나님의 축복입니다. 그러므로 우리는 여름을 짜증스럽게 불평하면서 보내서는 안 되겠습니다. 휴가를 즐기거나 일할 때에 흐르는 땀이 내의와 겉옷을 적셔도 여름을 저주해서는 안 되겠습니다. 기쁨으로 땀을 흘리는 여름생활, 말씀의 숲에서 더위를 이겨내는 태도, 이것이 여름을 사는 크리스챤의 바른 태도라고 생각합니다.

오히려 이 더위 속에서도 생명과 인내를 주신 하나님께 감사해야 하겠습니다. 그리고 시편 74편 17절의 말씀을 읊은 시편기자처럼, "여름과 겨울을 마련하신 이도 하나님이십니다."하는 신앙고백을 할 수 있어야 하겠습니다. 하나님께서 허락한 이 여름, 이 더위를 은혜로써 받아들여야 하겠습니다.

필리핀에서 오신 교수 한 분이 계셨는데 초가을인데도 춥다고 하는 것이 이해가 가지 않았습니다. 정말 추운 겨울에는 오들오들 떨며 춥다고 했습니다. 그분의 나라인 동남아시아는 일년 내내 사시사철이 없이 요즈음 같이 무더운 여름만 있는 나라에서 사는 사람들입니다. 일년에 3개월 밖에 무덥지 않은 우리나라에 태어난 것을 저와 여러분들은 감사해야 합니다. 여름 석 달이라고 해도 정말 더운 것은 초복, 중복, 말복 정도 아닙니까 ? 벌써 중복도 지나고 무더위도 한 보름정도 밖에 남지 않았습니다. 무더위에 짜증이 나도 여름을 축복으로 주신 하나님께 감사하면서 이기시기를 바랍니다.

2. 구약 잠언에 보면 "여름"에 대한 말씀이 있습니다. 6장 6~8절에 보면 "게으른 자는 개미에게 가서 그 사는 모습을 보고 지혜를 깨우쳐라. 개미는 우두머리도 없고 지휘관이나 감독관이 없어도 여름동안 양식을 장만하고 추수철에 먹이를 모아들인다"고 하였습니다.

잠언서는 이스라엘 왕국의 전성시대에 다윗과 솔로몬이 임금으로 있을 당시 황실에서 자녀들을 가르칠 때 사용했던 금언집입니다. 이 금언집은 그 후 대대로 청소년들을 위한 지혜의 교과서로 사용되어 왔습니다.

개미에게 배울 점이 무엇입니까? "개미는 우두머리도 없고 지휘관이나 감독관이 없어도" 여름동안에 부지런히 일을 한다는 것입니다. 여름동안에 부지런히 일해서 겨울을 준비하라는 교훈과 지혜는 이솝의 우화에 "개미와 베짱이"라는 이야기에서도 잘 알려진 유명한 이야기가 있습니다. 요즈음에는 이야기의 배역이 바뀌어야 하지 않을까 하는 생각이 듭니다. 노래하는 가수들이 얼마나 많이 돈을 벌고, 야구놀이, 골프놀이 해 가지고 얼마나 외화를 많이 벌어들입니까? 옛날 어른들은 이 모두가 노는 것으로 보았습니다. 사실 얼마나 노력을 많이 해야 하고 땀을 많이 흘려야 합니까?

잠언의 말씀을 통하여 깨닫는 것은 여름철을 사는 크리스챤들은 열매를 맺기 위하여 여름동안에 해야 할 일을 다해야 한다는 교훈을 받습니다. 여름은 열매를 맺도록 우리에게 주어진 기회입니다. 이 기회를 선용해서 미래를 위한 준비를 해야 하겠습니다.

흔히 여름동안에는 아무 것도 하지 않아도 되는 것으로 착각하고 있습니다. 영어의 Vacation, 불어의 Vacance, 우리말의 "휴가"라는 말이 그런 여운을 풍기지만, 쉬는 것도, 몸과 마음을 회복시키는 것도 여름에 해야 할 일입니다. 그렇다고 여름 석 달을 휴가로 보낼 수는 없습니다. 1주간이나 혹은 2주간 쉬었다가 부지런히 여름에 할 일을 하라는 것입니다.

사람들이 피서하는 방법들이 여러 가지가 있습니다. 그러나 일에 몰두하는 것도 좋은 피서법입니다. 덥다고 불평하고 짜증내면 정말 시간이 가지 않습니다. 다소 불편하더라도 미래를 향해 오늘 해야 할 일을 붙잡고 몰두한다면 최상의 피서법일 것입니다. 성도 여러분, 우리에게 열매를 맺기 위한 여름을 하나님께서 주셨으니 더위 속에서도 값진 땀을 흘리며 보람을 가집시다.

3. 마가복음 13:28~37에 보면 "배워라, 무화과나무를 보고 그 가지가 나오고 푸른 잎이 나오거든 여름이 가까운 것을 기억해야 한다. 그 시각이 언제일는지 모르니 늘 깨어 있어라"라는 말씀이 있습니다. 이 말씀은 세 복음서(마태 24:32,; 누가 21:29)에 있습니다. 이 말씀은 인자가 오시는 날에 관한 말씀입니다.

"인사가 구름을 타고 권능을 떨치며 영광에 싸여 올 날이 있을 텐데 그 날이 언제일는지 모릅니다. 그러니 무화과나무에 새 가지가 돋히고 새 잎이 돋으면 여름이 가까워 진 것을 알게 되는 것처럼 너희는 이런 일이 일어나는 것을 보거든 인자가 문 앞에 가까이 온 줄을 알아라"했습니다. 계절의 변화가 생길 때마다 천국이 가까이 온 줄을 알고 늘 깨어 있으라고 한 것입니다.

여름일수록 바른 신앙자세를 가지고 살아야 한다는 말씀입니다. "여름이 오면 인자가 가까이 온 줄을 알라. 무화과나무가 무성해지면 하늘나라가 가까이 온 줄을 알아라." 그 날 그 시간이 언제 일는지는 아무도 모르지만 깨어 있으라고 경고합니다. 크리스챤은 여름철에도 신앙적으로 깨어서 살아야 한다는 말씀입니다. 여름이라고 해서 마음이 해이해지고 교회생활에 등한히 해서는 안 된다는 말씀입니다.

마지막으로 스위스의 정신과 의사인 폴 뚜르니에(Paul Tournier)가 쓴 「인생의 네 계절」이라는 책에 보면 그는 인생의 계절과 자연의 계절을 비교하면서 인생의 계절과 자연의 계절 사이에 단 하나의 차이가 있다면 인생은 이 계절을 평생 한 번만 거쳐간다는 것입니다. 우리 인생에도 봄이 있습니다. 나서 자라는 성장의 계절입니다. 그러나 봄이 지나면 여름이 옵니다. 인생의 여름은 인간으로써 성숙해서 결혼을 하고, 가정을 이루고, 자기 일을 가지고 사는 계절입니다. 이 때야말로 인생 목표와 가치의 추구에 몰두해서 살아가는 계절입니다.

여름이 가면 가을이 옵니다. 인생의 가을이 오면 우리 인간은 앞을 내다보기보다는 뒤를 돌아보기 시작합니다. 인생의 가을이 되면 내 인생의 목표를 다 이룰 수 없음을 깨닫고 헛되이 보낸 지난날들을 후회하기 시작합니다. 이 인생의 가을은 나이가 50~60이 되어서야 오는 것은 아닙니다. 아무리 젊다고 해도 앞을 내다보지 못하고 뒤를 돌아보고 사는 사람은 가을을 살고 있는 인생입니다.

인생의 겨울은 모든 것이 다 끝나 버릴 때 옵니다. 더 추구할 것도 없고 돌아볼 것도 없습니다. 인생 겨울이 오는 것은 할 일도 없고, 아무도 나를 필요로 하지 않는다고 느낄 때 옵니다. 젊은이에게도 인생의 겨울은 옵니다. 인생을 살 가치가 없다고 느껴지면 그것은 곧 인생의 겨울입니다.

폴 뚜르니에는 책의 마지막 부분에서 아주 중요한 이야기로 끝을 맺습니다. 우리는 지금 어떤 인생의 계절에 살고 있든지 노력하면 이 인생의 계절을 여름철로 되돌아오게 할 수 있다는 것입니다. 마찬가지로 하나님을 만날 때 과거를 돌아보고 후회하며 탄식하던 인생에서 미래를 내다보며 오늘을 바로 살 수 있는 힘이 솟아난다는 것입니다.

이런 변화가 사무엘처럼 어려서 일어날 수 있고, 바울 같이 청년의 때에 일어날 수 있고, 베드로와 같이 어른이 되어서 올 수도 있습니다. 언제 그런 변화가 오든지 이런 일이 일어나게 되면 우리는 미래에 대한 두려움도, 지난날에 대한 후회도 없이 오직 오늘 주어진 여건 속에서 바르게 살 수 있습니다.

우리가 예수를 믿게 된 것은 바로 우리에게 이런 변화를 주시려는 하나님이 은총에 의해서입니다. 이열치열이라는 말이 있듯이 무더운 여름철에 뜨거운 여름신앙을 되찾아 인생의 여름을 사시기를 바랍니다. 여름철을 하나님의 축복의 기회로 가꾸어 가시기 바랍니다.

여름과 휴가
〈여름수련회 개회 설교〉

(누가복음 21:34~38)

유명한 동화작가인 안데르센이 남긴 작품 중에 「분홍신」이라는 이야기가 있습니다. 어떤 마술사가 분홍신 하나를 만들었습니다. 이 분홍신은 정말 예쁘고 교묘하게 만들어서 그 신을 보는 사람은 누구든지 한번 신어 보고 싶은 충동을 느끼지 않을 수 없었습니다. 이 신을 신기만 하면 누구든지 멋있고 우아하게 춤을 출 수 있었습니다. 그런데 그 춤은 한번 추기 시작하면 결코 그칠 수 없는 춤이었습니다. 끝없이 계속 추어야 하는 것입니다. 신을 벗고 싶어도 벗을 수가 없습니다.

어떤 소녀가 얼마나 이 신이 신고 싶었던지 그 신을 얻기 위해서 이루 말할 수 없는 노력을 기울였습니다. 급기야 이 소녀는 그 신을 사서 신을 수가 있었습니다. 그 신을 신자마자 춤이 저절로 나왔습니다. 처음에는 얼마나 기뻤던지 말로 표현할 수 없을 만큼 행복하였습니다. 이 동네, 저

동네를 다니며 춤을 추었습니다. 수많은 사람들의 박수갈채를 받을 때는 눈물이 쏟아질 정도로 행복하여 견딜 수가 없었습니다. 뭇 총각들이 동경의 시선을 보낼 때는 우쭐하기까지 했습니다.

그러나 얼마 되지 않아 피로해지기 시작했습니다. 권태가 찾아왔습니다. 즐거워야 할 춤이 나중에는 고통스러운 춤이 되고 말았습니다. "누구를 위해 종을 울리나"라는 말처럼, 누구를 위해 춤을 추는지 알 수 없었습니다. 사실 그러한 생각을 할 겨를도 없었습니다. 이 소녀는 하루종일, 아니 한 달이고 두 달이고 계속 쉴새없이 춤을 추어야 합니다.

잠 잘 틈도 없고, 밥 먹을 짬도 없이 도회지로, 한적한 시골길로 가면서 춤을 추어야 했습니다. 처음에는 행복에 겨워 눈물을 흘렸지만, 점점 짜증스럽고 고통스러운 얼굴로 변하더니 나중에는 춤도 귀찮아 지고 박수갈채마저도 지겨울 정도로 한숨이 나오고 허탈한 마음마저 들 정도로 울분으로 변했습니다. 자기의 옛 고향, 자기 집 문 앞을 지나면서도 춤을 추어야 했습니다. 자기 집에 들어가고 싶고 어머니를 만나고 싶지만 쉴 수가 없었습니다. 정지할 수가 없었습니다. 집 앞에서 어머니가 애절하게 딸을 불렀지만 이 소녀는 춤을 그칠 수가 없었기 때문에 그냥 집을 지나쳐야 했습니다. 그러다가 이 소녀는 어느 묘지 곁에서 기진맥진하여 춤을 추다가 죽었다는 이야기로 끝납니다.

이 이야기는 일과 환경에 얽매어서 자기를 잃어버린 채 힘겹게 살아가는 인생을 그린 작품입니다. 오늘 현대를 살아가는 우리들은 이 짧은 이야기 속에서 자신의 모습을 볼 수 있습니다. 분홍신을 신은 소녀처럼 우리는 일 속에 파묻혀 있고 환경에 얽매어 있습니다. 여러 가지 일과 환경, 제도에 사로잡혀 정신없이 살다보면 내가 누구인지, 내가 무엇 때문에 이 일을 하고 있는지 조차 느끼지 못하게 됩니다.

이렇게 정신없이 지내 온 우리의 삶에 여름이 있다고 하는 것은 우리의 마음과 생활에 여유를 줍니다. 쉴 사이 없이 일을 해야 하고, 계속 움직여야 하는 바쁜 도시생활 속에서 그래도 여름이 있기에 하나님이 만드신 대자연의 신비로움과 접촉할 수 있습니다. 여름이 있기에 피곤한 몸을 쉬게 할 수 있는 휴가도 얻을 수 있는 것입니다. 여름이 있기에 모든 곡식과 식물들이 왕성하게 자랄 수 있는 것입니다.

올해에도 여름이 찾아왔습니다. 여름은 짜증스럽고 무더운 것으로만 끝나지 않습니다. 오히려 적극적인 자세로 맞이할 때 이 여름은 우리에게 중요한 의미를 주고, 우리의 삶을 더욱 상쾌하게 만들어 줍니다. 우리 기독교인들은 이 여름을 어떻게 볼 것이며, 신앙적으로 뜻 있게 보낼 수 있는 방법은 없을까 고민해 보았습니다. 여름이 주는 계절적인 의미를 신앙의 눈으로 바라보면서 후덥지근하고 짜증스런 여름이 아니라 성숙한 인간으로 창조되는 상쾌한 여름이 되게 합시다.

1. 뜨거운 여름에도 놀이신학이 있습니다.

여름에는 모든 것이 뜨겁습니다. 하루에 몇 번이고 물을 뒤집어써도 몸의 열기가 식지 않습니다. 너무 덥기 때문에 잠도 설치고 제대로 잘 수가 없습니다. 쉬는 것조차 괴롭습니다. 그렇지만 한 가지 생각할 것이 있습니다. 이열치열(以熱治熱)이란 말이 있듯이 우리의 속 심령도 뜨거워져야 하겠습니다.

누가복음 24장에 있는 말씀을 보면 사막의 열기로 뜨거운 그곳에 두 사람이 처량하게 길을 걷고 있습니다. 그들은 예루살렘에서 엠마오로 내려가고 있는 중이었습니다. 온 몸에 비지땀이 흐르고 있습니다. 그렇지만 그들의 심령은 냉랭하고 싸늘했습니다.

실패와 절망으로 낙심하여 내려가는 두 제자의 마음은 마치 얼음장과도 같았습니다. 3년동안 그토록 존경하고 따라다녔던 그 예수님이 십자가에 못 박혀 죽으셨습니다. 삼 년동안 사람을 낚는 어부가 되겠다는 포부를 가지고 예수님을 따라 다녔지만 이제 그런 꿈도 산산조각이 나고 말았습니다. 비참하게 돌아가신 그 예수님의 모습을 생각하며 이 두 사람은 사막이 열기가 가슴까지 차 오르는 듯 숨을 몰아 쉬며 고향으로 내려가는 중입니다.

그 순간 부활하신 예수님께서 그들 중에 동행하면서 이야기를 나누기 시작하셨습니다. 예수님이신 줄도 모르고 근자에 예루살렘에서 일어난 이야기를 나누었던 두 제자는 예수님이 가신 후 서로 얼굴을 마주보며 "우리의 마음이 뜨겁지 아니하더냐"고 고백합니다.
"우리 속에서 마음이 뜨겁지 아니하더냐"(눅 24: 32)
자기 고향 엠마오로 내려가던 두 제자는 발길을 돌려 다시 예수님을 위해 살려고 예루살렘을 향하여 땀을 흘리며 올라갔습니다.

사랑하는 성도 여러분.
엠마오로 내려가던 두 제자처럼 우리의 심령도 냉랭할 대로 냉랭하고 차가운 상태속에 있지는 않습니까? 예수께서 말씀하실 때에 저들의 심령이 뜨거워진 것처럼, 우리의 삶이 예수 그리스도의 말씀에 부딪히게 될 때 우리의 심령도 뜨거워 질 수 있습니다. 마음이 뜨거워지면 육신의 뜨거움은 아무런 문제가 되지 않습니다.

해마다 여름이 되면 여름성경학교다 각 기관 수련회다 하여 모든 분들이 얼마나 수고하시는 지 모릅니다. 이런 행사를 왜 가지는 것입니까? 육체가 뜨거운 이 때에 우리의 심령도 하나님의 말씀과 더불어 뜨거워지고 변화되기 위해서입니다. 새로운 삶을 갖기 위해서입니다.

녹슬고 거칠은 쇠붙이도 대장간의 풀무불에 들어가서 그 자체가 녹아질 때 그것으로 호미나 낫과 같은 연장을 만들 수 있습니다. 인간의 삶도 그와 같습니다. 하나님의 말씀에 사로잡히지 않고는 결코 새로워질 수 없습니다. 그래서 사도 바울은 "그런즉 누구든지 그리스도안에 있으면 새로운 피조물이라 이전 것은 지나갔으니 보라 새 것이 되었도다"(고후 5:17)라고 말합니다.

뜨거운 여름, 그러나 우리 몸만 뜨거워 질 것이 아니라 속 사람도 뜨거워지는 계절이 되시기 바랍니다. 이것이 여름에 체험되는 놀이 신학입니다.

2. 놀이신학의 배경인 자연이 있습니다.

여름이 되면 산으로 바다로 가고 싶습니다. 시원한 계곡을 찾고 싶습니다. 오묘한 계곡, 시원한 시냇물과 폭포수, 대양의 파도, 이렇듯 신비스러운 자연과 접촉할 수 있는 계절이 바로 여름입니다.

신비스러운 대자연과 접촉할 때마다 우리는 하나님의 무한한 창조의 능력과 사람은 도저히 흉내낼 수 없는 아름다운 예술적 솜씨에 감탄하게 되고 그로 말미암아 하나님의 위대하심을 깨닫게 됩니다.

최초의 우주인인 암스트롱이 달나라에 첫 발을 내딛은 후 지구를 향해 보낸 첫 메시지가 시편 8:1의 말씀이었습니다.

여호와 우리 주여 주의 이름이 어찌 그리 아름다운지요 주의 영광을 하늘 위에 두셨나이다. 암스트롱은 신비한 대자연의 우주 속에서 더욱 더 하나님을 체험하였습니다.

지난 7월 17일에 유초등부 학생들과 교사, 집사님들과 함께 인천신공항과 영종도 해수욕장에 갔습니다. 많은 분들이 가족과 함께, 그리고 성도들이 더위를 피해 해변에 찾아 오셨습니다. 우리 교회가 자리를 잡고 있는 옆에도 어느 교회에서 오셨는데 둥그렇게 앉아서 곰발바닥, 개발바닥…… 희희낙낙 깔깔대며 놀고 있었습니다. 기독교인들의 의식에도 놀이신학이 없다고 생각하니 뒷맛이 씁쓸했습니다.

성도 여러분, 우리는 자연을 찾을 때마다 자연을 만드신 하나님 앞에 감사하고, 자연의 오묘한 모습 속에서 그의 신성을 보며 그의 신비로움을 찬송해야 하겠습니다.

하나님께서는 자신을 여러 가지 방법으로 계시하셨습니다.

첫째, 하나님께서 태초에 우주 만물을 창조하실 때 이 우주 만물 속에 자신의 신성과 능력을 나타내셨습니다.

"그의 영원하신 능력과 신성이 그 만드신 만물에 분명히 보여 알게 되나니"(롬 1:20), 이처럼 성경은 자연 속에서 하나님의 신성을 느낄 수 있다고 말합니다.

둘째, 하나님께서는 인간의 마음속에 자기를 계시하셨습니다.

하나님이 자기 형상 곧 하나님의 형상대로 사람을 창조하시고(창 1:27) 하나님은 영이십니다. 하나님께서는 자신의 형상을 인간의 마음속에 넣어 주셨습니다. 인간의 마음, 인간의 양심은 하나님을 알만한 지식을 갖도록 되어 있습니다.

셋째, 하나님께서는 말씀을 통해 자신의 뜻을 나타내십니다.

모세가 호렙산에서 기도할 때 하나님께서는 십계명을 주셨습니다. 그리고 선지자들을 통해, 제사장과 왕들을 통해 하나님 자신의 뜻을 우리들에게 나타내 보여 주셨습니다. 그것을 기록한 것이 성경입니다. 하나님은 말씀을 통해 자신의 뜻을 계시해 주신 것입니다.

넷째, 하나님께서는 예수그리스도를 통하여 자기를 완전히 계시해 주셨습니다.

하나님께서 직접 인간의 모습으로 오신 것입니다. 우리는 예수 그리스도를 통하여 하나님을 알 수가 있습니다.

다섯째, 하나님은 성령을 통하여 자기를 계시하십니다.

이와 같이 하나님은 여러 가지 방법을 통하여 자신을 계시하여 주셨습니다. 그 중에 첫 번째가 태초부터 자연만물을 통해서 계시하신 방법입니다. 그러므로 우리는 자연과 접촉할 때마다, 그 자연의 아름다움과 신비로운 질서를 바라볼 때마다 하나님을 만날 수 있어야 합니다.

16세기 종교 개혁자였던 마틴 루터는 아버지의 뜻에 따라 법과대학을 다녔습니다. 그는 법률가가 되려고 했던 것입니다. 어느 날 친구와 함께 시골길을 가다가 벼락을 맞았습니다. 자기 옆에 있던 고목나무가 쓰러질 때 친구는 그 고목나무에 깔려 죽고 말았습니다. 그 순간 루터는 자연의 위력 앞에서 신비로운 하나님을 체험하였습니다. 솔직히 말해서 하나님이 두려웠습니다. 그래서 그는 갈 길을 바꿔 비텐베르그 신학과에 입학하는 것으로 정했습니다. 그의 생애를 인도하시는 하나님은 마틴 루터로 하여금 종교개혁이라는 위대한 발자취를 역사 속에 남기게 하였습니다. 그는 자연 속에서 하나님을 체험하고 자기의 삶을 변화시켰습니다.

이스라엘의 지도자였던 모세 역시 가시덤불 속에서 하나님을 체험하였고 하나님의 음성을 들었습니다. 엘리야 역시 동굴 속에서 들여오는 세미한 하나님의 음성을 들었습니다. 산이나 바다, 그 어느 곳에 여러분이 가시더라도 자연 속에서 하나님을 만나고 체험하며, 겸허하게 기도하는 시간을 가지시기를 바랍니다.

3. 여름은 휴가의 계절입니다.

대다수의 직장이나 가정에서 여름휴가를 가지게 됩니다. 학생들은 여름방학이 있습니다. 아무리 바쁜 사람이라도 여름이 되면 단 하루라도 시간을 내어 일에서 벗어나 가족과 친구들과 함께 바닷가나, 산, 계곡 또는 풀장에라도 가서 쉬었다 옵니다. 쉬고 싶은 마음은 누구에게나 있습니다.

예수님께서도 때때로 휴식의 시간을 가지셨습니다. 누가복음 21:37에 보면 예수님께서 감람원이라는 곳에 가셔서 쉬셨다는 말씀이 있습니다.
휴가는 중요한 의미를 가지고 있습니다. 흔히 서양사람들을 가리켜 휴가를 사는 사람들이라고 말합니다. 그만큼 서양사람들은 휴가를 가장 뜻있게, 의미있게, 보내려고 합니다. 휴가는 불어로는 Vacance라고 하지만, 영어로는 Vacation이라고 합니다. 이 말의 동사형은 Vacate로 휴가와 다른 의미를 가집니다. 그 말의 의미는 "비우다, 청소하다, 준비하다"란 뜻입니다.

휴가의 진정한 의미는 바로 이것입니다. 휴가시간을 통하여 자기자신을 반성해 보고, 마음을 정돈하는 시간을 가질 때, 즉 자신을 비우는 시간을 가질 때 그 휴식은 중요한 의미를 갖게 되는 것입니다. 흔히 휴가를 즐기는 일을 Recreation이라고 합니다. Re-creation, 이는 "재창조하다", "새로 비운다" "새로 만든다"는 뜻을 가지고 있습니다. 즉 휴가란 과거를 정리하면서 새로운 창조의 꿈을 키워나가는 기간입니다.

방학을 맞이한 학생, 청년 여러분, 직장, 가사, 여러 일로부터 휴가를 얻게 될 성도 여러분! 이번 휴가야말로 과거를 반성하고 새로운 내일을 설계하면서, 그리스도 안에서 내 자아를 다시 정립할 수 있는 여름휴가가 되시기 바랍니다.

누가복음 21장에 보면 예수께서 감람산에 가셔서 쉬셨다고 합니다. 쉬신 다음 22장에 보면 예루살렘에 들어가 제자들과 함께 최후의 만찬을 가지신 후 겟세마네 동산에서 체포되시어 빌라도 법정에서 재판을 받으시고 만인의 죄를 대속하시기 위해 피를 흘리셨습니다. 스스로 십자가를 택하셨습니다.

여기서 예수님의 휴식은 노는 시간이 아니었습니다. 곰발바닥, 개발바닥하고 노닥거린 것이 아니고, 버스도 승객의 취기에 같이 취한 듯 휘청휘청 거리고, 안전운행과는 아랑곳하지 않고 노래가락에 장단을 맞추며 엉덩이 춤을 추다가 버스가 나뒹굴어 수 십명이 중경상을 입고 21명이 사망하는 그런 참사를 빚는 휴가가 아닌 내일 이루어질 십자가의 귀한 사명을 꿈꾸며 설계하는 시간이었을 것입니다. 얼마나 위대한 휴식의 시간이었습니까 ? 휴가는 흔히 생각하듯 노는 시간, 해방의 시간, 방종의 시간이 아닙니다. 이렇게 휴가를 가지려는 사람들에게 성경은 경고하고 있습니다.
 "너희는 스스로 조심하라 그렇지 않으면 방탕함과 술 취함과 생활의 염려로 마음이 둔하여지고 뜻밖에 그 날이 덫과 같이 너희에게 임하리라"
 (누가21:34)
 휴가의 계절을 맞이하여 조심하지 않으면 방탕에 빠지게 됩니다. 이 무덥고 끈적끈쩍하여 불쾌지수가 높아가고 짜증스런 계절이라고 감각으로 끝나는 것이 아니라 내 자신을 다시 정립하는 시간이 되시기를 바랍니다.

뜨거운 여름, 모든 것이 뜨거워지는 이 때 !
우리의 심령도 말씀으로 뜨거워지기를 바랍니다. 산과 바다로 나설 때마다 하나님의 창조의 신비로움을 찾을 수 있기를 바랍니다. 휴가는 주안에서 새로운 창조의 꿈을 키우는 뜻깊은 기간이 되시기를 바랍니다. 물을 가까이 하는 여름, 우리의 몸뿐만 아니라 우리의 심령도 물과 성령으로 거듭나야 하겠습니다. 만물이 성장하고 열매맺을 준비하는 여름, 우리의 영적 생활도 더욱 성숙해져야 하겠습니다. 여름을 타서 신앙적으로 나태하지 않고 여름을 이기고 주안에서 성숙해 가는 여름과 휴가가 되시기를 축원합니다.

왜 사느냐고 묻는다면
〈여전도회 헌신예배 설교〉
(사도행전 20:22~27)

이 시간 하나님께서 너는 지금까지 누구를 위해 살아왔으며 앞으로 무엇을 위해 살아 갈 것인가? 하고 묻는다면 주님의 피에 흠뻑 적신 신앙의 양심에서 들려오는 스스로의 대답을 들을 수 있어야 합니다.

우리는 위하여 살 대상이 있고, 살아야 할 목표가 있어야 삶의 의미가 있습니다. 내가 그것을 위해 살고, 그것을 위해 죽을 수 있는 인생의 목표나, 이념이나, 가치를 우리는 사명이라고 말합니다. 사람이 자기의 사명을 바로 깨달을 때 삶의 자세가 달라집니다.

현대인의 비극이 무엇입니까? 현대인의 비극은 나는 왜 살아야 하고 무엇을 위해 살아야 하는가 하는 물음에 대답을 잃어버렸기 때문입니다.

성경에는 위대한 분들이 많이 있습니다. 그 중에서도 인생의 사는 목적과 의미, 그리고 삶의 자세를 진지하게 보여준 분을 꼽으라면 사도 바울을 꼽을 수 있습니다. 그 분은 어떤 고난 속에서도 삶의 자세를 흐트리지 않고, 복음의 향기를 세상에 흠뻑 적신 위대한 그리스도인입니다.

그 비결은 무엇입니까? 사명감을 가진 그리스도인이었기 때문입니다. 바울이 세 번째 선교여행을 마치고 돌아오는 길에 항구도시 밀레도에서 에베소교회 지도자들을 향하여 고별설교를 하였습니다. 이 고별 설교 속에는 순교자의 정신이 우리의 가슴을 울려주고 있습니다.

"보라, 나는 심령에 매임을 받아 예루살렘으로 가는데 거기서 무슨 일을 만날는지 나는 알지 못하노라, 오직 성령이 각 성에서 내게 증거 하여 결박과 환난이 나를 기다린다 하시나 나의 달려갈 길과 주 예수께 받은 사명 곧 하나님의 은혜의 복음 증거 하는 일을 마치려 함에는 나의 생명을 조금도 귀한 것으로 여기지 아니하노라. 보라, 내가 너희 중에 왕래하며 하나님 나라를 전파하였으나 지금은 너희가 다 내 얼굴을 다시 못 볼 줄 아노라 그러므로 오늘 너희에게 증거 하노니 모든 사람의 피에 대하여 내가 깨끗하니 이는 내가 꺼리지 않고 하나님의 뜻을 다 너희에게 전하였음이라"

저는 이 말씀을 보면서 사도바울이 얼마나 사명감에 불타고 있었는가를 짐작 할 수가 있었습니다. 그리고 그가 우리 주 예수 그리스도를 위하여 그토록 열성적으로 살 수 있었다는 것이 부럽기만 합니다.

1. 주님께로부터 받은 사명 때문입니다.

주님께로부터 받은 명령이 사명입니다. 사명은 주의 명령을 위하여 생명을 바치는 것입니다. 어떤 철학자의 말처럼 인간은 어머니의 자궁에서 아무 의미 없이 내던져진 존재가 아니라 어머니 복중에 짓기 전부터 사명을 위해 지어졌습니다. 아무 쓸모없이 이 세상에 보내진 사람은 한 사람도 없습니다. 우리는 무엇을 위하여 생명을 바치고 있는가를 생각하고 살아야 합니다.

바울이 예루살렘으로 가는 것은 주께로부터 받은 사명 때문입니다. "무슨 일을 만날는지 알 수 없다. 다만 내가 아는 것은 내가 어느 도시에 가든지 결박과 환난이 나를 기다리고 있다는 것을 성령께서 일러주고 있다는 사실이다." 그러나 사명 때문에 이 일을 포기할 수 없다는 것입니다.

우리가 일생을 통하여 어떤 일을 하든지 사명감을 가지고 한다는 것은 큰 축복이 될 것입니다. 그것은 주께로부터 받은 일이요, 하나님이 시켜서 하는 일입니다. 요리사이든, 농부이든, 화가이든, 언론인이든, 군인이든 하나님이 시켜서 하는 일이라고 믿고 즐겁게 하는 것은 모두 성직이요, 사명입니다. 하나님은 교회를 중심으로 교회 안에서만 활동하시는 하나님이 아닙니다. 하나님은 정치, 경제, 사회, 문화 모든 분야에서 성역을 삼으시고 활동하십니다. 우리는 하나님의 교회를 섬기기 위해 목사나 교직자가 되는 것을 성직이라고 생각합니다. 그러나 주께로부터 받은 모든 일이 성직이요, 이 일은 사명입니다.

충청도 부여에 어느 장로님이 재산을 팔아 예배당을 짓고 회갑 기념으로 하나님께 전답 1000평을 바쳤습니다. 그 분이 여름 장마철에 예배당으로 달려가다가 시골 면장을 만났습니다. 어디를 가느냐는 질문에 비가 올 때마다 예배당 문이 닫혔나, 비가 새지 않나 살피러 간다고 했습니다. "그렇게 수고하시면 장로 월급은 얼마나 받습니까?"하고 묻자 장로는 월급이 없다고 했습니다. 월급도 없는 일을 무엇 때문에 그토록 열심히 하느냐고 말하자 장로님은 "주 예수께 받은 사명이라고 대답했습니다."

오늘 이 시간 이 가운데 이름 없이 사명감에서 헌신하는 위대한 그리스도인이 많습니다. 사명감에 흠뻑 젖어 사는 그리스도인이 많을수록 교회는 부흥되고 역사는 새로워지게 됩니다.

2. 주를 위해 살고 주를 위해 죽어야 하는 삶이기 때문입니다.

"우리 중에 누구든지 자기를 위하여 사는 자가 없고 자기를 위하여 죽는 자도 없도다. 우리가 살아도 주를 위하여 살고 죽어도 주를 위하여 죽나니 그러므로 사나 죽으나 주의 것이로다."(롬14:7~8)

삶의 시작과 목적이 주님께 있습니까? 일의 시작과 목적이 주님께 있습니까? 그렇다면 그 결과도 주님의 것입니다. 우리는 무슨 일을 하든지 그 직업에서 주 예수께 받은 사명을 알고 살아야 합니다.

사도 바울은 핍박과 곤고한 중에도 그의 마음이 좌우로 흔들림이 없었습니다. 주께로부터 받은 사명을 위해 살기 때문에 죽어도 이 사명을 위해 죽는 것을 영광으로 알았습니다.

사도 바울의 생애를 보면 사명 때문에 고난을 많이 받았습니다. 그가 로마로 호송되어 가는데 풍랑에 밀려 배가 파선위기가 왔습니다. 바다 가운데에서 며칠 씩 표류하다가 살 소망이 없었습니다. 그 때 사도 바울이 이렇게 말했습니다.

"너희가 내 말을 듣고 떠나지 아니하였으면 좋을 뻔하였느니라, 그러나 이제는 안심하라 너희 중 생명에는 아무 손상이 없을 것이다. 어젯밤 하나님의 천사가 내 곁에 와서 내게 일러주었다. 바울아 두려워 말라 네가 가이사 앞에 서야 하겠고, 또 하나님이 너와 함께 행선 하는 자를 다 네게 주셨다. 나는 하나님이 말씀하신 그대로 이루어 질 것을 확신한다."

이 말은 나는 반드시 로마까지 가야하고, 로마에 가서 가이사 앞에 서야 하고, 가이사 앞에서 예수 그리스도를 증거 해야 하기 때문에 가아 한다는 것입니다. 사명이 남아 있기 때문에 죽을 수 없는 몸입니다. 사명 때문에 가야하고 사명 때문에 살아야 하는 신앙이 사도 바울을 언제나 위대하게 만들고 있는 것입니다.

한국 교회사에 훌륭한 부흥사들이 있었습니다. 그 중에서도 길선주, 김익두, 이용도, 이성봉 목사님은 한국 교회사에 자랑스런 분들입니다. 우리 교단에 사랑의 사도이신 이성봉 목사님은 1940~50년대 우리 민족이 어려운 때 크게 일하신 하나님의 종이었습니다. 이 목사님께서 병이 나셨는데 기도해도 안났고, 약을 써도 효험이 없고 이제 돌아가시게 되었습니다. 그 때 이렇게 기도하셨답니다. "하나님, 이제 저는 죽게 될 모양인데 제가 죽으면 하나님이 손해입니다." 이는 사명감에 사시는 분의 심정일 것입니다.

여러분 중에 내가 죽으면 하나님이 손해인데 하는 그런 확신이 있는 사람은 바로 사명에 사는 사람입니다. 이성봉 목사님의 신앙은 "내가 아직

할 일이 있는데……" 그런 확신이 있는 신앙이었습니다.

리빙스턴의 유명한 일화가 있습니다. 아프리카 대륙을 횡단하다가 야수에 물려 쓰러지고 피 흘려 죽게 되었습니다. 따르던 제자가 "선생님 여기서 죽으면 어찌 합니까?"하고 우니까 "울지마라 나는 결코 죽지 않는다. 내게 향하신 하나님의 일을 다 하기 전까지는 절대로 죽지 않는다."고 하였답니다.

우리는 살 때도 분명한 목적이 있어야 합니다. 하나님의 일을 위해 살고 죽을 때도 할 일을 다 했다는 확신을 가져야 합니다. 주님은 말씀하십니다. "나를 보내신 이가 나와 함께 하시도다 내가 그의 기뻐하시는 일을 행하므로 나를 혼자 두지 아니 하셨느니라."

3. 생명처럼 고귀한 사명 때문입니다.

"주 예수께 받은 사명 곧 하나님의 은혜의 복음을 증거 하는 일을 마치려 함에는 나의 생명을 조금도 귀한 것으로 여기지 아니하노라" 사도 바울이 사명을 얼마나 고귀하게 생각했는가를 알 수 있습니다.

스펄죤 목사님은 자기가 하는 일을 귀하게 느끼는 것이 소명이라고 했습니다. 옳은 말입니다. 자기가 하는 일이 하나님이 시킨 일이라고 할 때 그 일은 소명적이며, 자기에게 사명을 느끼게 됩니다.

이 시간 여전도회원 여러분에게 부탁드립니다. 주께로부터 받은 달란트를 고귀하게 여기세요. 다윗이 말한 바와 같이 악인의 장막에 거함보다 내 하나님의 집 문지기로 있는 것이 좋아오니 하는 고백이 있어야 합니다. 교회에서 무슨 일을 하시더라도 귀중하게 알고 일하십시오.

고린도전서 4:1~ "사람이 마땅히 우리를 그리스도의 일꾼이요, 하나님의 비밀을 맡은 자로 여길지어다. 그리고 맡은 자들에게 구할 것은 충성이니라"고 하였습니다. 충성하는 자들에게는 시금석이 있습니다. "너희에게나 다른 사람에게나 판단 받는 것이 내게는 매우 작은 일이라 나도 나를 판단치 아니하노라"(고전 4:3)

충성이 주께로부터 온 것인지 자기에게서 온 것인지 판단으로 알게 됩니다. 교회에서 좀 열심히 하다가 사람의 판단에 흔들리고 낙심하는 것은 주께로부터 온 사명감이 없기 때문입니다. 사명을 가진 하나님의 사람은 사람이나 환경을 두려워하지 않습니다. 인간적인 사소한 일 때문에 주의 일을 그만 둔다면 사명감 없이 한 일이 되어 버립니다.

우리는 신령한 자존심을 가지고 살아야 합니다. 사도 바울은 "온전히 담대하여 살든지 죽든지 내 몸에서 그리스도가 존귀히 되게 하려 하나니 이는 내게 사는 것이 그리스도니 죽는 것도 유익함이라"(빌 1:21)는 자존심을 가지고 살았습니다.

아이를 기르는 어머니는 월급이 없습니다. 아이를 기르는 어머니는 보육비를 얼마나 받아야 할까요? 돈을 받으면 보모가 됩니다. 남편을 내조하는 아내는 월급이 없습니다. 월급을 주면 가정부가 됩니다. 음식을 만들고 하루 종일 세탁을 하고 월급을 받는 아내가 있습니까? 이는 아내가 아니라 파출부가 됩니다. 주님의 일을 하는 분들은 월급이 없습니다. 만약 월급 때문에 일한다면 그 순간 삯꾼이 됩니다. 주의 일을 하도록 생활비를 드릴뿐입니다.

4. 인생의 행복은 사명에 있기 때문입니다.

사명감에서 헌신하는 사람은 보상을 기대하지 않습니다. 사명을 인생 최대의 영광으로 압니다. 사도 바울은 그리스도의 복음 때문에 그토록 많은 고난을 받고 얻은 것이 무엇입니까? "매도 수 없이 맞고 여러 번 죽을 뻔하였고, 유대인들에게 40에 하나 감한 매를 다섯 번 맞았으며, 세 번 태장으로 맞고, 한 번 돌로 맞고 세 번 파선을 하였는데 일 주야를 깊은데서 지냈으며, 여러 번 여행 중에 강의 위험, 동굴의 위험, 이방인의 위험,

시내의 위험, 광야의 위험, 거짓 형제의 위험을 당하고, 여러 번 자지 못하고 주리고 목마르고 여러 번 굶고 춥고 헐벗었노라"

이렇게 수많은 고난으로 얻은 것은 그 몸에 십자가의 흔적이요. 자나깨나 오직 예수 생각하는 마음 하나로 그는 행복했습니다. 그 마음에 예수 생각으로 족했고 오직 사명을 다하는 일로만 즐거워하고 기뻐했습니다. 환난과 핍박 속에서 예수 믿는 사람은 예수님이 소중합니다. 가난과 질병 속에서 만난 예수, 그 은혜는 잊을 수 없습니다. 예수님에게 생명을 바친 순교자는 생명을 바치고 얻은 예수님이 얼마나 귀중하겠습니까? 그러나 값싸게 믿는 예수는 값싼 예수로 보입니다. 아무 것도 희생함이 없이 믿는 예수는 언제나 버릴 수가 있습니다.

사명은 예수를 더욱 귀중하게 만들고 오직 예수로 살게 만들어 줍니다. 우리가 예수를 믿되 편하게 믿고, 자신에게 유익 되도록 믿으려고 한다면 사명감에서는 멀리 있는 것입니다. 자기 감정에 맞지 않으면 교회를 온통 어지럽게 할려고 하는 마음에 예수님이 그 속에 계시겠습니까? 바울은 주님의 사명을 다하기 위해서는 목숨인들 아까우랴. 나는 주님을 위해 내놓은 몸이라고 선언합니다. 성령에 매임 받아 예루살렘으로 갑니다. 무슨 일을 만날지 알지 못하나 나는 갑니다. 이런 심정으로 예루살렘에 갔고 아그립바왕과 베스도 총독 앞에서 예수를 증거 할 때 베스도가 "바울아 네가 미쳤구나 네 많은 학문이 너를 미치게 만들었구나"하였습니다. 바울은 "내가 미친 것이 아니오 참되고 정신차린 말을 할 뿐입니다. 이와 같이 결박 된 것 외에는 나와 같이 되기를 바랍니다"(행26:29)고 하였습니다. "우리가 만일 미쳤어도 하나님을 위한 것이요, 만일 정신이 온전하여도 너희를 위한 것이니 그리스도의 사랑이 우리를 강권 하시도다" (고후 5:13)

5. 받은 바 은혜를 전하기 위해서입니다.

무엇이 그토록 바울을 미치게 만들었습니까? 예수 그리스도에게서 받은 사랑을 깨달았고, 예수님이 자기 피로 사신 존재임을 알았기 때문입니다. 사도 바울은 그리스도의 사랑에 매이고 지불된 값을 알았기에 빚진 몸으로 자신의 전부를 바치지 않고는 견딜 수가 없었습니다. 이 빚을 갚지 않고는 내게 화가 있을 것이라고 생각했습니다. 사명감에 사는 사람은 지칠 줄 모르고 힘이 솟아오르는 것입니다. 사명감은 인생을 용감하게 만들고 성실하게 살도록 만듭니다. 사명을 깨달을 때 인생은 위대하게 됩니다.

요한 웨슬레의 어머니 수잔나(suzanna)는 19명의 자녀를 낳아 기를 때 그들에게 사명감을 일깨워 주었습니다. 저녁에 자녀들의 침대 앞에 서서 물었습니다. "너희는 너희 자신을 어떻게 생각하느냐? 위대한 사람이라고 생각합니다. 너희는 지금 무엇을 하고 있느냐? 역사를 창조하고 있습니다. 누가 너희에게 이 일을 시켰느냐? 하나님이 시키셨습니다." 이런 사명의식을 매일 각성시켜주었습니다.

이제 우리는 분명히 살아야 할 이유가 있습니다. 예수 그리스도, 그분은 나의 생명이요. 행복이요. 모든 것입니다. 여기에 매이고 미치도록 뛰고 달려 주께로 가야 합니다. 예수가 소중하고 고귀하다면 주께로 받은 사명인 복음을 전해야 합니다. 이 복음은 나와 여러분을 살리기 위해서 하나님이 하신 일입니다. 하나님이 예수 그리스도 안에서 우리를 죄와 사망의 권세로부터 구원하시기 위해서 행하신 구속역사를 믿을 때 자유와 기쁨이 터져 나옵니다. 따스한 봄빛과 바람을 먹고 수선화, 개나리, 진달래가 잎새와 꽃망울을 툭 터지듯이 부활의 환희가 가슴을 벅차게 할 것입니다.

오늘 이 귀중한 시간에 우리가 주께로부터 받은 은혜 때문에 산다면 이 복음을 위한 소명을 가져야 합니다. 가정 복음화를 위하여, 직장사역을 위해서, 학원에 주님의 계절이 오도록, 교회 각 기관과 그룹 안에서 작은 예수로, 성직자로 살아야 합니다.
 사랑하는 성도 여러분, 예수의 사람은 살아도 그리스도인답게 살고, 죽어도 그리스도인답게 죽어야 합니다. 하나님의 뜻을 따르기 위해 십자가에서 죽기까지 복종하는 그리스도의 희생적 사랑이 우리를 구원하여 주셨기에 우리는 일사각오(一死覺悟)의 신앙으로 살아야 합니다. 사도 바울이 일사각오의 사명감에서 예루살렘을 향하여 가듯이 우리도 신앙적 일사각오의 정신으로 살아가시길 바랍니다.

절망의 끝에서 소망의 빛을!
〈청년회 헌신예배 설교〉
(사도행전 27: 22~25)

 미국 코카 콜라 회사 회장인 Rovert에게 어느 신문사 기자가 "당신을 매일 아침마다 깨우는 것이 무엇입니까?"라고 물었습니다. 그랬더니 그는 "전 세계 40억의 목말라하는 사람들이 아침마다 깨운다"고 대답했습니다. 무엇이 여러분을 깨우십니까? 무엇이 여러분의 발걸음을 새벽마다, 밤마다 아버집으로 향하게 하십니까? 하나님을 향한 사랑이 여러분을 깨우게 하실 것입니다.

 실존주의 철학자 키에르케고르의 저서 중에 『죽음에 이르는 병』이라는 명저(名著)가 있습니다.
 이 책은 크게 두 부분으로 나뉘는데, 제1부는 "절망하는 것이 죄다"라는 전제하에 인간이 절망하여 하나님을 찾지 않을 때 죽음에 이른다는 것이고 반대로 제2부는 "절망하지 않는 것이 죄다"라는 명제 아래 인간은 절망할 때에 비로소 하나님을 찾기에 희망이 있다는 것입니다.
 그러므로 인간은 어떠한 상황에서도 하나님만 찾으면 죽음에 이르지 않는다는 것입니다. 하나님만 구하면 절망의 끝에서 소망의 노래가 들려오는 것입니다.

『인생행복론』을 저술한 카네기의 상담실에는 절망의 빛이 가득한 풍경화 한 점이 걸려 있다고 합니다. 썰물이 빠져나간 황량한 바닷가에 낡은 배 한 척이 을씨년스럽게 놓여 있는 것입니다. 그리고 그 밑에는 이런 글귀가 씌어 있다고 합니다.
"반드시 밀물 때가 온다"
지금은 고통스러운 때이지만 곧 온갖 생명체들이 노래할 밀물이 몰려올테니, 소망을 갖고 그 때를 준비하라는 암시적 교훈이 담겨 있는 그림이라고 생각합니다. 썰물 때에 배를 손질하고 고기를 잡을 그물을 수선하는 자만이 밀물 때에 그 풍요를 노래하게 될 것입니다.

절망하지만 않는다면,

이 세상에서 가장 참혹한 역사를 갖고 있는 민족은 이스라엘일 것입니다. A.D. 73년에는 로마제국에 의해 완전히 멸망당했습니다.

로마제국은 승전을 기념하여 개선문을 세우고, 금화를 발행했습니다. 그 금화에는 라틴어로 '유대아 카프트'(유대를 사로잡았다)란 글이 있고, 뽐내고 서 있는 로마 군인의 발 밑에 꿇어앉은 한 유대 부인의 모습이 새겨져 있습니다. 로마인은 승리의 축배를 들었고, 유대인은 패배의 쓴잔을 마셨습니다.

그런데 참으로 이상한 일입니다. 현재, 로마는 역사의 뒤안길로 사라졌고, 유대인은 살아 남아 세계에 막강한 영향력을 발휘하고 있으니 말입니다.

왜 그렇습니까?

로마는 승리의 날을 기념했지만, 유대인은 패배의 날을 기억했습니다. 절망 속에서도 하나님을 향한 희망의 노래를 불렀기 때문입니다.

그렇습니다. 언제 어디서든 어떠한 절망적인 상황에서든 하나님, 우리 구주 예수 그리스도만 찾으면 거기에 희망이 있고, 자유가 있고, 영생이 있는 것입니다. 그래서 어렵고 고통스러울수록 우리는 주께로 나와야 하는 것입니다.

민족을 구원할 기간백성(基幹百姓)으로

바울이 죄인의 몸으로 배를 타고 로마로 호송되어 갑니다. 항해 도중 '유라굴로'라는 큰 광풍이 일어나서 모두가 다 죽게 되었습니다(행 27:20).

바로 오늘 우리 민족의 형편이 당시 유라굴로라는 풍랑을 만나 절망하고 있는 그때와 비슷하다고 생각됩니다.

정치적인 혼란의 바람은 좀처럼 잠잠해지지 않습니다. 또한 경제적인 파도도 더욱 크게 일고 있습니다. 금융대란, 경제공황이라는 말이 나돌 정도로 심각한 상태입니다. 총체적 무력감, 위기 상황을 피부로 느끼는 까닭에 어디에도 구원의 여망은 없는 것처럼 보입니다.

얼마 전에 MBC방송 P.D 수첩에서 대형교회 폐단과 목사 세습문제를 심도 있게 방영하였습니다. 참으로 유감스러운 일이었습니다. 그러나 더 유감스러운 것은 일부 내노라하는 명사인 목사님들이 나서서 편파보도니, 기독교를 향한 언론의 탄압이니, MBC 시청 거부운동을 전개한다느니 야단들이었습니다. 저는 이 보도를 접하면서 이렇게 생각했습니다. 올 것이 왔다고, 이것은 하나님의 손길이라고, 하나님의 아픔이라고 생각했습니다. 이스라엘의 지도자들과 백성들이 영적으로 부패했을 때 하나님은 할례 받지 않은 이방 민족들인 앗수르와 바벨론, 파사, 메데, 로마를 들어 매를 들은 것처럼 아브라함의 후손들이 무감각하여 현실을 바로 보지 못하니까 돌들이 소리를 지른 것입니다.

하지만 이런 위기적 상황에서 모두가 전전긍긍하고 있을 때에 사도 바울은 확실히 남달랐습니다. 그가 있었기에 배 안에서 위기를 만났던 모든 사람들이 구원을 얻을 수 있었습니다.

그렇습니다. 바로 나, 예수 믿는 여러분들로 인하여 이 민족의 위기를 극복하고, 구원을 얻을 수 있어야겠습니다.

그래서 저는 한국교회를 향하여 이렇게 외치고자 합니다.

"우리는 이 민족을 구원할 생명의 씨앗이다. 우리 몸 안에 예수의 씨가 자라고 있다. 축복의 씨앗이 있다. 우리가 흥하면 이 민족이 살고, 망하면 이 민족이 망한다."

이런 자긍심을 가지고 시대적 위기를 극복하고 민족을 부흥케 하는 우리가 되고, 교회가 되고, 나라가 되어야 합니다.

풍랑 속에서 해야 할 일

2000년 기독교 역사 가운데 한 사람 나올까 말까 한 사도 바울이 복음 때문에 죄수의 몸으로 로마 황제에게 재판 받으러 연행되어 가는 중입니다. 그를 실은 배가 지중해를 항해하던 중 큰 풍랑을 만나 멜리데섬 근처에서 파선되었습니다. 그러나 예상치도 않았던 어려운 일을 통해서 합력하여 선을 이루시는 하나님의 은혜를 체험할 수 있게 되었습니다(행 28:1~10, 롬 8:28).

첫째, 앞길이 막혔기 때문에 더 잘되었습니다.

바울 일행은 엄청난 태풍으로 인해 천신만고 끝에 멜리데 섬에 상륙했습니다. 바울은 이곳에서 3개월간 머물면서 복음을 전했습니다. 교회사에 따르면 멜리데 섬은 지중해의 섬들 중에서 가장 먼저 복음화 되어 아프리카 선교의 가교 역할을 했다고 합니다. 태풍으로 인해 앞길이 막혔기 때문에 오히려 더 잘되어 멜리데 섬을 복음화 시킬 수 있었던 것입니다. 그래서 사도 바울을 싣고 가는 배는 구라파를 싣고 가는 배였다고 말합니다.

둘째, 독사에 물렸기 때문에 더 잘 되었습니다.

멜리데 섬에 도착한 바울 일행은 날씨가 추워 젖은 옷과 몸을 말리기 위해 바닷가에 불을 피웠습니다. 그대 독사가 튀어나와 바울의 손을 물었습니다. 그렇지만 시간이 지나도 바울이 죽기는커녕 조금도 상한데가 없었습니다. 그러자 토인들이 놀라 바울을 신처럼 우러러보았습니다.(6절)

이처럼 독사에게 물렸기 때문에 오히려 일이 잘되어 토인들에게 복음을 전할 수 있었습니다. 하나님께서는 불의의 사고까지도 합력하여 선을 이루시는 분이십니다.

셋째, 병 때문에 더 잘 되었습니다.

바울 일행이 섬에 머무를 때 온 섬에 유행성 질병이 나돌았습니다. 더욱이 멜리데 섬의 추장 보블리오의 부친이 열병과 이질에 걸려 다 죽게 되었습니다. 이때 바울이 안수기도하여 그의 병과 병든 주민 모두가 고침을 받았습니다. 병 대문에 섬 주민 모두가 예수를 믿게 되었습니다.

이처럼 하나님의 능력은 약한데서 온전히 이루어집니다. 고통 가운데 더 잘 되게 하십니다. 전화위복을 위하여 성령께서는 오늘도 역사하고 계십니다. 약한 자를 도와주시고, 병든자를 건강하게 하시고, 안될 것 같은 일도 되게 하십니다. 이 놀라운 전화위복의 은혜를 여러분도 체험할 수 있기를 바랍니다.

그러나 자세가 중요합니다. 하나님은 어떤 사람을 도우실까요? 로마서 8장 28절에 "우리가 알거니와 하나님을 사랑하는 자 곧 그 뜻대로 부르심을 입은 자들에게는 모든 것이 합력하여 선을 이루느니라"고 말씀하십니다. 다시 말씀드리면 신앙적 삶의 자세로 바뀌어야 합니다.

"상황보다는 자세(attitude)가 중요합니다.

독일어로 된 소책자 중에 『Dank Für das Leben- 삶에 대한 감사』라는 제목의 책이 있습니다. 그 내용은 인생의 모든 감사를 유형별로 모아

놓은 책입니다.

모두 3부로 구성되어 있는데, 1부는 자연, 부모, 이웃에 대한 감사이고, 2부는 하나님의 보호하심과 인도하심, 성취와 성공에 대한 감사입니다. 그리고 3부는 실패와 고난, 죽음에 대한 감사의 글이 실려 있습니다. 특히 감동이 되는 것은 고난에 대한 감사의 부분입니다. 그 중 한 부분을 소개합니다.

"나로 하여금 험악한 가운데서 보호해 달라고 기도할 것이 아니라 그 험악한 것을 두려워하지 않도록 기도하게 하소서. 나의 괴로움이 그치게 해 달라고 빌 것이 아니라 내 마음이 그것을 정복하도록 기도하게 하소서. 그리하여 나로 하여금 감사로 하나님께 나아가게 하소서"(R. 타고르의 나의 기도)

마지막으로 이 책은 이렇게 결론을 내리고 있습니다.

"감사의 분량이 행복의 분량이다" 감사한 것만큼 강건하고, 하나님의 은혜를 경험하고, 행복이 임하는 것입니다. 그래서 하나님은 우리들에게 그토록 반복해서 감사를 명령하는 것입니다(시 100:4, 103:2, 136편에서 26번, 살전 5:16~18)

우리는 위기를 극복한 바울의 자세를 배워야 합니다. 구원의 여망이 보이지 아니한 그때에 바울 사도는 무엇을 했습니까?

첫째, 평안을 전하며 소망을 보여 주라.

바울은 자기 곁에 서서 두려워 말라고 하시는 하나님의 말씀을 듣고 배에 있는 사람들에게 안심하라고 위로합니다. 아무리 어렵더라도 하나님과 함께 하는 사람에게는 소망이 있음을 보여 주었습니다(행 27:22~25) 물론 바울이라고 생명의 위협을 느끼지 않은 것은 아닙니다. 그러나 그에게는 세 가지 확신, '임마누엘의 확신(23절), 사명의 확신(24절), 말씀의 확신(25절)'이 있었기에 두려움을 이길 수 있었으며, 주변 사람들에게도 자신 있게 안심하라고 말할 수 있었습니다.

만일 오늘 우리들도 이 세 가지 확신이 있다면, 절망 중에 평안을 전하며 소망을 보여 줄 수 있습니다.

그래서 여러분에게 묻고 싶습니다.

"하나님이 우리와 함께 하심을 믿습니까?"

"주께 받은 바 사명이 있습니까?"

"주께서 말씀하신 그 말씀대로 이루어 질 것을 믿습니까?"

이 세 가지를 믿는다면, 그렇다면 상황이 악화될지라도 염려하지 마십시오. 어떠한 어려움을 당하여도 망하지 아니할 것입니다.(고후 4:8~10)

그러므로 절망하지 마십시오. 절대 부정적인 말을 하지 마십시오 아무리 어려워도 다음의 세 마디, '끝이다', '망했다', '죽겠다' 는 말은 입밖에 내지 마십시오. 정 어려우면 이렇게 말하십시오.

"야, 인생이 만만치 않은 걸! 하지만 결국 승리는 내 것이야."

이처럼 우리가 주의 뜻대로 바르게 살려고 몸부림칠 때. 바로 그때 우리를 사랑하시는 이, 주 예수 그리스도께서 도우실 것입니다. 결국 승리는 내 것입니다(롬 8:37).

둘째. 사람의 역할을 인정하고 독려하라.

어려울 때일수록 사람을 중요하게 여기고, 위로하고 피차 격려해야 합니다. 어떤 경우에도 사람을 수단화하지 말고, 사랑으로 대하십시오. 그래서 바울은 사공들이 무서워 도망가려 할 때 그들이 없으면 다 죽게 된다고 경고하고 그들의 필요성을 역설했습니다(행 27:31).

마찬가지로 우리는 정치가나 기업인들을 비난할 것이 아니라, 그들이 자기 맡은 일을 잘할 수 있도록 격려하고 기도해 주어야 합니다. 우리 한 사람 한 사람이 각자의 위치에서 열심을 다해야 하는 것입니다.

얼마 전 저는 모 기독교 기관에서 주최한 한 프로그램의 '총체적 국가 위기에 대한 기독교적 처방'에 대한 대담자로 초청을 받은 적이 있었습니다. 심사숙고한 끝에 불참하기로 결정하고 정중히 거절했습니다.

그 이유는 어떤 이론이나 방법을 제시하기보다는 또, 그 어떤 부류를 비난하기보다는 목사로서 내 목양지에서 고통받는 자들을 위로하고 격려하고, 선한 목회자로서 열심히 살아가는 것이 위기에 대한 가장 실제적인 처방이라고 생각했기 때문입니다.

그렇습니다. 어려운 때일수록 비판하기보다는 서로가 서로를 위로해야 합니다. 격려해야 합니다. 피차 먼저 존경하고, 각자 속한 곳에서 맡은 일에 최선을 다할 때, 그리고 위하여 기도할 때 소망의 빛이 비쳐오는 것입니다(롬 12:10~18).

셋째, 포기할 것은 포기하라.

바울은 배에 있는 사람들을 구원하기 위해 싣고 있던 밀을 다 버리라고 했습니다(행 27:38). 아까운 밀을 바다에 던지기가 정말 쉽지 않았을 것입니다. 그러나 그런 결단을 내리지 않고는 생명을 구원할 수 없었기 때문이었습니다.

오늘도 이와 같은 결단이 필요합니다.

모든 사람의 생명을 구원하기 위해서는 자신의 것을 희생시키려는 노력이 있어야 합니다. 나의 물질, 나의 특권, 나의 편안함을 일시적이나마 포기하거나 유보할 때 전체가 회생(回生)할 수 있습니다.

몇 해 동안, 대형사고가 자주 일어나고 있습니다.

이는 우리의 잘못된 것들을 버리라는 하나님의 경고성 사인입니다. 교만과 부정직, 자기 안일과 이기주의를 버리라는 하나님의 민족적인 경고입니다.

얼마 전에 이랜드의 박성수 사장을 그의 스승 목사님이 방문해서 염려하는 마음으로 다음과 같이 물었습니다.

"요즈음 모두가 어렵다는데 괜찮은가?"

이때 박 사장은 진심으로 이렇게 대답했다고 합니다.

"목사님, 저는 지금이 정상이라고 생각합니다. 그 동안 우리 모두 너무나 큰 축복 속에 살았습니다. 그래서 기대감이 커진 탓인지 정상적인 상태가 오니 모두가 불만을 표하는 것 같습니다. 오히려 저는 지금이 그 동안 문제가 있었던 우리의 마음 자세도 바꾸고, 불필요한 부동산도 팔고, 적자구조도 개선할 좋은 기회라고 생각합니다. 이번 기회에 잘못된 것은 과감하게 버리려고 합니다. 지금이 오히려 축복의 기회라고 생각합니다."

그렇습니다. 오늘 우리에게 위기가 닥쳐왔습니까? 정말 곤고한 날입니까? 그렇다면 생각해야 합니다. 구원은 어디서 오는지, 누구에게 도움을 구하여야 하는지, 무엇을 버려야 할지를….

과감하게 버릴 수 있기를 바랍니다. 그리고 우리의 구원자이신 주 예수께 나아가는 것입니다. 그때 비로소 끝에서 소망의 빛이 환히 비쳐올 것입니다.

도울 만한 이에게 도움을

러시아 연해주로 단기선교 갔던 목사님에게 들은 이야기입니다.

그곳의 선교사님에게 두 살도 채 안된 아들이 있었습니다. 이 아이가 세발 자전거를 가지고 노는데 한 중학생 형이 그 자전거를 빼앗으니까 주위를 돌아보더니 다른 선생님들이 여럿 있는데도 목사님에게 달려와서는 아직 말을 못하니까 손으로 그 학생을 가리키더랍니다.

그때 목사님은 이런 생각이 들었답니다.

"작은아이가 참으로 지혜롭구나."

그래서 목사님이 나서서 문제를 해결해 주니까 몹시 기뻐하는 것이었습니다.

그런데 종종 우리 어른들은 이 어린아이만도 못할 때가 있습니다. 도울 만한 분을 찾지 않고, 도울 힘이 없는 이를 찾아가 무안 당하고 절망할 때가 한두 번이 아닙니다.

이제 우리는 언제 어디서든 우리를 돕고자 서 계시는 분, 우리 주 예수 그리스도를 찾아야 하겠습니다. 어려우면 어려울수록 더욱 주님께 나아가야 하겠습니다. 그분은 아무리 절망적인 상황일지라도 우리가 전심으로 하나님을 찾으면 만나 주시고, 우리를 "죽음에 이르는 병"에서 구원해 주십니다.

구원자, 예수로 인하여!

절망의 끝에서 소망의 여명이 밝아옵니다. 그리하여 우리 예수 믿는 이들로 인하여, 아니 바로 여러분의 행동하는 신앙으로 인하여 절망의 땅이 소망의 나라로 바뀌어지는 것입니다.

예수, 그는 인류의 소망이십니다!

크리스천, 우리는 소망의 전파자 입니다!

예수, 그리고 그의 백성으로 인하여 이 땅이, 이 백성이, 교회가 절망의 끝에서 소망의 빛을 보게 되는 것입니다.

죽은 나무에도 봄은 오는가?
〈교사 헌신예배 설교〉
(요한복음 3:1~7)

오늘 같은 자리에서는 의례 교사의 사명에 대하여 말씀을 선포하겠지만, 저는 우리 자신들이 하나님 앞에서 솔직해 보고 싶습니다. 교사로서 하나님 앞에서 회복되어야 할 영성에 대해서 솔직해 보고 싶습니다.

무엇을 하느냐?하는 "what to do" 보다는, 무엇이 되느냐? 하는 "what to be"가 우선이 되어야 하기 때문입니다. 사명(Mission) 이전에 우선 하나님의 형상인 영성(성결성)을 회복하는 것이 급선무이기 때문입니다.

하나님께서 주신 사명은 생명처럼이나 귀한 것입니다. 그러나 지도자로서 그 인격과 삶이 예수님의 피 복음에 적셔 있는지 성찰해야 할 것입니다.

지나간 한 해를 돌아보면 땀 흘린 만큼이나 열매가 있었으면 얼마나 좋으련만 결과에 대해서는 만족하지 못할 수 있습니다. 왜 그럴까요? 모세를 예로들면 자기 생각에는, 민족을 위하는 일이라고 애굽 사람을 살해하여 은폐하기까지, 사명감으로 뛰었지만 자신은 물론 민족에게 아무런 도움이 되지 않았습니다.

아무런 열매를 보지 못한채 도망자의 몸이 되고 말았습니다. 영성에 문제가 있었던 것입니다. 그래서 하나님께서는 모세에게 네 발에서 신을 벗으라고 말씀하셨습니다. 신발은 너의 발자취 곧 이력서(履歷書)입니다. 밟을 이(履), 밟을 력(歷), 지금까지 의지했던 너의 육적인 이력을 벗으라 그리고 하나님 앞에(coram deo) 서라고 하셨습니다. 죽은 나무에게는 봄이 없는 것 아닙니까? 그렇습니다. 죽은 나무에서는 열매를 기대할 수 없습니다. 그러나 죽은 나무에도 봄이 올 수 있습니다. 예수님의 피 복음에 우리 영혼을 적시면 다시 살아납니다. 겨울을 이기고 봄의 첫 생명을 선포하는 강하고 섬세한 수선화처럼 말입니다.

드디어 피로 얼룩진 20세기와 숨 가쁘게 격변하는 21세기의 기로에 서 있습니다. 수년간 논의해왔던 21세기가 코앞에 다가섰습니다. 사람마다 시대와 패러다임(paradigm)의 변화를 말합니다. 20세기와 21세기는 질적으로 전혀 다른 세계가 전개될 것이라는 것입니다.

희랍인들은 시간의 개념을 크로노스와 카이로스로 구분하여 생각했습니다. 한 세기를 접고 또 한 세기를 여는 새 천년은 분명 우리 주님의 재림이 눈앞에 더 가까이 다가왔습니다. 더욱 임박하였습니다. 크리스챤들에게 주님께서 다시 오심은 환희에 넘치는 축복된 시간입니다. 그러면서 이미 시작하여 아직 완성되지 않은 그 날을 바라보는 우리에게는 날마다 카이로스의 시간 선상에서 바라봄과 기다림의 긴장으로 살아야 할 것입니다. 자신의 영성과 맡겨주신 사명에 긴장의 고삐를 바짝 당겨야 할 것입니다.

많은 사람들이 새 천년을 맞이하기 위하여 동해안으로 달려갔었습니다. 수많은 인파들이 동분서주하였습니다. 가장 먼저 떠오르는 해를 맞이하기 위해서였죠. 그렇지만 어제 떠올랐던 해와 오늘 아침 떠올랐던 해가 무엇이 다른 것입니까? 전혀 다르지 않습니다. 다만 의미상에 문제일 뿐이지요. 태양을 바라보며 빌고 다짐하지만 부질없는 망상 일뿐입니다. 태양을 자기들의 신으로 섬겼던 대제국 로마도, 가나안족속도 모두 망했습니다.

말라기 4:2 말씀대로 의로운 해이신 예수 그리스도를 만나야 합니다. 이 지구촌을 치료하실 광선이요, 영원한 태양이신 예수님만이 21세기의 희망입니다. 그래서 우리는 J2K Movement(예수 2000운동)로 욕심과 죄악으로 더러워지고, 상처받은 60억 영혼들과 이 지구상에 성결의 복음을 줌으로 사랑과 용서, 화해의 예수 문화를 세워갑시다. 모세와 같이 저들 앞에 하나님같이(출4:16) 됩시다. 성결성(영성, 하나님의 형상) 회복은 먼저 여러분의 가슴을 예수의 피로 적셔야 합니다. 여러분의 가슴에 성령의 숯불을 피워야 합니다. 사명을 감당하기 전에 하나님의 사람, 예수의 사람, 성령의 사람이 되어야 합니다. 하나님을 만나야 합니다. 하나님의 사랑의 체험이 있어야 합니다.

1. 하나님을 만나면 죽은 나무에도 봄이 옵니다.

영적인 변화는 하나님을 만날 때입니다. 범죄한 아담에게 하나님께서는 "너는 흙이니 흙으로 돌아갈지니라"(창3:17~19)고 저주하셨습니다.

그렇지만 요한복음 7:38에서 "나를 믿는 자는 성경에 이름과 같이 그 배에서 생수의 강이 흘러나리라"고 하셨습니다. 죽은 나무와 같은 인생들이지만 갈보리 언덕의 주님의 십자가를 바라보고 믿는 자는 누구든지 성령의 능력으로 다시 살아나는 부활을 체험하게 됩니다. 하이테크 시대일수록 하이터치(High Touch)를 원합니다. 하이터치는 성령의 터치를 의미합니다. 메말라 있는 우리의 영혼의 깊은 곳을 터치해 주시는 성령의 역사를 의미합니다. 성령님은 누구이십니까? 하나님이십니다. 주님의 영이십니다. 하나님을 만나면 변화됩니다. 메말랐던 영혼이 생기를 얻게 됩니다. 생수의 강이 흘러 넘치는 영혼이 됩니다. 하나님의 임재를 체험하면 사람들은 변화하고 헌신하게 됩니다. 헌신은 강요한다고 되는 것이 아닙니다. 하나님을 만나는 체험이 헌신하게 만드는 것입니다.

요한1서 3:8에 주님은 마귀의 일을 멸하려 오셨다고 했습니다. 주님은 인간을 살리러 오셨습니다. 여러분을 통하여 주님께서 어린 영혼들을 살리시고 계십니다.

예수님의 제자들은 3년 동안 예수님을 따라다녔지만 십자가 앞에서 무력했습니다. 그러나 성령을 체험한 다음에 그들의 인생은 변화되었습니다. 그들이 받은 교육과 훈련이 빛을 발하기 시작했습니다. 교육과 훈련이 중요합니다. 그러나 성령의 임재가 없는 교육과 훈련은 마치 기름 없는 자동차와 같습니다. 자동차는 기름이 있을 때 움직이는 것입니다.

아리스토텔레스는 "관련을 지어라. 그리하면 기적을 경험할 것이다"라고 말했습니다. 제자들은 성령강림을 통해서 예수님의 십자가와 부활, 성령강림의 의미를 깨닫게 되었습니다. 예수님의 증인으로 순교적 헌신을 할 수 있게 된 것입니다. 예수님을 만났을 때 자신을 발견하였고, 성령충만을 받았을 때 예수님을 증거 하는 사람들로 변했습니다. "오직 성령이 너희에게 임하시면 권능을 받고 예루살렘과 온 유대와 사마리아 땅 끝까지 이르러 내 증인이 되리라"(행1:8) 할렐루야! 사도행전 28장은 약속의 말씀의 성취역사입니다.

영적 안내자의 역할은 사람들로 하여금 예수님을 만나도록 도와주는 것입니다. 하나님의 말씀을 통해서 예수그리스도를 만나도록 도와주는 것이 영적 안내자의 역할입니다. 만약 영적 안내자인 교사가 어린아이들에게 예수님을 만나도록 도와주지 못한다면 그 교사는 그의 도움을 받으려고 찾아온 어린아이들의 영적 성장에 장애물이 된다는 사실을 잊어서는 안됩니다. 탁월한 영적 교사는 어린이들에게 예수님을 보여주는 사람입니다. 예수님을 만나도록 안내하는 사람입니다.

교사는 먼저 하나님을 만난 체험이 있어야 합니다. 그리고 어린이로 하여금 자신이 경험한 하나님을 경험하도록 보여주어야 합니다. 하나님을 믿는 차원에서 하나님을 알아야 합니다. 많은 사람들이 하나님을 믿지만 하나님을 알지 못합니다. 하나님을 지식으로만 알고 있지 경험적으로 아는 사람은 드뭅니다. 그렇기 때문에 변화와 성숙이 없는 것입니다. 거기에서 열매를 기대 할 수 없습니다. 요한 웨슬레가 그랬습니다. 그의 아메리카를 향한 선교의 꿈은 연애사건으로 물거품이 되어 버렸고 영국으로 도망쳐 와야만 했었습니다. 성경 벌레라고 할만큼 성경 박사였지만 가슴으로 알지 못했습니다.

2. 하나님을 만나면 자신이 죽은 나무에 불과함을 알게 됩니다.

하나님을 안다는 것은 머리로 아는 것이 아닙니다. 가슴으로 아는 것입니다. 하나님을 안다는 것은 하나님을 사랑하는 것입니다. 하나님을 알 때 내적인 변화가 일어납니다. 내적인 혁명이 일어납니다. 우리는 다른 사람의 변화를 원하지만 사실 가장 변화되어야 할 대상은 우리 자신입니다. 파스칼은 "하나님을 알면서도 자기 자신의 비참함을 모르는 사람은 교만해진다. 자기의 비참함을 알면서도 하나님을 모르는 사람은 절망에 빠지게 된다. 성육신은 인간에게 얼마나 심각한 처방이 필요했는지를 보여 줌으로써 인간이 얼마나 비참한가를 보여 준다"고 말했습니다.

영성을 추구하는 사람들의 가장 큰 싸움은 내면의 싸움입니다. 자기와의 싸움입니다. 고든 맥도날드의 말처럼 인간의 가장 치열한 전쟁터는 우리의 내면입니다. 우리의 내면이 가장 무서운 전쟁터입니다. 하나님의 사람들은 자신의 내면에 있는 어두운 세계를 철저히 연구했습니다. 하나님을 만나게 되면 성령의 불빛 아래서 우리 안에 있는 어두운 부분들이 하나씩 하나씩 드러나기 시작합니다. 내면 안에 있는 자신을 발견하면 절망하게 됩니다. 철저한 절망을 체험한 후에 하나님을 진정으로 갈망하게 됩니다.

신비주의자인 니느웨의 이삭은 "자기 죄를 아는 사람은 죽은 자를 일으키는 사람보다 더 위대하다. 자기 죄를 위해 한 시간을 진실로 울부짖는 사람은 온 세상을 가르치는 사람보다 더 위대하다. 자기의 약함을 아는 사람은 천사를 볼 수 있는 자보다 더 위대하다"고 말했습니다. 사실 인간의 문제는 연약함에 있지 않습니다. 스스로 강하다고 생각하는데 있습니다. 그렇지만 하나님을 만나게 될 때 인간은 자기의 죄악 된 모습을 보게 됩니다.

하나님께서 쓰시는 사람들에게 공통점이 있습니다. 자기 자신이 형편없는 존재라는 사실을 깨달았다는 것입니다. 바울은 "미쁘다 모든 사람이 받을 만한 이 말이여 그리스도 예수께서 죄인을 구원하시려고 세상에 임하셨다 하였도다 죄인 중에 내가 괴수니라"(딤전 1:15) 아브라함은 자신을 티끌이라고 했습니다(창 18:27) 다윗은 "나는 벌레요 사람이 아니라 사람의 훼방거리요 백성의 조롱 거리니이다."(시 22:6) 시몬 베드로는 예수님의 말씀에 순종해서 깊은 데로 가서 그물을 내려서 많은 고기를 잡은 다음 예수님 앞에 죄인 됨을 고백했습니다. "시몬 베드로가 이를 보고 예수의 무릎 아래 엎드려 가로되 주여 나를 떠나소서 나는 죄인이로소이다."(눅 5:8)

3. 하나님을 만나면 죽었던 나무에서도 열매가 맺힙니다.

자기가 정말 죄인이라고 고백했던 사람들은 하나님을 위해 목숨을 바쳤습니다. 하나님께서 쓰시는 사람들은 대부분 죄인이었습니다. 모세는 살인자였고, 다윗은 간음자요 살인자, 그리고 바울도 살인자였습니다. 그들은 하나님을 만난 후 자신이 죄인임을 깨달았습니다. 하나님의 은혜를 깨닫고 하나님의 복음을 깨달았습니다. 영성에 깊이 들어 간다는 것은 피 묻은 복음에 대한 감격과 십자가의 사랑에 대해 눈물을 흘리는 것입니다. 주신 사명을 위해 죽도록 충성하는 힘을 거기서 받게 되는 것입니다. 그 능력으로 그렇게도 기다렸던 열매가 열리는 것입니다. 사람을 변화시키고 성장시키는 일은 하나님만이 하십니다. 인간 내면의 변화는 철저하게 하나님의 일입니다. 외모는 조금만 신경을 쓰면 고칠 수 있을지 모르지만 인간 내면의 근본적인 변화는 성령께서 역사 하실 때만이 가능합니다.

여러분, 자기 자신의 영적인 모습에 절망하십시오. 이 때에야말로 하나님의 기회입니다. 자신에 대한 철저한 절망은 희망으로 전진합니다. 자기 자신에 대한 철저한 절망을 거치지 않고 무조건적으로 희망을 부르짖는 것은 인본주의에 산물입니다. 하나님 앞에서 죄인 된 자아를 발견하는 것은 거인을 발견하는 것입니다. 하나님의 은혜로 용서받은 한 인간 안에 감추어진 무한한 가능성을 발견하는 것입니다. 어린 영혼들의 미래는 여러분들의 영성에 달렸습니다. 피 묻은 복음으로 흠뻑 적신 여러분의 가슴에 21세기의 교회학교의 비젼을 그립시다. 부천이여 우리가 간다 !! 한국이여 우리가 있다 !! 할렐루야 !

* seminary - cemetery(무덤) = 신앙은 죽고 신학만 남은 신학도

죽은 나무에도 봄은 오는가?
〈부천지방회 개회예배 설교〉
(요한복음 3:1~7)

먼저 예정된 장소와 시간에 제36회 부천지방회 개회에 앞서 케리그마를 통하여 우리 자신들이 하나님 앞에서 솔직해 보고 싶습니다. 목사와 장로로서 하나님 앞에서 회복되어야 할 영성에 대해서 솔직해 보고 싶습니다.

무엇을 하느냐? 하는 "what to do"보다는, 무엇이 되어야 하느냐? 하는 "what to be"가 우선되어야 하기 때문입니다. 사명(Mission)을 말하기 이전에 하나님의 형상인 자신의 영성(성결성)을 회복하는 것이 급선무이기 때문입니다.

하나님께서 주신 사명은 생명처럼 귀한 것입니다. 그러나 지도자로서 그 인격과 삶이 예수님의 피 복음에 적셔 있는지 성찰해야 할 것입니다.

지나간 한 해를 돌아보면 땀 흘린 만큼이나 열매가 있었으면 얼마나 좋으련만 결과에 대해서는 만족하지 못 할 수 있습니다. 왜 그럴까요? 모세를 예로 들면 자기 민족을 위하는 일이라며 사명감을 갖고 애굽 사람을 살해하여 은폐까지 하였지만, 자신은 물론 동족에게 아무런 도움이 되지 않았습니다. 아무런 열매를 보지 못한 채 도망자의 몸이 되고 말았습니다. 영성결손의 결과였습니다. 그래서 하나님께서는 모세에게 네 발에서 신을 벗으라고 말씀하셨습니다. 신발은 나의 발자취 곧 이력서(履歷書)입니다. 밟을 이(履), 밟을 력(歷), 지금까지 의지했던 너의 육적인 이력을 벗으라 그리고 하나님 앞에(coram deo) 서라고 하셨습니다. 죽은 나무에게는 봄이 없습니다. 그렇습니다. 죽은 나무에서는 열매를 기대할 수 없습니다. 그러나 죽은 나무에도 봄이 올 수 있습니다. 예수님의 피 복음에 우리 영혼을 적시면 다시 살아납니다. 따사로운 봄볕을 받아 아름다운 생명을 선보이는 수선화처럼 말입니다.

2007년 한국교회는 모두가 바쁩니다. 1907년 평양에서 일어났던 대부흥의 불길을 되살려 보자는 결단을 하고 있습니다. 100여년 전 이 땅의 상황은 민족적으로 영적으로 심각한 위기의 절정이었습니다. 당시 한반도는 주변 강국들의 각축장으로 세(勢)대결의 길목으로 전락하고 있었습니다. 청일전쟁에서 일본은 이미 승전국이 되어 있었습니다. 러일전쟁도 이제 막 일본의 승리로 굳어지면서 1905년 9월에는 일본이 동북아의 절대 강자로 군림하였습니다.

　같은 해 일본은 대한제국과 을사보호조약을 체결해 이 땅의 국운은 일본수중으로 들어갔습니다. 궁지에 몰린 대한제국은 서구나라들에 일말의 희망을 걸어보았으나 허사였습니다. 영국은 1902년에 이미 일본의 한반도 침략을 인정했습니다. 미국은 1905년 가쓰라-테프트 밀약을 통해 미국은 필리핀 점령하고, 일본은 한반도 점령을 서로 양해하기로 했습니다.

　한반도에 부흥의 불길이 일어난 1907년에는 고종이 퇴위 당하고 순종이 뒤를 이으며 8월1일자로 대한제국의 군대는 해산되었습니다. 한반도의 민족과 국가가 사실상 종료되었습니다. 허망한 국가 민족의 운명 앞에 교회에 남은 것은 허탈 그 자체였을 뿐 아니라 서구 선교사들과의 반목이 심각한 지경이었다는 기록들이 있습니다.

　백주에 평양 대로에서 안창호선생이 선교사를 구타했다는 사실이 부흥회 기간에 알려지면서 화해와 회개의 외침이 강조되기도 했습니다.

　우리 민족이 겪어야 했던 정신적 박탈감과 허망함은 살아 계신 하나님께 아뢸 수밖에 없는 절박성 그대로였을 것입니다. 하나님은 "상한 갈대를 꺾지 않으시고, 꺼져 가는 등불도 끄지 않으시며 진리와 공의를 베푸실 것"(이사야 42장)임을 새벽부터 밤이 맞도록 울부짖고 탄원해도 부족했을 것입니다. 이사야서의 축복이 100세수한 성결교회의 기도이길 바랍니다. 북핵문제를 비롯한 남북간의 반목과 질시는 끝이 보이지 않습니다. 6자 회담의 성공을 진심으로 바라지만 한반도의 평화와 번영만을 위해 결말이 날지도 의문입니다. 이제 낡은 틀에 매여 갑론을박하기보다는 세계 속의 국가와 민족 그리고 교회의 운명을 위해 힘을 합치고, 영성회복에 매진할 때입니다.

드디어 우리 성결교회가 피로 얼룩진 20세기에 태어나 숨가쁘게 격변하는 21세기에 100주년을 맞이하였습니다. 사람마다 패러다임(paradigm)의 변화를 말합니다. 20세기에 탄생하여 100세수한 성결교회에 21세기는 질적으로 전혀 다른 세계가 전개될 것입니다.

희랍인들은 시간의 개념을 크로노스와 카이로스로 구분하여 생각했습니다. 한 세기를 접고 또 한 세기를 여는 성결인에게 분명 우리 주님의 재림이 눈앞에 더 가까이 다가왔습니다. 더욱 임박하였습니다. 크리스챤들에게 주님께서 다시 오심은 환희에 넘치는 축복된 시간입니다. 그러면서 이미 시작하여 아직 완성되지 않은 그 날을 바라보는 우리에게는 날마다 카이로스의 시간 선상에서 바라봄과 기다림의 긴장으로 살아야 할 것입니다. 자신의 영성과 맡겨주신 사명에 긴장의 고삐를 바짝 당겨야 할 것입니다.

많은 사람들이 올 해에도 정월 초 하룻날 동해안으로 달려갔었습니다. 수많은 인파들이 동방을 향해 엑스도스하였습니다. 가장 먼저 떠오르는 해를 맞이하기 위해서였죠. 그렇지만 어제 떠올랐던 해와 오늘 아침 떠올랐던 해가 무엇이 다른 것입니까? 전혀 다르지 않습니다. 다만 의미상에 문제일 뿐이지요. 태양을 바라보며 빌고 다짐하지만 부질없는 망상 일뿐입니다. 태양을 자기들의 신으로 섬겼던 대제국 로마도, 가나안 족속도 모두 망했습니다. 우리 민족의 희망은 말라기 4:2말씀대로 의로운 해이신 예수그리스도를 만나야 합니다. 이 지구촌을 치료하실 광선이요, 영원한 태양이신 예수님만이 한반도의 희망입니다. 그래서 우리는

J2K Movement(예수 2000운동)로 욕심과 죄악으로 더러워지고, 상처받은 63억 영혼들과 이 지구상에 성결의 복음을 줌으로 사랑과 용서, 화해의 예수문화를 세워갑시다. 모세와 같이 세계 앞에 하나님같이(출4:16) 됩시다. 성결성(영성, 하나님의 형상)회복을 위해 먼저 우리들의 가슴을 예수의 피로 적셔야 합니다. 우리들의 가슴에 성령의 숯불을 피워야 합니다. 사명을 감당하기 전에 하나님의 사람, 예수의 사람, 성령의 사람이 되어야 합니다. 하나님의 사랑의 체험이 있어야 합니다. 죽은 나무에도 봄이 옵니까?

1. 하나님을 만나면 죽은 나무에도 봄이 옵니다.

영적인 변화는 하나님을 만날 때입니다. 범죄한 아담에게 하나님께서는 "너는 흙이니 흙으로 돌아갈지니라"(창3:17~19)고 저주하셨습니다. 그렇지만 요한복음 7:38에서 "나를 믿는 자는 성경에 이름과 같이 그 배에서 생수의 강이 흘러나리라"고 하셨습니다. 죽은 나무와 같은 인생들이지만 갈보리 언덕의 주님의 십자가를 바라보고 믿는 자는 누구든지 성령의 능력으로 다시 살아나는 부활을 체험하게 됩니다. 하이테크 시대일수록 하이터치(High Touch)를 원합니다. 하이터치는 성령의 터치를 의미합니다. 메말라 있는 우리 영혼의 깊은 곳을 터치해 주시는 성령의 역사를 의미합니다. 성령님은 누구이십니까? 하나님이십니다. 주님의 영이십니다. 하나님을 만나면 변화됩니다. 메말랐던 영혼이 생기를 얻게 됩니다. 생수의 강이 흘러 넘치는 영혼이 됩니다. 하나님의 임재를 체험하면 사람들은 변화하고 헌신하게 됩니다. 헌신은 강요한다고 되는 것이 아닙니다. 하나님을 만나는 체험이 헌신하게 만드는 것입니다.

요한1서 3:8에 주님은 마귀의 일을 멸하려 오셨다고 했습니다. 주님은 인간을 살리러 오셨습니다. 여러분을 통하여 주님께서 뭇 영혼들을 살리시고 계십니다.

　예수님의 제자들은 3년 동안 예수님을 따라다녔지만 십자가 앞에서 무력했습니다. 그러나 성령을 체험한 다음에 그들의 인생은 변화되었습니다. 그들이 받은 교육과 훈련이 빛을 발하기 시작했습니다. 교육과 훈련이 중요합니다. 그러나 성령의 임재가 없는 교육과 훈련은 마치 기름 없는 자동차와 같습니다. 자동차는 기름이 있을 때 움직이는 것입니다.

　아리스토텔레스는 "관련을 지어라. 그리하면 기적을 경험할 것이다."라고 말했습니다. 제자들은 성령강림을 통해서 예수님의 십자가와 부활, 성령강림의 의미를 깨닫게 되었습니다. 예수님의 증인으로 순교적 헌신을 할 수 있게 된 것입니다. 예수님을 만났을 때 자신을 발견하였고, 성령충만을 받았을 때 예수님을 증거 하는 사람들로 변했습니다. "오직 성령이 너희에게 임하시면 권능을 받고 예루살렘과 온 유대와 사마리아 땅끝까지 이르러 내 증인이 되리라"(행1:8) 할렐루야! 사도행전 28장은 약속의 말씀의 성취역사입니다. 그러기에 선교 1세기 동안 가시밭 길을 헤치며 한반도와 온세계에 예수 그리스도의 보혈로 물들여 온 성결교회가 이제 사도행전 29장을 기록합시다.

　영적 안내자의 역할은 사람들로 하여금 예수님을 만나도록 도와주는 것입니다. 하나님의 말씀을 통해서 예수 그리스도를 만나도록 도와주는 것이 영적 안내자의 역할입니다. 만약 영적 안내자인 지도자가 뭇 사람들에게 예수님을 만나도록 도와주지 못한다면 그 지도자는 그의 도움을 받으려고 찾아온 뭇 사람들의 영적 성장에 장애물이 된다는 사실을 잊어서는 안됩니다. 탁월한 영적 지도자는 뭇 생명들에게 예수님을 보여주는 사람입니다. 예수님을 만나도록 안내하는 사람입니다. 지도자는 먼저 하나님을 만난 체험이 있어야 합니다. 그리고 뭇 영혼들로 하여금 자신이 경험한 하나님을 경험하도록 보여주어야 합니다. 많은 사람들이 하나님을 믿지만 하나님을 알지 못합니다. 하나님을 지식으로만 알고 있지 실존적으로 아는 사람은 드뭅니다. 그렇기 때문에 변화와 성숙이 없는 것입니다. 거기에서 열매를 기대할 수 없습니다. 요한 웨슬레가 그랬습니다. 그의 아메리카를 향한 선교의 꿈은 연애사건으로 물거품이 되어 버렸고 영국으로 도망쳐 와야만 했었습니다. 성경 벌레라고 할 만큼 성경 박사였지만 가슴으로 알지 못했습니다.

2. 하나님을 만나면 자신이 죽은 나무에 불과함을 알게 됩니다.

하나님을 안다는 것은 머리로 아는 것이 아닙니다. 가슴으로 아는 것입니다. 하나님을 안다는 것은 하나님을 사랑하는 것입니다. 하나님을 알 때 내적인 변화가 일어납니다. 내적인 혁명이 일어납니다. 우리는 다른 사람의 변화를 원하지만 사실 가장 변화되어야 할 대상은 우리 자신입니다. 파스칼은 "하나님을 알면서도 자기 자신의 비참함을 모르는 사람은 교만해진다. 자기의 비참함을 알면서도 하나님을 모르는 사람은 절망에 빠지게 된다. 성육신은 인간에게 얼마나 심각한 처방이 필요했는지를 보여 줌으로써 인간이 얼마나 비참한가를 보여 준다"고 말했습니다.

영성을 추구하는 사람들의 가장 큰 싸움은 내면의 싸움입니다. 자기와의 싸움입니다. 고든 맥도날드의 말처럼 인간의 가장 치열한 전쟁터는 우리의 내면입니다. 우리의 내면이 가장 무서운 전쟁터입니다. 하나님의 사람들은 자신의 내면에 있는 어두운 세계를 철저히 연구했습니다. 하나님을 만나게 되면 성령의 불빛 아래서 우리 안에 있는 어두운 부분들이 하나씩 하나씩 드러나기 시작합니다. 내면 안에 있는 자신을 발견하면 절망하게 됩니다. 철저한 절망을 체험한 후에 하나님을 진정으로 갈망하게 됩니다.

신비주의자인 니느웨의 이삭은 "자기 죄를 아는 사람은 죽은 자를 일으키는 사람보다 더 위대하다. 자기 죄를 위해 한 시간을 진실로 울부짖는 사람은 온 세상을 가르치는 사람보다 더 위대하다. 자기의 약함을 아는 사람은 천사를 볼 수 있는 자보다 더 위대하다"고 말했습니다. 사실 인간의 문제는 연약함에 있지 않습니다. 스스로 강하다고 생각하는데 있습니다. 그렇지만 하나님을 만나게 될 때 인간은 자기의 죄악 된 모습을 보게 됩니다.

하나님께서 쓰시는 사람들에게 공통점이 있습니다. 자기 자신이 형편없는 존재라는 사실을 깨달았다는 것입니다. 바울은 "미쁘다 모든 사람이 받을 만한 이 말이여 그리스도 예수께서 죄인을 구원하시려고 세상에 임하셨다 하였도다 죄인 중에 내가 괴수니라"(딤전 1:15) 아브라함은 자신을 티끌이라고 했습니다(창 18:27) 다윗은 "나는 벌레요 사람이 아니라 사람의 훼방거리요 백성의 조롱 거리니이다."(시 22:6) 시몬 베드로는 예수님의 말씀에 순종해서 깊은 데로 가서 그물을 내려서 많은 고기를 잡은 다음 예수님 앞에 죄인 됨을 고백했습니다. "시몬 베드로가 이를 보고 예수의 무릎 아래 엎드려 가로되 주여 나를 떠나소서 나는 죄인이로소이다."(눅 5:8)

3. 하나님을 만나면 죽었던 나무에서도 열매가 맺힙니다.

자기가 정말 죄인이라고 고백했던 사람들은 하나님을 위해 목숨을 바쳤습니다. 하나님께서 쓰시는 사람들은 대부분 죄인이었습니다. 모세는 살인자였고, 다윗은 간음자요 살인자, 그리고 바울도 살인자였습니다. 그들은 하나님을 만난 후 자신이 죄인임을 깨달았습니다. 하나님의 은혜를 깨닫고 하나님의 복음을 깨달았습니다. 영성에 깊이 들어간다는 것은 피 묻은 복음에 대한 감격과 십자가의 사랑에 대해 눈물을 흘리는 것입니다. 주신 사명을 위해 죽도록 충성하는 힘을 거기서 받게 되는 것입니다. 그 능력으로 그렇게도 기다렸던 열매가 열리는 것입니다. 사람을 변화시키고 성장시키는 일은 하나님만이 하십니다. 인간 내면의 변화는 철저하게 하나님의 일입니다. 외모는 조금만 신경을 쓰면 고칠 수 있을지 모르지만 인간 내면의 근본적인 변화는 성령께서 역사 하실 때만이 가능합니다.

여러분, 자기 자신의 영적인 모습에 절망하십시오. 이 때에야말로 하나님의 기회입니다. 자신에 대한 철저한 절망은 희망으로 전진합니다. 자기 자신에 대한 철저한 절망을 거치지 않고 희망을 부르짖는 것은 인본주의 산물입니다. 하나님 앞에서 죄인 된 자아를 발견하는 것은 거인을 발견하는 것입니다. 하나님의 은혜로 용서받는 순간, 인간 안에 감추어진 무한한 가능성을 발견하는 것입니다. 한국 성결교회의 미래는 우리들의 영성에 달렸습니다. 피 묻은 복음으로 흠뻑 적신 여러분의 가슴에 21세기의 비젼을 그립시다.

* seminary – cemetery(무덤) = 신앙은 죽고 신학만 남은 신학도, 믿음은 없고 교리만 외우는 교인은 cemetery입니다.

그리고 여러분 기성, 예성, 나사렛성결교회만 성결교회입니까? 아닙니다. 장로교, 감리교, 침례교, 순복음, 그리스도교, 성공회, 루터교 모두 성결교회입니다. 예수의 피로 구속받은 사람은 모두 성결한 사람이요 그 속에 성령하나님이 계시니 성결교회입니다. 예수님은 정치를 위해 대의민주공화정치인 장로교, 전제정치형태인 감독정치를 위한 감리교, 회중정치인 침례교를 만들려고 오시지 않았습니다. 도리어 죽어 주시려고 섬기러 오셨다고 했습니다. 아담 이후 죄악으로 죽어 더러운 인생들을 살리려고 자기 피로 씻어 성결케 하시려고 오셨습니다. 성결교회는 그리스도의 이름을 부르는 전 세계 모든 교파, 모든 성도들이 모두 성결교회입니다. 이제 우리 교단은 패러다임을 바꿔야합니다. 3000교회 100만 성도만 부르짖지 말고, 기성, 예성 통합을 위해서라면 예수교대한 성결교회라고 해도 좋고, 서울신학대학교를 성결대학교라고 명칭을 바꿔도 좋다면, 남북이 통일만 된다면 정치이념이 공산주의건, 사회주의건 좋다는 생각과 다를 바가 없지 않습니까? 이제 생각을 바꿉시다. 전 세계교회가 성결교회이니 63억 전 인류의 성결성 회복을 위해 먼저 우리 자신이 성결의 은혜를 체험합시다. 진정한 열매는 여기서부터 열립니다.

주님 모신 가정
〈추도식 설교〉
(여호수아 24:15)

아버지 추도 일을 맞이하여 아버지를 추모하며 예배를 드리면서 어떤 가정이 되어야 할까를 생각고자 합니다. 오늘 성경말씀은 "이스라엘 백성이 하나님의 인도하심으로 애굽에서 나와 가나안 땅에 이르러 앞으로 어떻게 살 것인가"를 고백하는 장면입니다.

이 사람들은 하나님의 인도를 받았음에도 어떻게 살아야하는가에 대하여 혼돈이 있었습니다. 왜냐하면 하나님 아닌 것을 신으로 잘못 알고 섬기고 있었기 때문입니다. 이때에 지도자 여호수아는 모든 사람들 앞에서 놀라운 고백을 선포합니다.

"너희는 오늘 날 섬길 자를 택하라. 오직 나와 내 집은 여호와를 섬기겠노라"고 했습니다. 이 고백을 오늘 우리 가정에 선포하면서 이스라엘이 받았던 축복을 우리 가정에 성취되기를 소원해 봅니다.

어떤 가정을 하나님께서 축복할까요?

1. 여호와를 섬기며 그 제단을 쌓는 것을 지키는 가정입니다.

믿음의 사람들은 어디를 가든지 하나님께 예배를 드리는 것을 잊지 않았습니다. 아브라함은 세겜 땅에 도착하자마자 제단을 쌓았습니다.

우리 가정에 어려움이 있더라도 지금처럼 모여 예배를 드리는 것은 우리 가정이 승리를 이루었다는 증거입니다.

2. "하지 말라"는 계명을 지키는 가정이 되어야합니다.

욥은 자기의 자녀가 하나님 여호와께서 금하시는 일을 할까봐 두려워 자녀를 위한 특별 예배를 드렸습니다. 십계명 중에 "하라"는 계명은 하나뿐이고 "하지 말라"는 계명은 아홉이나 됩니다.

그것은 하나님께서 우리의 실족을 염려하였기 때문입니다. 하나님은 오늘도 우리 가정이 넘어 지지 않기를 바라고 계십니다.

우리 가정과 가문은 앞서 가신 어른들에게 염려가 되지 않기를 원합니다. 그러나 그 이전에 먼저 하나님께서 염려의 대상이 되어서는 안 될 것입니다. 오히려 하나님께서 기뻐하시는 적극적인 가정과 가문이 되어야 할 것입니다. 그때 우리는 앞서 가신 어른들이 원했던 모든 일까지 성취 가게 될 것입니다.

* 여호와의 뜻은 전에도 계시고 지금도 계시고 장래에도 계시는 완전하고 무궁한 생명을 가리킨다.

여호와를 경외하는 자
(칠순 축복 설교)
(딤후 4:7~8, 시편 128:1~6)

인간은 누구나 장수하고 싶은 욕망이 있습니다. 그러나 누구나 오래 살지 못하기 때문에 장수를 축복으로 생각하고 축하를 드리는 것입니다.

칠순(70세)을 맞이하는 해를 고희(古稀) 또는 희수(稀壽)라고 부릅니다.

옛날에는 비교적 수명이 짧아서 장수는 희귀한 일이라 하여 이렇게 불렀는데, 이 말의 유래는 중국 당나라 때 시인인 두보(杜甫)의 곡강시(曲江詩) 가운데 "人生七十 古來稀"라는 구절에서 유래했다고 합니다.

성경은 장수의 비결을 탐욕을 미워하는 자는 장수하고(잠 28: 16), 여호와를 경외하면 장수하고(잠 10:27), 부모를 공경하면 장수하고(엡 6: 3), 의인은 복을 누리고 장수하고(신 22:7), 악인은 잘 되지 못하고 장수하지 못한다고 했습니다(전 8:13). 그래서 백발은 영화의 면류관(잠 16: 31)이요, 백발은 늙은 자의 아름다운 것(잠 20:29)이라고 말합니다. 오늘 칠순을 맞이하여 하나님께 감사와 영광의 찬양을 드리는 배 권사님은 의로운 삶의 결과의 장수라고 믿기에 주님의 이름으로 축하드립니다.

청년기가 아침이라면 노년기는 인생의 저녁입니다. 청년기를 인생의 봄이라고 한다면 노년기는 인생의 가을입니다. 아침이 중요한 것처럼 저녁도 중요합니다. 동녘에 떠오르는 아침해는 찬란하지만 자기의 사명을 다 마치고 서녘으로 지는 석양은 더욱 아름답습니다. 봄에 씨를 뿌리는 것도 중요하지만 가을에 열매를 거두는 일도 중요합니다. 사실 봄에 씨를 뿌리는 것은 가을에 추수를 잘하려고 뿌리는 것입니다. 오늘 칠순을 맞이하신 권사님은 젊어서 뿌린 씨를 지금까지 잘 가꾸어 오셨기에 이제 거두는 때가 되었습니다.

바울은 내가 부음이 되고 세상을 떠날 기약이 가까운지라 내가 선한 싸움을 싸우고 달려갈 길을 마치고 믿음을 지켰다고 하였으니, 달려갈 길을 마치는 것이 시작 못지 않게 중요합니다.

1. 칠순의 생애를 예수님 모시고 믿음으로 사신 것을 감사합시다.

전도서 6:6에 보면 "저가 비록 천년의 갑절을 산다고 할지라도 낙을 누리지 못하면 마침내 다 한 곳으로 돌아가는 것뿐이 아니냐"고 하였습니다. 여기서 말하는 낙은 하나님을 믿고 그리스도 안에서 누리는 즐거움을 말합니다. 이러한 즐거움을 누리며 사셨으니 참으로 복된 생애라 하겠습니다.

2, 하나님을 아버지로 모신 성도들에게는 교회는 성도들의 어머니와 같다고 캘빈은 말했는데, 아버지 집에서 권사님으로 충성스러운 봉사의 삶을 사셨으니 복중에 복을 누리셨다고 믿어집니다.
"사람이 무엇을 하려고 사는가?"라고 묻는다면 대답할 수 있는 사람은 행복한 사람입니다. 모세, 여호수아, 다윗, 엘리야, 사도 바울과 같이 "나는 세상의 낙을 누리는 천박한 삶보다 하나님의 집에 사명적인 삶인 문지기로 있는 것이 좋아오니"라고 나의 삶에 목적이 복음 안에서 분명한 생애는 아름다운 생애입니다. 하나님을 모르고 교회도 모르고 사셨다면 칠순이라 하여 축하할 일이 못됩니다. 그러나 교회에서 믿음으로 사시며 주신 직분에 충성하였으니 얼마나 복된 일입니까? 아무런 허물을 남기지 않으시고 모범 되게 사신 섯 또한 복된 삶인 것입니다.

3. 선한 싸움을 싸워 승리한 것을 감사합시다. 프랑스의 유명한 빅톨 유고는 인생에게는 세가지 싸움이 있다고 말했습니다.
첫째, 인생은 자연과의 싸움입니다. 자연은 인간의 따뜻한 보금자리인 동시에 언제나 인생의 생명을 위협하는 무서운 것이라는 것을 잠시도 잊어서는 안됩니다.
둘째, 인간은 한 사회 안에서 서로 싸우면서 사는 존재입니다.
셋째, 자신과의 싸움입니다. 내 속에 두 개의 "나"가 서로 싸우고 있습니다. 거짓된 나와 참된 나, 게으른 나와 부지런한 나, 이기적인 나와 이타적인 나, 육적인 나와 영적인 나가 서로 싸우고 있습니다.
바울은 "내가 원하는 바 선은 하지 아니하고 도리어 원치 아니하는 바 악을 행하는도다"(롬 7: 19)하였습니다. 내가 나하고 싸우는 싸움에서 승리할 때 성을 지키는 용사보다 낫고 아름답습니다.

　배 권사님은 자녀들을 훌륭히 성장시켜 사회에서나 교회에서 지도적 역할을 할 수 있도록 하신 일은 승리의 열매입니다. 사실 자식이라고 해도 사람 마음대로 되어지지 않습니다. 그런데 하나님의 은혜로 이렇게 훌륭하게 다 키워서 하나님 앞과 사람들 앞에 내세울 수 있게 되었으니 참으로 승리의 삶 이였다고 여겨 축하드립니다.

　마지막으로 성경상 70년을 회상해봅니다. 하나님의 백성들이 죄를 짓고 하나님의 진노를 받아 바벨론으로 끌려가 70년 고역을 치렀습니다. 하나님의 뜻하신 때가 되어 70년 포로생활이 끝나고 자유를 찾아 고국에 돌아와 재건과 화합에 힘썼던 역사를 회상해 봅니다.

　인생살이는 마치 포로생활과도 같습니다. 자녀를 낳아서 공부시키고 시집, 장가 보내서 자립하게 되면 벌써 부모는 60, 70세가 됩니다.

　야곱의 험악한 세월이 130년이 지난 것처럼, 70생애 사시는 동안 포로생활 같은 어려움을 지냈으니 칠순을 맞이한 오늘부터는 자유, 해방민으로 보람된 석양의 아름다운 삶을 사시기 바랍니다. 그 동안 얽매인 생활로 여가도 없이 고생만 하셨는데 포로생활에서 벗어난 것처럼 이기심, 욕심, 집착, 미련에서 벗어나고 자유로운 모습으로 언제나 하늘나라의 소망을 갖고 사시기 바랍니다.

　현대의 발달된 의학과 개선된 생활 환경 속에서도 칠순을 맞이한다는 것은 쉬운 일이 아닙니다. 의학이 발달하면 할수록 환경오염이 더욱 심하기 때문입니다. 그런 가운데 건강한 몸으로 칠순을 맞이하신 것을 축하드리며, 하나님께 소망의 초점을 맞춘 가운데 아름다운 신앙의 모습을 하나님 앞과 자손들과 신앙의 후진들에게 더욱 길이 보여주시기를 기대합니다.

오랜 세월 동안을 지켜주시고 보호하신 하나님께 날마다 감사하며 사시기 바랍니다. 하루 하루 지날수록 우리의 육신은 점점 쇠퇴하는 것을 느끼지 않을 수 없습니다. 그러나 겉 사람은 쇠퇴하나 속 사람은 날로 새롭게 하시는 하나님은 영원불변하십니다. 새 힘을 주십니다. 독수리가 날개치며 올라가는 것처럼 믿음이 상승하게 됩니다. 곤비치도, 피곤치도 않을 것입니다. 남은 여생 하나님을 더욱 사랑하시고, 더욱 건강하시고 보람된 삶을 승리로 이끌어 나가시기를 축원합니다.

(축복기도)

복의 근원이 되시는 하나님 아버지의 은혜를 감사드립니다. 오늘 존경하는 ○○○ 권사님의 고희를 맞이하여 하나님께 찬양과 영광을 돌립니다.

하나님의 창조의 질서에 따라 섭리와 뜻이 계셔서 70년 전에 이 세상에 보내심을 받아 수님의 죽복으로 건강하게 살게 하셨고, 갖가지 역경과 풍파 속에서도 믿음을 지켜 오늘의 이 기쁜 자리까지 이르게 된 것을 감사하옵나이다.

이 나라의 역사의 격변 속에서 곤고한 인생 길이었으나 믿음의 조상 아브라함에게 좋은 아내를 주셨던 것처럼 좋은 반려자인 권사님이 있어서 서로 위로하며 도우며 산 것을 감사하오며, 슬하에 포도송이 같은 자녀들을 주셨고, 자손 중에 하나님의 성역에 복음의 사신으로 목사님이 일어나는 믿음의 열매를 주신 것이 감사하옵고, 생활에 물질의 축복도 주심을 생각할 때 하나님의 은총임을 알고 감사드립니다.

○○○ 권사님의 일생 중에는 민족의 고난과 정치적인 변화와 경제적인 변동이 극심한 시대였으나 예수그리스도를 믿는 믿음으로 극복하며, 하늘나라의 소망을 가지고 바라봄의 신앙과 기다리는 인내로 살게 된 것을 감사드립니다.

사랑의 하나님 아버지! 권사님이 오늘에 이르기까지 사는 동안 주님의 은혜였음을 다시 한번 감사드리며, 앞으로의 생활인 남은 여생에 갈렙과 같은 믿음과 지혜와 용기와 건강으로 하나님의 일에 더욱 귀하게 쓰여지도록 은혜주시며, 지난날보다 앞으로의 생애가 하나님 앞에서 더욱 빛나는 날들이 되게 하시옵소서. 주님 앞에 부름 받는 그 날까지 보람있게 살게 하시옵소서.

제10부

기 도

2003년 부천시 신년하례예배 기도

　천지만물의 주재이시며 인간 역사의 흥망성쇠를 주관하시는 하나님. 2003년의 태양이 붉게 타오른 정월에, 부천시장님, 국회의원님들, 시의원님들, 그리고 각 기관장님들과 부천시 기독교연합회가 함께 신년 하례예배를 드리게 됨을 감사드립니다. 붉게 타오르는 저 태양처럼 우리 부천시민들에게 비전과 꿈이 뜨겁게 타오르게 하옵소서. 하나님의 뜻이 이 땅 위에 이루어지도록 미래를 바라보는 기독교 연합회로 비상하게 하시고, 예수님처럼 서로 섬기며 화목하고 우리 모두 연합하여 시민가슴에 복음의 씨앗을 뿌리므로, 천년의 열매를 거두는 영적인 역사를 창조하게 하시옵소서. 그래서 살고 싶은 부천시, 민족에 비전을 주는 부천시, 하나님의 정의 실현과 세계 평화의 물꼬를 트는 부천시로 부상하게 하시옵소서. 이 때를 위하여 부름 받은 부천시장님과 의원님들, 구청장님들과 동장님들, 각계 기관장님들과 교계지도자들이 서로 하나 되어 부천시민을 섬기게 하옵소서. 하나님 앞에 설단하여 예물을 드리오니 하나님의 주권과 영광을 드러내는 데에 쓰여지게 하옵소서. 주님께 드린 손길마다 이 때를 위하여 귀하게 쓰여지는 손이 되게 복 내려 주옵소서 예수그리스도의 이름으로 기도드립니다. 아멘.

2019년 제18회 학위식 예배 기도문

　말씀으로 세상을 창조하시고, 온 우주를 통치하시며, 오직 홀로 영광 받으시기에 합당하신 우리 하나님 아버지께 감사와 찬양과 경배 드리오니 기뻐 받으시옵소서!

　하나님 아버지, 본 대학에 은혜를 주셔서 2018학년도 학위식을 거행하게 하심을 감사드립니다. 그동안 어렵고 힘든 상황 가운데서도 열심히 땀흘려 노력한 학생들과 그리고 자식을 사랑하는 마음으로 후원하고, 간절하게 기도하여 뒷바라지를 한 학부모님들과 가족들의 노고를 위로하시고 복을 주시기를 원합니다. 특히 학교발전을 위해 밤낮을 가리지 않고 몸이 부서져라 희생하며 헌신한 교직원 여러분에게 위로하시고 복을 내려 주시기를 원합니다. 학생들이 나보다 더 잘되기를 바라고 가르쳤던 교수님들의 사랑의 기도에 응답하여 주셔서 나라와 세계와 열방 가운데 주님의 이름을 높이는 졸업생들이 되게 하여 주시옵소서.

글로벌시대를 위해 조국과 세계영혼을 사랑하는 사람들을 이곳으로 불러 모으게 하신 것은 하나님의 큰 뜻이 있었음을 믿습니다.

저희 대학을 사랑하시어 금년에도 성숙한 인격과 영성과 지성을 겸비한 훌륭한 제자들을 배출하게 하셔서 감사드립니다.

금번 학위식에는 아카데믹 디그리 과정의 박사 16명, 석사 110명, 총 126명의 졸업생을 배출하게 하셔서 중앙신학대학원대학교의 동문으로 미래를 열어가게 하시니 더더욱 감사드립니다. 오늘 졸업하는 동문들이 모교를 위하여, 조국과 세계를 위하여 크게 쓰임 받게 될 줄 믿습니다.

대한예수교장로회 중앙총회 학교법인 중앙총신학원 이사회 류금순 이사장님과 이사 여러분들에게 주신 사명 잘 감당하도록 인도해주심을 감사드립니다.

또한 건학이념의 뜻을 받들어 학교 경영에 최선을 다하시는 백성혁총장님에게도 하늘의 신령한 복과 땅에 기름진 복을 내리시어 주어진 사명을 잘 감당케 해주셔서 감사드립니다.

저희 대학 모든 동문들과 재학생들의 마음에 하나님의 뜻을 받들어 명문사학의 비전을 품게 하시니 감사드립니다.

일찍이 19년 전 조국과 세계를 품은 지도자들을 양성하도록, 고 온석 백기환목사님에게 하나님께서 본 대학을 세우도록 계시하시고, 베드로의 빈 배에 고기들을 가득 채우셨던 주님께서 복음의 선구자들을 훈련하기 위한 어산(魚山)과 사명의 십자가를 등에 지고, 보혈의 피에 흠뻑 적신 일꾼을 키우는 복음의 산실, 진리의 기수들이 커가는 요람인 십자봉(十字峰) 아래의 양지바른 곳, 용인시 처인구 남사면 아곡리 285번지에 꿈 터를 마련해주셔서 전 세계 수많은 인재들을 모아 양육하게 하셨습니다. 그 결과 지금까지 1,100여명의 복음의 역군을 배출하였고, 2019년 3월 1일부로 교육부로부터 평생교육원 학사과정이 개설 허락되어 본교 랜드마크(Landmark)로서의 기능을 담당하는 명문대학으로 발전할 것을 확실히 믿습니다.

특별히 그동안 저희 대학의 미래를 위하여 고심해왔던 교명변경이 교육부로부터 2019년 3월1일자로 온석대학원대학교로 허가되어 글로벌시대에 명문사학으로 발돋움할 뿐만 아니라 전 세계 우수한 인재들이 수련하여 하나님의 뜻이 이루어질 줄 믿습니다.

이제부터 영원히 동서 사방에서 저희 대학을 바라보고 기도하는 용사들을 보내 주시옵소서. 믿음의 사람, 덕 있는 사람, 지혜로운 사람, 복 있는 사람들을 보내 주셔서 이 시대에 주어진 막중한 사명을 함께 감당케 하여 주시옵소서.

저희 대학이 월계동 중앙신학으로부터 지금까지 온 나라에 수천 명의 크리스쳔 리더들을 배출하는 학교가 되게 하심을 감사합니다. 대한예수교 장로회 중앙총회의 총회장님과 부총회장, 임원 및 각 노회의 목사님들과 본 대학 총장님과 모든 교직원들이 중앙총신학원을 향한 하나님의 뜻을 기억하게 하시옵소서.

저희가 각각 다른 전공으로 공부했을지라도 나라와 민족의 정치, 경제, 사회, 문화 모든 분야에서 나아가서 일할 때에 하나님의 영광이 나타나기를 원합니다.

특별히 학교를 떠나 이 사회를 향해서 새롭게 출발하는 우리 졸업생들을 위해 기도하오니, 저들의 인생을 구름기둥 불기둥으로 인도하여주옵소서. 마른 광야를 지날 때에 메추라기와 만나를 내려주시고, 홍해를 가르고 반석에서 물이 나는 기적을 베풀어 주옵소서. 저들의 인생에 사람이 필요하면 사람을 보내주시고, 물질이 필요하면 물질을 보내주시되, 어떠한 상황에서도 하나님을 향한 믿음을 잃어버리지 않게 하옵소서.

이제 떠나면 다시 보기 힘들 수 있겠지만 우리를 사랑의 끈으로 하나 되게 하신 하나님을 기억하고, 말씀 가운데 거하고, 주님의 사랑을 잊지 않는 중앙인의 공동체가 되게 하옵소서.

우리 졸업생들이 겸손하게 매일 매순간 하나님을 의지하고 나아갈 때에 하나님께서 복에 복을 주시고 지켜주시기를 원합니다.

여호와 하나님께서 당신의 얼굴을 우리 졸업생들에게 비추사 은혜 베푸시기를 원하며 평강주시기를 원합니다.

오늘의 모든 행사를 주님께 의탁 드리오며, 창세전부터 우리를 택정하시어 구원에 이르게 하시고, 우리를 죽기까지 사랑하신 예수님의 이름으로 기도하옵나이다. 아멘.

결혼식 기도

사랑의 하나님
하나님의 섭리 하에 두 사람의 만남을 허락해주시고, 오늘 성대한 축복 속에 신랑 신부 결혼하게 됨을 감사를 드립니다.
하나님, 오늘 부부가 된 이들에게 복을 주시옵소서.
어떤 인생의 어려움을 만나도 서로 위로하고, 격려하며, 서로 간에 힘을 주게 하옵시고, 허물과 잘못이 있을 때, 서로 용서하며, 사랑하게 하옵시고, 힘들고 어려운 일 당할 때에 낙심하지 않고, 용기 있게 살게 하옵시고, 무엇보다도 서로 감사하며 살게 하옵소서.

신랑은 아내를 내 몸처럼 사랑하게 하옵시고,
신부는 신랑을 존경하며 집의 가장으로 섬기며 따르게 하옵소서.
이제는 둘이 아니요 한 몸이니 한 뜻, 한 몸 되어 서로 아껴주고 위하고 사랑하며 서로의 입장을 생각하면서 살게 하옵소서.
양쪽 집안의 어른들을 잘 섬기게 하옵시고, 형제간에 우애 있게 지내게 하옵소서.

또 주어진 일터에서 근면성실하게 일하게 하셔서 손이 수고한대로 많은 열매를 거두게 하시고,
풍요로운 삶을 살게 하옵시고, 이 땅에서 위대한 일을 하는 자녀들을 주셔서 날마다 웃음이 가득하고, 건강하고, 행복한 가정을 이루며 살게 하옵소서.

예수님의 이름으로 축복기도 드리옵나이다. 아멘

교단과 신학대학을 위한 기도

혼돈과 공허 그리고 흑암 속에 있던 지구촌에 생명의 빛으로 찾아오신 하나님!

뜻이 있으셔서 이 나라, 이 민족을 택하사 주의 사명을 감당케 하심을 감사드리며 영광과 찬양을 돌립니다.

우리 민족이 갈 바를 알지 못해 방황하며 암울했던 시기에 복음의 빛으로 희망을 주신 하나님, 영적 기갈과 고갈에 메말라버린 이 땅을 위해 생명을 창조하는 그 반석 되는 성결의 은총의 신학을 통하여 영적, 육적, 사회적으로 총체적인 성결을 원하셔서 성결교단을 세우도록 허락하신 하나님.

성결의 빛으로 새 역사를 펼치는 교회가 되자는 2002년 교단의 표어 아래 가슴이 부푼 성결인들에게 또 한해의 사명을 감당케 할 뿐만 아니라 세계 영계의 큰 획을 긋는 21세기를 이끌어 가는 성결교단이 되게 하시옵소서.

또한 이 땅의 교회역사에 있어서 초유의 부흥을 이루시고 주의 부르심을 받은 일군들을 훈련할 서울신학대학교를 일찍이 1911년에 세우심을 감사드립니다. 주께서 설립자이시오니 서울신학대학교의 모든 행정과 사역에 대하여 온전한 감독자가 되어 주시옵소서. 단순히 입학한 숫자를 졸업시키는 양적 팽창의 무의미한 학교가 아니라 우리 시대에 꼭 필요한 하나님의 교회를 이루고 시대적 사명을 완수할 수 있는 인격과 영성과 실력을 겸비한 일군을 배출하는 학교가 되게 하옵소서.

한국 민족 목회를 위해, 세계를 향해 뻗어 가는 영성을 위해 준비한 하나님의 사람들로 하여금 한국은 물론 성결인 때문에 세계가 새로워지는 부흥의 역사가 일어나게 하시옵소서.

이 때를 위해 부름 받은 최종진 총장님을 하나님의 손에 붙들어 주셔서 이 땅 위에 많은 신학교들이 존재하지만 역사 찬란한 진리의 상아탑인 서울신학대학교로, 시대의 예언자들을 몸드려 닦는 서울신학대학교로, 새 시대 기수들을 잉태하여 해산하는 차별화 된 서울신학대학교로 세워 가도록 하늘의 지혜와 인내, 그리고 용기를 주시옵소서. 학교의 기구확장보다는 인물양성을 위해 혼신을 바칠 수 있도록 교단의 뜨거운 뒷받침과 기도들이 모아지고 성결인의 가슴이 하나가 되도록 역사하여 주시옵소서.

학생들을 지도하는 교수님들에게 성령의 은혜와 능력을 주셔서 학생들에게 복음적인 삶과 인격과 학문과 경건의 모범을 보여줄 수 있게 하옵소서. 그들이 하나님 앞에 부끄러움 없는 신실한 청지기의 자세를 가지고 학생들을 지도하게 하옵소서. 우리 서울신학대학교 교수님들을 통하여 한국교회의 신학과 영성이 바로 세워지게 하여 주시옵소서.

신학대학교의 정책을 세우고 집행하는 사람들과 학교를 움직이는 일군들이 하나님의 지혜와 복음적인 양심으로 일하게 하셔서 주님 안에서 날로 든든히 서가는 서울신학대학이 되게 하옵소서.

지금 신학대학교에서 공부하며 훈련을 쌓고 있는 신학생들을 권고하사 이 세대에서 하나님 앞과 사람에게 부끄러움이 없는 일군으로 자신을 연마하도록 하시옵소서. 모든 신학생들이 바른 인격과 말씀과 기도로 무장된 영성, 바른 신학과 바른 신앙을 갈고 닦은 실력을 누리의 봉화대로 쓰여지게 하옵소서.

주님께서 우리 성결교단과 서울신학대학교의 미래를 주장하사 주님 뜻대로 온전히 인도하셔서 하나님 나라를 위한 전진기지로 삼아주시옵소서.

예수 그리스도의 이름으로 기도 드립니다.

기도 / 그분과 나눈 대화를 기록하라!

하나님의 음성을 듣는 데 새롭고도 큰 자유를 얻을 수 있다.

하나님은 언제나 우리에게 말씀하신다.

그러나 우리는 종종 하나님의 음성과 자신의 생각을 구별하기 어려워한다. 하나님 앞에 나아갔을 때 우리 마음에 자연스레 떠오른 생각들이 과연 하나님으로부터 온 것인지 의심하며 문제를 제기할 뿐, 그 생각들을 따라 행동하기 위해 믿음으로 발걸음을 내딛지 못한다. 그런 의심은 종종 하나님과의 교통을 끊어버린다.

상식을 버리지 않고도 의심에서 벗어나는 길이 있다면, 아버지와 교제하기가 얼마나 더 수월해지고 놀라워지겠는가!

내가 '기도일지 작성'이라 칭하는 단순한 방법이 그러한 길을 제공한다. 기도일지는 내가 지속적으로 하나님과 쌍방향 대화를 나누며 친밀하게 교제하는 데 유일하고도 훌륭한 조력자가 되어 왔다.

기도일지란 하나님과의 쌍방향 대화를 기록한 일기로, 내가 하나님께 기도한 것과 그에 대한 하나님의 응답이라 믿는 것들을 단순히 기록하는 것이다.

나의 기도노트

기도일지 개념을 처음 계시 받았을 때 나는 그것이 성경에 근거한 것인지 확인하기 위해 즉각 하나님의 기록된 말씀으로 달려갔다. 연구를 끝마칠 무렵에는, 교회가 성경에 근거한 이 유용한 도구 사용하기를 태만히 하고 있다는 사실에 깜짝 놀랐다.

시편은 그 전체가 인간의 기도와 그에 대해 종종 하나님이 들려주시는 응답을 기록한 하나의 기도일지이다. 우리는 시편을 읽을 때, 다윗이 외로움과 버림받은 감정을 느끼면서 하나님께 자신의 마음을 쏟는 것과 하나님의 임재를 구하며 울부짖는 것을 듣는다.

다윗은 그렇게 호소한 뒤에 종종 '셀라'(Selah)라는 단어를 본문에 기록했다. '셀라'는 '휴지'(休止) 혹은 음악적인 막간을 의미하는 단어이다. 그런데 다윗의 시편에서 전체적인 어조를 잘 살펴보면, '셀라' 이후에 다윗은 이전과는 완전히 다르고 한층 더 깊은 수준의 믿음을 표출하고 있음을 알 수 있다. 이는 다윗이 이 막간 동안 자신을 가라앉히며 하나님과 접촉했고 하나님께서 그에게 말씀하셨음을 암시한다.

선지자들이 기록한 책들 또한 거의가 인간과 하나님(혹은 하나님의 사자)의 소통에 대한 기록이다.
다니엘은 꿈을 받아 기록했고 해석을 구했고 그에 대한 대답을 기록했다. 하박국서는 또 다른 훌륭한 예로, 1장은 깨달음을 구하며 부르짖는 내용이며 2장과 3장은 그의 기도에 대한 하나님의 대답에 대한 기록이다.

요한계시록도 성경에 나오는 기도일지의 좋은 예이다. 요한은 자신이 본 환상과 자신이 제기했던 질문과 자신이 받은 대답을 상세히 기록했다. 요한계시록은 요한이 하나님과 나눈 영적 소통의 기록이다.

물론 성경의 인물들이 기록한 모든 기도일지가 성경으로 보존된 것은 아니다. 이러한 종류의 일지에 대한 좋은 일례가 역대상에서 발견된다. 하나님은 성전 설계도를 다윗에게 주실 때 다윗의 기도일지를 통하여 주셨다.

"여호와의 손이 내게 임하여 이 모든 일의 설계를 그려 나에게 알려주셨느니라"(대상 28:19).

그러나 이 묘사적인 설계도는 성경에 상세하게 설명되어 있지 않다. 우리가 하나님과 나눈 대화를 기록하는 기도일지도 그것과 유사하다. 그것은 단지 우리 삶의 필요를 위한 것이므로 분명 장래의 세대를 위해 성경에 첨가되지는 않을 것이다.

그렇다면 기도일지 작성의 유익은 무엇인가?

첫째, 의심을 미루어둘 수 있다.

나는 처음 하나님의 음성을 듣는 법을 배울 때, 안팎으로 나 자신을 잔잔하게 가라앉히고 예수님을 마음에 그리며 조용히 인내하면서 응답을 기다렸다. 그럴 때면 종종 몇 가지 단어나 어구가 마음에 떠올랐지만 그때마다 즉각 내가 보인 반응은 그것들이 정말 하나님께로부터 온 것인지 의문스러워 하는 것이었다.

나는 어떤 속임에도 넘어가고 싶지 않았기 때문에 내가 받은 모든 것을 신중하게 검사하기를 바랐다. 한 가지 문제는 그러한 검사가 사실상 의심을 낳고 의심은 나의 영적 수화기를 바로 망가뜨렸다는 사실이다. 결국 나는 아무것도 듣지 못하는 지경에 이르고 말았다.

하나님께 나아가는 자는 반드시 믿음으로 나아가야 하는데(히 11:6), 나는 15초 정도 믿음으로 하나님께 나아갔다가 3초 정도 계시를 받고는 의심에 압도되어 영적 수화기를 끊어버린 것이다. 그것은 정말 내게 심각한 문제였다.

하나님 앞에 나아가 내 마음에 떠오른 생각들을 믿음으로 받아들이면서도, 그것이 정말로 하나님께로부터 온 것인지 검사하려면 대체 어떻게 해야 할까?

이러한 딜레마를 해결해준 것이 바로 기도일지 작성이었다. 나는 기도일지를 쓰는 덕분에 내가 기도한 것들을 적을 수 있었고, 하나님께서 내게 말씀하시고자 하는 것들을 모두 기록함으로써 주님의 응답을 믿음으로 받을 수 있었다.

나는 단락에 단락을 거듭하며 심지어는 몇 페이지씩 이어가면서 마음에 떠오른 생각들을 상세히 기록할 수 있었고 5분씩, 10분씩, 때로는 몇 시간씩 기록할 수 있었다. 나는 받고 있는 메시지들을 그 즉시 시험해봐야 한다고 염려하지 않아도 되었다. 기도를 끝마친 뒤 신중히 살피며 조사할 수 있는 명백하고도 영구적인 기록을 갖고 있기 때문이었다. 나는 상식을 던져놓지 않고서도 의심을 치워버릴 수 있었으며, 나의 영적 수화기는 필요한 만큼 열려 있고 작동될 수 있었다.

기도일지 작성은 새로운 차원에서 하나님과 교통할 수 있도록 나를 해방시켜주었다.

둘째, 머리의 방해를 막아준다.

기도일지 작성은 내가 계시를 받아들이는 동안 나의 바쁜 머리에 할 일을 준다.

내 머리는 내 삶 전체를 통제하는 데 익숙해 있었기 때문에 마음이 그 주도권을 인계받으려고 할 때 매우 언짢아했다. 내가 마음으로 성령과 교통하려고 하면 발끈하면서 대체 무슨 일이 벌어지고 있는 것인지 알려고 들었다. 질문들을 던지고 의심하고, 성령과의 교통을 중단시키려고 애쓰며 자기가 말하는 것에 내가 주의를 돌리기를 바랐다.

기도일지 작성은 이러한 머리의 맹습을 제어하는 데 도움이 된다. 나는 머리가 요구하는 것들을 기도일지에 적은 뒤에 "진정해! 네가 요구하는 것들을 여기 기도일지에 다 적어놓았다가 나중에 처리할 테니 염려하지 마!"라고 말할 수 있었고, "너는 마음에 직관적으로 떠오른 생각들을 기록하기만 하면 돼! 그것이 네 임무야!"라고 명령할 수 있었다. 나는 이렇게 내 머리에게 임무를 배당함으로써 성령과의 교통을 훼방하지 못하게 막을 수 있다.

세번째, 믿음으로 인내하도록 도와준다.

하박국서 2장 2, 3절은 일지 작성의 세 번째 유익이 무엇인지 암시한다. 하나님은 하박국 선지자에게 "너는 이 묵시를 기록하여… 이 묵시는 정한 때가 있나니… 비록 더딜지라도 기다리라 지체되지 않고 반드시 응하리라"(합 2:2,3) 말씀하셨다. 하나님은 영원 안에 살고 계시지만 때로 하나님께서 하시는 말씀이 곧 이루어질 것이라고 암시하신다.

그러나 하나님의 '곧' 개념은 우리의 개념과 완전히 다르다. 우리는 '곧'이라는 것이 내일 혹은 아무리 늦어도 다음 주를 의미한다고 생각하지만 하나님은 내년을 의미하실 수도 있다. 하나님께서 "내가 진실로 속히 오리라"(계 22:20)고 말씀하신 지 2천 년이 지났다는 점을 기억하라.

만일 우리가 하나님의 약속에 대한 기록을 갖고 있지 않다면 믿음은 금세 나약해지고 소망은 사라지며 '정한 때'가 도래했을 때 하나님께서 우리에게 하신 말씀의 많은 부분을 망각할 것이다.

그러나 하나님의 계시를 받고 바로 기록해두면 의심이 고개를 쳐들 때마다 그것을 의지할 수 있을 것이다. 이를 통하여 우리 믿음은 날로 새로워질 것이며 소망은 회복될 것이다. 그리고 하나님께서 약속을 이루실 때, 우리의 기록은 하나님의 신실하심을 입증하는 증거로 남을 것이다.

넷째, 주님의 뜻을 제대로 깨닫게 해준다.

기도일지 작성은 하나님께서 주신 메시지를 순전하게 유지하도록 도움을 준다. 주님께서 내게 말씀하실 때, 때로 나는 너무도 흥분하고 감격하여 그 말씀을 오해하거나 주님께서 의미하신 것을 잘못 해석하기도 한다. 나는 특정한 대답을 원하거나 기대할 수도 있고, 그러한 바람 때문에 내가 듣는 것을 정확히 이해하지 못할 수도 있다. 그럴 때 내가 들었다고 생각하는 것을 따라 행동하면 필경 실패를 피하지 못할 것이다. 그러나 주님께 받은 말씀을 낱낱이 일지에 기록해놓으면 나를 향한 주님의 뜻을 곡해할 일도 일어나지 않겠지만, 혹여 실패했을 때에도 내가 어디서 잘못했는지 깨달을 수 있을 것이다.

내가 지금까지 기도일지를 작성하면서 발견한 것 한 가지는 내가 주님을 이해하는 데 실패하는 경우는 있어도 주님께서 나를 실패자로 만드시는 일은 결코 없었다는 사실이었다.
주님의 말씀은 언제나 진리이다. 그러나 나의 해석은 그렇지 못하다.

하나님과 대화하기

내 인생의 가장 깊은 갈망 주님의 음성이 이미 당신에게 있었다! 당신의 기도 시간과 영적 생활을 완전히 바꿔놓을 책.(마크 & 패티 버클러(Mark and Patti Virkler) / 규장)

† 말씀

믿음이 없이는 하나님을 기쁘시게 하지 못하나니 하나님께 나아가는 자는 반드시 그가 계신 것과 또한 그가 자기를 찾는 자들에게 상 주시는 이심을 믿어야 할지니라 - 히브리서 11장 6절

여호와께서 내게 대답하여 이르시되 너는 이 묵시를 기록하여 판에 명백히 새기되 달려가면서도 읽을 수 있게 하라 이 묵시는 정한 때가 있나니 그 종말이 속히 이르겠고 결코 거짓되지 아니하리라 비록 더딜지라도 기다리라 지체되지 않고 반드시 응하리라 - 하박국 2장 2-3절

† 기도

사랑하는 하나님, 하나님 앞에 나아가 당신과 대화하기를 원하는 제 마음 아시지요? 그러나 내 마음에 떠오른 생각들을 믿음으로 받아들이면서도 정말 하나님께 온 것인지 의심할 때가 많습니다. 그러다 보니 하나님과의 대화를 포기하고 다시 원점으로 돌아갑니다. 기도일지 작성을 통해 이러한 의심에서 자유하게 하소서. 하나님의 뜻을 잘못 판단하지 않고 올바르게 나아가도록 인도하옵소서.

† 적용과 결단

이제 기도일지 작성을 시도해보는 것이 어떨까요? 하나님 앞에 당신 자신을 잔잔하게 가라앉히십시오. 그리고 당신 마음에 있는 것들을 하나님께 말씀하십시오. 그런 다음 하나님께서 말씀하시는 것, 곧 당신 마음에 자연스레 떠오르는 생각들을 종이에 기록해보십시오. 그런 생각들을 감지할 수 없거든 하나님께 구체적으로 질문하시기 바랍니다.

목사 취임식 기도

거룩하신 하나님 아버지. 귀한 종을 팔복교회에 담임목사로 세워주시는 취임식을 거행하려고 합니다. 이제까지 인도하신 하나님께서 앞으로도 계속하여 인도하여 주실 줄 믿습니다. 많은 협력자들을 주시어 함께 일 하되 모세를 도운 아론과 훌처럼 일하게 하시옵소서. 사랑의 하나님. 세우신 종을 붙드사 좌절하거나 낙심하지 않게 도와 주시옵소서. 그에게 건강과 권능, 건전한 지성과 지혜를 주셔서 죄의 길로 가는 자를 깨우치며, 하나님의 구속사역에 귀하게 사용하여 주시옵소서. 성실한 목회자가 되도록 인도하시옵소서. 성령으로 충만케 하시옵소서. 화평을 도모하는 목사가 되게 하시옵소서. 새벽마다 생명의 빛을 비추사 진리의 말씀을 올바로 깨닫게 하시고 깨달은 말씀이 선포될 때마다 성도들이 큰 은혜를 받게 하시옵소서. 가정에 복을 주시고, 모든 성도들이 목사님을 위하여 기도하며 몸으로 협력하게 하시옵소서. 오늘의 모든 예식의 순서마다 영광을 받으시옵소시. 예수그리스도의 이름으로 기도드립니다. 아멘.

부천지방회의 교회와 교역자들을 위한 기도

기갈과 고갈 가운데 허덕이는 인생들에게 해갈의 생수로 오신 우리 주 예수 그리스도를 찬송합니다. 하나님을 아버지라 부르는 우리들에게 신자들의 어머니가 되시는 몸 된 교회를 통하여 당신의 떡이 되시는 살과 당신의 음료가 되는 피를 먹여 주시는 주님!

우리 기독교대한 성결교회 부천지방회 산하 67 지교회와 함께 구원사역을 이루어 가시는 주님! 죄에 빠진 인간들이 예수 그리스도를 믿고 구원에 이르는데 필요한 믿음을 세우는 목회사역을 위하여 목사 69명, 전도사 51명, 120여분의 사역자들을 택하여 세우신 은혜를 감사드립니다.

하나님의 뜻에 따라 사도적 목양을 위해 본 지방회에 파송 받아 동역하게 된 것을 목자장 되시는 우리 주님께 감사드립니다. 사사기 6장 34절에 "여호와의 신이 강림하시어 그의 백성을 다스릴자를 사로잡으시었다"는 말씀과 같이 성령의 역사로서 하나님의 구원사의 경륜에 수종들도록 본 지방회 주의 종들에게 은혜를 내려주시옵소서.

맡겨주신 부천지방회 각 지교회 초장에 하늘의 만나와 성령의 기름으로 충만하게 내려주시옵소서. 그래서 살찌고 기름진 양떼들로 생육하고 번성하여 땅에 충만하게 하시옵소서. 복음적인 신앙이 충만한 사역자들로 세워주시옵소서.

주님의 초장에 있는 양떼들을 위한 파수꾼과 청지기로서의 소명과 사명이 식어지지 않게 하시옵소서. 목회성공이라는 물량적인 수치 앞에서, 두려워 떨며 초조하고 긴장하고 있는 사역자들에게 새 힘을 부어 주시옵소서.

비교의식에 사로잡혀 침체되어 있는 현대판 엘리야들에게 용기를 주시옵소서. 복음적인 사고와 복음적인 신앙으로 다시 거듭나는 기회로 삼는 시간이 되게 하시옵소서. 숫자놀음에서 벗어나 사명적인 목회관과 긍지를 갖게 하시고, 하나님의 부르심에 따른 사명감을 회복하여 주시옵소서.

그래서 변화를 체험한 복음적인 일꾼들로 감격이 넘치게 하옵소서. 아버지의 집에 구원받은 영혼들로 기쁨이 충만하게 하시옵소서. 더불어 섬기고 사랑하며 하나의 교회로 연합 단결하는 부천지방회와 교역자, 교직자들이 되게 하옵소서. 예수 그리스도의 이름으로 기도드립니다. 아멘.

새 성전 입당예배를 위한 기도

사랑이 풍성하신 하나님 아버지!
이 자리에 오셔서 영광을 받으시옵소서!
구원의 하나님이시여!

이스라엘백성들을 애굽 땅에서 출애굽하게 하시고 40여년간의 긴 세월 동안에 훈련과 시련을 통하여 믿음으로 재무장하게 하시어서 젖과 꿀이 흐르는 가나안 땅으로 인도하시면서 낮에는 구름기둥으로 밤에는 불기둥으로 인도하시었는데 우리공동체를 지극히 사랑하시사 교회설립 년째가 되는 해에 요단강 이편에서 한 주간 머물게 하셨다가 우리공동체들의 마음준비와 믿음의 재정비의 기회를 갖게 하신 다음에 이곳 심령의 가나안 땅 새로운 예루살렘으로 대 이동시켜 주시어 새 성전에 입당하고 감사 감격의 예배를 드리게 섭리하심을 진심으로 감사를 드립니다.

아버지여 원하옵나니
모든 성도들이 새로운 성전에 노여서 눈과 귀와 입을 열게 하시고 성경말씀상고와 기도로 믿음을 굳건이 하여 참된 성도들이 되어 교회를 위하여 주님을 위하여 뜻을 다하고 힘을 다하고 성품을 다하여 봉사하겠다고 결단하는 시간이 되게 하옵소서

또한 우리 모든 형제들이
고민하는 심정으로 이 자리에 나올 때마다
질병에 허덕이다가 이 자리에 나올 때마다
삶의 궁핍함에 허덕이다가 이 자리에 나올 때마다
수고하고 무거운 짐을 진자가 이 자리에 나올 때마다
약속하신대로 만나주시고, 해결해 주시고, 평안을 주시고, 기쁨도 주시고, 소망도 주시옵소서.

주님 우리교회를 이 자리에 이전시켜 주심은 이 지역의 주민들과 지역사회를 위한 사명이 있는 줄 믿습니다.

우리교회가 하나님의 뜻을 소홀히 여기지 아니하여 이 사명을 잘 감당하게 하시고 이 시대를 향하여 감당하여야 할 선지자적인 사명도 있음을 명심하여 이 사명도 감당하기에 부족함이 없는 교회가 될 수 있도록 주님께서 축복하여 주시옵소서.

　우리교회 성도들이 각자 종사하는 사업장과 근무처에서 사명을 잘 감당할 수 있게 하옵소서.

　우리교회는 불쌍한 영혼들에게 생명을 나누어주고, 소망을 주고, 광명을 나누어주고 평강을 나누어주는 교회의 사명을 잘 감당할 수 있도록 역사 하시고 권고하여 주시옵소서.

　사랑의 하나님께서 이 새로운 성전에서 주님의 사역을 맡은 목사님과 그 가족을 축복하시고 양떼들을 푸른 초장과 잔잔한 시냇가로 인도하여 먹이는데 부족함이 없는 능력의 종이 되도록 채워 주시옵소서 성령의 선한 뜻을 전하시기에 피곤치 않게 건강으로 지켜 주시옵소서.

　우리교회에 소속된 모든 권속들과 그 가정 위에 풍성한 은혜가 임하셔서 주의 종을 받들어 충성할 수 있는 믿음을 주시옵소서

　이 새로운 성전 위에 영원히 임하셔서 영광을 받으시옵소서.

　오늘 말씀을 대언하는 지방회장님을 붙드사 새롭게 결단할 수 있는 축복의 시간이 되게 하옵소서. 우리교회를 사랑하사 이곳에 새 성전을 주신 예수그리스도의 이름으로 기도하옵나이다. 아 멘.

성산효도대학원 대학교 원우회장의 기도

몸소 섬김의 본을 보이셔서 제자들의 발을 씻겨주신 주님,

독생자의 고난이 시작되는 목요일 저녁에 저희가 그 고난에 동참하고자 거룩한 전에 나왔습니다.

가장 낮은 자리에서 제자들의 발을 씻기신 겸손의 낮임을 기억하게 하옵소서.

성례전을 베푸셨던 거룩한 밤임을 영원히 잊지 말게 하옵소서.

생명의 말씀을 주시고 고난의 행로를 묵묵히 걸으신 구원의 밤에 우리가 주님의 부르심을 받았음을 감사 감격하게 하옵소서.

이 예배를 통해 구속의 그리스도를 모시고 십자가 아래 나아가 시들지 않은 한 송이 꽃처럼 그리스도의 향기를 발산하여 구속의 사명의 길을 걷도록 인도하여 주시옵소서.

언어의 수단에 담겨진 말씀의 만나를 받을 때 성령의 조명으로 우리의 실존을 조망하노록 은혜의 소낙비에 흠뻑 적시는 카이로스의 밤이 되게 하옵소서.

이 예배로 구속의 주 하나님을 우리 모두 독대하는 시간이 되게 하옵소서.

성산효도대학원 공동체에 선택 그리고 참여된 총장님과 교수님들 그리고 학우들 위에 하나님의 계획된 은혜와 이 시대를 감당해야 될 주의 손에 이끌림 당하는 지팡이를 주시옵소서.

그래서 하늘의 뜻이 이 땅 위에 속히 이루어지는 도구들로 세워주시옵소서.

예수 그리스도의 이름으로 비옵니다.

안수집사 임직식 기도

 일곱별을 오른손에 붙드시고 일곱 금 촛대사이에 계신 주님이시여, 오늘 기름 부어 안수하는 거룩한 임직 예식을 인하여 영광을 받으시옵소서. 임직 받는 주의 아들 위에 거룩하신 성령으로 감동하시되 갑절의 영감과 믿음의 비밀과 섬김의 비밀을 주시며, 바울과 같은 충성심과 가이오와 같은 섬김의 모본으로 충성하는 집사로 세워 주시옵소서. 오늘의 임직자로 인하여 주의 이름이 높임을 받으며, 주의 사자인 목사님의 사역에 순종함으로 주의 초장인 교회가 살찌고 기름진 양떼들로 부흥이 되며, 성도들의 공동체인 교회와 가정들이 평안케 하옵소서. 이 거룩한 집사직분을 잘 감당할 수 있는 믿음의 담력과 은사와 가정의 평강과 신상의 건강과 생업의 번영과 가문과 후손이 형통하는 복을 주시옵소서. 평생토록 변함 없이 주를 사랑하고 충성하여 주님 앞에서 잘 하였도다 칭찬 받고, 금생과 내생에 큰 상급을 받도록 금과 같은 믿음과 은혜를 주시옵소서. 우리의 목자장 되시는 예수그리스도의 이름으로 기도드리옵나이다. 아멘.

교사대학 졸업식 예배 개회기도

 우주만물 시공간의 알파와 오메가 되시며, 하나님의 목적을 위한 역사 창출의 시작이시며 끝이 되시는 하나님.
 본 교단의 평신도 지도자 발굴 및 개발 교육 지침에 따라 2000년 회기에 본 부천지방회 교육원을 정식 발족하여 먼저 교회학교 교사 교육의 중대함을 인지하고 교사대학을 개설한 이래 오늘 영광스럽고 감격스러운 제1기 졸업예식을 가지려고 합니다.
 원하옵기는 과정 중에 있거나, 오늘 축복된 자리에 서게 된 이들에게 지혜와 성실 그리고 뜨거운 헌신의 마음을 주셔서 주께서 맡겨주신 사명들을 감당하게 하옵소서. 이들이 섬기는 지교회에 이들로 하여금 그리스도의 향기가 물씬 풍기도록 도와주시고 이들 때문에 하나님의 소원이요 그리스도의 명령이며 교단 성장의 전략인 영혼구령 사역 중에 교회학교가 부흥되는 역사가 일어나게 하시옵소서.

  오늘 이 뜻 깊은 예배로 인하여 우리 하나님! 영광을 받으시옵소서. 예수 그리스도의 이름으로 기도 드립니다. 아멘.

집사 안수식 기도
〈원종제일교회〉

  일곱별을 오른손에 붙드시고 일곱 촛대사이에 계신 주님이시여, 오늘 기름 부어 안수하는 거룩한 임직예식을 인하여 영광 받으시옵소서. 임직 받는 주의 아들 위에 거룩하신 성령으로 감동하시되 갑절의 영감과 믿음의 비밀과 섬김의 비밀을 주시며, 바울과 같은 충성심과 가이오와 같은 섬김의 모본으로 충성하는 집사로 세워 주시옵소서. 오늘의 임직자로 인하여 주의 이름이 높임을 받으며, 주의 사자인 목사님의 사역에 순종함으로 주의 초장인 교회가 살찌고 기름진 양떼들로 부흥이 되며, 성도들의 공동체인 교회와 가정들이 평안케 하옵소서. 이 거룩한 집사직분을 잘 감당할 수 있는 믿음의 담력과 은사와 가정의 평강과 신상의 건강과 생업의 번영과 가문과 후손이 형통하는 복을 주옵소서. 평생토록 변함없이 주를 사랑하고 충성하여 주님 앞에서 잘 하였도다 칭찬받고, 금생과 내생에 큰 상급을 받도록 금과 같은 믿음과 은혜를 주시옵소서. 우리의 목자장 되시는 예수그리스도의 이름으로 기도드리옵나이다. 아멘

호흡(숨길-기도(氣道))처럼 하는 기도(祈禱)
(마태복음 26:36~41)

기도가 무엇이냐고 묻는다면 교회생활을 조금 오래 해본 사람들은 대부분 '기도는 영혼의 호흡'이라고 대답할 것이다. 기도를 가리켜 영혼의 호흡이라고 정의한 이 말은 아주 잘된 표현이며 우리는 정말 기도를 호흡처럼 하면서 살아야 하겠다. 그런데 이 말을 정확하게 이해하기 위해서는 호흡이 우리 육체에 어떤 기능을 하고 있는지를 꼼꼼히 생각해 보아야 하며 그것을 기도와 연관 지어 생각해 보아야 할 것이다.

1. 기도는 호흡처럼 지속성이 있어야 한다.

호흡을 하는데 일정한 시간설정이 필요 없듯이 기도에도 특정한 시간이 따로 구분되어 있어야 할 이유는 없다. 물론 기도모임이나 기도시간이 있을 수도 있지만 이것들도 지속적인 기도생활의 한 부분일 뿐이지 독립적으로 그 시간만 기도한다고 생각해서는 안 된다. 기도는 호흡처럼 매일, 매시간, 매분, 매초마다 지속적으로 해야한다. 그러므로 '기도는 호흡이다'라는 말은 곧 '기도는 삶이다'라는 말과 같다. 사는 것이 기도요, 기도하는 것이 곧 생활하는 것이다. 즉 올바른 기도생활이란 일상생활과 분리해서 생각할 수 없는 것이다.

어떤 사람이 기도는 열심히 하는데 생활은 엉망이고 윤리적으로도 다른 사람들로부터 손가락질을 받는다면 이는 절대로 올바른 기도가 아니다. 이것이 오늘 한국 기독교인들의 약점이기도 하다. 그러므로 자신이 생각할 때 일상생활 자체가 잘못되어가고 있다는 사실을 즉시 깨닫고 이 둘의 일치를 위해 노력해야 한다.

기도할 때는 믿음 있는 사람 같은데 일상생활에서는 근심과 걱정으로 가득 차 있다면 그는 올바른 기도생활을 하는 것이 아니다. 기도할 때는 세상의 재물과 명예와 사악한 욕심을 초월한 사람 같은데 세상생활에서는 이런 것에 혈안이 되어 남을 속이고, 짓누르고 권모술수로 일관한다면 어찌 바른 기도의 사람이라고 할 수 있겠는가? 남 앞에서는 그럴듯한 기도를 유창하게 하면서 남이 보이지 않는 곳에서는 불신자처럼 행동한다면 그 사람의 기도는 속임수에 불과하다.

삶으로 기도하는 사람은 십자가사건을 언제나 기억하는 사람이며 동시에 영원한 나라에서 누릴 복을 동경하는 사람이다. "쉬지 말고 기도하라"는 말씀은 언제나 기도하는 자세로 살아가라는 뜻이다. 삶이 곧 기도이다.

2. 기도는 호흡처럼 생명체를 성장시킨다.

호흡의 연속이란 곧 생명의 성장을 의미한다. 육체를 가진 인간은 태어나면서부터 호흡을 시작하며 이 호흡은 지속적으로 성장하게 한다. 호흡이 끊어졌다는 말은 곧 성장이 멈췄다는 말과 동일하다. 즉 죽었다는 말이다.

그러므로 기도하는 사람은 그 영혼이 성장하는 사람이다. 기도는 열심히 하는 것 같은데 그 영혼의 상태는 여전히 옛사람의 혈기와 자랑과 교만에 머물러 있다면 이는 올바르게 기도하지 못하고 있다는 증거이다. 기도하는 사람은 성장하는 사람이다. '그리스도의 장성한 분량'에까지 성장을 계속하는 사람이다. 그는 누가 보아도 그리스도인임을 단번에 알아차릴 수 있다. 그의 행동 하나만 보아도 집사요, 장로요, 목사임을 알 수 있는 사람이다. 예수를 오래 믿고 기도를 호흡처럼 하는 사람들은 그의 삶에서 그리스도의 향기가 풍겨야 한다. 교회생활을 오래하면서도 기도가 없고 영혼이 죽어있는 사람들은 교회 안에서나 밖에서나 말썽과 분쟁의 불씨 노릇을 한다. 교회의 직원회나, 당회나, 총회의 광경을 세상사람들에게 공개하기가 민망스러울 경우가 허다하다. 고함소리가 오가며 원색적인 인신공격과 심지어는 욕설이 난무하는 회의장면을 우리는 여러

번 경험하면서 과연 믿는다는 것이 무엇이며 기도한다는 것이 무엇임을 다시 한번 점검해 보아야 한다. 예수의 향기가 나는 사람들이 모여서 하는 회의, 예수의 인품이 풍기는 사람들의 아름다운 모임이라면 어떠해야 할 것인가를 곰곰이 생각하며 기도하지 못하여 죽어있고 성장이 멈춰있는 자신부터 회개해야 한다.

성장의 끝에는 무엇이 오는가? 그것은 열매이다. '그리스도의 장성한 분량' 까지 성장한 사람들은 성령의 열매를 맺는다. 사랑과 희락과 화평과 오래 참음과 자비와 양선과 충성과 온유와 절제의 열매들이 그의 삶 가운데 주렁주렁 열리는 사람이 원숙한 기도의 사람이다. 성령의 열매가 무엇인가를 암기하고 설명하는 것은 무익하다. 중요한 것은 이런 열매들이 자신의 삶 가운데 맺혀져 있는가를 묻는 것이다. 그것이 또한 자신이 올바른 기도생활을 하고 있는가에 대한 해답이기도 하다. 또한 성장의 뒤에는 능력이 따른다. 성장이란 어린이가 장정이 되는 것이요, 어린 싹이 거목이 되는 것을 말한다. 기도로써 영혼이 성장한 사람은 마귀가 무서워서 달아난다. 예수님께서는 귀신을 쫓아내시고 제자들에게 "기도 외에는 이런 유가 나갈 수 없다"고(막 9:29) 하셨는데, 이 말씀을 오해해서 1 회적 기도로 모든 것이 해결된다고 생각하면 안 된다. 이 말씀은 기도로 영혼이 성장하여 거목이 되고 능력을 축적한 사람들 앞에서는 귀신도 도망간다는 말씀이다. 즉 항상 기도하여 평소에 능력을 축적하고 있어야 한다는 뜻이다.

3. 기도는 호흡처럼 드러나지 않는 행위이다.

호흡작용은 남의 눈에 띄지 않는 자연스럽고 평범한 것이다. 산상수훈에서 주님께서는 기도를 은밀히 하라고 가르쳐 주신다.(마 6:6) 외식하는 자처럼 사람에게 보이려고 티를 내며 기도하지 말라는 것이다. 그 대신 골방에 들어가 문을 닫고 은밀한 중에 계신 아버지께 기도하라고 하신다. 자신이 기도의 종이니, 능력의 종이니 하며 선전하고 다니는 사람들이 있다. 40일 금식기도 했다는 것을 입밖에 내며 거기에 덧붙여 자기를 드러내는 여러가지 조잡한 간증거리들을 엮어 듣는이로 하여금 어떤 뭉클한 감정을 유발시키려는 사람들이 있다. 좌우간 자신이 얼마나 열심히 기도하는지를 과대 포장하여 떠들어대는 사람들이 요즘 너무도 많다. 주님 말씀대로 이들은 "자기 상을 이미 받은"자들이다.(마 6:5) 기도는 그렇게 남에게 떠벌리면서 하는 것이 아니다. 기도는 아무리 많이 해도 또 오래해도 호흡처럼 지극히 평범한 영혼의 생리작용일 뿐이다. 자랑할 일이 못된다. 기도를 호흡처럼 지속적으로 하면서도 주위 사람들의 눈에는 지극히 평범하게 보여지는 사람이 은밀하게 기도하는 사람이요, 하나님이 인정하시는 기도의 사람이다. 그러므로 자신이 얼마나 열심히 기도했는가를 자랑하고 싶어서 안달하는 사람들과 간증이라는 엉뚱한 방편으로 이런 자신의 만족을 채우려는 사람들은 산상수훈의 주님의 말씀을 곰곰히 생각해 보아야 한다. 주님께서는 밤낮없이 기도하며 사셨지만 그것을 자랑하거나 선전하신 적은 한번도 없다. 주님은 40일을 금식하시고 마귀의 시험을 이기신 분이지만 이 사건을 전도의 방편으로 삼으신 적은 한번도 없다. 하물며 기도했다는 사실을 상품화하여 인기를 얻고 돈을 벌려는 사람들은 하나님께 책망 받아 마땅한 자들이다. "자기 상을 이미 받은 자들"이라는 말씀은 주님께서 장차 하늘나라에서 이런 자들에 대해 무관심하겠다는 뜻이다. 영원한 나라에서 주님의 관심 밖으로 버려진 자가 되지 않기 위해서는 오늘 이 세상의 삶 가운데서 부끄럽지 않은 정직한 기도생활이 이루어지고 있는가를 물어야 할 것이다.

결론적으로, 기도한다는 행위는 너무도 평범한 호흡과 같은 것이지만 우리 영혼의 성장을 가져오며 성령의 열매를 맺게 하며 능력을 소유하게 만든다. 우리는 무엇을 기도하느냐의 문제보다는 어떻게 기도해야하는가의 문제에 일차적인 관심을 두어야 한다. 기도는 살아 계신 하나님을 믿는 행위이다. 하나님이 살아 계시고 은밀한 우리의 기도를 알고 계신다고 믿기에 우리는 기도 때문에 자랑하지 않으며 위선자가 될 필요도 없는 것이다. 하나님을 믿는 사람들은 이 세상의 인기나 재물보다도 하나님 나라에서 받을 상을 더 귀하게 생각하기 때문이다. 기도는 예수를 닮아 가는 삶이다. 기도한다는 것은 예수의 사람이 되어간다는 것이다. 예수처럼 말하고 예수처럼 생각하고 예수처럼 행동하는 사람이 되는 것이다. 여기에 교회 안팎의 생활구분이 있을 수 없고 남이 보고 안보고의 차이가 있을 수 없다. 예수의 향기와 인격이 나타나는 사람, 그 사람이 기도의 사람이다. 기도는 성령의 열매와 능력을 소유하는 삶이다. 기도의 사람에게는 두려움이 없고 마귀의 세력도 꼼짝못하고 물러간다. 또한 그의 생활 속에 맺힌 성령의 열매들로 인하여 많은 사람들이 유익을 얻게 된다.
'호흡처럼 하는 기도',이것이 바로 오늘 우리 한국 기독교인들에게 가장 절실하게 필요한 것이라고 생각한다.

교회예식사 및 설교예문

인쇄일 2019년 7월 1일
발행일 2019년 7월 1일

지은이 구금섭
펴낸곳 온석대학원대학교 출판부

발행인 김화인
발행처 조 은
편집인 김진순
　주소 서울시 중구 을지로20길 12 대성빌딩 405호(인현동)
　전화 (02)2273-2408
　팩스 (02)2272-1391
출판등록 1995년 7월 5일 신고번호 제1995-000098호
　ISBN 979-11-88146-45-1
　정가 20,000원

♠ 잘못된 책은 바꾸어 드리겠습니다
♠ 이 책의 내용은 신저작권법에 의하여 국제적으로 보호받고 있습니다.
♠ 전재 및 복재를 할 수 없습니다.